LA SYRIE

— 1840-1862 —

PARIS. — IMP. SIMON RAÇON ET COMP., RUE D'ERFURTH, 1.

LA SYRIE

— 1840-1862 —

HISTOIRE, POLITIQUE, ADMINISTRATION, POPULATION,
RELIGIONS ET MŒURS, ÉVÉNEMENTS DE 1860 D'APRÈS DES ACTES OFFICIELS
ET DES DOCUMENTS AUTHENTIQUES

PAR

RICHARD EDWARDS

PARIS
AMYOT, LIBRAIRE-ÉDITEUR
8, RUE DE LA PAIX, 8

1862

Tous droits réservés

PRÉFACE

La question de Syrie qui, dans les années 1860 et 1861, a préoccupé l'Europe entière, et plus particulièrement le gouvernement ottoman, vient d'entrer dans sa dernière phase.

Des plumes exercées, mais fort peu impartiales, ont raconté avec éloquence, dans plusieurs brochures, animées d'une passion sans bornes, les événements qui ont ensanglanté la Syrie. Personne n'a recherché l'origine et les causes de ces événements.

On a parlé longuement des massacres, on a exagéré le nombre des victimes, afin de rendre plus grande l'horreur du sang répandu; mais aucune voix ne s'est élevée pour faire connaître aussi la répression. Des journaux, ceux qui, pour les besoins de leur cause, portaient la Turquie aux nues, il y a six ans à peine, et trouvaient, soit dans les souvenirs de leurs rédacteurs, soit dans les récits de leurs correspondants, une ample matière à exalter le caractère des musulmans, la douceur de leur religion, l'aménité de leurs mœurs, la bonté et la magnanimité du sultan, ceux-là surtout, exagérant aujourd'hui le mal comme naguère ils avaient exagéré le bien, ont voulu mettre la Turquie au ban des nations.

Dernièrement encore [1], dans une illustre assemblée où l'on discutait sur des pétitions relatives aux affaires de Syrie, d'éminents orateurs chrétiens n'ont pas craint d'accumuler erreurs sur erreurs, de passer sous silence l'hécatombe expiatoire de Damas, et de prétendre enfin qu'en Orient, et pour les Orientaux, la vie de deux cents hommes n'est rien. Comme si la vie d'un homme était plus sacrée en Occident qu'en Turquie, où nulle exécution capitale ne peut avoir lieu sans un arrêt régulier sanctionné par le souverain.

Ces orateurs ont oublié les faits des vingt-deux dernières années; ils ne connaissent la Turquie que par les écrits de l'autre siècle. Leurs erreurs proviennent, nous le pensons du moins, de l'ignorance où ils sont des hommes et des choses de la Turquie; aussi est-ce à eux principalement que s'adresse notre travail.

Nous ne nous proposons pas de faire l'apologie des crimes atroces qui ensanglantèrent la Syrie en 1860; nous expliquerons ce qui a besoin d'être expliqué; nous exposerons des faits, en nous appuyant sur des pièces officielles. Et dût-on reprocher à ce livre de n'être pour ainsi dire qu'une compilation, la vérité étant ce que nous cherchons avant tout, nous nous en tiendrons à ce qui doit le mieux la faire connaître, et nous laisserons parler ceux qui par leur position, leurs actes ou leurs écrits ont droit, auprès du public, à plus d'attention et de créance que nous ne pourrions lui en réclamer pour nous-même.

Beyrouth, 1er août 1861.

---

[1] Discours de M. le marquis la Rochejaquelein au sénat, séance du 14 mai 1861.

LA SYRIE

— 1840-1862 —

PREMIÈRE PARTIE

I

Introduction. — La population de la Syrie, composée des éléments les plus disparates, ne forme pas, à proprement parler, une nation. C'est un pays de contrastes. Depuis le sultan Sélim Iᵉʳ jusqu'en 1831, il fut soumis à la dynastie d'Othman. — L'émir Béchir-Shehab et le chef des Druzes Béchir-Djomblat, s'unissent à Méhémet-Ali contre la Sublime-Porte. — Ibrahim-Pacha, à la tête de trente mille Égyptiens, défait les Turcs à Konieh et décide la cession de la Syrie à Méhémet-Ali. — Administration d'Ibrahim. — Les Turcs sont opprimés par les chrétiens du Liban. — En 1840, les Druzes, les Maronites et les Mutualis demandent à rentrer sous le gouvernement du sultan. — Une révolte éclate dans la Montagne. — Le traité de Londres restitue la Syrie à l'empire ottoman.

La Syrie (Barren-al-Cham) est une région de la Turquie d'Asie, bornée par l'Euphrate à l'est, la Méditerranée à l'ouest, l'Asie Mineure au nord, et l'Arabie au sud.

Elle a une superficie de 1,200,000 kilomètres carrés, et sa population est d'environ dix-huit cent mille âmes.

Cette contrée, qui, dès l'origine des sociétés, dit M. J. David, fut le champ de bataille de tant de conquérants, la terre promise de la plupart des émigrés, est devenue aujourd'hui un asile de proscrits, et une proie facile pour les ambitieux. Chaque peuple de passage y a laissé des traînards, chaque armée des maraudeurs, chaque ancien possesseur des descendants; on y rencontre à la fois des Juifs et des Persés, des Grecs et des Latins, des Francs et des Arabes, puis des réfugiés fuyant les persécutions chrétiennes et musulmanes, les Maronites et les Mutualis, les victimes des destinées les plus étranges, les Samaritains et les Kedamecés, des fous des espèces les plus honteuses, les Kelbies qui adorent le chien, et les Yézidis qui vénèrent le diable, des indépendants, venus du nord et du midi, les Turkomans et les Bédouins; des francs-maçons, les Druzes; des brigands, les Kurdes.

Tous ces peuples, adeptes religieux des sectes, des rites les plus divers et les moins homogènes, sont gouvernés par les descendants de la race mongole, les Turcs.

De tant d'éléments divers, comment former un tout?

A ces indigènes de races si opposées, comment demander l'unité ou même l'accord des principes, des tendances, des intérêts?

Il n'y a donc pas, à proprement parler, de nation syrienne. On ne trouve, dans cette belle contrée, que des habitants différant d'origine, de caractère et de mœurs. Point d'unité, ni de nationalité. Si les Grecs ont laissé, en héritage, à la Syrie le génie du commerce, les Juifs y ont apporté la passion de l'usure; les Arabes, l'amour de l'indépendance; les Kurdes, l'ardeur au pillage.

Puis, en regard de ces discordances humaines, une nature opulente et superbe, des terres qui restent fertiles, malgré l'incurie trop fréquente ou même l'entier abandon, des champs qui donnent à l'homme, outre le nécessaire et l'utile, l'agréable. Les poëtes turcs disent de la Syrie, dans sa plus large étendue, « c'est le parfum du paradis, un jardin que Dieu a tracé pour le premier homme, une contrée bénie, où chaque montagne porte l'hiver sur sa tête, le printemps sur ses épaules, l'automne dans son sein, tandis que l'été dort nonchalamment à ses pieds. »

La Syrie, il est vrai, n'est pas partout aussi belle ni aussi féconde; elle présente bien des contrastes : une mer houleuse sur ses plages, de Saïda à Jaffa, le désert sur sa frontière orientale, et l'âpre Judée à l'une de ses extrémités. La campagne de Damas sert, en grande partie, de pacage à des tribus nomades. Dieu seul est bon en Syrie, disait un jour un archevêque; la guerre, en effet, ce fléau de l'Orient, plus terrible que la peste, a ravagé trop souvent cette contrée.

Décimée par les Grecs, ruinée par les Romains, pillée par les Arabes, dévastée par les Francs, quelle fécondité n'a-t-il pas fallu à cette terre qui, au temps des Satrapes ou des proconsuls, d'Alexandre ou de Pompée, sous la domination des Séleucides et celle des empereurs d'Occident, sous les Arabes comme sous les Francs, fut perpétuellement exploitée. Trésor inépuisable, qui se remplissait sans cesse à mesure qu'on le vidait.

En douze siècles, la face de ce pays a changé cent fois, sous des gouvernements plus despotiques les uns que les autres. Depuis le sultan Sélim Ier, la Syrie fut soumise, presque sans interruption, à la dynastie d'Othman. Replacée en 1840, sous le gouvernement de Constantinople, elle est actuellement partagée en trois provinces, divisées chacune en plusieurs départements; ce sont : Alep, Damas et Saïda.

Le pachalik d'Alep comprend toute la région qui longe le Taurus, depuis Alexandrette jusqu'à l'Euphrate, et contient les provinces d'Orfa, Biredjik, Roum-Calé, Aintab, Killis, Antioche et Beylan. Le chef-lieu de la province est Alep.

Le pachalik de Damas s'étend du Zohr, près d'Alep, jusqu'à la Palestine. Il est borné, d'un côté, par le désert, et de l'autre par la chaîne du Liban; il contient les provinces de Damas, Homs, Hama et Adjlun.

Le pachalik de Saïda contient toutes les provinces du littoral, Latakié, Tripoli, la Montagne druze et maronite; Beyrouth, qui en est, depuis vingt ans, le chef-lieu; Saïda, Acre, Naplouse, et la Palestine. De ces diverses provinces les unes, comme Tripoli, Latakié, etc., sont placées sous le gouvernement direct du vâali de Saïda; d'autres, comme la Palestine, ne sont sous sa dépendance que pour tout ce qui regarde la police. Quant aux districts de la Montagne, jusqu'aux derniers événements, le gouverneur de Saïda n'y exerçait aucune autorité administrative ou policière. Ils étaient gouvernés par deux caïmakams, l'un Maronite et l'autre Druze.

L'histoire raconte comment le sultan Sélim se rendit maître de la

Syrie, restée dans l'obéissance des sultans de Constantinople jusqu'à la conquête qu'en fit Méhémet-Ali, qui, de simple garde à la Cavale, s'éleva à l'une des plus hautes positions de ce siècle, et caressa longtemps l'utopie d'une restauration de l'empire arabe. Avant 1831, la Syrie était divisée en quatre eyalets : Alep, Damas, Tripoli et Acre. Une partie du Kasrawan dépendait du pacha de Tripoli; mais tout le reste du Liban se trouvait sous la juridiction du gouverneur général de Saint-Jean-d'Acre.

On sait que les divers gouvernements de l'empire étaient alors donnés en ferme à des pachas qui sous-louaient les districts éloignés du chef-lieu de leurs provinces.

Béchir-Shehab, de religion musulmane, descendant d'une famille originaire de la Mecque et alliée au prophète, avait été nommé gouverneur de la Montagne par le pacha d'Acre, et reconnu comme tel par la Sublime-Porte.

C'était un homme d'un caractère résolu et patient. Il inspirait à tous de la crainte et du respect; mais, de l'aveu de ses meilleurs amis, il ne se faisait point scrupule de violer la foi jurée, et ne reculait devant aucun crime pour atteindre à son but.

Vers la fin de l'année 1824, au moment où le gouvernement, embarrassé par les réformes intérieures et par la guerre de Grèce, ne pouvait guère porter son attention sur les provinces éloignées, Shehab se ligua avec Béchir-Djomblat, le chef le plus influent des Druzes, contre Abdallah-Pacha, gouverneur de Saint-Jean-d'Acre; mais celui-ci, à la tête d'un petit corps d'armée qui ne montait pas à plus de trois mille irréguliers, battit les deux rebelles près de Saïda.

L'émir Shehab prit la fuite, et se réfugia à Damiette, en Égypte, où Méhémet-Ali lui accorda l'hospitalité. Le chef des Druzes se cacha dans les montagnes du Hauran. Les Bédouins l'y arrêtèrent et le livrèrent à Abdallah-Pacha.

De cette époque seulement datent les velléités d'indépendance que quelques têtes, échauffées par une propagande qu'en temps opportun nous essayerons de faire connaître, ont tenté d'exciter et de propager de 1840 à 1845, et en 1860.

Nous examinerons en même temps, dans un chapitre consacré

aux Maronites, sur quoi se basent et les priviléges *ab antiquo* qu'ils réclament et les droits de protectorat du gouvernement français envers eux.

Ce fut pendant les entretiens de l'émir Béchir avec Méhémet-Ali que ce dernier conçut l'idée de réunir un jour la Syrie à son futur royaume. Pour cela, il lui fallait un auxiliaire puissant, et il crut le trouver dans le chef de la Montagne, musulman comme lui, et partageant ses vues ambitieuses. Un pacte fut conclu entre eux par lequel, le moment venu, l'émir Béchir devait aider, de tout son pouvoir, l'établissement en Syrie de son nouveau protecteur; tandis que celui-ci le ferait rentrer en grâce auprès d'Abdallah-Pacha qui lui rendrait le gouvernement de la Montagne. Pour que la puissance de l'émir ne fut pas contrebalancée par Béchir-Djomblat, l'homme le plus riche et le plus influent de la montagne druze, Méhémet-Ali, à l'instigation de son astucieux allié, demandait sa tête à Abdallah-Pacha et l'obtenait. L'émir Béchir retourna donc en Syrie et gouverna, de nouveau, sous le pacha d'Acre, toute la Montagne.

Nous n'avons pas à raconter les exploits de cet homme : on sait qu'ils furent plutôt l'œuvre de la diplomatie que de la guerre. Nous avons voulu prouver qu'il tenait son gouvernement de la Sublime-Porte, représentée par les pachas d'Acre. En l'accueillant, on le croyait de religion musulmane, et il feignait de l'être. Il n'y avait alors aucune ingérance étrangère dans les affaires de la Syrie. L'Europe était occupée ailleurs, et la Turquie, assez puissante, ne permettait pas aux consuls des diverses nations de se mêler de ses affaires intérieures.

Tout le monde connaît cette fameuse expédition de Syrie, conduite par un des meilleurs généraux de notre époque, Ibrahim-Pacha. Ce fut en novembre 1831 qu'une armée égyptienne, forte de trente mille hommes, cinquante bouches à feu et dix-neuf mortiers, appuyée par une escadre formidable, vint assiéger Saint-Jean-d'Acre, après avoir conquis Jaffa et Caïffa.

Malgré l'insuffisance des troupes et des munitions qu'Abdallah-Pacha avait à opposer à des forces aussi considérables, il résista pendant six mois.

L'histoire parlera des brillantes campagnes d'Ibrahim-Pacha; nous nous expliquons pourtant leur rapidité par l'opinion répandue dans toute la population qu'on allait reconstituer le royaume arabe, et par les sourdes menées et la propagande de l'émir Béchir et du clergé chrétien. Celui-là, ambitieux et rusé, avait à cœur d'agrandir son gouvernement selon ce que lui avait promis Méhémet-Ali; quant au clergé chrétien, poussé par des influences étrangères, sachant les Égyptiens alliés des Français, il travaillait pour la puissance qui se dit la protectrice des chrétiens en Orient.

Après la bataille de Konieh, la Turquie céda la Syrie à Méhémet-Ali, et celui-ci put y établir un gouvernement régulier.

L'émir Béchir avait eu, dès l'entrée des forces égyptiennes, le gouvernement, non-seulement de la Montagne, mais encore de toutes les villes du littoral, où son nom exerçait un grand prestige. La police de la plaine autour de Damas lui fut aussi confiée et il conserva ce poste jusqu'en 1840. Pendant neuf ans, Ibrahim-Pacha gouverna cette contrée. De quelle manière? Demandez-le aux populations qui ont vécu sous son joug de fer.

Il devança, il est vrai, les vues du gouvernement d'Abdul-Medjid, en anéantissant, à tout jamais, le système féodal dans presque toute la Syrie; il rétablit la tranquillité, en s'unissant à diverses tribus arabes pour détruire les autres, se réservant d'exterminer plus tard celles dont il se servait.

Partout des exécutions capitales suivaient les simples délits; partout du sang pour dominer. « N'oubliez pas, écrivait-il aux gouverneurs des principales villes, que vous répondez sur votre tête de la tranquillité et de la soumission du pays; quant aux mesures à prendre, je vous laisse entièrement libres. » Aussi a-t-on oublié le nom de Djezzar pour se souvenir de celui d'Ibrahim.

Nous avons toujours entendu dire, et un long séjour en Syrie nous a persuadé qu'il faut une main de fer pour gouverner efficacement une population composée d'éléments aussi divers que celle de ce pays; mais personne ne saurait approuver le régime de terreur appliqué par Ibrahim.

Il était l'ami des chrétiens et surtout des Francs, parce que la politique que son père avait inaugurée, le voulait ainsi. Il savait que les premiers trouvent toujours des protecteurs dans les puissances européennes; et, quant aux seconds, il avait assez éprouvé leur merveilleuse facilité à abaisser ou à exalter l'idole ou le tyran du jour. Ce que nous disons est confirmé non-seulement par les témoignages que nous avons recueillis dans toute la Syrie, mais encore par plusieurs auteurs qui ont écrit sur les événements de cette époque.

M. de Lamartine disait, le 29 septembre 1832, dans son journal de voyage à Beyrouth : « On parle d'une défaite d'Ibrahim. Si l'armée égyptienne venait à subir un revers, la vengeance des Turcs, *opprimés aujourd'hui ici par les chrétiens du Liban*, serait à craindre, et des excès pourraient avoir lieu dans les campagnes isolées. »

En 1832, les chrétiens du Liban opprimèrent donc les Turcs ; nous verrons, plus tard, comment cette oppression est devenue plus forte, vingt-cinq ans après que M. de Lamartine traçait ces lignes.

Mais ce n'était pas seulement dans le Liban que les races chrétiennes étaient favorisées. A Alep, à Damas, à Beyrouth, à Tripoli, à Acre, partout, Ibrahim écoutait les avis des consuls, des négociants européens, non pour les suivre, mais pour tranquilliser les cabinets qui s'en tenaient aux rapports d'agents *intéressés* à flatter les passions du gouverneur général. Nous disons intéressés, et il ne nous serait pas difficile d'en donner des preuves.

Le pays était-il plus tranquille, plus heureux ; toutes les races qui se le partagent avaient-elles raison de demander, à grands cris, à rentrer sous le gouvernement du sultan ?

Voici une lettre, adressée en 1840, par les populations druzes, maronites, mutualis, à l'ambassadeur de France à Constantinople ; elle répondra pour nous.

« Les nouvelles fâcheuses qui nous sont arrivées par les papiers publics ont porté un coup terrible à la Syrie ; elles ont déchiré le cœur des hommes, des femmes et des enfants, menacés, en ce moment, d'être exterminés par Méhémet-Ali, auquel la France a bien voulu accorder sa puissante protection.

« La France peut-elle ignorer les maux que cet homme nous a fait souffrir, depuis que la fortune l'a rendu maître de la Syrie ? Ces maux sont innombrables ; il suffit de dire que les épouvantables vexations, et l'oppression la plus cruelle, nous ont poussés au désespoir, et ont fait revivre en nous l'ardent désir *de retourner sous le gouvernement paternel de notre auguste souverain Abdul-Medjid*. N'est-ce pas là un désir légitime de la part d'un peuple loyal? La France, cette nation si grande, si magnanime, qui a étendu partout la liberté, qui a, depuis des siècles, versé tant de sang pour l'établir dans son gouvernement, nous refuse, aujourd'hui, sa puissante influence pour obtenir la jouissance de ce même bien !

« La presse française dit que *la France n'admettra aucun arrangement qui aurait pour base de restituer la Syrie à son légitime souverain.* Cela se peut-il? Les Syriens ne peuvent le penser. La nation française, si généreuse, si civilisée, la nation française, que nous aimons et que nous respectons, ne peut désirer de nous voir courbés sous une oppression systématique qui, seule, distingue le gouvernement égyptien des autres gouvernements.

« Nous désirons qu'il nous soit permis de retourner sous la protection de notre souverain légitime, le sultan Abdul-Medjid, auquel nous n'avons pas cessé d'obéir depuis quatre cents ans. Nous ne demandons qu'à participer aux priviléges et aux droits du *Hatti-Schériff*, que notre gracieux empereur a accordé à tous ses fidèles sans exception, sans distinction. (*Charte de Gulhané*, du 3 novembre 1839.)

« Nous en appelons à la justice du gouvernement français. Nous supplions la nation française tout entière de nous aider à obtenir notre demande. La plus atroce tyrannie nous empêche de prendre les armes pour défendre notre vie et l'honneur de nos familles, contre la brutalité de la soldatesque égyptienne, ou de nous enterrer sous les ruines de notre pays. Notre cause est juste, et, en conséquence, nous avons la ferme confiance que le gouvernement français ne nous abandonnera pas dans un moment si dangereux. C'est dans cet espoir que nous soumettons à Votre Excellence notre humble prière, vous conjurant de la porter aux pieds du trône de votre auguste maître, l'allié de notre gracieux souverain Abdul-Medjid.

« *Signé :* le prince Faris Shehab, le prince Youssouf Shehab, l'émir Haïder, le scheikh Trancis-el-Khazen, le séraskier, le scheikh Faris-Habeish, les Maronites, les Druzes, les Mutualis. »

Cette lettre était écrite, alors qu'Ibrahim était tout-puissant en

Syrie, et dans le pays même où commandait en despote l'émir Béchir-Shehab, qui ne pouvait pas espérer de voir son autorité confirmée par la Sublime-Porte.

Nous pourrions en outre en appeler aux souvenirs de beaucoup de nos adversaires d'aujourd'hui ; pas un ne nous contredira, s'il veut être de bonne foi.

« Ibrahim-Pacha gouverna la Syrie pendant neuf ans, dit M. Poujade, et, malgré un régime sévère et de fréquentes révoltes, elle atteignit un degré de prospérité inconnue sous le gouvernement du sultan. »

On peut être admirateur du gouvernement égyptien, et il faut rendre justice aux qualités éminentes de général et d'administrateur qui distinguaient à un si haut point le fils de Méhémet-Ali ; la Syrie, il est vrai, a atteint, sous lui, un degré de prospérité inconnue jusqu'alors et sous les gouverneurs qui affermaient ces provinces. Mais est-ce là une raison pour prétendre que, sous le sultan Abdul-Medjid, elle a perdu cette prospérité? Si nous voulions citer des chiffres, nous verrions le commerce international doubler en douze ans. Si des villes, comme Alep, Damas et Tripoli, sont comparativement restées stationnaires, Beyrouth, qui, sous Méhémet-Ali, comptait à peine 15,000 âmes, en a, aujourd'hui, 60,000.

Nous aurions beaucoup à dire sur le gouvernement d'Ibrahim-Pacha, en Syrie ; mais cette page de l'histoire n'entre pas dans notre cadre. Ses plus grands admirateurs n'ont pu passer sous silence les fréquentes révoltes qui éclataient sur tous les points de cette immense province. Ces révoltes, et les souffrances des populations, en dehors même des intérêts politiques, amenèrent les puissances européennes à la replacer sous l'autorité du sultan.

Aux mois de juin et de juillet 1840, une révolte éclatait dans les montagnes de Syrie. Ibrahim parvint à l'étouffer ; mais les puissances européennes, qui suivaient, d'un œil inquiet, la marche des affaires d'Orient, signèrent, à Londres, un traité fameux dans l'intérêt de la Sublime-Porte.

L'exécution militaire des résolutions des puissances commença dès que l'on sut que le vice-roi refusait de se soumettre au traité de Londres. La campagne fut ouverte par le blocus maritime des Échelles de Syrie, et porta sur les points principaux de la côte : Beyrouth, Saïda, Saint-Jean-d'Acre. L'armée égyptienne vit bientôt devant elle les forces navales de l'Angleterre et de l'Autriche, secondées énergiquement par les Turcs, qui combattirent, dit un historien, comme au temps de Soliman. Beyrouth succomba le 11 septembre 1840, Saïda fut évacuée le 21, et Saint-Jean-d'Acre se rendit le 3 novembre.

Tout le monde connaît les événements qui suivirent le départ des troupes égyptiennes. Nous voulons dire comment et pourquoi le Liban, qui jusqu'alors avait été gouverné directement par la Sublime-Porte ou ses agents, et ensuite par Ibrahim, reçut l'organisation qui a amené les tristes et sanglants événements de 1860.

Constatons d'abord que jamais, avant cette époque, aucune puissance européenne ne s'était ingérée dans les affaires de la Montagne; que l'émir Béchir, en recevant sa nomination, était musulman; que ni les sultans ni Ibrahim-Pacha n'avaient accordé, en aucun temps, des priviléges spéciaux à cette partie de l'empire. En nous occupant des différentes races qui la peuplent, nous donnerons les preuves de cette assertion.

II

Notions générales sur la population.

Nous l'avons dit en commençant, la population de la Syrie, en comprenant les Bédouins, les Kurdes et les Turkomans pasteurs, qui séjournent toujours près des villes, peut monter à 1,750,000 habitants environs, divisés de la manière suivante :

Musulmans, Arabes, Kurdes, etc. 1,100,000
 »   Turcs.   80,000
Maronites.   180,000

Grecs catholiques.	65,000
Grecs orthodoxes.	55,000
Arméniens.	35,000
Arméniens catholiques.	45,000
Mutualis.	35,000
Ansaris, Yézidis, Kelbies.	80,000
Nestoriens, Jacobites, Syriaques, etc.	15,000
Juifs.	75,000
Protestants latins ou européens.	1,500
Bohémiens, Tziganes.	2,500

Les Turcs proprement dits ne se trouvent que dans les villes où ils exercent les emplois civils et militaires. Les villes d'Aintab, Killis, Beylan, Biredjik, Orfa et Antioche, dont la population est mixte, renferment la plus grande partie de la population stable, que nous avons évaluée à quatre-vingt mille âmes.

Les Arabes musulmans sont disséminés partout, dans les villes comme dans les campagnes.

Les Grecs catholiques, dont le nombre a augmenté depuis le commencement du siècle, se trouvent en majeure partie dans les villes; les bourgs du Liban et quelques villages en contiennent à peu près vingt-cinq mille.

Les Maronites habitent presque exclusivement le pays du Kasrawan; mais on en trouve quelques milliers dans les villes d'Alep, Beyrouth et Damas. Dans la région du sud, où ils forment la moitié de la population, ils sont mêlés avec les Druzes et les chrétiens des autres sectes.

Les Druzes sont établis entre la vallée de la Bekâa et la mer, jusqu'à Sour.

Les Mutualis habitent la vallée de la Bekâa.

Les Grecs orthodoxes résident, comme les Grecs catholiques, dans les villes, et s'y livrent au commerce. On en trouve, mais en petit nombre, dans la Palestine, la Judée, dans le pays des Druzes, et dans les villages qui sont sur la route de Beyrouth à Damas, notamment à Zahlé.

Les Ansaris et leurs frères de race vivent à l'est de Tripoli, et au nord de Latakié jusqu'à Antioche, mais principalement à Safita.

Les Arméniens proprement dits et les Arméniens catholiques habitent les villes. Une grande partie des premiers pourtant a pris possession du mont Rhosus, près d'Antioche. Les seconds sont en majorité à Alep.

Les Juifs sont presque exclusivement dans les villes de l'intérieur, telles qu'Alep, Damas, Jérusalem, où ils tendent à avoir le monopole de la banque et du commerce.

Les Turkomans, les Kurdes, les Haddidins ou Bédouins pasteurs n'ont pas de demeures fixes. Ils errent dans les pâturages des provinces qu'ils regardent comme leurs propriétés. C'est dans l'Amuk-Ova, entre la mer et Alep, qu'on rencontre les Turkomans. Les Kurdes vivent de préférence dans les plaines et montagnes d'Orfa et de Beredjik, et les Arabes sur toute la frontière de la Syrie, près des déserts et dans les plaines d'Alep et de la Palestine.

III

Les Arabes: Arabes sédentaires, Arabes nomades (Bedawi), Kurdes, Turkomans. — Langues, religions, mœurs et coutumes.

Quelques développements sont nécessaires pour donner une idée de cette population si diverse et si variée. La connaissance des éléments qui la composent n'est point inutile ; elle fera mieux comprendre les événements qui, depuis vingt et un ans surtout, ont attiré les yeux de l'Europe sur cette partie de l'empire ottoman.

Les Arabes qui, au nombre de onze cent mille, composent la majeure partie de la population de la Syrie, sont partagés en habitants des villes et en Bédouins pasteurs. Pour éviter un trop grand nombre de subdivisions, et malgré la différence des races, nous avons compris, dans cette dénomination, les Kurdes et les Turkomans.

Nous ne nous occuperons qu'en passant des Turkomans, qui sont en petit nombre. Ce sont les descendants des peuplades tartares qui vinrent s'établir dans l'Arménie et dans l'Asie Mineure, à la suite des révolutions de leur pays. Ils mènent la vie pastorale, élèvent des troupeaux, et, depuis peu de temps, cultivent la terre pour leurs besoins propres. Du temps de Volney, ils étaient indépendants, comme presque tous les peuples qui habitaient l'empire, et n'obéissaient qu'à des chefs élus parmi eux. Leur nombre peut être évalué à vingt-cinq mille. Ils sont soumis à des gouverneurs nommés par les *vâali* de ces deux provinces, et payent régulièrement la dîme sur leur bétail. Leur caractère est doux, et ils exercent la plus large hospitalité; leur langue est le turc, mélangé d'arabe et de persan; mais elle a tellement dévié de ces trois idiomes, qu'elle est difficilement intelligible pour les nations auxquelles elle est empruntée.

Les Kurdes, qui enveloppent le pachalik d'Alep comme d'un réseau, viennent des provinces de la Mésopotamie. Ils sont pasteurs errants et vagabonds; mais ils diffèrent des Turkomans en ce qu'ils passent presque partout pour des brigands et des voleurs. Ils flairent, comme les chacals, la proie qui leur convient : aussi, dans les récents massacres de Damas, arrivés les derniers, ils n'ont quitté cette ville qu'en emportant tout ce qu'il y avait moyen d'enlever. En Syrie, on peut les évaluer à cinquante mille. Leur véritable religion est inconnue; à vrai dire, ils passent pour musulmans, et, lorsqu'ils se rendent dans les villes, ils fréquentent les mosquées; mais, chez eux, ils ne pratiquent presque aucun des dogmes de l'islamisme. Leur langue est un composé de chaldéen, d'arabe et de turc, inintelligible pour d'autres que pour eux.

Les Arabes musulmans proprement dits se divisent en deux classes, qui n'ont presque aucune analogie entre elles. Ce sont d'abord les Arabes sédentaires, qui habitent les villes et les villages, s'adonnent à l'industrie et au commerce, cultivent la terre et vivent sous un gouvernement régulier; puis les Arabes nomades (Bedawi), qui ne connaissent que leur jument et leur lance. Ceux-ci se partagent en Anezis bedawis et en Haddidins; ces derniers, cultivateurs, s'adonnent, comme les Kurdes et les Turkomans, à l'élève des troupeaux.

Les Arabes nomades habitent de vastes déserts qui s'étendent depuis les confins de la Perse jusqu'aux rivages du Maroc. En Syrie seulement, ils forment plusieurs tribus qui sont les Shamars, les Sébahs, les Feddans, les Hadjadjera, les Djellahs, les Mewalis, qui se divisent en plusieurs autres groupes de moindre importance.

Malgré tous les efforts des divers gouvernements qui se sont succédés dans ce pays, il n'y a jamais eu moyen de venir à bout de toutes ces tribus qui vivent presque indépendantes, sous l'autorité de chefs, souvent héréditaires. On m'a assuré que, dans le fond du Nedjed, il existe une ville où nul voyageur n'a mis le pied, et où réside, dans un palais splendide, le chef suprême de toutes ces tribus. Mais je ne saurais accepter pour véridique ce fait qui n'est peut-être qu'un fruit de l'imagination des Arabes, enclins à s'exalter quand ils parlent de leur grandeur.

Toutes ces tribus forment une espèce de confédération, ce qui ne les empêche pas de se faire souvent la guerre, et une guerre sanglante. Ici, comme dans tous les pays barbares, existe la loi du talion, qui veut sang pour sang, main pour main, œil pour œil.

La langue qu'ils parlent est l'arabe, mêlé de quelques mots chaldéens. Elle se distingue de l'arabe des villes par une prononciation plus rude et plus heurtée.

Dans le voisinage d'Alep, Damas, Hama, Homs, Orfa, se trouvent des tribus qui se soumettent à l'autorité de la Porte. Leur chef est alors revêtu d'un manteau, insigne de son grade, et il reçoit une subvention pour prévenir et empêcher, dans les environs, les excursions des autres tribus, et pour protéger les voyageurs, les caravanes et les Arabes Haddidins.

Les Anezis nomades élèvent ces magnifiques chevaux qui font l'admiration du monde entier. Ils se défont facilement des produits mâles, mais il est rare qu'ils vendent leurs juments, quel que soit le prix qu'on leur en offre. Celles qui sont tombées entre les mains des habitants des villes proviennent de vols ou d'un butin de guerre.

Leur religion dominante est l'islamisme; mais dans les déserts et sous la tente les prescriptions n'en sont guère observées. Ils s'acquittent strictement du devoir de l'hospitalité, et ils considéreraient comme un crime que l'étranger qui a mangé avec eux le pain et le sel, fût dépouillé en sortant de la tente où il a été accueilli. Ceux qui, par des présents ou un service rendu, ont acquis le titre de frères, à quelque religion qu'ils appartiennent, sont entourés d'une protection spéciale.

La richesse de l'Arabe consiste dans la quantité de ses juments et de ses chameaux, de ses troupeaux de moutons et de ses filles. Le jeune homme qui désire se marier est obligé de donner au père de sa future une somme proportionnelle à la fortune de celui-ci et à sa propre richesse.

Nous avons déjà dit, en passant, que le trait distinctif de l'Arabe du désert, c'est la passion du vol. Pour la satisfaire, il ne recule devant rien. Cent piastres qu'il sait pouvoir enlever sans risque, lui feront faire sur sa jument une course de cinquante lieues. Quoique musulmans, les Arabes du désert tiennent les versets du Coran pour autant de lettres mortes. Ils ne jeûnent pas pendant le Ramadhan, ne vont jamais par dévotion ni à la Mecque, ni dans aucune autre ville réputée sainte, s'abstiennent des cinq prières et des ablutions; ils se montrent d'une tolérance extrême et ne dédaignent pas d'allier leurs filles à des infidèles, pourvu que ceux-ci consentent à faire partie de leur tribu [1].

« L'opinion que ces habitants de l'intérieur, dit M. Guys, consul de France en Syrie pendant plusieurs années, ne sont que des voleurs et des barbares, sans qu'on veuille convenir qu'ils possèdent aussi des vertus qui rachètent, jusqu'à un certain point, les défauts dont certains d'entre eux se sont fait justement accuser, est totalement erronée. Leurs mœurs s'améliorent à mesure qu'ils s'éloignent des villes. »

Les Haddidins, qui habitent à proximité des villes, changent sou-

[1] Une personne qui a longtemps vécu avec les Arabes Bédouins m'a assuré que ce que rapporte Niebuhr, dans sa description de l'Arabie, sur une nouvelle religion des Arabes nomades, est entièrement vrai, et que la presque totalité des Anezis professent les principes « que Dieu doit être adoré comme auteur de tout; qu'il ne faut pas croire à l'inspiration divine des prophètes; que Moïse, Jésus-Christ, Mahomet ne sont que de grands moralistes, » etc. Suivant la même personne, ils croient à une vie future, à une sorte de purgatoire et au paradis; en matière de charité, ils professent les maximes de l'Évangile. Cette religion, qui n'est que la loi naturelle, serait suivie strictement dans le Nedjed et dans la plus grande partie de l'Yémen, où les Anezis Bedawi ne sont pas en contact avec les Arabes des villes.

Malgré de nombreuses recherches, il m'a été impossible d'arriver par moi-même là-dessus à des données certaines.

vent de place; ils sont très-doux pour la plupart. Rarement ils s'allient aux autres tribus pour faire la guerre, mais ils vivent armés, pour repousser les attaques de leurs frères du désert.

Les Fellahs sont des cultivateurs sédentaires; leurs mœurs et leurs habitudes se rapprochent beaucoup de celles des Arabes des villes, dont nous allons nous occuper.

IV

Les musulmans. — Distinction entre les musulmans arabes et les musulmans turcs. — Le fanatisme musulman est-il ce qu'on le dit? — Coup d'œil sur le Coran. Son dogme essentiel est le déisme pur. Il admet la révélation divine depuis le commencement du monde. Le fatalisme, tel qu'on le reproche généralement à Mahomet, n'a point été prêché par le prophète. — Les principaux préceptes de la religion musulmane sont identiques à ceux du christianisme. — Preuves extraites du Coran. — Ce code religieux et civil n'ordonne point la persécution religieuse. — Le christianisme abonde en prescriptions violentes contre les hérétiques. — Le Coran ne met pas obstacle au progrès humain.

Au lendemain des événements qui ont ensanglanté la Syrie, le moment n'est pas favorable pour parler des musulmans. Nous ne voulons pourtant pas taire ce que nous savons de cette race d'hommes, ce que nous en pensons, dans la plus grande sincérité de notre âme. Né et élevé en Orient, nous connaissons mieux les musulmans que les écrivains qui ont vu de la Turquie, Smyrne, Péra, Galata et Stamboul, assisté aux farces du Caragueuz et aux illuminations du Ramadhan.

Et d'abord il nous faut faire une distinction.

Les musulmans arabes diffèrent essentiellement des musulmans turcs. Les premiers se prétendent orthodoxes parce qu'ils suivent, outre le Coran, les préceptes de Mahomet recueillis par ses successeurs, et ils méprisent leurs coreligionnaires turcs, qui se disent les *purs*, parce qu'ils s'en tiennent uniquement au Coran. Les Turcs ont aussi une grande aversion pour les Arabes, et citent à tout propos ces paroles de Mahomet : « Je suis des Arabes, mais les Arabes ne sont pas de moi. »

On a parlé, on parle et on parlera encore du fanatisme musulman.

Qu'est-ce que le fanatisme chez un peuple?

C'est une sorte de démence, née d'un enthousiasme excessif pour sa propre croyance; l'idée que ceux qui pratiquent un autre culte sont dans l'erreur. Le fanatisme engendre l'intolérance religieuse.

Eh bien! je le demande, non pas aux esprits prévenus, mais aux philosophes qui ont parcouru la Turquie, je le demande surtout à ceux qui ont visité les Lieux saints, de quel côté se trouvent le fanatisme et l'intolérance religieuse? — Est-ce chez les Turcs ou chez les chrétiens des divers rites qui fréquentent la cité sainte?

Le fanatisme, disons-nous, provient de la foi que l'on a dans la supériorité de sa propre religion, et l'on est intolérant en raison du mépris où l'on tient celle des autres.

Avant d'examiner le fanatisme des adeptes d'autres religions à l'endroit de l'Islam, jetons un coup d'œil sur le Coran, qui est regardé, à juste titre, comme le code civil et religieux des musulmans.

La religion musulmane est d'une simplicité remarquable. Elle professe l'unité de Dieu, la stricte observation des cinq prières, l'aumône, le jeûne, et, si on le peut, le pèlerinage à la Mecque.

Le prophète parle toujours au nom de Dieu seul. Mahomet, voyons-nous dans le Coran (C. xxix, v. 51) « n'est qu'un homme chargé d'une mission. Avant lui sont morts d'autres hommes qui avaient aussi reçu des missions célestes. » A ceux qui lui demandaient des miracles, il répondait constamment : « Suis-je donc autre chose qu'un homme et qu'un apôtre. »

L'idée principale qui domine dans tout son livre est celle d'un Dieu unique. Ce déisme pur, retrouvé au milieu d'un peuple idolâtre, tranche vivement avec la théologie embrouillée des sectes chrétiennes, que des hérésies avaient alors si malheureusement multipliées.

Le prophète l'a dit, et les musulmans n'ont jamais mis en doute l'authenticité des révélations juives et chrétiennes : ils croient que la leur est la continuation et l'achèvement de celles qui l'ont précédée. S'ils protestent contre l'essence divine de Jésus et la Trinité, c'est qu'ils ne peuvent pas admettre que Dieu, l'incommensurable, dont l'idée seule doit faire trembler, se soit fait homme, c'est-à-dire l'infiniment petit d'une planète qui n'est qu'un atome dans le monde céleste. Mais le fils de Marie est placé au premier rang des prophètes (C. II, v. 254), et, en professant le plus profond respect pour la Vierge, Mahomet adoptait, 1,260 ans avant les chrétiens, le dogme de l'Immaculée Conception. (C. III, v. 5, XIV, 20, etc.)

Quant à la tolérance, il ne cesse de la prêcher. (C. II, v. 257, 75 ; 186, 219, etc.) « Les chrétiens seront jugés d'après l'Évangile, ceux qui les jugeront autrement seront prévaricateurs. — Chante la gloire de Marie ; nous soufflâmes sur elle notre esprit. Elle et son fils furent l'admiration de l'univers. — Ne disputez avec les juifs et les chrétiens qu'en termes honnêtes et modérés. Confondez ceux d'entre eux qui sont impies. Dites : Nous croyons au livre qui nous a été envoyé et à vos écritures. — Si Dieu l'eût voulu, la même religion embrasserait toute la terre ; mais il fait part de sa miséricorde à qui il lui plaît. — Tu reconnaîtras que ceux qui sont les plus disposés à aimer les fidèles sont les hommes qui se disent chrétiens : c'est parce qu'ils ont des prêtres et des moines exempts d'orgueil. »

Dieu est représenté comme clément et miséricordieux, mais terrible pour ceux qui ne se repentent pas. Ne sont-ce pas là les prescriptions de l'Évangile ?

Mahomet admet, avons-nous dit, les révélations successives, depuis le commencement du monde. Parmi les prophètes qui ont fait entendre la parole de Dieu, il distingue Adam, Noë, Abraham, Moïse et le Christ ; lui-même ne se considère que comme le dernier envoyé du Tout-Puissant. Il déclare que Jésus, fils de Marie, avait le don des miracles, don refusé à lui-même.

Nous verrons tout à l'heure ce qu'opposent les chrétiens à ces préceptes de tolérance. Nous constaterons pourtant, dès à présent, que chaque jour des plumes chrétiennes produisent contre les Turcs et leur croyance de nouvelles diatribes, empreintes du plus violent fanatisme, tandis qu'on ne peut citer une seule ligne écrite par un Turc contre la religion chrétienne. De quel côté est la tolérance ?

Que reproche-t-on encore aux musulmans? Le fatalisme.

Donnons ici la parole à M. Sédillot, qui a écrit un ouvrage classique sur les Arabes.

« On a reproché à Mahomet d'avoir admis la doctrine des décrets éternels, mais le principe qui domine dans son livre n'est pas le *fatum* des anciens, ni la prédestination de quelques sectes modernes. Le destin du musulman n'a rien qui puisse amortir et glacer le courage, car ce n'est simplement que cette loi universelle qui plane sur toutes les têtes, et qui met un terme à nos travaux. » — « Prophète, disaient quelques sectateurs, puisque Dieu a marqué nos places d'avance, nous pouvons avoir confiance et négliger nos devoirs religieux. — Non, répondait Mahomet, puisque les gens heureux feront de bonnes œuvres, et les malheureux de mauvaises. » (C. II, v. 23, 24, 25; C. x, v. 27, 28, etc.)

Il recommande sans cesse à ses compagnons de rester dans le droit chemin et de mériter par leurs actes la miséricorde de Dieu. (C. XXVII, v. 91, 92, etc.) Il est certaines idées qui, mal comprises, entraînent aux plus tristes abus. Le dogme du destin ne doit-il pas, au contraire, influer favorablement sur des hommes qui, pleins d'ardeur et d'enthousiasme, n'aspirent qu'aux guerres et aux conquêtes?

La prédestination, telle qu'on la comprend, n'a pas été prêchée par Mahomet; autrement son livre aurait été inutile et sa mission nulle. On ne lui refusera pas l'intelligence nécessaire pour comprendre cette vérité.

De ce que le Coran donne à Dieu le pouvoir de choisir ici-bas ses élus, et de marquer, dans les combats, ceux qui doivent vaincre ou périr, on a conclu qu'il niait entièrement la liberté et la volonté humaine, et qu'il réduisait l'homme à une indifférence passive. De ce qu'il plaçait, pour les récompenses de la vie future, la foi sur la même ligne que les bonnes œuvres, on a conclu qu'il proclamait l'inutilité de la vertu. Ces déductions ne sont ni logiques ni justes. Mahomet admet, au contraire, dans tout son livre, et la liberté de l'homme, et l'action toute-puissante de sa volonté pour le bien et pour le mal. On doit lui savoir gré, comme le dit très-bien M. Œlsner, d'avoir consacré, quoique à sa manière, la croyance de l'immortalité de l'âme ; il est glorieux pour Mahomet de l'avoir fait ressortir avec plus de force qu'aucun autre législateur. (C. ii, v. 45 ; vi, 32 ; xii, 57, xvi, 16, 62, 112 ; xvii, 22, etc.)

Nous ne dirons rien des critiques adressées à Mahomet au sujet des plaisirs sensuels qu'il promet dans son paradis. On a trop oublié qu'il s'adressait à des Arabes, à des Orientaux, et qu'il devait, pour définir le bonheur futur, employer les éléments qui le constituaient à leurs yeux sur la terre.

Je ne crois pas fatiguer mes lecteurs en continuant cet examen rapide de la religion musulmane ; plus j'y pénètre, plus il me semble incompréhensible que l'Europe ait été, jusqu'à présent, trompée sur une religion dont les principaux préceptes sont identiques à ceux du christianisme.

Mahomet recommande la prière. Il n'est personne qui ne soit étonné de la ferveur des Turcs dans l'accomplissement de ce précepte religieux. La prière est accompagnée d'ablutions qui rendent cette race la plus propre de la terre. Ces ablutions sont d'ailleurs indispensables dans des pays où la chaleur engendre des maladies terribles pour ceux qui négligent les soins corporels.

Mahomet ne voulait pas que les pratiques extérieures absorbassent tout le culte : « La chair et le sang des victimes ne montent pas jusqu'à Dieu ; c'est notre piété qui s'élève jusqu'à lui. (C. xxii, v. 38.) — Etre juste, dit-il ailleurs, ce n'est point tourner le visage vers l'orient ou l'occident, mais croire en Dieu et au dernier jour, aux anges, aux Écritures et aux prophètes ; c'est donner, pour l'amour de Dieu, de l'argent à ses parents, aux orphelins, aux pauvres, racheter les captifs, être assidu aux prières, faire l'aumône, tenir ses engagements, se conduire avec patience dans les circonstances difficiles, dans les temps de violence et d'adversité, être sincère et croire à Dieu. » (C. ii, v. 172.)

L'abstinence à certaines époques de l'année est obligatoire.

Les aumônes qu'impose la loi musulmane à chaque fidèle sont le dixième de ses biens. (C. ii, v. 265.) — « Ceux dont les largesses sont faites par ostentation ne tireront aucun profit de leurs œuvres. (C. ii, v. 266.) — Les croyants doivent donner aux pauvres les meilleures choses qu'ils ont acquises, celles-là même qu'ils voudraient recevoir s'ils étaient dans l'indigence. (C. II, v. 269, 270.) — L'avarice est condamnée par Dieu, qui n'aime pas voir cacher les biens qu'il a accordés. »

Indépendamment de ces règles de conduite, le Coran ne cesse d'exhorter le peuple à la vertu. (C. II, v. 85, 176, 191; v. 11, 12, etc.) — Les sentiments de bienveillance mutuelle, le mérite des intentions, le pardon des injures sont sans cesse exaltés. — « L'orgueil et la colère font horreur; le vice peut être dans la pensée, dans le regard. Il faut garder sa foi, *même avec les infidèles*; avoir de la douceur dans les manières, de la modestie dans la tenue. Les hommes doivent prier pour ceux qui les ont offensés et non les maudire. Ils doivent témoigner de la bonté à leur père, à leur mère, à leurs parents, aux orphelins, aux pauvres, aux voyageurs, à leurs compagnons, à leurs clients. Le bien de l'orphelin est sacré. Il faut observer strictement la justice, et obéir toujours à ses règles pour témoigner et juger même contre soi et contre ses proches. (C. II, v. 77, 40; IV, 134; VI, 153.) — Dieu voit toutes les actions et en tient compte à ceux qui les font; il accueille avec joie toutes les bonnes œuvres, et pardonne les mauvaises aux pécheurs repentants; car il est indulgent et miséricordieux. Toutefois, le repentir n'est d'aucune utilité à ceux qui commettent constamment des mauvaises actions, et qui s'écrient seulement à l'approche de la mort : Je me repens. (C. III, v. 129; v, 22, 110; VI, 132.) — Dieu n'aime pas qu'on divulgue le mal, à moins qu'on ne soit victime de l'oppression. (C. IV, v. 147.) — Malheur à ceux qui faussent la mesure des poids. (C. LXXXIII, v. 1.) — L'hypocrisie est un crime. (C. VI, v. 152.) — Celui qui n'empêche pas le péché quand il le peut, en devient le complice, et celui qui dirige les autres vers le bien reçoit une récompense aussi grande que les avantages qu'il leur a procurés. — Aimez-vous les uns les autres, dit le prophète; ne calomniez pas; ne vous donnez pas des qualifications infamantes; ne cherchez point avec curiosité les fautes de vos semblables, et qu'aucun de vous ne parle mal d'un absent. »

Toutes ces maximes, pleines de sagesse, ne démontrent-elles pas la pureté et la valeur des principes que tout bon musulman est obligé de suivre? Aucun, avons-nous déjà dit, n'est en opposition avec les paroles de l'Évangile. Si, vers la fin du Coran, on trouve quelques contradictions, elles ne sont qu'apparentes. Il faut tenir compte au prophète des entraves de toute espèce qui gênaient sa marche, des préventions et des passions de ceux qui l'entouraient.

Est-ce dans la vie privée du prophète que les musulmans puisent des exemples de violence et de barbarie? Mais on sait qu'il n'a rien négligé pour abolir l'usage des vengeances héréditaires, usage que suivaient tous les peuples anciens, et qui est encore en vigueur aujourd'hui chez quelques peuples civilisés. (C. II, v. 78, 79; XVI, 127.)

Nous ne finirions pas si nous voulions raconter les actes de clémence, de vraie bravoure, de simplicité, d'humanité, de charité de Mahomet. Affable avec tous, il recevait les pauvres dans sa maison et partageait son dîner avec eux.

« Dans le vin comme dans le feu, dit-il, il y a du mal et du bien (C. II, v. 168, 216; v. 1, 4, 6, 90; VI, 116); mais le mal l'emporte sur le bien qu'ils procurent; abstenez-vous-en, et vous serez heureux. Il en est de même du jeu, qui engendre les violences et qui ruine les familles. »

S'il a conservé la polygamie, c'est qu'il ne faisait que maintenir un usage tellement enraciné dans le pays, qu'il eût été insensé de vouloir le détruire. Pour ce qui est des femmes, Mahomet voulut améliorer leur condition. Au temps du paganisme, les filles n'héritaient pas de leurs parents; il leur assigna la moitié de la part de leurs frères. Il maintint l'autorité du mari, mais en déclarant que la femme a droit à la protection et aux égards de son époux. C'était une grande innovation aussi pour cette époque-là que de restreindre à quatre le nombre des femmes permises dans un pays où elles atteignent leur entier développement avant l'âge de raison, tandis qu'elles dépérissent à l'âge où les femmes d'Europe deviennent à peine nubiles. Il conseilla même comme un acte louable de s'en tenir à une seule femme.

Pour réprimer le vol, Mahomet édicta des peines excessives. Il voulut inspirer une terreur salutaire à ceux qui convoitent le bien d'autrui; il défendit l'usure. « L'argent, dit-il, que vous donnez à usure pour le grossir avec le bien des autres, ne grossira pas auprès de Dieu. Ceux qui vivent du produit de l'usure se lèveront, au jour de la résurrection, comme celui que Satan a souillé de son contact, et cela parce qu'ils disent : L'usure est la même chose que la vente; Dieu a permis la vente, il a interdit l'usure. »

Mahomet pourtant ne favorisait pas les débiteurs; il voulait que les contrats et engagements fussent fidèlement exécutés, et non-seulement il refuse de prier pour ceux qui ne se sont pas acquittés de leur vivant, mais il les menace des peines éternelles. (C. II, v. 280; III, 68, 71, etc.) Il défend expressément le monopole et les accaparements, et flétrit le faux témoignage.

Quelles sont maintenant les règles prescrites par le Coran pour les rapports des musulmans avec les infidèles, qu'il sépare en deux classes : d'un côté, ceux qui croient en Dieu et au jugement dernier, tout en refusant d'ajouter foi à la mission du prophète; de l'autre, ceux qui adorent les idoles et ne croient pas à une vie future. Pour ceux-ci, il est du devoir de tout bon musulman de les combattre, jusqu'à ce qu'ils embrassent l'islamisme.

Au C. II, v. 186, on lit : « Combattez dans la voie de Dieu contre ceux qui vous font la guerre; mais ne commettez pas d'injustice en les attaquant les premiers, car Dieu n'aime point les injustices.

« 187. Tuez-les partout où vous les trouverez, et chassez-les d'où ils vous auront chassé. La tentation à l'idolâtrie est pire que le carnage à la guerre. Ne leur livrez point de combat auprès de l'oratoire sacré, à moins qu'ils ne vous attaquent.

« 188. S'ils mettent un terme aux fautes qu'ils commettent, Dieu, certes, sera indulgent pour eux.

« 189. Combattez-les jusqu'à ce que vous n'ayez point à craindre la tentation, et que *tout culte soit celui du Dieu unique*. S'ils mettent un terme à leurs actions, point d'hostilités. Les hostilités ne seront dirigées que contre les impies. »

Dans ce même chapitre nous lisons (C. II) :

« 257. *Point de violence en matière de religion. La vérité se distingue assez de l'erreur*. Celui qui ne croira pas au Thagout (les (idoles), et croira à Dieu, aura saisi une anse solide, à l'abri de toute brisure. Dieu entend et connaît tout.

« 259. Dieu est le patron de ceux qui croient; il les fera passer des ténèbres à la lumière.

« 239. Ceux qui ont cru, ceux qui suivent la religion juive, les chrétiens, les sabéens, et quiconque aura cru en Dieu et au jour dernier, et qui aura pratiqué le bien, tous ceux-là recevront une récompense de leur Seigneur; la crainte ne descendra point sur eux, et ils ne seront point affligés. »

De ces versets du Coran, lecteurs de bonne foi, résulte-t-il que l'islamisme exclue nécessairement la tolérance et prescrive éternellement l'extermination?

Nous avons cru devoir nous étendre sur ce sujet, parce qu'en donnant une analyse du code religieux, civil et politique des musulmans, nous faisons connaître ce peuple. Pour tout homme sensé et impartial, des préceptes que nous venons de transcrire il ne peut sortir ni massacres, ni persécutions religieuses.

Nous avons cité les passages du Coran qui traitent des infidèles. Nous trouvons dans le christianisme des prescriptions beaucoup plus violentes contre les hérétiques. Voici quelques exemples :

En 1215, lorsque le concile de Latran, appelé douzième concile général, proclamait en ces termes (chap. III, p. 148) l'incompatibilité d'existence entre le catholicisme et l'hérésie :

« Il y a une seule Église universelle de fidèles, hors de laquelle il n'y a pas de moyen de salut pour personne.

« ..... Que les condamnés (les hérétiques) soient abandonnés aux puissances séculières existantes, ou leurs magistrats, pour leur être infligé le châtiment convenable, les ecclésiastiques étant préalablement dégradés de leurs ordres; de telle manière que les biens des personnes ainsi condamnées, si ce sont des ecclésiastiques, soient annexés (*applicentur*) aux églises dont ils ont reçu des traitements.

« ..... Soient les puissances séculières averties et engagées, et, si le cas le requiert, contraintes par les censures ecclésiastiques, de prêter en public le serment de s'appliquer sincèrement et de toutes leurs forces, pour la défense de la foi, à exterminer des contrées soumises à leur juridiction tous hérétiques signalés par l'Église.

« ..... Si un seigneur temporel, requis et averti par l'Église, négligeait de purger son pays de cette difformité de l'hérésie, qu'il soit lié des chaînes de l'excommunication par le métropolitain et par les autres évêques de la même province. Et si, dans le cours d'une année, il néglige de satisfaire à ce devoir, qu'il en soit donné connaissance au souverain pontife, afin qu'il déclare ses sujets déliés, à compter de ce moment, de leur serment de fidélité envers lui, et fasse occuper ses domaines par des catholiques, qui les possèdent sans contradiction, après avoir exterminé les hérétiques, et les maintiennent dans la pureté de la foi.

« ..... Les catholiques qui, ayant pris la croix, se dévoueront à l'extermination des hérétiques, jouiront par là même des indulgences et seront admis aux priviléges accordés à ceux qui iront au secours de la Terre sainte... De plus, à l'égard des croyants qui reçoivent, défendent et encouragent les hérétiques, nous les frappons d'excommunication, et quiconque aura dédaigné de donner satisfaction, nous décrétons qu'à compter de ce moment il soit marqué d'infamie; qu'il ne soit admis à aucune charge publique, à aucun conseil, qu'il ne puisse ni élire personne à aucune espèce de fonctions, ni témoigner. Ordonnons aussi qu'il ne soit point admis à tester, en sorte qu'il n'ait ni la faculté de faire son propre testament, ni celle d'entrer en possession d'aucune succession ou héritage.»

En 1229, lorsque le concile de Toulouse rendait la décision suivante (chap. IV) : « Quiconque à l'avenir permettra sciemment à un hérétique, soit pour ou soit par une autre cause, à demeurer sur son territoire, s'il l'avoue ou bien en est convaincu, perdra à perpétuité sa possession, et son corps sera dans la main de son suzerain, pour en être fait ce que de droit.

« Toute maison, où l'on trouve un hérétique doit être rasée, tout prince, ou seigneur, ou évêque, ou juge qui épargne un hérétique, perd sa succession ou son emploi. »

En 1246, lorsque le concile de Béziers rendait la décision suivante (chap. XXXIX) : « Pour que les juifs puissent être discernés d'avec les chrétiens, nous ordonnons et nous prescrivons sévèrement qu'au milieu de la poitrine ils portent le signe d'une roue, faite de roseau, dont le cercle soit de la largeur d'un doigt et de la hauteur d'une demi-palme. » Ch. xliii: « De plus, sont excommuniés les chrétiens qui, en cas de maladie, se confient à des juifs pour les soins médicaux. »

En 1095, lorsque le pape Urbain II faisait entendre ces paroles : « Nous ne regardons pas comme homicides ceux qui, enflammés du zèle de leur mère, l'Église catholique, contre les excommuniés, en auraient tué quelques-uns. »

En 1200, lorsque le pape Innocent III déclarait que Dieu a établi sur la terre des empereurs et des rois principalement pour prêter leur glaive à l'Église et exterminer les hérétiques.

En 1254, lorsque le pape Innocent IV prescrivait ce qui suit :

« Nous maudissons entièrement ceux qui s'éloignent de la foi catholique, nous les poursuivons de nos vengeances, nous les dépouillons de tous leurs biens; nous les enchaînons par les lois comme gens ayant fait naufrage de la vie; nous leur enlevons les successions; nous les déclarons privés de tout droit légitime.

« Les hérétiques doivent être contraints par la torture à dénoncer les autres hérétiques et amis d'hérétiques qu'ils connaissent, de même que les voleurs et les brigands, dans les choses temporelles, sont contraints à révéler leurs complices.

« Quiconque aura été surpris donnant un conseil à un hérétique (homme ou femme), qu'il soit infâme, *ipso facto*, à perpétuité, sans préjudice des autres peines, qu'il ne soit plus admis ni à occuper un emploi public, ni à porter témoignage; qu'il soit incapable de tester ou d'hériter; que personne ne soit plus tenu envers lui, mais que lui reste tenu envers les autres.

« Que l'autorité civile procède contre les accusés (accusés d'hérésie), d'après les lois promulguées à Padoue par Frédéric II :

« Celui qui s'écarte de la foi catholique, ne fût-ce qu'en un seul article, et qui, pastoralement exhorté, refuse de se rétracter, sera brûlé vif, en face du public. »

En 1250, lorsque le pape Léon X condamnait dans la bulle *Exsurge Domine*, comme erreur de Luther, la proposition suivante : « Le Saint-Esprit ne veut pas qu'on brûle les hérétiques. »

En 1713, lorsque Clément XI, dans la fameuse bulle *Unigenitus*, ordonnait à tous les dignitaires de l'Église « d'invoquer, s'il est nécessaire, le secours du bras séculier pour obtenir l'obéissance aux prescriptions de cette bulle, dirigée contre les jansénistes. »

.... Eh bien, dit un éminent publiciste, M. Émile de Girardin, ces prescriptions des conciles et des papes qui firent couler tant de flots de sang sont-elles encore en vigueur? Après avoir fait reculer devant elles l'humanité, la civilisation, n'ont-elles pas à leur tour reculé devant la civilisation, l'humanité? Si Louis XIV régnait de notre temps, signerait-il encore la révocation de l'édit de Nantes, qui coûta si cher à l'industrie et à la prospérité de la France? Approuverait-il encore cet ordre donné par le ministre Louvois au duc de Noailles : « Sa Majesté veut qu'on fasse essuyer les dernières rigueurs
« à ceux qui ne voudront pas se faire de sa religion? »

Si Bossuet, d'accord avec saint Thomas d'Aquin[1], vivait en 1862, dirait-il encore que la révocation de l'édit de Nantes fut « le plus bel usage de l'autorité; » et ajouterait-il : « Poussons jusqu'au ciel nos acclamations et disons à ce nouveau Constantin, à ce nouveau Théodose, à ce nouveau Marcien, à ce nouveau Charlemagne, ce que les six cent trente Pères dirent autrefois dans le concile de Chalcédoine : « Vous avez affermi la foi, vous avez *exterminé les héréti-*
« *ques*, c'est le digne ouvrage de votre règne[2]. »

Eh bien! si le catholicisme a fléchi, si l'extermination n'est plus prêchée en chaire, ni formulée en édits, si les bûchers de l'inquisition se sont éteints, si la civilisation et la liberté l'ont enfin emporté sur la superstition et l'intolérance, malgré le serment encore actuellement exigé des évêques (*Hæreticos, schismaticos et rebelles eidem Domino nostro pro posse persequar* : Je poursuivrai, de toutes mes forces les hérétiques, les schismatiques et ceux qui désobéissent à Notre Seigneur le Pape) pourquoi le progrès qui s'est opéré en Occident ne s'accomplirait-il pas en Orient, sous la pression des mêmes nécessités sociales?

Entre les prescriptions du Coran, qu'on a pu lire plus haut, et celles de l'Évangile, existe-t-il une différence si grande que, selon

---

[1] « L'hérétique obstiné (*pertinax*) doit être excommunié par l'Église et livré par elle au jugement de l'autorité civile pour qu'il soit exterminé de ce monde par la mort (*a mundo exterminandum morte*). » (Saint Thomas d'Aquin.)

[2] Oraison funèbre de Michel le Tellier.

les paroles de M. de Maistre : « Dès que le chrétien et le musulman viennent à se toucher, l'un des deux doit servir ou périr. » Est-ce seulement une exagération? N'est-ce pas encore, dit M. de Girardin, une imposture trop complaisamment accréditée, sciemment mise dans la circulation? Quel est donc le progrès civil ou politique, matériel ou moral, administratif, économique, financier, auquel fasse obstacle le texte du Coran? S'oppose-t-il à ce qu'on construise en Turquie des chemins de fer aussitôt que le transit et le transport des marchandises et des voyageurs en rendront l'établissement avantageux? S'oppose-t-il à ce qu'on y fonde des banques d'escompte et de circulation? S'oppose-t-il à ce qu'il y ait des écoles aussi variées qu'en aucun autre pays d'Europe? Est-il vrai de dire que les Turcs soient aujourd'hui ce qu'ils étaient en 1454? N'ont-ils pas depuis vingt ans, depuis dix ans, étonnamment grandi en tolérance?

L'usage et la justice veulent qu'après avoir entendu les témoins à charge, — et MM. Poujoulat, Lenormant, Baudicour, le R. P. Rousseau et, en dernier lieu, un ex-commis de la banque ottomane de Beyrouth, ont rempli surabondamment ce rôle, — on entende aussi les témoins à décharge. Nous avons cité M. É. de Girardin, voici les paroles d'un autre écrivain bien connu, M. Xavier Raymond. Nous empruntons les lignes qui vont suivre à un article ayant pour titre : *Une année de guerre et de diplomatie*, publié dans la *Revue des Deux-Mondes* (25ᵉ année, tome X, pages 487 et suivantes.)

« .... Je sais tout le mal que l'on peut dire des Turcs, je connais les déplorables vices de leur administration, mais cela ne me semble pas une raison suffisante pour m'associer à toutes les calomnies que j'entends débiter encore chaque jour, sur le compte de cette race, aujourd'hui si malheureuse, autrefois si grande et si puissante. Parmi ceux qui la poursuivent de leurs diatribes, il en est qui croient faire acte de foi, j'avoue que je ne saurais être de ces chrétiens-là. Si profond que soit l'abîme où se débat aujourd'hui l'empire ottoman, il est faux et injuste de vouloir confondre dans une même condamnation le peuple et le gouvernement. Le peuple est pauvre, ignorant au delà de toute croyance, mais néanmoins il a conservé des vertus véritables. Les unes sont négatives, comme la sobriété, la patience, la résignation, le manque absolu d'envie, qualité si rare en Europe; les autres sont positives, comme la dignité personnelle, le courage, la véracité, la reconnaissance pour les services rendus, et, malgré de très-grands préjugés, la tolérance. Je sais que ce dernier trait surtout semblera paradoxal; cependant, il n'en est rien : l'histoire est là pour prouver que ce n'est pas un paradoxe. De tous les États de l'Europe, l'empire ottoman est le seul qui ait duré pendant des siècles en respectant, en laissant vivre du moins dans son sein, des religions différentes de celle des maîtres de l'État. C'est peut-être aujourd'hui une des causes de sa faiblesse, mais, à coup sûr, c'est aussi une preuve éclatante de la tolérance des fils d'Othman, et une preuve qu'aucun autre peuple ne pourrait fournir. Juifs ou Chrétiens, Arméniens, Yezidis, Druses, Ansariès, Grecs ou Latins, tous ont pu vivre et se maintenir sous l'autorité des Turcs. Ils étaient rayas, ils étaient soumis à une suprématie dure et blessante, cela est vrai; cependant ils ont pu conserver leur foi et avec leur foi, leurs lois civiles, leur juridiction religieuse, leur autonomie intérieure, au sein de leurs diverses communions. En vérité, il nous sied bien de reprocher leur intolérance aux Turcs, à nous fils de Français qui, même au seizième siècle, n'ont pu vivre avec leurs frères protestants et les ont chassés du royaume, à nous fils des Goths, descendant de ceux qui ont fait une épouvantable destruction des Morisques et des Indiens de l'Amérique, à nous Espagnols du dix-neuvième siècle qui n'avons pas encore accordé sur notre terre inhospitalière un lieu de sépulture décent aux membres des confessions chrétiennes différentes de la nôtre, à nous Italiens de l'an de grâce 1855 qui mettons les gens au bagne parce qu'ils lisent la Bible protestante? Y a-t-il donc encore si longtemps que le séjour de la Norvége était interdit aux juifs, que l'Allemagne leur a reconnu certains droits, que l'Angleterre a émancipé les catholiques, que l'empereur Nicolas les persécutait à outrance, que la Grèce du roi Othon faisait mille difficultés pour admettre chez elle un établissement de *sœurs de la Charité?*

Il faut remarquer aussi que, quels que soient les défauts et les vices des Turcs, il n'est peut-être personne ayant vécu en Orient qui ne reconnaisse que de toutes les races répandues dans leur vaste empire, ils sont encore la plus honnête, la meilleure et la seule qui possède une autorité morale quelconque sur les autres. Lord John Russell disait au commencement de 1853, en plein parlement, que l'une des raisons pour lesquelles il ne pouvait pas consentir à la destruction de l'empire ottoman, c'était l'épouvantable anarchie dont elle donnerait le signal depuis les bords du Danube jusqu'aux embouchures de l'Euphrate dans le golfe Persique. Parole vraie, mais dont le sens profond échappe malheureusement à ceux qui ne savent pas ou qui ne veulent pas avouer quelle est la misère morale de ces populations, quelle est l'implacable violence des haines qui les divisent. Si toutes elles détestent plus ou moins le Turc, elles se détestent bien autrement entre elles. C'est le Turc qui, même dans le discrédit où son autorité est tombée, les force encore à se supporter les unes les autres. Supprimez-le aujourd'hui, et demain commencera une période de carnages et d'exterminations qui ne pourrait avoir de fin que par la conquête européenne, c'est-à-dire lorsqu'après de longues guerres, l'Europe se serait entendue pour savoir à qui il appartiendrait de conquérir tel ou tel morceau de cette vaste proie.

Voilà pourquoi il est téméraire de pousser à la ruine des Turcs malgré tout ce qu'on peut leur reprocher; nous en conservons bien d'autres qui ne les valent peut-être pas, et qui dans ce moment-ci font certainement moins d'efforts qu'eux pour essayer de se corriger, pour tâcher de se remettre au pas de la civilisation. Je ne sais pas, je l'avoue en toute humilité, ce qu'il faut espérer du mouvement qui s'opère en Turquie; mais certes, si elle peut être régénérée, j'ai plus de confiance pour le faire dans un gouvernement éprouvé par de cruelles vicissitudes, qui sent sa faiblesse et son impéritie, qui ne fait pas seulement appel aux armes de l'Occident, qui sollicite aussi le secours de ses arts, de ses lumières, de ses capitaux, de son industrie, de ses sentiments, de ses idées et de ses lois; j'ai, dis-je, plus de confiance pour renouveler la Turquie dans le parti de la réforme qui la gouverne aujourd'hui que dans la civilisation slave, qui n'est après tout qu'un despotisme militaire, le pire de tous les gouvernements. Pour régénérer l'empire ottoman, si faire se peut, je m'en rapporterai à Réchid-Pacha, qui aime son pays et qui espère le guérir en lui inoculant tout ce qu'il pourra porter de notre civilisation occidentale, plutôt qu'au prince Menchikoff, qui ne professe, autant que je le sache du moins, aucune sympathie ni pour la Turquie ni pour notre Occident. »

M. de Lamartine, M. Urquhart, M. de Valmy, M. Blanqui, M. l'abbé Michon, M. Ubicini, etc., ont formulé la même opinion d'une façon trop remarquable pour que je n'invoque point ici leur témoignage à l'appui de l'opinion de M. Raymond. « L'islamisme, dit M. Urquhart, calme, absorbé, sans esprit de dogme ou de prosélytisme, impose aujourd'hui aux autres croyances la réserve et le silence qui le caractérisent. Mais que ce médiateur soit écarté, et aussitôt les humbles doctrines, formées à présent dans le sanctuaire, se montreront à la cour et au camp; le pouvoir et les haines politiques s'uniront à l'esprit de domination et aux animosités religieuses, et bientôt on verra l'empire noyé dans le sang, jusqu'à ce qu'un bras vigoureux vienne rétablir l'harmonie par le despotisme. » Est-ce assez clair?

« Le culte de Mahomet, disait M. de Lamartine dans son livre sur l'Orient, avant la promulgation de la charte de Gulhané, est un culte très-philosophe qui n'a imposé que deux grands devoirs à l'homme, la prière et la charité. Ces deux grandes idées sont en effet les plus hautes vérités de toute religion; le mahométisme en fait découler sa tolérance, que d'autres cultes ont si cruellement exclue de leurs dogmes. Sous ce rapport, il est plus avancé sur la route de la protection religieuse que beaucoup d'autres religions qui l'insultent et le méconnaissent... Les Turcs sont les gardiens du saint sépulcre. Possesseurs, par la guerre, de ce monument sacré des chrétiens, ils ne le détruisent pas, ils n'en jettent pas la cendre au vent; ils le conservent, ils y maintiennent un ordre, une police, une révérence silencieuse que les communions chrétiennes, qui se le disputent, sont bien loin d'y garder elles-mêmes. Ils veillent à ce que la relique commune de tout ce qui porte le nom de chrétien soit préservée pour tous, afin que chaque communion jouisse à son tour du culte qu'elle veut rendre au saint tombeau. Sans les Turcs, ce tombeau aurait déjà été cent fois un objet de lutte entre ces communions haineuses et rivales. Il n'y a pas là de quoi accuser et injurier les Turcs. Cette prétendue intolérance brutale dont les ignorants les accusent ne se manifeste que par de la tolérance et du respect pour ce que d'autres hommes vénèrent et adorent. Partout où le musulman voit l'idée de Dieu dans la pensée de ses frères, il s'incline et il respecte. Il pense que l'idée sanctifie la forme. C'est le seul peuple tolérant. Que les chrétiens s'interrogent et se demandent de bonne foi ce qu'ils auraient fait si les destinées de la guerre leur avaient livré la Mecque et la Kaaba; les Turcs viendraient-ils de toutes les parties de l'Europe et de l'Asie y vénérer en paix les monuments conservés de l'islamisme?

« Cette tolérance n'est pas d'aujourd'hui, elle date du jour même où Mahomet II entra en conquérant à Constantinople. »

« On conçoit, dit M. de Valmy, que le monde chrétien, au moyen-âge, ait vu dans la prise de Constantinople par les Turcs un sujet d'alarme; mais il est permis à l'historien de notre temps d'y voir l'exécution d'un arrêt de la justice divine et l'extinction d'un foyer de complots et de dégradations qui répandait sur le monde chrétien sa lumière pernicieuse.

« Le jour où l'empire grec a disparu, le schisme de Photius a perdu le secours d'une autorité qui, dans sa faiblesse, était encore toute-puissante pour le mal; le christianisme a été délivré d'un ennemi intérieur plus dangereux que ceux du dehors, et le péril même que l'invasion des Ottomans a révélé à l'Occident a été une source féconde où se sont ravivés les sentiments chrétiens les plus dévoués et les plus purs. »

Si nous remontons au siècle précédent, nous voyons que les Turcs ont toujours été calomniés et décriés. « Nous sommes, dit Voltaire, les voisins des Turcs; nous ne les connaissons pas. Le comte de Marsigli, qui a longtemps vécu au milieu d'eux, affirme qu'aucun auteur ne donne une véritable connaissance ni de leur empire, ni de leurs lois. Presque tout ce qu'on dit de leur religion et de leur jurisprudence est faux, et les conclusions que l'on en tire tous les jours contre eux sont trop peu fondées. »

M. Mouradja d'Hosson, dans son *Tableau général de l'empire otto-*

man, qui fait loi sur la matière, et qui est toujours véridique, quoiqu'il ait été écrit il y a plus de soixante-dix ans, confirme Voltaire :

« Quelle que soit la destinée de cette nation, on laisse aux politiques impartiaux à voir si, même dans son état actuel, elle mérite qu'on la taxe d'ignorance et de barbarie. Si cette épithète lui a été prodiguée, c'est sans doute que les écrivains qui nous ont transmis son histoire, abusés eux-mêmes par leurs préventions, étrangers à ce peuple, trop peu versés dans la connaissance de ses usages, ont confondu les mœurs publiques avec les mœurs privées, les lois avec les abus, etc. ».

M. Blanqui, qui a visité la Turquie en 1842, écrit : « La vie municipale est plus active en Turquie que dans aucune autre contrée. La partie la plus intéressante de l'administration est celle qui concerne les rapports des Turcs avec les chrétiens. Ces rapports sont fort simples et moins dénués de liberté qu'on pourrait le croire, entre les deux populations. Aussitôt qu'un village renferme un nombre suffisant de chrétiens, on leur permet de choisir un chef qui devient l'interprète de leurs besoins et leur représentant près de l'autorité musulmane. Lui seul a caractère pour répartir l'impôt, pour transmettre les ordres des pachas, pour s'entendre avec eux sur les réclamations à présenter, etc. »

M l'abbé Michon, qui a visité la Syrie et les Lieux saints en 1849, dépose en ces termes :

« Après l'expulsion des Francs de la Palestine, aucune nation européenne n'a conservé de droit de propriété sur les monuments publics du pays. Par une sage politique, les vainqueurs ont pu ménager les vaincus en leur laissant la possession d'usage de leurs sanctuaires. En cela, ils ont pratiqué la tolérance religieuse; et l'on peut dire qu'il n'y a pas de pays au monde où il y ait plus de liberté de conscience qu'en Orient, où se trouvent tant de religions différentes, qui ont toutes le libre exercice de leur culte.

« Il y a beaucoup de choses à Jérusalem qui fatiguent la pensée du voyageur, contre lesquelles même sa foi se heurte, s'il ne l'a pas forte ou intelligente; mais il en est une à laquelle un homme de cœur, quelque peu de religion qu'il ait, ne saurait se faire. C'est de voir, de ses propres yeux, cinq à six musulmans, accroupis sur un divan, causant, fumant leur pipe, dans l'intérieur de l'église du Saint-Sépulcre, et se hâtant d'en fermer les portes et d'en emporter la clef, du moment que l'heure qu'ils vous ont vendue pour vos prières, à prix d'argent, est écoulée.

« Malheureusement nous sommes les seuls à éprouver ce noble sentiment de répulsion et d'horreur. Vous ne pouvez rien dire qui fasse plus de peine aux gardiens du Saint-Sépulcre que de témoigner le froissement de votre âme sur la présence des Turcs dans l'auguste sanctuaire; on vous répond tout froidement : *Nous aimons mieux les Turcs que les Grecs*. Je suppose que les Grecs, à leur tour, disent aussi : *Nous aimons mieux les Turcs que les Latins*. Cette triste et désolante parole m'a été répétée tant de fois, pendant mon séjour à Jérusalem, que je commençais à me faire à ce spectacle de honte : *Que deviendrions-nous tous sans les Turcs?* me disait-on sans cesse. On ne trouve pas de réponse devant une pareille question; il n'y a qu'à courber la tête et à gémir.

« Il est juste de reconnaître qu'en ce moment il s'opère dans l'empire turc une révolution pacifique, mais profonde, qui ramène peu à peu aux idées pratiques d'un gouvernement sérieux et intelligent. Maintenant que les idées d'Europe commencent à s'infiltrer dans la race turque, *il est évident* que tout changera, et qu'on arrivera naturellement à ces grands principes qui servent de fondement à la civilisation. »

L'auteur de l'ouvrage : *La vérité sur la question des Lieux saints, par quelqu'un qui la sait*, signale la particularité suivante, que nous avons notée aussi plus haut : « L'islamisme avait, depuis la conquête de la Palestine, mis en communauté tous les sanctuaires qu'il vénère au même titre que les chrétiens, à la seule exception du Saint-Sépulcre, parce qu'il croit à l'ascension de Jésus-Christ avant sa mort. »

Tous ceux qui habitent l'Orient diront que, chaque année, à la Fête-Dieu, le vendredi saint, pour toutes les processions chrétiennes, les troupes ottomanes font la haie et présentent les armes dans les rues ou dans les cours des églises, sur le passage du saint-sacrement ou de la croix.

M. Ubicini s'exprime ainsi :

« Les musulmans ont une grande vénération pour Jésus-Christ, qu'ils qualifient de Rouhallah (l'esprit de Dieu). Pour rien au monde ils ne se permettraient le déplacement d'une relique chrétienne. « Ce serait, disent-ils, attirer sur nous la colère de ce grand « prophète. »

Est-il vrai que les massacres d'Alep soient restés impunis? M. le duc de Valmy donne à cette assertion le démenti qu'on va lire :

« Ces lignes étaient écrites lorsque les tristes événements d'Alep sont venus appeler l'inquiète attention de l'Europe sur la situation de l'empire ottoman et sur le progrès de ses réformes. L'occasion de donner une éclatante preuve de justice et d'autorité a été offerte, et, il faut en convenir, acceptée sans aucune hésitation à Constantinople. Les rapports officiels déjà publiés nous ont appris que les mesures les plus énergiques ont été mises à exécution avec un louable empressement ; si le mal a été grand, il est heureusement loin d'avoir atteint les proportions que la crédulité publique lui avait données, et, si la réparation mérite quelque reproche, ce n'est pas celui d'avoir été insuffisante. »

On a accusé le gouvernement ottoman, ou plutôt les Turcs, de mettre des entraves au développement des églises. Depuis quinze ans, mille églises ont été bâties dans l'intérieur de l'empire. Nous avons vu les préceptes des conciles, et les ordonnances de l'Église catholique ou latine. La Russie professe la religion orthodoxe et parle de tolérance. Voyons comment elle met ces préceptes en pratique en Géorgie :

Au mois de janvier de l'année 1845, le gouvernement russe expulsa les religieux catholiques établis paisiblement en Géorgie depuis l'année 1662. Un oukase du 19 mars 1844 leur avait enjoint de prêter le serment, de se regarder à jamais comme sujets russes; de n'entretenir aucune correspondance avec les autorités spirituelles de l'étranger, et de se soumettre en tout au consistoire de Mohilew. Ces conditions n'ayant point été acceptées, l'ordre d'expulsion fut intimé à ces religieux, tant à Tiflis qu'à Akhaltzik. C'est dans l'église même où le père Damien, préfet apostolique en Géorgie, célébrait pour la dernière fois, une messe solennelle pour les morts, dans l'église de Saint-Pierre, que la police s'empara de tous les missionnaires et les fit accompagner jusqu'aux frontières de la Turquie.

Deux ans après, les Grecs dérobaient aux religieux latins l'étoile d'argent de Bethléem.

L'allocution du pape Grégoire XVI au sacré collége, dans le consistoire secret du 22 juillet 1842, commence ainsi :

« Déjà, dans ce lieu même, nous avons épanché avec vous, vénérables frères, la douleur que dès longtemps a profondément enracinée dans notre âme la *condition misérable de l'Église catholique dans l'empire de Russie*... Mais quel a été le fruit de tous nos soins? Les faits, et des faits trop récents, ne le disent que trop. »

Autre témoignage : La pétition de la noblesse du gouvernement de Witepsk réclame en ces termes contre les violences employées pour faire passer des Grecs-unis au culte dominant :

« On met tout en œuvre pour entraîner les Grecs-unis à la religion dominante. Ces manœuvres ne feraient aucune impression sur les esprits, dans cette province, si l'on permettait aux fidèles de se diriger, pour cette réunion, par la voix de la conscience et par une forte conviction. Mais les moyens qu'on emploie remplissent l'âme de terreur. Car, en beaucoup d'endroits, on convoque un petit nombre de paroissiens, sans la participation et à l'insu des autres, et on les oblige, non par la voie de la libre persuasion, mais par une violence contre laquelle ils ne peuvent lutter, d'embrasser la religion dominante ; et quoique ce prétendu acte d'adhésion soit le fait du petit nombre, on annonce à tous les autres habitants du village ou de la paroisse, qui demeurent à la maison, qu'ils doivent professer la religion dominante. »

Autre témoignage. Les pétitions des fidèles grecs-unis de la province d'Uszacz exposent les faits suivants :

« Au mois d'août de l'an 1835, nous, habitants de la paroisse d'Uszacz, vassaux de M. le comte Plater, nous envoyâmes une supplique au ministre des cultes à Saint-Pétersbourg, implorant sa grâce et sa miséricorde, parce que, privés de notre église, nous nous voyions forcés de professer une religion que nous n'avions point voulu embrasser, mais nous ne reçûmes aucune réponse. Seulement, l'évêque Bulhac nous prévint que bientôt arriverait une commission, avec le prêtre qui nous était destiné. Et, en effet, la commission s'est présentée le 2 décembre, et ayant convoqué le peuple, elle l'a invité à embrasser la religion grecque. Nous nous sommes tous écriés d'une voix « que nous voulions mourir dans « notre foi, que jamais nous n'avions voulu, ni ne voulions d'autre religion. » Alors la commission, laissant les paroles, en vint aux faits, c'est-à-dire qu'on se mit à nous arracher les cheveux, à nous frapper les dents jusqu'à effusion du sang, à nous donner des coups à la tête, mettre les uns en prison, et transporter les autres dans la ville de Lepch. Enfin, la commission voyant que ce moyen ne lui réussissait pas non plus, défendit à tous les prêtres grecs-unis d'entendre nos confessions ou de nous administrer quelque autre secours spirituel. Mais nous avons dit : « Nous demeurerons sans « prêtres, nous ferons nos prières à la maison; nous mourrons sans « prêtres, nous confessant les uns aux autres; nous n'embrasserons « point votre foi. Qu'on nous réserve plutôt le sort du B. Josaphat, « c'est tout ce que nous désirons! » Mais la commission s'en est allée, en se moquant de nos larmes et de nos prières. Et nous sommes demeurés comme des brebis errantes, et nous n'avons plus d'asile. »

Autre témoignage. On lit ce qui suit dans une lettre datée de Bucharest, 31 octobre 1853 :

« Lors de la publication du premier manifeste de l'empereur Nicolas, terminé par ces mots : « Nous marcherons à la défense de « la foi orthodoxe, » deux Polonais d'un régiment qui se trouvait en Bessarabie, en ayant pris connaissance, allèrent trouver leur colonel et lui dirent : « Nous venons de lire le manifeste de l'empe- « reur, et, comme nous voulons nous conduire en bons soldats, « nous venons vous demander notre congé, parce que, comme ca- « tholiques, nous ne pouvons pas nous battre pour la religion grec- « que. » Le colonel demanda des instructions à Saint-Pétersbourg, et reçut l'ordre de faire fusiller les soldats. Quatre autres se présentèrent et firent les mêmes observations; ils furent également fusillés en Moldavie. Devant les officiers russes les autres soldats polonais se turent. »

Enfin, voici comment le code polonais consacre la tolérance :

« Art. 193. Pour quiconque engagerait une personne de la foi *orthodoxe* (russe) à passer à une autre confession, *déportation dans les gouvernements de Tomsk ou de Tobolsk*. S'il y a violence, la Sibérie.

« Art. 195. Pour avoir, par sermon ou écrit, tenté de faire passer une personne *orthodoxe* à une autre confession, ou de la faire entrer dans quelque secte hérétique ou schismatique : la première fois, *emprisonnement de un à deux ans;* la seconde fois, emprisonnement de quatre à six ans; la troisième fois, déportation à Tomsk ou à Tobolsk.

« Art. 197. Pour quiconque empêcherait une personne de passer librement à la confession *orthodoxe*, emprisonnement de trois à six mois. S'il y a menaces, vexation ou violence, l'emprisonnement sera de deux à trois ans dans une maison de correction. Que l'on ose donc encore parler de fanatisme et de tolérance comparés ! »

« Les Turcs, dit encore M. É. de Girardin, comme race d'hommes, comme nation, sont encore les premiers et les plus dignes parmi les peuplades de l'Orient. Leur caractère est le plus noble et le plus grand; leur courage est intact; leurs vertus religieuses, civiles et domestiques sont faites pour inspirer à tout esprit impartial l'estime et l'admiration. Leur noblesse est écrite sur leur front et dans leurs actions; s'ils avaient de meilleures lois et un gouvernement plus éclairé, ils seraient un des premiers peuples du monde. Tous leurs sentiments sont généreux; c'est un peuple de patriarches et de contemplateurs, d'adorateurs et de philosophes; quand Dieu a parlé pour eux, c'est un peuple de héros et de martyrs... Une pareille race d'hommes, selon moi, fait honneur à l'humanité. »

M. Denis leur rendait publiquement le même témoignage, le 2 juillet 1839, à la tribune de la Chambre des députés :

« Il y a encore, croyez-moi, chez ce peuple musulman, quelques-unes des vertus qui présagent ou garantissent un long avenir social, le courage, la docilité, la bonne foi, c'est-à-dire un esprit de justice que ne peut même fausser son contact le plus fréquent avec les Européens. Les institutions législatives sont bonnes, peu nombreuses, appropriées au climat et au sol, et surtout respectées de ceux qu'elles sont appelées à régir. »

En France, pour détruire la féodalité, il a fallu une grande révolution préparée par d'innombrables écrits et qui a fait des milliers de victimes. En dépit de ce qu'on appelle la barbarie, le gouvernement turc a extirpé ce mal dans tout l'empire, et les têtes qui sont tombées peuvent être facilement et rapidement comptées. Dans la Turquie d'Asie comme dans la Turquie d'Europe, les petits comme les grands gouvernements étaient autrefois des fiefs héréditaires. Aujourd'hui, tous sont rentrés sous l'autorité du sultan. Et s'il y a eu des guerres civiles, elles ont été provoquées par d'autres causes que par la nécessité de réduire au respect de la loi commune certaines familles qui, dans leur orgueilleuse puissance, se prétendaient maîtresses du pays.

V

Les Mutualis, sectateurs d'Ali, ou *Schites*. — Croyances et pratiques religieuses par lesquelles ils se distinguent des musulmans orthodoxes ou *Sunnites*. — Les Ansariés. Leur religion est un mystère. — Ils sont divisés en achirets ou tribus. — Notions sur l'origine de cette secte. — Les Arméniens, les Arméniens catholiques; les Grecs, les Grecs catholiques; les Jacobites, les Syriaques, etc.

Les Mutualis ou sectateurs d'Ali suivent la même religion que les Persans; voici ce qu'en dit un ouvrage arabe sur les religions du globe :

« On appelle Adalié (c'est le nom qu'ils se donnent eux-mêmes) ceux qui prétendent que Dieu n'agit que par les principes de justice, conformes à la raison de l'homme. Dieu ne peut, disent-ils, proposer un culte impraticable, ni ordonner des actions impossibles, ni obliger à des choses hors de portée; mais, en prescrivant l'obéissance, il donne la faculté du bien, il éloigne la cause du mal, il permet le raisonnement, il demande ce qui est aisé et non ce qui est difficile; il ne vous rend point responsable de la faute d'autrui, il ne vous punit point pour une action qui n'est point vôtre; il ne trouve pas mauvais dans l'homme ce que lui-même y a mis, et il n'exige pas qu'il évite ce que la destinée a décrété sur lui, parce que cela serait une injustice et une tyrannie dont Dieu est incapable par la perfection de son être. »

Ces maximes n'appartiennent pas au Coran. Les Mutualis suivent le parti d'Ali, tandis que tous les Turcs suivent celui d'Omar. Ce schisme s'est produit l'an 36 de l'hégire. Les premiers sont appelés *schiites*, et les musulmans *sunnites* ou *orthodoxes*. Malgré tous leurs efforts, ces derniers, qui sont trente fois plus nombreux, n'ont pu ramener les Mutualis à leur croyance. La haine même qui sépare ces deux sectes est plus vivace et plus ardente que celle qui existe entre les Turcs et les chrétiens. Les Mutualis maudissent Omar; ils font leurs ablutions dans un bassin, tandis que les Turcs veulent de l'eau courante; ils se regardent comme souillés par l'attouchement de personnes étrangères à leur culte.

Le chef-lieu de leur résidence, en Syrie, est Baalbek. Au dernier siècle, ils étaient très-nombreux, mais la guerre civile et le brigandage les ont réduits des deux tiers. Djezzar-Pacha surtout travailla constamment à leur perte et réussit à en exterminer une grande partie.

Les Mutualis témoignent une grande aversion pour les chrétiens, et ils évitent surtout le contact des Francs.

« Les Ansariès sont, dit Valmy, le premier peuple agricole qu'il faut distinguer en Syrie des autres habitants. »

On a tellement parlé de la religion de ce peuple qu'il serait difficile d'émettre sur ce sujet une opinion nouvelle. Du reste, nous inclinons à penser que nul n'a pénétré le secret de cette religion. Ibrahim-Pacha, voulant en savoir le dernier mot, envoya parmi les Ansariès un serviteur dévoué qui pût s'initier aux mystérieuses pratiques en usage chez eux. Mais cet homme étant revenu après deux ans, il ne voulut pas, même sous la hache du bourreau, confier à Ibrahim ce qu'il avait appris. « Les Ansariés, dit M. Blanche, qui a habité douze ans en Syrie, ont une religion qui leur est propre et qui ne se rattache en rien à aucune des grandes religions de l'Orient et de l'Occident. Ces doctrines bizarres, qu'on connaît mal parce qu'elles imposent le secret à leurs sectateurs, semblent un mélange, dans des proportions indéterminées, du christianisme et de l'islamisme avec les antiques religions de la Syrie. La réunion sur un même sol de tant de races et de tant de doctrines opposées, la guerre et les persécutions religieuses ont produit en Syrie des systèmes religieux confus et contradictoires, dont la nature et l'origine sont également obscures.

« Il est certain qu'on ne retrouve chez les Ansariés, ni Moloch, ni Baal, ni Adonis, ni Astarté, ni aucune des divinités matérialistes de l'ancienne Syrie. Ils admettent l'existence d'un Dieu unique et croient, comme les chrétiens, au dogme de l'Incarnation; seulement c'est Ali qui est la personnification de Dieu sur la terre. Ils nient la mission de Mahomet et rejettent le Coran, ses dogmes et ses préceptes. Comme les anciens Orientaux, ils croient à l'interprétation des songes et à la métempsycose. Les âmes transmigrent dans le soleil ou la lune, ce qui a fait croire, à tort, qu'ils adoraient ces astres; ou bien, elles restent sur la terre et passent dans d'autres figures humaines ou animales. On a dit souvent qu'ils avaient des fêtes copiées sur les anciennes saturnales de la Grèce et de la Syrie. Je crois pouvoir affirmer qu'il n'en est rien à Safita. Toutefois, chez eux plus que partout ailleurs en Orient, la femme est nulle dans l'ordre social; et il y a dans leurs idées sur les rapports des sexes, des points de doctrine encore peu connus, par la raison peut-être qu'ils sont très-obscurs en eux-mêmes et très-mal définis : c'est ce qu'on peut dire de leur métaphysique en général.

« La masse du peuple vit dans une ignorance absolue des matières religieuses. Elle ne pratique aucun culte extérieur; leur religion n'est en somme qu'un déisme grossier, auquel se joignent quelques superstitions vulgaires. La science religieuse n'est possédée que par un petit nombre de privilégiés. Ils prennent le titre de *cheikhs* et ont, pour prier, de petits temples, au milieu de bosquets où ils se réunissent quelquefois mystérieusement. Le vulgaire n'y est pas admis. Ils ont, dit-on, quelques rares livres de doctrine; mais ils n'ont pas de livre révélé où se trouve déposé tout ce que l'homme peut connaître de la science divine. Ce qu'ils prétendent posséder de cette science, ils le conservent par la tradition orale. En admettant même que leur doctrine soit parvenue, dès le début, à sa perfection, on peut juger avec quelle facilité elle a dû, dans de pareilles conditions, s'altérer et s'obscurcir avec le temps; aussi peut-on conjecturer, avec une grande apparence de raison, que le mystère dont ils s'entourent et qui pique à un si haut point notre curiosité, ne couvre, en définitive, que des rêveries extravagantes, où la raison n'a aucune part.

« C'est donc en vain que l'on cherche souvent dans la religion ansariée une doctrine systématiquement ordonnée. On n'y saurait voir autre chose qu'un amas inextricable de croyances et de dogmes sans liaison logique entre eux, qu'une métaphysique obscure et ignorante, débris informe des grands systèmes qui se sont produits dans l'histoire de l'Orient. Ce n'est pas, je crois, se trop aventurer dans la voie de l'induction que de regarder les Ansariés comme des descendants altérés des Syriens de l'époque païenne, et leur religion actuelle comme une ruine encore reconnaissable d'un état moral qui n'existe plus.

« Leurs montagnes sont, en général, mal famées. L'étranger ne se hasarde guère à y pénétrer. Il y a peut-être dans cette défiance plus de prévention que de raison. Il est certain, toutefois, que l'Ansarié, quoique poltron de sa nature, est grand pillard et toujours prêt à exercer ses déprédations sur les terres du voisinage, sur les voyageurs obscurs, isolés et sans défense. Il pratique également l'hospitalité et la vengeance, et l'on retrouve en lui les principaux traits de la nature orientale dont l'Arabe nomade offre le type parfait. Mais ces traits sont extrêmement affaiblis. Il n'a pas dans sa religion, dans ses traditions nationales, dans l'opinion publique, de règles sûres pour se diriger. Il n'a nulle part de loi nettement posée qui lui trace ses devoirs et le force à s'y conformer. Les obligations, les serments ne le lient pas; il est, sans contredit, inférieur, en fait de moralité, à la plupart des races syriennes.

« A Safita, les Ansariés sont eux-mêmes propriétaires du sol. Ils ne sont ni les associés ni les serfs du sultan ou de quelques privilégiés. En d'autres termes, il n'y a pas chez eux d'aristocratie féodale, pas de glèbe, pas de féodalité; et il se trouve seulement des individus plus ou moins favorisés de la fortune, et, par suite, plus ou moins influents dans les affaires. Les mieux partagés sont reconnus comme chefs ou *mokaddems*.

« Les Ansariés causent souvent à la Porte de très-graves embarras.

Retranchés dans leurs âpres montagnes, ils refusent souvent de payer le tribut, la seule marque de soumission qui leur soit demandée. Ils ne se décident à donner quelques à-compte sur un arriéré énorme que quand ils sont trop inquiétés des menaces de l'autorité. Ce n'est qu'à Safita, pays d'un accès très-facile, qu'on paye souvent plus qu'il n'est dû au fisc. »

La population est divisée en tribus ou *achirets*. Les chrétiens et les rares musulmans qui vivent dans le pays, font partie des achirets, au même titre que les Ansariés. Il se produit souvent entre les tribus des rivalités au sujet du pouvoir, des jalousies et des discordes qui entraînent l'affaiblissement des unes, la prépondérance des autres.

Les principaux achirets sont les Khaïatins, les Haddadins, les Nouasra, Motaouara, les Rosselanes, les Chamisina, les Mléh, les Karahli, etc.

Assemani, dans sa *Bibliothèque orientale*, raconte ainsi l'origine des Ansariés :

« L'an des Grecs 1202 (891 de l'ère chrétienne), il y avait dans les environs de Koufa, au village de Nassar, un vieillard que ses jeûnes, ses prières assidues et sa pauvreté faisaient passer pour un saint. Plusieurs gens du peuple s'étant déclarés ses partisans, il choisit parmi eux douze sujets pour répandre sa doctrine. Mais le commandant du lieu, alarmé de ses mouvements, fit saisir le vieillard et le fit mettre en prison. Dans ce revers, son état toucha une fille, esclave du geôlier, et elle se proposa de le délivrer; il s'en présenta bientôt une occasion qu'elle ne manqua pas de saisir. Un jour que le geôlier s'était couché ivre et dormait d'un profond sommeil, elle prit tout doucement les clefs qu'il tenait sous son oreiller, et, après avoir ouvert la porte au vieillard, elle vint les mettre en place sans que son maître s'en aperçût. Le lendemain, lorsque le geôlier vint pour visiter son prisonnier, il fut d'autant plus étonné de trouver le lieu vide qu'il ne vit aucune trace de violence. Il crut alors que le vieillard avait été délivré par un ange, et il s'empressa de répandre ce bruit pour éviter la répréhension qu'il méritait. De son côté le vieillard raconta la même chose à ses disciples, et il se livra plus que jamais à la prédication de ses idées. Il écrivit

même un livre dans lequel on lit, entre autres choses : « Moi, un
« tel, du village de Nassar, j'ai vu Christ, qui est la parole de Dieu,
« qui est Ahmed, fils de Mohamed, fils de Hamfa, de la race d'Ali,
« qui est aussi Gabriel, et il m'a dit : « Tu es celui qui lit (avec in-
« telligence); tu es l'homme qui dis vrai; tu es le chameau qui pré-
« serve les fidèles de la colère; tu es la bête de charge qui porte
« leur fardeau; tu es l'Esprit Saint, et Jean, fils de Zacharie. Va, et
« prêche aux hommes qu'ils fassent quatre génuflexions en priant, à
« savoir, deux avant le lever du soleil et deux avant son coucher, en
« tournant le visage vers Jérusalem, et qu'ils disent trois fois : Dieu
« tout-puissant, Dieu très-haut, Dieu très-grand; qu'ils n'observent
« plus que la deuxième et troisième fête; qu'ils ne jeûnent que deux
« jours par an; qu'ils ne se lavent point le prépuce, et qu'ils ne
« boivent point de bière, mais du vin, tant qu'ils voudront; enfin,
« qu'ils s'abstiennent de la chair des bêtes carnassières. » Ce vieillard étant passé en Syrie, répandit ces opinions chez les gens de la
campagne et du peuple, qui le crurent en foule, et, après quelques
années, il s'évada sans qu'on sût ce qu'il devint. »

Chez les Ansariés on distingue les Chemsie, qui adorent le soleil;
les Kelbies, qui adorent le chien; les Yezidis, qui invoquent le
diable; les Kadamacés, qui, d'après une opinion répandue, rendent un culte à Priape.

Nous ne parlerons des Arméniens, des Arméniens catholiques,
des Grecs, des Grecs catholiques, des Jacobites, etc., que pour signaler la haine qui existe entre ces différentes sectes chrétiennes.
S'ils se haïssent entre eux, ils méprisent souverainement les Maronites, quoique la croyance des catholiques de rites différents soit
identique à celle des habitants du Kasrawan.

Cette inimitié va si loin que, dans les derniers événements du Liban, on a vu des Grecs et des Grecs catholiques s'unir aux Drûzes,
et les seconder dans leur œuvre de massacre et de dévastation. Habitué à la tolérance religieuse d'Europe, un étranger est péniblement affecté par ce fanatisme qui lui fait préférer, comme l'avoue
l'abbé Michon, un Turc à un chrétien.

Les Turcs catholiques se sont séparés des orthodoxes, il y a près
de quatre-vingts ans. La cause de la querelle et de la scission, c'est

un habit sacerdotal qu'un évêque de Saint-Jean-d'Acre avait voulu s'approprier, quoiqu'il appartînt au patriarche d'Alexandrie. Admonesté par ses chefs, ce prélat prêcha le schisme, demanda la protection des autorités françaises et de la cour de Rome, et l'obtint. A part les jeûnes moins fréquents et la reconnaissance de la suprématie du pape, il n'y a rien de changé dans le culte. Les églises, la liturgie, le baptême, etc., tout est absolument comme chez les orthodoxes. Il y a douze ans à peine que la Porte a reconnu officiellement l'existence de cette Église, et lui a accordé les priviléges dont jouissent les autres communions.

Les Arméniens catholiques diffèrent des Arméniens comme les Grecs catholiques des orthodoxes.

Les Syriaques, les Jacobites sont en trop petit nombre en Syrie pour que nous nous en occupions. Leur liturgie se rapproche beaucoup de celle des Maronites.

Les autres sectes chrétiennes ne méritent pas de mention spéciale.

VI

Les Druzes. — Le kalife Hakem, fondateur de leur religion. — Le prophète Mohammed Durzé. — Son disciple, Hamz-ben-Ahmed, régularise ce nouveau culte. — Ses adeptes persécutés se réfugient dans le Liban. — Les Druzes alliés des Maronites. — Fakr-Eddin, chef et gouverneur de la nation druze. — A l'extinction des princes de sa race, le pouvoir passe dans la famille de Shehab.—Melhem (1740-1759) relève le prestige des Druzes.—L'émir Joussef, l'émir Béchir. — Les pachas de Saint-Jean-d'Acre concèdent le pouvoir à ferme au plus offrant. — Les Druzes se divisent en okkals ou initiés et en djahels ou profanes. — Religion, mœurs, coutumes et caractère de cette nation.

Nous voici en présence de deux peuples dont le nom se trouve sans cesse, depuis vingt-huit ans, sous la plume des écrivains et dans la bouche de tout le monde : les Druzes et les Maronites. On les a diversement jugés, et ces jugements contradictoires sont également empreints de passion et de haine. En exprimant avec franchise notre opinion sur l'un et l'autre peuple, nous blesserons apparemment bien des susceptibilités; confiant dans notre impartialité, nous en courons le risque. Si les Turcs, nous disait un jour un européen qui a habité longtemps leur pays, avaient écrit ou laissé écrire, contre les chrétiens et l'Europe, la millième partie de ce que l'on débite journellement contre la religion et la race musulmane, il n'y aurait pas pour les flétrir d'injure assez forte. Heureusement, ils sont philosophes et savent, suivant la parole de leur prophète, que la vérité se distingue du mensonge.

Témoin d'une grande partie des événements qui se sont passés en Syrie, ayant vécu parmi toutes les classes de la société orientale, nous avons cherché à connaître et à faire connaître la vérité.

Plusieurs auteurs ont prétendu que les Druzes étaient originaires d'Égypte. Ils se trompent. Ce fut le kalife Hakem, le fondateur de leur religion, qui régna sur ce pays.

Pour le malheur de son siècle, dit M. J. David, Hakem hérita du kalifat à l'âge de onze ans. Dès son adolescence, les courtisans faussèrent son esprit, et il lui fut loisible de s'abandonner à toutes les passions et à tous les caprices d'une nature déréglée et pervertie. Hakem devint le plus parfait modèle de toutes les dépravations de l'âme et du corps.

Un pareil monstre méritait l'exécration des hommes. Il trouva pourtant, pour ses cruautés et pour ses vices, des admirateurs et des ministres. Un jour, il lui prit fantaisie de se faire adorer. Il se rencontra seize mille créatures pour le proclamer d'incarnation divine. Puis, ce dieu eut ses prophètes. Le premier fut un certain Mahomet Neschleghin, Turc d'origine, surnommé *Durzé*. Cet homme, aussi violent que dépravé, après avoir détruit tout ce que l'islamisme avait de respectable, autorisa tous les excès et tous les crimes. Il alla si loin que le kalife, son dieu, fut contraint de le désavouer. C'est pourtant de lui que les Druzes tirent leur nom.

Voici ce que dit E. Makin, dans son histoire arabe, des commencements de la religion druze.

« L'an de l'hégire 386, parvint au trône d'Égypte, à l'âge de onze ans, le troisième kalife de la race des Fatimites, nommé Hakem bi Amr Allah. Ce prince fut l'un des plus extravagants dont la mémoire des hommes ait gardé le souvenir. D'abord, il fit maudire, dans les mosquées, les premiers kalifes, compagnons de Mahomet ; puis, il révoqua l'anathème ; il força les juifs et les chrétiens d'abjurer leur culte ; puis il leur permit de le reprendre. Pour se désennuyer, il fit brûler la moitié du Caire pendant que ses soldats pillaient l'autre moitié. Non content de ces fureurs, il interdit le pèlerinage de la Mecque, le jeûne, l'aumône, les cinq prières ; enfin, il porta la folie au point de se faire passer pour dieu. Il fit dresser un registre de ceux qui le reconnurent pour tel, et il s'en trouva jusqu'à seize mille. Ce projet insensé fut appuyé par un faux prophète qui était alors venu de Perse en Égypte. Cet imposteur, nommé Mohammed-ben-Ismaïl, enseignait qu'il était inutile de pratiquer le jeûne, la prière, la circoncision, le pèlerinage et d'observer les fêtes, que la prohibition du vin et du porc était absurde, que le mariage des frères et des sœurs, des pères et des enfants était licite. Pour se faire bien venir auprès de Hakem, il soutint que ce kalife était une incarnation de la Divinité, et à son nom de Hakem *Bi-Amr-Allah*, qui signifie « gouvernant par l'ordre de Dieu, » il substitua celui de Hakem *Bi-Amreh*, qui veut dire « gouvernant par sa « propre volonté. » Par malheur pour le prophète, son nouveau dieu n'eut pas le pouvoir de le garantir de la fureur de ses ennemis. Il le tuèrent dans une émeute, aux pieds mêmes du kalife qui, peu après, fut aussi massacré sur le mont *Mokatam*, où il entretenait, disait-il, un commerce avec les anges. »

Malgré la mort de ses deux chefs, la nouvelle religion, persécutée de tous côtés, acquit plus de consistance. Un disciple de Mohammed *Durzé*, nommé Hamz-Ben-Ahmed, la régularisa et la répandit dans l'Égypte, la Palestine et sur la terre de Syrie. Les persécutions devenant plus violentes, tous ses sectateurs se réfugièrent dans les montagnes du Liban, où ils pouvaient mieux se défendre, et formèrent avec les autres persécutés, ceux-ci de religion chrétienne, les Maronites, une nation qui se maintint presque indépendante.

Druzes et Maronites se montrèrent depuis lors unis dans toutes les guerres dont la Syrie fut le théâtre. Jusqu'au temps de la conquête par Sélim, personne n'avait pu les assujettir ; leurs nouveaux maîtres, les sultans, occupés à des conquêtes plus éloignées, ne purent mettre un frein aux déprédations commises par les montagnards dans les plaines de Saïda ou de Beyrouth. Ce ne fut qu'Amurath III, en 1588, qui, fatigué des plaintes qui lui parvenaient sans cesse, résolut de réduire ces rebelles. Son vizir, Ibrahim, attaqua les Druzes et les Maronites avec tant de vigueur qu'il parvint à les forcer dans leurs montagnes. Il leva sur eux une forte contribution de guerre et leur imposa même un tribut que jusqu'à nos jours ces deux peuples n'ont jamais cessé de payer.

Jusqu'alors ils avaient vécu dans une sorte d'anarchie sous l'autorité des Okkals et des Cheikhs. Ibrahim concentra les pouvoirs dans les mains d'un seul homme, qui fut chargé de percevoir les impôts, de rendre la justice et de veiller à la tranquillité du pays. Ce gouverneur, choisi parmi eux, sut, par degrés, se rendre presque indépendant.

Vers les premières années du dix-septième siècle, le fameux émir Fakr-Eddin, chef et gouverneur de la nation, porta la puissance des Druzes à son plus haut développement. Il paya à la Porte un tribut plus considérable, et, malgré ses protestations de fidélité cent fois répétées, il parvint à se rendre maître de tout le pays, depuis Adjlun, près de Damas, jusqu'à Beyrouth, Saïda et Sour. Les gouverneurs de Damas et de Tripoli tâchèrent de le perdre près de la Porte, mais inutilement. Fakr-Eddin y entretenait des protesteurs et des espions. Le Divan finit pourtant par s'émouvoir des progrès des Druzes et fit les préparatifs d'une expédition capable de les refouler dans leurs montagnes. Fakr-Eddin ne jugea pas à propos d'attendre l'orage, et il partit pour Florence en laissant les rênes du pouvoir aux mains de son fils.

C'est depuis lors que s'est répandue la fable qui fait descendre les Druzes d'anciens croisés, chassés de la Terre sainte et réfugiés dans les solitudes du Liban. On citait un certain comte de Dreux qui aurait donné son nom à cette tribu nouvelle. Fakr-Eddin, pour se faire des partisans en Europe et jeter de l'éclat sur sa nation, avait cru devoir accréditer cette version. Il se disait issu de Godefroi de Bouillon. Mais un examen sévère et ce fait surtout que Benjamin de Tolède cite le nom des Druzes avant l'époque des croisades, ont mis à néant cette fable grossière.

Après avoir habité l'Italie pendant près de neuf ans, Fakr-Eddin vint reprendre le gouvernement que le Divan avait laissé à son fils.

Au lieu d'améliorer le sort de ses subordonnés par les connaissances qu'il avait pu acquérir en Europe, il mécontenta tout le monde, même le sultan Amurath IV, qui envoya contre lui le pacha de Damas, appuyé par quarante galères, pour envahir les villes de la côte. Après plusieurs rencontres, dont la dernière coûta la vie à son fils Ali, Fakr-Eddin prit la fuite. Les Turcs le poursuivirent jusqu'à Niha, point très-escarpé, où ils l'assiégèrent inutilement. Une année après, ses compagnons le livrèrent et il fut conduit à Constantinople, où il éprouva quelque temps les effets de la bienveillance du sultan. Mais il fut étranglé en 1632.

L'autorité fut laissée à ses héritiers mâles, mais, à l'extinction de ceux-ci, elle passa à un prince de la famille Shehab.

Le seul émir de cette maison qui, dit Valmy, mérite quelque souvenir, est Melhem, qui gouverna depuis 1740 jusqu'en 1759. Dans cet intervalle, ce prince parvint à réparer les pertes que les Druzes avaient essuyées à l'intérieur, et à leur rendre à l'extérieur la considération dont ils étaient déchus depuis la mort de Fakr-Eddin. Sur la fin de sa vie, il abdiqua pour vivre à la manière des Okkals. Ce fut son frère Mansour qui lui succéda, son fils ainé, Joussef, n'ayant pas encore onze ans. Celui-ci fut élevé par un curé maronite, nommé Sad, qui sut tirer profit des revenus du jeune prince pour le rendre adjudicataire de la ferme du Kasrawan, dépendant du pacha de Tripoli. Il acheta aussi au pacha de Damas le droit de faire la guerre aux Mutualis et de s'allier à la faction des Druzes, ennemie de Mansour. Joussef parvint au pouvoir, mais il fut déposé en 1784 par Djezzar-Pacha, qui lui substitua l'émir de Hasbeya, Ismaïl. Joussef, qui avait dépensé près de quatre millions de francs pour rester au pouvoir, acheta de nouveau les bonnes grâces de Djezzar-Pacha et, l'année suivante, il rentrait à Deïr-el-Kamar pour céder la place, en 1789, à l'émir Béchir, qui a gouverné le Liban jusqu'en 1840.

Le Liban étant une ferme que le pacha d'Acre accordait au plus offrant et dernier enchérisseur, écrivait M. Poujoulat en juillet 1831, chaque émir qui offre de payer plus d'argent que son rival est le bienvenu à Saint-Jean-d'Acre et reçoit l'investiture du gouverneur turc. Mais, pour remplir de telles promesses, il faut recourir aux contributions arbitraires, il faut pressurer cruellement les habitants. Alors les révoltes éclatent et l'émir est renvoyé. L'émir qui se présente pour lui succéder n'obtient l'investiture qu'à force de promesses d'argent; nouvelle extorsion pour compléter la somme promise; nouvelle insurrection, et nous retombons dans un cercle perpétuellement vicieux. L'émir Béchir, chassé sept ou huit fois de Deïr-el-Kamar, parvient toujours à remonter au pouvoir, et chaque fois qu'il reprend le titre de gouverneur, il augmente la contribution des montagnards. En 1797, à l'époque du siége de Saint-Jean-d'Acre par Bonaparte, Béchir eut recours à l'amiral sir Sidney Smith pour rentrer dans les bonnes grâces de Djezzar-Pacha. Après la retraite de Bonaparte, l'émir vint de Damas, où il avait été contraint de se retirer, et se confia à sir Sidney Smith, qui opéra leur réconciliation dans un dîner, où il les réunit tous les deux. Nous reparlerons, dans un autre chapitre, de cet homme extraordinaire. Revenons à la religion des Druzes.

Les Druzes ne pratiquent ni circoncision ni prières; ils mangent du porc, se marient entre frère et sœur; mais il n'y a plus d'alliance publique entre les enfants et les pères.

Les Druzes se divisent en deux classes, les Initiés ou Okkals et les Profanes ou Djahels. Il y a divers grades d'initiation, dont le plus élevé exige le célibat. On reconnaît les Druzes au turban blanc qu'ils affectent de porter en signe de pureté. Toutes leurs pratiques sont enveloppées de mystère. Ils ont des oratoires toujours isolés et placés sur des hauteurs. Quelques femmes initiées y sont admises. Ils ont un ou deux livres qu'ils cachent avec beaucoup de soin; mais on a pu s'en procurer un, pendant une de leurs guerres civiles. Volney assure, d'après les personnes qui l'ont lu, qu'il ne contient qu'un jargon mystique dont l'obscurité fait sans doute tout le prix aux yeux des adeptes.

M. Poujoulat, dans sa correspondance d'Orient, rapporte ce qui suit sur la religion des Druzes; mais, comme il ne fait pas connaître la source où il a puisé ses informations, nous n'en garantissons pas l'exactitude :

« Le jour du jugement est celui où Hakem, reprenant la forme humaine, règnera sur tout l'univers par la force et par l'épée. Personne ne sait quand arrivera ce grand jour, mais des signes l'annonceront au monde; ces signes seront la discorde des rois et le triomphe des chrétiens sur les musulmans. Hakem ôtera la vie aux rois et aux peuples et leur donnera ses ordres. Les peuples seront alors divisés en quatre sectes, en chrétiens, juifs, renégats et adorateurs du vrai Dieu, chacun des deux premiers se subdivisera de la manière suivante : des chrétiens sortiront les Ansariés et les Mutualis; des juifs sortiront les Turcs. Les renégats sont ceux qui ont abandonné la foi de Hakem.

« Une récompense éclatante attend pour ce grand jour les adorateurs de Hakem; ils auront la royauté, les biens, l'or et l'argent. Les renégats seront affreusement punis, leur nourriture deviendra amère, ils seront esclaves. Dieu leur passera un anneau de verre noir à l'oreille qui les brûlera en été et les glacera en hiver. Les peines des chrétiens et des juifs seront moins violentes.

« Les pères de la religion druze sont les cinq prophètes de Hakem, savoir : Hamzé, Ismaïl, Mahomet-el-Kalimé, Abou-el-Kleïr, Baha-Eddin.

« Un Druze non initié sera esclave et déshonoré pour toute l'éternité.

« Les âmes, créées de la lumière, n'augmentent ni ne diminuent dans le monde; lorsqu'un homme meurt, au même moment il en naît un autre.

« Les Druzes ne jurent jamais par Dieu.

« Si vous forcez un Druze à vous dire quel livre religieux il admet, il vous dira que c'est le Coran si ceux qui le dominent sont musulmans, et l'Évangile si ses maîtres sont chrétiens.

« Hamzé, le premier de leurs prophètes, dit : Je suis la première des créatures de Dieu, je suis sa voie et son pont; j'ai la science par son ordre, je suis la tour et la maison bâtie; je suis le maître de la mort et de la résurrection; je suis celui qui donnera le triomphe au dernier jour, je suis le chef du sacerdoce, le maître de la grâce. »

Hamzé, selon eux, est l'auteur de l'Évangile; voilà pourquoi les Druzes adorent ce livre, comme étant un livre divin; l'Évangile est fondé sur la sagesse éternelle.

Oui, disent-ils encore, l'Évangile est sorti de la bouche du Messie, mais ce Messie est Hamzé, fils d'Ali; le faux Messie est né de Marie, il est fils de Joseph.

Pendant que le faux Messie était sur la terre avec ses disciples, Hamzé se trouvait au nombre de ces derniers, il prêchait lui-même l'Évangile, donnait des instructions au fils de Joseph et lui disait : « Fais ceci, fais cela, » et le fils de Joseph lui obéissait. Cependant les Juifs conçurent de la haine contre le faux Messie, et le crucifièrent; après qu'il eut expiré sur la croix, on le mit dans un tombeau; Hamzé vint, enleva le corps et l'ensevelit dans un jardin, puis il répandit le bruit que le Messie avait ressuscité. Le vrai Messie agissait ainsi dans l'intérêt de l'Évangile; sans doute il favorisait l'hérésie, mais il voulait que les Druzes pussent se couvrir de la religion chrétienne et que personne ne les connût. Dieu a souffert le mal de l'hérésie parce que, comme il est écrit dans le Coran, il a donné la sagesse aux uns et en a privé les autres.

Hamzé, fils d'Ali, a ordonné aux fidèles de cacher la sagesse, parce qu'elle contient les secrets du Seigneur et qu'il ne convient pas de la montrer à tout le monde.

Hamzé était contemporain de Hakem, et c'est lui qui contribua le plus à répandre et à établir la religion nouvelle. Comment vivait-il du temps de Jésus-Christ? Les Druzes l'expliquent par la métempsycose.

Il est maintenant certain que le culte du veau n'existe pas chez ce peuple. Au contraire, d'après Baha-Eddin, l'écrivain unitaire, Hamzé est le Messie de tous les âges qui doit faire périr le veau et le mauvais génie. Beaucoup de livres druzes désignent les autres religions sous le nom de culte des veaux et des buffles.

Le nombre sept est sacré. Leurs savants citent sept cieux, sept terres, sept planètes, sept jours dans la semaine, sept ouvertures au visage de l'homme; ils font remarquer que les Hadji musulmans font sept fois le tour de la Kaaba, que Hakem porta sept ans des vêtements noirs, qu'il laissa croître ses cheveux sept ans, et que pendant sept ans il se servit de l'âne pour monture.

« Les Druzes, dit encore M. Poujoulat, sont mêlés dans le Liban avec les Maronites; les deux nations vivent en paix l'une avec l'autre.

Il y a quinze ou vingt ans que la nation druze se montrait encore nombreuse et puissante. L'ambition soupçonneuse de l'émir Béchir l'a cruellement décimée. La plupart des chefs druzes ont été immolés ou proscrits, et maintenant ce peuple belliqueux, longtemps dominateur du Liban, ne *s'offre plus au voyageur que comme de vivants débris qui attestent une terrible vengeance.* Avant leurs derniers malheurs, les Druzes pouvaient mettre facilement trente mille hommes sous les armes, et leur population s'élevait à plus de cent cinquante mille habitants. Aujourd'hui, *ce pauvre peuple,* hommes, femmes, enfants, forme tout au plus une population de soixante mille âmes, population docile et tremblante sous la main qui l'opprime. »

M. Poujoulat, après avoir dit à peu près la même chose dans son *Voyage en Asie Mineure et en Syrie,* aurait dû s'en souvenir en publiant son nouvel ouvrage, la *Vérité sur la Syrie,* et il eût trouvé là une partie des causes qui ont amené les sanglants événements de 1860.

Le Druze a l'air belliqueux; son regard est empreint d'une tristesse farouche; ses manières sont froides; il parle lorsque la nécessité l'y oblige. Un secret qui lui est confié meurt avec lui. L'esprit de corps, de nation, domine en lui, et si des questions religieuses ou politiques divisent les esprits et les consciences, au moment du danger il oublie tout pour voler au secours de ses frères. C'est là ce qui fait sa principale force.

Les femmes, quoique plus libres que chez les Turcs, le sont moins que chez les Maronites. En effet, comme il en est d'initiées parmi elles, on craindrait qu'une légèreté naturelle ou des mœurs corrompues ne leur fissent dévoiler les secrets du culte.

Les Druzes se partagent en deux classes : les notables, cheikhs ou émirs, et le peuple. Toute la partie du Liban qu'ils habitent est admirablement cultivée. On y trouve de très-riches familles, qui possèdent près du sixième des terres. Les propriétés de feu Seïd-Bey-Djomblat sont les plus importantes. Elles s'étendent depuis Mohtara, près de Deïr-el-Kamar, jusqu'à Saïda.

Jusqu'à la conquête de la Syrie par Méhémet-Ali, leur pays était gouverné par un hakem ou émir agréé par le gouverneur d'Acre, à qui il payait un tribut. Nous avons dit plus haut quel était le rôle de l'émir, prenant le gouvernement à terme.

Pour toutes les questions capitales, les notables étaient convoqués en assemblée générale, de sorte que le gouvernement était un mélange de monarchie, d'aristocratie et de démocratie.

En cas de guerre, tout homme en état de porter les armes était appelé. Dans le Liban, on ne peut faire d'autre guerre que celle des guérillas. Jamais on ne se risque en plaine; tout l'art consiste à gravir les rochers, à se cacher dans les broussailles et derrière les blocs de pierre, et à diriger de là sur l'ennemi un feu très-dangereux. Les Druzes ont le tir très-juste; ils s'entendent à merveille aux attaques brusques, aux coups de main, aux embuscades. Ils sont, dit Volney, ardents à pousser leurs succès, hardis jusqu'à la témérité, quelquefois même féroces. Ils ont deux excellentes qualités qui font de bonnes troupes : ils obéissent exactement à leurs chefs et sont d'une sobriété et d'une vigueur de santé inconnues aux nations plus civilisées.

Dans la campagne de 1789, ils passèrent trois mois en plein air, sans tentes, et n'ayant pour tout meuble qu'une peau de mouton. Leurs vivres consistaient en petits pains cuits sous la cendre ou sur une brique, en oignons crus, en fromage, en olives ou autres fruits, et quelque peu de vin. Leurs chefs avaient une table presque aussi frugale. S'ils se trouvait parmi eux quelques hommes ayant la science de la stratégie européenne, ils deviendraient une milice formidable. « Leur caractère, dit encore Volney, qu'il faut toujours consulter lorsqu'il s'agit de la Syrie, est fier, énergique, actif; ils ont un esprit républicain des plus irritables. On les cite dans tout le Levant pour leur humeur inquiète, leur esprit entreprenant et leur bravoure à toute épreuve. On les a vus, au nombre de trois cents seulement, fondre en plein jour sur Damas, y répandre le désordre et l'épouvante. »

Il est inconcevable qu'avec un genre de vie presque semblable, les Maronites n'aient point ces qualités au même degré.

Les Druzes n'admettent point le pardon des injures. Personne n'est aussi ombrageux sur le point d'honneur. Une offense est sur-le-champ vengée à coups de fusil. Cette susceptibilité excessive en a fait un peuple très-poli. La circonspection est nécessaire à tous.

Les Druzes sont vraiment hospitaliers. Ils donneraient leur dernier para au passant misérable. Lorsqu'ils contractent vis-à-vis de leur hôte l'engagement du pain et du sel, rien ne serait capable de le leur faire violer.

Jamais, et quoi qu'il pût en résulter pour eux, ils ne livreraient un homme persécuté ou même un coupable. Tous ceux qui ont écrit sur les Druzes racontent des faits à la louange de leur caractère.

Ils ont le préjugé de la naissance, et attachent beaucoup de prix à l'ancienneté de la famille. Ils s'allient entre parents et conservent encore l'usage des Israélites, qui veut qu'un frère épouse la veuve de son frère. Depuis une trentaine d'années pourtant, les unions entre proches parents sont, nous l'avons dit, plus rares qu'autrefois. Le divorce est assez fréquent parmi eux.

En résumé, leur caractère propre et distinctif est un esprit démocratique qui leur donne à leurs propres yeux une grande valeur personnelle. En matière religieuse, ils sont tout à fait indifférents. Ils aiment le travail, sont braves, intelligents, ennemis des préjugés qui divisent les chrétiens ou les Turcs.

Au jugement porté par divers auteurs sur cette nation, et qui ne lui est pas défavorable, nous pourrions ajouter le témoignage d'une grande partie des officiers du corps expéditionnaire de 1860, celui de tous les Européens animés d'un esprit impartial, qui, dans ces dernières années, ont vécu en Syrie. Malgré les effroyables massacres de 1860, tous ont été obligés de reconnaître que les Druzes sont un peuple qui a pu s'attirer un juste blâme, mais qu'il est impossible de ne pas estimer.

Quant à ces massacres, ils ont dû avoir une cause. Nous tâcherons de la rendre évidente dans le cours de ce livre. M. Poujoulat nous a fourni quelques lignes qui devaient mettre sur la voie tous ceux qui ont écrit sur les derniers événements. Mais personne n'a voulu en tenir compte. On a parlé de fanatisme ou d'intrigues étrangères : deux hypothèses sans nulle valeur. La première tombe devant ce qui a été dit de la religion des Druzes. Quant à la seconde, ne serait-il pas absurde de supposer qu'en vue de satisfaire à des intérêts quelconques, des Européens eussent poursuivi des résultats tout aussi nuls qu'ils sont atroces.

VII

Les Maronites. Leur origine. — Jean Maroun. — Abou-Salem et son serment. — L'empereur Justinien enlève douze mille Maronites et les disperse dans toutes les provinces de son empire. — En 1215, les Maronites font leur union avec Rome. — Ils sont entièrement soumis sous Amurath III. Depuis 1588, ils payent un tribut régulier. — Leur état social. — Le clergé maronite. — Esprit intolérant et tracassier des évêques. — Le droit de protection de la France. — La lettre de saint Louis et celles de Louis XIV et de Louis XV. — Les arguments de M. de la Rochejacquelein. — Les Maronites ne sont-ils pas les sujets du sultan? — Intrigues des lazaristes et des jésuites. — Le fanatisme des Maronites n'est point égalé par leur courage. — Tableau des districts et de la population du Liban.

Les Maronites (Marouni) ont donné lieu à diverses dissertations sur leur origine et leur culte. Il est maintenant avéré qu'ils tirent leur nom de saint Maroun, qui vivait vers la fin du sixième siècle. Voici ce que les chroniqueurs maronites rapportent à ce sujet, et leur récit nous semble plus rationnel que tous les autres.

Sous l'épiscopat de Jean, vicaire du pape en Orient, quelques peuplades chrétiennes vinrent se joindre aux habitants de Byblos (Djebaïl), petit port de mer situé entre Tripoli et Beyrouth. Les chrétiens s'adressèrent à Jean pour avoir un évêque, et celui-ci leur envoya un moine du nom de Maroun, qui sortait d'un monastère établi sur les bords de l'Oronte. La principauté de Byblos comprenait une grande partie du Liban, et possédait deux villes déjà importantes, Byblos et Botrys. Maroun fut nommé évêque de Botrys. Aussi savant que modeste, profondément préoccupé des intérêts moraux de ses ouailles, il s'efforça de ne pas laisser pénétrer parmi les montagnards dont il était le pasteur, les sectes nombreuses et ennemies qui se disputaient alors la suprématie religieuse dans les capitales de l'empire byzantin, à Constantinople, à Alexandrie, à Antioche. S'étant déjà distingué par des écrits contre les sectateurs de Nestorius et d'Eutychès, il lui fut facile de réfuter toutes les nouvelles sectes qui tendaient de jour en jour à diviser la chrétienté; et ses services devinrent si utiles à l'Église, que bientôt on lui accorda le titre de patriarche du Liban et le droit de sacrer les évêques dans toute l'étendue de la haute Syrie. Sa dignité et son pouvoir lui avaient été acquis pour avoir ramené à l'unité catholique un assez grand nombre d'hérésiarques; mais sa puissance nouvelle ne fit qu'accroître son zèle, et bientôt il envoya des missionnaires, d'un côté jusqu'à Jérusalem, de l'autre jusqu'au Taurus.

Cet homme, excellent du reste, ne se bornait point à porter des secours moraux aux âmes menacées par la contagion hérétique, mais encore il comblait de soins temporels les malheureux qu'il rencontrait et qu'il attirait dans ses montagnes hospitalières; il pratiquait, en un mot, la véritable charité de l'Évangile. Ses vertus et ses bienfaits augmentèrent en peu de temps les forces de la principauté dont il était le patriarche. Les proscrits de tous les pays voisins, les orthodoxes opprimés, les esclaves des peuples idolâtres, vinrent en foule derrière les pics inaccessibles du Liban, au sein de la peuplade si bien organisée et si bien administrée par Maroun. Ce digne pasteur leur devint même si cher, qu'ils prirent le nom de Maronites pour exprimer, avec leur reconnaissance pour leur chef religieux, l'esprit d'indépendance et de charité qui devait distinguer à toujours leur société. Jean Maroun avait choisi pour résidence le monastère de Kanoûbin, situé dans la belle vallée de Tripoli, arrosé par le Nar-Kadis, le *fleuve saint*, et fondé par Théodose le Grand. C'est de là, de ce centre réel de la contrée libanique que Jean Maroun veillait sur son peuple et se préoccupait de son avenir. (Voy. Fauste, Narion et Théophone.)

Ce qui fait de cet évêque un vrai pasteur d'hommes, c'est qu'il n'épargna rien pour exciter son peuple au travail manuel et à la discipline militaire. Par degrés, les Maronites s'étendirent depuis le Taurus jusqu'au mont Carmel.

Quand ils trouvaient trop de résistance chez les Arabes, ils se réfugiaient dans les profondes cavernes de l'Anti-Liban. Peu à peu leurs groupes dispersés formèrent une nation.

Lorsque la Syrie fut conquise et que la rapide victoire des Arabes jeta l'épouvante dans la Montagne, les Maronites se fortifièrent et laissèrent passer l'ouragan. Mais, plus tard, les forces musulmanes furent dispersées; les Maronites commencèrent une guerre qui ne cessa plus. Ils allèrent jusqu'à mépriser l'autorité de l'empereur de Constantinople. Ce qui les fit traiter comme des rebelles.

Dès lors commence cette scission entre les deux peuples chrétiens du Liban, les Melkites ou partisans de l'empereur et les Maronites.

Après la mort de Jean Maroun, les deux premiers princes qui lui succédèrent, Paul et Fortunat périrent au siége d'Haddeth. Les Maronites élurent alors Abou-Salem et lui firent jurer, tant ils avaient, dit un auteur, d'attachement pour leur religion, qu'il ne laisserait aucun musulman, aucun hérétique s'établir dans le Liban.

Le premier acte du nouveau prince fut d'envoyer une députation à Constantinople, pour demander à l'empereur Constantin IV, dit Poganat, des secours en argent, lui offrant en retour la confirmation de son élection et le serment d'obéissance. Mais le siége de Constantinople qui avait commencé empêcha ce prince de prêter l'oreille aux envoyés maronites qui furent contraints de rester dans la capitale.

Salem, qui succéda à son père, fut plus tolérant que sa nation ; il accueillit les hérétiques et les schismatiques.

Mais, ayant été excommunié, il ne fut plus obéi, et les Arabes, profitant des dissensions de la Montagne, attaquèrent Byblos, Baskhoutah et Biscunaï. Ces villes se défendirent admirablement, et cette diversion empêcha la chute de Constantinople.

Le schisme qui éclata chez les musulmans leur fut favorable. Moâwiah, révolté à Damas contre Ali, kalife de Koufa (an 678 de J.C.), se vit obligé de faire un traité onéreux avec les Grecs. Justinien consentit, de son côté, à le délivrer des Maronites; et après avoir fait assassiner leur chef, il tira du pays douze mille hommes qu'il dispersa dans toutes les provinces de son empire. Plus tard, Justinien envoya contre eux une autre armée; mais il fut déposé; et les Maronites échappèrent à une ruine complète. Ils vécurent presque inconnus jusqu'à l'époque des croisades. Dans cet espace de trois siècles, ils perdirent une partie de leurs possessions et payèrent tribut aux gouverneurs arabes ou turkomans.

Ce fut en 1215 que les Maronites effectuèrent leur union avec Rome, dont ils n'avaient du reste jamais été éloignés. A cette époque, ils comptaient quarante mille hommes en état de porter les armes.

Leur situation, assez paisible sous les mamelouks, fut troublée par Sélim II. Mais, sous Amurath III seulement, ils furent complétement assujettis. Nous avons dit, en parlant des Druzes, comment Ibrahim-Pacha (du Caire) les réduisit, en 1588, à l'obéissance, et les soumit à un tribut régulier qu'ils n'ont jamais cessé de payer.

La constitution du pays des Maronites était la même que celle des Druzes.

La ferme du Kasrawan appartenait autrefois au pacha de Tripoli. Chaque année, avant l'avénement de l'émir Béchir, elle était concédée à un ou plusieurs cheikhs ou émirs. L'émir Béchir réunit les deux gouvernements des Druzes et des Maronites jusqu'en l'année 1840, où il prit la fuite.

La forme du gouvernement, avant ce prince, n'était pas réglée par des conventions expresses, mais seulement par des usages ou coutumes.

La nation se compose de cheikhs ou émirs et du commun peuple. Les premiers sont les notables et les descendants d'anciennes familles riches, qui devaient à leur fortune un état plus relevé que celui du plus grand nombre. Les Maronites sont répandus dans les petites villes, villages, hameaux ou habitations isolées de la Montagne; chacun cultive son domaine. La nation, en général, est à son aise, puisqu'elle ignore le luxe et que le nécessaire ne lui fait pas défaut. Elle est hospitalière, c'est-à-dire qu'un étranger est accueilli très-cordialement dans toutes les maisons moyennant finance. La loi du talion existe aussi vivace chez elle que parmi tous les autres peuples de la Syrie.

Les Maronites, quoiqu'on en ait dit, sont catholiques romains; ils reconnaissent la suprématie du pape. Leur patriarche, qui est élu par les prélats et les religieux du Liban, prend le titre de patriarche d'Antioche. Les revenus du patriarche actuel s'élèvent, dit M. Poujoulat, à près de cinq cent mille piastres. Indépendamment de ce qu'il retire de ses propres domaines, il reçoit un sixième des revenus de tous les évêques. On compte douze évêques. On ne les oblige pas à résider dans le pays dont ils sont les pasteurs titrés; il en est qui sont en même temps évêques de divers endroits. Cha=

que prélat perçoit une dîme sur les produits de son diocèse; en outre il a un casuel et des présents. Il n'est point de couvent maronite qui ne possède des terres; les religieux les cultivent eux-mêmes. Le clergé maronite porte un costume à peu près uniforme, seulement les religieux n'ont ni caleçon ni chemise. Un fichu noir roulé autour du bonnet en manière de turban distingue le patriarche et les évêques; le reste du clergé porte un capuchon. Le patriarche, les évêques et les religieux suivent la loi du célibat; les simples prêtres séculiers peuvent vivre dans le mariage, mais il faut que le mariage précède le sacerdoce. Le souverain pontife tolère cette infraction aux canons de l'Église.

Les prêtres sont entourés de beaucoup de vénération. Comme la masse du peuple est profondément ignorante, on s'en tient à ce que dit le pasteur. Les Maronites sont d'un beau sang, robustes et actifs, mais malhonnêtes et avares; rarement on réussit, en les interrogeant, à découvrir la vérité. Du reste, la dissimulation est un vice très-répandu dans toute la Syrie.

Ce n'est plus le même peuple que sous Jean Maroun, et les derniers événements ont prouvé que les Maronites ne comptent plus le courage au nombre de leurs qualités. Leur costume montagnard se distingue du vêtement arabe ordinaire par une large casaque de couleur mélangée, à manches, et descendant jusqu'à mi-jambes. Un petit bonnet rouge, entouré d'un fichu, leur sert de coiffure.

« En vous parlant du clergé maronite, dit M. Poujoulat, je vous disais combien il était peu avancé dans le chemin de la science; naturellement, les ténèbres de l'ignorance doivent s'étendre plus épaisses sur le reste de la population. Vous trouveriez certains cantons retirés où le manque total de connaissances prend un étrange caractère. On m'a cité des traits qui révèlent une grossièreté d'intelligence à peine croyable. Un Maronite demandait à un Français s'il y avait une lune en France. Une femme européenne était allée dans un village du Liban à la suite d'autres Européens. Quelques femmes maronites, dans un accès d'ignorante curiosité, se saisirent de l'Européenne pour voir de leurs propres yeux si les femmes de nos pays et les femmes du Liban appartenaient à la même espèce. »

Volney constate que les deux classes subalternes du clergé, les moines et les prêtres, sont plus édifiantes par leurs mœurs et par leur conduite que les évêques et le patriarche, toujours livrés aux cabales et aux disputes de prééminence et de religion, et qui ne cessent de répandre le scandale et le trouble dans le pays. Sous prétexte d'exercer, selon l'ancien usage, la correction ecclésiastique, ils s'excommunient les uns les autres; ils suspendent les prêtres, interdisent les moines, infligent des pénitences publiques aux laïques. Ils ont conservé cet esprit brouillon et tracassier qui fut le fléau du Bas-Empire. La cour de Rome, souvent importunée de leurs querelles, s'efforce de les pacifier, afin de maintenir en ces contrées le seul asile qu'y conserve son autorité.

On compte plus de deux cents couvents d'hommes ou de femmes. Le vêtement des moines est formé d'une étoffe brune de laine grossière. Ils sont tenus à des jeûnes fréquents et à beaucoup de prières. Ils exercent, dans les couvents, toute sorte de métiers. Comme ils cultivent la terre, ils peuvent se passer de l'assistance du dehors. Leurs revenus, parfois considérables, servent à agrandir leurs propriétés.

Le rapport présenté par M. Royer au Sénat, dans l'affaire des pétitions en faveur des chrétiens de Syrie, tend à établir que la France n'avait aucun droit à protéger les chrétiens, sujets du sultan[1]. Il semblerait pourtant, à en croire une foule d'écrits publiés dans ces derniers temps, que l'honneur de la France demande qu'une partie de la population de l'empire ottoman soit, non-seulement abandonnée aux inspirations d'un pays étranger, mais encore qu'elle ait le droit d'être considérée absolument comme française.

Nous allons examiner ce droit, car, dans cette malheureuse question de Syrie, c'est pour tout le monde un point capital.

Sur quoi se fondent ceux qui revendiquent pour les Maronites ce droit à une protection étrangère?

Dans une récente brochure intitulée les *Maronites et la France*, brochure destinée à soutenir cette prétention, nous lisons ce qui suit :

[1] Discours de M. de la Rochejacquelein au Sénat, séance du 14 mai 1861.

« Dès le treizième siècle, saint Louis, dans une charte adressée au prince, aux patriarches et évêques des Maronites, disait :

« Nous sommes persuadé que cette nation que nous trouvons établie sous le nom de saint Maroun est une partie de la nation française, car son amitié pour les Français ressemble à l'amitié que les Français se portent entre eux. En conséquence, il est juste que vous et tous les Maronites jouissiez de la même protection dont les Français jouissent près de nous et que vous soyiez admis dans les emplois comme ils le sont eux-mêmes. »

Pour l'auteur de cette brochure, cette simple lettre établit le droit en question. Il oublie que les Russes peuvent l'invoquer au même titre pour les Slaves de l'empire ottoman, les Grecs pour leurs coreligionnaires, les Autrichiens pour les leurs, les Turcs pour les musulmans des Indes, d'Afrique, du Daghestan et de Crimée. Les empereurs de Russie et d'Autriche, le roi Othon, le sultan peuvent écrire la lettre de saint Louis. Est-ce qu'elle leur donnera ce prétendu droit de protection universelle? Une pareille prétention n'est soutenable ni en diplomatie, ni devant le sens commun.

Mais voici deux autres lettres adressées au révérendissime patriarche d'Antioche et à la nation des Maronites par les rois de France, Louis XIV et Louis XV.

« Louis, par la grâce de Dieu Roy de France et de Navarre; à tous ceux qui ces présentes lettres recevront : Salut ! Sçavoir faisons : que par l'advis de la reyne régente, notre très-honorée dame et mère, qu'ayant pris et mis, comme nous prenons et mettons, par ces présentes signées de notre main, en notre protection et sauvegarde spéciale le Révérendissime Patriarche et tous les prélats, ecclésiastiques et séculiers, chrétiens maronites, qui habitent particulièrement dans le mont Liban; nous voulons qu'ils en ressentent l'effet en toutes occurrences; et pour cette fin, nous mandons à notre ami et féal le sieur de la Hayewentelay, conseiller en nos conseils et notre ambassadeur au Levant, et à tous ceux qui lui succéderont en cet emploi, de les favoriser, conjointement ou séparément, de leurs soins, offices, instances et protection, tant à la Porte de notre très-cher et parfait ami le Grand Seigneur, que partout ailleurs que besoin sera; en sorte qu'il ne leur soit fait aucun mauvais traitement, mais, au contraire, qu'ils puissent continuer librement leurs exercices et fonctions spirituelles. Enjoignons aux consuls et vice-consuls de la nation française établis dans les ports et échelles du Levant ou autres arborant la bannière de France, présent et à venir, de favoriser de tout leur pouvoir ledit sieur patriarche et tous les chrétiens maronites dudit mont Liban, et de faire embarquer sur les vaisseaux français et autres les jeunes hommes et tous autres chrétiens maronites qui y voudront passer en chrétienté, soit pour y étudier ou pour quelque autre affaire, sans prendre ni exiger d'eux que le nolis qu'ils leur pourront donner, les traitant avec toute la douceur et charité possible. Prions et requérons les illustres et magnifiques seigneurs, les bachats et officiers de Sa Hautesse, de favoriser et assister le sieur archevêque de Tripoli et tous les prélats et chrétiens maronites, offrant, de notre part, de faire le semblable pour ceux qui nous seront recommandés de la leur.

Donné à Saint-Germain-en-Laye, le vingt-huitième jour d'avril 1649, de notre règne le sixième.

Signé Louis,
Et de Loménie.

« Louis, par la grâce de Dieu, empereur et roy très-chrétien de France et de Navarre; a tous ceux qui ces présentes verront, salut. Le patriarche d'Antioche et les chrétiens maronites, établis au mont Liban, nous ont fait représenter que, depuis, un temps infini, leur nation est dessous la protection des empereurs et rois de France, nos glorieux prédécesseurs, dont ils ont ressenti ces effets en toutes occasions, et ils nous ont très-humblement fait supplier de vouloir bien leur accorder nos lettres de protection et sauvegarde, à l'exemple du feu roy, notre très-honoré seigneur et bisayeul, qui leur en fit expédier de pareilles le vingt-huit avril mil six cent quarante-neuf. Et voulant de notre part traiter favorablement ces exposans, pour ces causes et autres bonnes considérations, à ce nous mouvans : nous les avons pris et mis, comme par ces présentes, signées de notre main, nous les prenons et mettons en notre protection et sauve-garde ; nous voulons qu'ils en sentent les effets en toutes occurrences; et, pour cette fin, nous mandons à nos amés et féaux, conseillers en nos conseils, nos ambassadeurs à Constantinople, consuls et vice-consuls de la nation française établis dans les ports et échelles du Levant, présents et à venir, de favoriser de leurs soins offices et protection le dit saint patriarche d'Antioche et tous les dits chrétiens maronites du mont Liban, partout où besoin sera, en sorte qu'il ne leur soit fait aucun mauvais traitement, et qu'ils puissent au contraire continuer librement leurs exercices et fonctions spirituelles; car tel est notre plaisir. Prions et requérons, le grand empereur des Musulmans, notre très-cher et parfait ami, et les illustres bachats et officiers de Sa Hautesse de favoriser et assister de leur protection le dit sieur patriarche d'Antioche et tous les dits chrétiens maronites, offrant de faire le semblable pour tous ceux qui nous seront recommandés de leur part.

En témoin de quoi nous avons fait mettre notre scel à ces dites présentes, le douzième jour d'avril 1737, et de notre règne le vingt-deuxième.

Signé Louis,
Pour le roi, Amelot.

Nous venons de parcourir l'histoire des Maronites, tout ce qu'on a écrit sur eux depuis vingt-deux ans. Nous ne trouvons que ces trois lettres qui établissent le droit de protection de la France. C'est là un fait incontestable, et pour le rendre encore plus évident, nous citerons quelques passages du discours de M. de la Rochejaquelein, qui a traité cette question au Sénat, dans la séance du 12 mai 1860.

L'orateur, examinant la question du droit de protection de la France à l'égard des chrétiens de Syrie, s'étonne que le rapport ait pu le mettre en doute, et ait cherché à établir que la France n'avait aucun droit à protéger les chrétiens du Levant. Qu'elle n'ait pas un droit écrit, cela est vrai, et résulte bien de l'article 82 du traité de 1740 ; mais, depuis saint Louis jusqu'à nos jours, la France a toujours exercé, de fait, une protection directe sur les chrétiens du Levant, et notamment sur les chrétiens du Liban. Il est bien étonnant que ce droit, qui n'a jamais été contesté, le soit aujourd'hui, et ici, dans le sein du Sénat.

M. DE ROYER, rapporteur : Il n'est pas contesté, et l'honorable M. de la Rochejaquelein n'a pas lu le rapport s'il prétend que ce droit y soit contesté.

M. LE MARQUIS DE LA ROCHEJAQUELEIN : Je peux citer, à l'appui de cet usage du droit de protection qu'invoquent les pétitionnaires, différentes lettres dont les originaux sont conservés aux archives de l'ambassade de Constantinople. Ainsi Louis XIV, par une lettre en date du 28 avril 1649, recommande aux représentants de la France dans le Levant de favoriser de tous leurs efforts les chrétiens, et de veiller à ce qu'ils n'éprouvent aucun mauvais traitement.

La même recommandation se trouve dans une lettre de Louis XV en date du 12 avril 1737, trois ans avant le renouvellement des conventions ; cette lettre enjoint à ses ambassadeurs, consuls et vice-consuls de favoriser le patriarche d'Antioche et les chrétiens du Liban. Voilà, certes, dit l'honorable sénateur, deux preuves irréfragables du droit des rois de France à protéger les chrétiens et les Maronites.

Plus tard, pendant la révolution, au sortir des jours les plus horribles, en 1795, le ministre des affaires étrangères, Lacroix, écrivait, en date du 15 ventôse an V, à Aubert-Dubayet pour l'inviter à soutenir la cause des chrétiens du Liban.

Ainsi, en tout temps, et même sous la République, on croyait que la France avait un droit de protection direct sur les chrétiens du Levant. On le croyait si bien que, plus tard, le 4 février 1830, dans le protocole de la conférence de Londres, qui réglait les affaires de la Grèce, le roi de France remit publiquement entre les mains de S. M. le roi Othon ses droits de protection sur les populations catholiques de terre ferme et des îles qui allaient vivre sous le sceptre de la nouvelle monarchie.

Ce droit de protection de la France était plus spécial encore dans le Liban. Et ici l'orateur croit devoir signaler une grande erreur du rapport. Jamais la Porte n'a été souveraine dans le Liban ; elle n'en a été que la suzeraine. L'autonomie du Liban a toujours été reconnue. Elle l'a été même après une triste époque, en 1842, même après la mauvaise conduite des grandes puissances de l'Europe envers la France.

En 1842, dans une dépêche de lord Aberdeen, ministre des affaires étrangères, on dit que les droits des Syriens seront respectés, et parmi ces droits est cité en première ligne celui des Syriens du mont Liban d'être gouvernés par des chefs choisis parmi eux. Le rapport conteste toutes ces vérités si bien établies.

Et cependant, dit l'orateur, à toutes les époques nous avons été fiers de notre situation dans le Levant, et nous avons revendiqué les droits qu'elle nous donnait. Chateaubriand disait dans son *Voyage en Orient* : « Honneur à un pays qui, du sein de l'Europe, veille jusqu'au fond de l'Asie, sur des populations chrétiennes, et défend le faible contre le fort. »

Depuis quelque temps, messieurs, on semble vouloir nous contester notre droit; sans employer un langage aussi direct que celui du rapport, on semble vouloir toutefois nous empêcher d'exercer notre protection. Cela date de loin. Vous savez combien on a mal agi envers nous en 1840. En 1842, les procédés furent un peu meilleurs. De 1842 à 1845, on revint à de mauvais sentiments. La question arriva alors à la Chambre des députés.

La Chambre des députés était émue de ce tableau. M. le rapporteur a cité les paroles de M. Guizot; elles respirent certainement un certain affaiblissement de notre droit; cependant je dois dire qu'il perçait dans ses discours de ces regrets, de ces mouvements qui prouvaient que son cœur souffrait; et qu'il ne pouvait pas dire, qu'il ne pouvait pas faire tout ce qu'il aurait voulu.

Du reste, dans un camp comme dans l'autre, tout le monde semblait souffrir pendant cette discussion. M. de Maleville, protestant, tint un langage qui aurait dû être entendu de toute l'Europe; il faisait un appel à l'opinion publique universelle pour mettre un terme à une situation intolérable. Situation sans nom en effet, au milieu du monde civilisé, que celle de 500,000 chrétiens toujours à la veille d'être massacrés!

Peut-on conclure de tout ce qui précède que le droit de protection existe? En politique, en droit, en justice, tout engagement pour avoir une force et une valeur, doit être bilatéral. Ici, ce n'est que l'une des parties qui promet protection; mais l'autre est-elle forcée de subir cette protection qu'elle n'a ni demandée ni acceptée? Pour nous, la question est si simple que nous croyons inutile de la discuter.

Il nous faut pourtant faire observer que ce n'est pas de la protection accordée à tous les établissements religieux latins que nous parlons. La Porte a laissé à la France un droit de juridiction sur eux, semblable à celui qu'elle a accordé à l'Angleterre pour les missions protestantes; mais est-on bien venu à conclure de là que tous ceux qui reconnaissent l'autorité suprême du pape, doivent être soustraits à l'action directe de la Sublime Porte?

La Porte, dit encore M. de la Rochejaquelein, n'est pas souveraine, mais simplement suzeraine, quoique le rapport de la commission ait établi le contraire. Sur quelle base se fonde M. de la Rochejaquelein, pour avancer une pareille assertion, sur quelle pièce écrite, sur quel traité? Mais l'honorable sénateur nous a habitué à lui voir faire bon marché des traités et du droit écrit. Sur ce dernier point, si nous consultons l'histoire, nous trouvons que depuis Amurath, la Turquie est aussi souveraine de cette partie de l'empire, que de l'Épire ou de la Macédoine. Si autrefois, la Syrie était gouvernée par un émir ou cheikh indigène, c'est qu'alors la Porte avait pour système de donner à ferme les différentes provinces à des pachas qui sous-louaient une partie de leur territoire; mais ces pachas avaient-ils oui ou non le droit de destituer les gouverneurs du Liban? L'émir Béchir n'a-t-il pas été nommé et révoqué huit fois? L'émir Joussef n'a-t-il pas dépensé des sommes énormes pour être maintenu à son poste? Jamais, dit-on encore, la Turquie n'entretint en Syrie une force armée régulière; oublie-t-on qu'elle n'avait d'armée régulière que dans la capitale, et que chaque gouverneur était chargé de maintenir la tranquillité dans sa province, au moyen de troupes irrégulières à sa solde. En affermant le Liban, les pachas d'Acre ou de Tripoli pouvaient-ils, devaient-ils y maintenir des troupes à leur solde, diminuant ainsi leurs revenus, pour établir des droits que personne ne songeait à leur contester?

M. de la Rochejaquelein cite la dépêche de lord Aberdeen, ministre des affaires étrangères d'Angleterre, dans laquelle il est dit que les Syriens ont le droit d'être gouvernés par des chefs qu'ils choisissent eux-mêmes. Que prouve cette dépêche? Rien, sinon la nécessité où s'était trouvée la Turquie, en 1840, de subir la loi du plus fort. On se rappelle comment a été conclu le traité de Londres, que la Turquie fut appelée à signer seulement. On lui rendait une province aussi grande qu'un empire, au moment où elle venait de perdre une bataille et une flotte; elle ne devait donc pas discuter à propos d'une mince partie de cette province. D'ailleurs, a-t-elle abandonné ses droits? Dans ce même traité de Londres, y a-t-il une ligne qui les annule?

Nous n'en sommes pas encore à l'histoire de ces vingt dernières années; mais, puisque l'occasion se présente, puisqu'à propos des Maronites ce droit de protection a été débattu, nous citerons le deuxième paragraphe de l'article 9 du traité de Paris de 1856.

.... Les puissances contractantes constatent la haute valeur de cette communication (le Hatt humayoun du 18 février 1854). Il est bien entendu qu'elle ne saurait, en *aucun cas* donner le droit auxdites puissances de s'immiscer, soit collectivement, soit séparément, dans les rapports de Sa Majesté le Sultan avec ses sujets, ni dans l'administration intérieure de son empire... »

Est-ce que les Maronites ne seraient pas les sujets de l'empire? Est-ce parce que leurs sympathies, ou plutôt les sympathies de quelques-uns d'entre eux, sont pour la France, qu'ils doivent être considérés comme sujets français?

Et puis on sait comment ces sympathies s'obtiennent. La France entretient dans le Liban de nombreuses écoles de lazaristes et de jésuites. Ceux-ci y font en sa faveur une propagande active, répétant à l'envi à qui veut les entendre que la France, de même qu'au beau temps du roi Louis, considère les Maronites comme ses enfants, que toute sa protection leur est accordée et qu'ils y ont droit; que la Turquie n'est pas leur souveraine. Ils sèment la discorde et la zizanie au milieu des populations; ils appliquent ce principe machiavélique : « diviser pour régner, » car ils veulent être les seuls maîtres. Tactique bien digne d'une association religieuse chassée de partout, et qui trouvant dans le Liban le *refugium peccatorum*, la terre promise des malfaiteurs, l'a choisi de préférence à toute autre province, non pour y répandre la foi et l'instruction, mais pour y fonder, sous un masque hypocrite, une suprématie politique qui a dû être souvent désavouée. Aussi voit-on ces bons pères, parcourant les âpres chemins du Liban, allant par monts et par vaux, s'arrêtant dans les bourgs et les villages; pénétrant sous la tente, non pour y apporter les consolations d'en haut, mais un mot d'ordre; excitant à la révolte, ou exhortant à une soumission momentanée; soufflant à celui-ci ce qu'il doit dire dans telle réunion, enseignant à celui-là à parler contre ses propres convictions.

Ce que nous avançons là, nous l'avons, par nos propres yeux, observé dans le Liban. Quiconque se rend à Beyrouth est à même de vérifier nos assertions, et les amis des jésuites ne sauraient ni les réfuter ni les démentir; au reste, ce livre en fournira surabondamment des preuves écrites.

Les Maronites sont excessivement fanatiques. Nous avons vu que, sous l'émir Salem, il fallait jurer de n'accueillir, dans le Liban, ni un hérétique ni un schismatique. Ce prince fut excommunié pour n'avoir pas tenu compte de cette prescription. Aujourd'hui, c'est absolument la même chose. Nous pourrions citer, à ce sujet, la chasse faite aux missionnaires protestants, l'excommunication lancée contre tout Maronite accordant le logement ou vendant un aliment quelconque à un hérétique. MM. Poujoulat et Baudicour nous donnent, dans leurs livres sur la Syrie, de nombreux exemples de ce fanatisme. « Des missionnaires protestants, dit M. Baudicour, cherchaient à distribuer des bibles et à fonder un collége. Le patriarche maronite n'eut besoin que de lancer contre eux les foudres de l'excommunication : les livres hérétiques furent brûlés et les nouveaux apôtres durent bientôt lâcher pied. L'anathème avait enveloppé les plus innocents touristes; aucun voyageur anglais ne pouvait plus circuler dans la Montagne. »

Les chrétiens de Syrie, les Maronites surtout, sont, malgré tout ce qu'on en disait autrefois, peu aptes au combat. Les chefs leur manquent-ils? Est-ce lâcheté naturelle? Nous ne voulons pas lancer une pareille accusation contre tout un peuple; mais la généralité des Maronites ne jouit auprès de personne d'une brillante réputation de courage. Nous avons rapporté l'opinion de Volney parlant des Druzes : « Il est *remarquable* qu'avec un régime presque semblable, les Maronites n'aient point ces qualités, » c'est-à-dire qu'ils ne soient ni hardis, ni entreprenants, ni braves comme les Druzes. D'ailleurs, les derniers événements n'ont que trop justifié ce jugement. Mais n'anticipons pas sur ce qui doit suivre.

Nous venons de passer en revue les populations. Voici, d'après un document officiel, le tableau des districts de la Montagne et de leur population. Nous tenons cette statistique pour la plus exacte et la plus complète.

NOMS DES DISTRICTS	NOMBRE DES HABITANTS MARONITES	NOMBRE DES HABITANTS GRECS CATHOLIQUES	NOMBRE DES HABITANTS GRECS ORTHODOXES	NOMBRE DES HABITANTS DRUZES	NOMBRE DES HABITANTS OTTOMANS ET MUTUALIS	NOMBRE DES HABITANTS JUIFS	TOTAL DE TOUTE LA POPULATION DU MONT LIBAN
El-Metn, Cati Beit-Chehab et Bekfaïa	12,500	5,000	8,500	7,400	»	»	33,400
Sahel Beyrouth	6,200	750	1,100	1,500	450	»	9,800
Kasrawan, Belad Djebel, Belad-el-Batroun	55,400	1,500	12,500	»	3,500	»	72,900
Djebel-Becheri-el-Koura							
Zahlé et Gharb-el-Bekaa	600	16,200	1,200	650	2,500	»	21,150
Caïmakamie chrétienne	74,700	23,450	23,300	9,550	6,450	»	137,250
Deïr-el-Kamar	3,300	2,550	»	800	»	200	6,350
	78,000	25,500	23,300	10,150	6,450	200	143,600
El-Chouffin	1,250	5,500	450	8,500	»	»	15,800
El-Djezzin	4,850	2,500	»	600	»	»	7,950
Djebel-el-Rihan	250	240	»	»	1,000	»	1,490
El-Arkoub	1,750	1,600	»	5,500	»	»	6,850
El-Djerdin	2,200	100	300	4,100	»	»	6,700
El-Gharbin	1,250	1,000	3,500	5,100	160	»	11,010
El-Menassif et El-Chehar	3,700	1,500	1,050	3,650	»	»	9,900
Iklim-el-Tulfah	1,000	3,000	»	»	220	»	4,220
Iklim-el-Haroub	1,100	2,150	»	»	4,500	»	7,750
Caïmakamie druze	17,350	15,590	5,200	25,450	5,880	»	69,470
Caïmakamie chrétienne avec Deïr-el-Kamar	78,000	25,500	23,300	10,150	6,450	200	143,600
Total de la population du Liban	95,350	41,090	28,500	35,600	12,330	200	213,070

VIII

L'émir Béchir, son caractère, sa religion, sa politique.

Nous nous sommes proposé de reparler de l'émir Béchir. C'est là de l'histoire rétrospective, mais qui pourtant ne manque point d'intérêt. Les dissensions de parti, les haines de religion qui ont soulevé l'un contre l'autre deux peuples qui avaient vécu en paix durant plusieurs siècles, datent, en effet, de l'époque où l'émir Béchir exerçait le gouvernement de la Montagne.

Sa cruauté était impitoyable. En 1807, il fit crever les yeux aux deux émirs Kassem et Saad-Eddin, enfants de Joussef, qui s'étaient déclarés ses compétiteurs au pouvoir; il fit décapiter le précepteur de ces jeunes princes, il se débarrassa par la mort ou par l'exil de la moitié de la population druze. De 1807 à 1819, à la suite des proscriptions et des massacres, la Montagne jouit d'une sorte de paix. Triste paix qui rappelle ces belles paroles de Tacite : *Solitudinem faciunt et pacem appellant*.

Nous avons dit comment l'émir Béchir fut défait par Abdallah, pacha d'Acre, sa fuite, son retour, sa trahison envers le cheikh druze Béchir-Djomblat. Plusieurs émirs de la famille Shehab, qui avaient intrigué pour le pouvoir durant son absence et qui erraient en Syrie, furent appelés à Deir-el-Kamar, sous prétexte d'y recevoir leur pardon; il leur fit couper la langue et crever les yeux. Il paya au pacha sept cent mille francs.

Il est impossible de ne pas reconnaître dans l'émir Béchir un homme d'une singulière habileté et d'une grande énergie de caractère, doué du génie de l'intrigue et sachant poursuivre un but avec une opiniâtreté qui défie les obstacles; mais rien ne saurait excuser ses actes d'atroce cruauté et d'effroyable vengeance, ni son horrible tyrannie, qui fit asseoir la misère à tous les foyers. Il traita le Liban comme Méhemet-Ali l'Égypte; l'émir de la Montagne semble avoir pris pour modèle le pacha des bords du Nil, son vieil ami.

L'émir Béchir est mort chrétien, mais l'était-il vraiment? Voici ce que rapporte M. B. Poujoulat:

« ... Il est dans la politique de l'émir Béchir d'être chrétien avec les chrétiens, musulman avec les musulmans et Druze avec les Druzes. Il a fait bâtir dans son château des églises pour mieux dérouter les bons montagnards. Les diverses opinions répandues dans le Liban sur la croyance religieuse de l'émir Béchir donnent lieu quelquefois à des disputes assez plaisantes. Entre autres anecdotes qu'on m'a racontées à ce sujet, en voici une dont un Français, établi en Syrie depuis longtemps, m'a garanti l'authenticité.

« L'an dernier, un Maronite et un musulman partirent ensemble de leur village pour aller porter à l'émir Béchir leur récolte d'olives. Chemin faisant, ils s'entretenaient de l'énormité des impôts qui pèsent sur eux. Le Maronite et le musulman étaient jusque-là parfaitement d'accord, mais leur avis fut bien différent lorsqu'ils abordèrent le chapitre de la religion de l'émir.

« — Quoique le prince soit chrétien, dit le Maronite, il ne traite pas mieux les enfants de l'Évangile que les sectateurs de Mahomet.

« — Dans quels pays de la terre as-tu pu voir, répondit le mahométan avec un air superbe, un giaour chef des musulmans? Tant que le soleil brillera au ciel, que la mer ne sera pas desséchée et que la chaîne du Liban ne changera pas de place, on ne pourra voir une chose semblable : l'émir Béchir est musulman! Personne n'observe le jeûne du ramadhan avec plus de dévotion que le prince de la Montagne. Ne lui as-tu pas entendu prononcer souvent ces divines paroles, qui renferment le dogme fondamental de notre foi : *La illa illalah Mohammed ressoul Allah!* (Dieu seul est Dieu, et Mahomet est le prophète de Dieu.)

« — Tu mens! dit le Maronite indigné; l'émir Béchir est chrétien! il appartient, comme tous les Maronites, à la sainte Église catholique, apostolique et romaine. J'ai vu le prince assistant, dans la chapelle de son palais, au divin sacrifice de la messe.

« Le musulman, offensé, donna un grand coup de bâton sur la tête du Maronite; celui-ci prit son adversaire par la gorge et l'aurait tué sans un Druze qui arriva vers eux au moment du combat. Il les sépara.

« — Quel est le sujet de votre querelle? demanda le Druze.

« On lui dit ce qui venait de se passer.

« — Vous êtes fous tous les deux, répliqua le Druze avec un sourire de pitié : l'émir Béchir n'a pas d'autre religion que celle des Druzes ; on ne trouverait pas dans tout le Liban, ni chez nos frères du Haouran, un *okkal* (initié) plus instruit que le prince de la Montagne dans la connaissance des mystères de notre culte.

« Les trois montagnards convinrent d'aller demander au premier secrétaire de l'émir quelle était la véritable religion de celui-ci. Lorsque le premier secrétaire eut entendu les trois montagnards, il ordonna à son cavass de les saisir et de leur administrer à chacun d'eux deux cents coups de bâton sur la plante des pieds. Le musulman, le Maronite et le Druze furent prévenus ensuite qu'on les pendrait à la porte de leur cabane, s'ils se permettaient encore une fois de parler de la religion du prince de la Montagne. »

En 1840, une révolte éclata dans le Liban. Toute la population, Maronites, Druzes, Mutualis, voulait se soustraire au joug d'Ibrahim. Dès l'origine de ce mouvement, l'émir travailla sans relâche à jeter la désunion entre les chrétiens et les Druzes. Jusqu'au mois de juillet il ne put y réussir. L'oppression avait été trop violente, et on voulait à toute force s'en débarrasser ; mais l'émir parvint enfin à mettre les Druzes de son côté. Il leur promettait, au nom de Méhémet-Ali, la diminution des impôts, l'exemption du recrutement, des corvées et des frais de guerre ; il s'efforçait de leur montrer la faute qu'ils allaient commettre, s'ils persistaient à seconder la révolte des Maronites, qui, étant liés par leur religion aux puissances européennes, trouveraient avantage à soumettre leur pays à une nation professant la même foi ; alors non-seulement ils seraient les sujets d'un seul homme, comme Méhémet-Ali, mais ils en seraient aussi les esclaves, eux, leurs enfants, et leurs femmes[1]. « Déjà des Maronites, leur disait-il, ont porté à la tête de nos bataillons la croix en forme d'étendard ; le respect

---

[1] Poujoulat, *Voyage dans l'Asie Mineure et en Syrie.*

et l'obéissance qu'ils montrent aux plus petits consuls européens vous font assez connaître leurs intentions. »

Ces adroites insinuations furent appuyées de sommes considérables, et les démarches de l'émir eurent un succès complet. Les Druzes armés quittèrent leurs camarades, et ceux qui étaient restés dans les villages ne bougèrent pas. L'émir Béchir dépêcha alors des courriers aux Égyptiens, pour les prévenir qu'il était temps d'entrer dans le Liban. Soliman-Pacha, Abbas-Pacha et cinq petits-fils de l'émir se mirent à la tête de seize mille hommes et marchèrent sur la Montagne. Tout fut mis à feu et à sang : des petits enfants, des femmes, des vieillards furent massacrés, les églises pillées et incendiées. La révolte s'apaisa.

Le 5 octobre, par un arrangement conclu avec le séraskier Izzet-Pacha et l'amiral Stopford, l'émir Béchir s'engageait, moyennant une garantie pour sa personne et ses biens, à faire sa soumission au sultan et à envoyer dans le camp turc deux de ses fils en otage. Cette soumission ne se fit pas au jour fixé, et l'amiral Stopford, n'étant plus lié, publia le firman qui prononçait la déchéance de l'émir Béchir et nommait comme gouverneur du Liban l'émir Kassen. A la nouvelle de sa destitution, qu'il apprit le 9 octobre, Béchir, consterné, s'enferma dans son harem avec ses fils, et ne laissa paraître personne devant lui. Le lendemain, accompagné de sa famille, l'émir, qui, dans les premiers jours de l'insurrection syrienne du mois de juillet 1840, répondait de la Montagne à Méhémet-Ali et jurait de nouveau fidélité à la cause égyptienne, abandonna le Liban quand il vit la Syrie perdue pour le vice-roi. Les Maronites et les Druzes, fatigués de sa tyrannie, ne lui étaient pas moins hostiles qu'au pacha d'Égypte. C'était un refuge que l'émir avait cherché à bord d'un navire anglais : il n'était plus en sûreté dans cette Montagne qu'il avait tant opprimée.

Après un court séjour à Malte, il put retourner à Constantinople, où il reçut une pension de Réchid-Pacha, alors grand vizir. Il habita quelques années à Kadikeuy (ancienne Calcédoine), où il mourut. « Il ne faut pas oublier, dit M. Poujade, que l'émir Béchir n'avait jamais été reconnu officiellement comme chrétien. Avant la conquête de la Syrie par les Égyptiens, il passait pour musulman, et ce n'est que depuis 1832 qu'il professa le christianisme. »

Nous en avons assez dit pour édifier nos lecteurs sur la religion, la politique et le caractère du personnage.

IX

Les agences consulaires et leurs protégés. — Ces agences sont souvent vendues au plus offrant et la protection consulaire est l'objet d'un trafic scandaleux.

Nous venons de faire connaître l'état de la Syrie et du Liban jusqu'en 1840 ; nous avons donné un aperçu des diverses populations, de leurs mœurs et de leur caractère, de leurs discordes et des causes qui les ont produites. Nous allons maintenant aborder une question singulièrement délicate, et où nous nous exposons à des critiques passionnées ou même à de vives inimitiés ; mais, en commençant ce livre, nous nous sommes engagé à dire la vérité tout entière, quel qu'en soit le péril. Nous voulons parler des consulats et des protections illégalement accordées aux Arabes.

Aucune province de l'empire, aucun pays du monde ne possède autant de consulats et d'agences consulaires que la Syrie. Sans parler des grandes villes où résident des sujets européens et dans lesquelles des consuls sont nécessaires pour défendre les intérêts de leurs nationaux, nous en trouvons à Orfa, Marach, Aïntab, Antioche, Suedie, Alexandrette, Latakié, Tripoli, Saïda, Acre, Caïffa, Jaffa, Ramleh. Partout flottent les pavillons des puissances étrangères. Nous n'attaquons pas le principe, il est bon que l'Europe ait les yeux sur cette province. Mais, pour un avantage qui peut en résulter, on découvre mille inconvénients. Les agents consulaires, et ils se comptent par centaines, n'ont pas besoin de firmans pour être reconnus. Le consul ou consul général duquel dépend la ville où une agence consulaire va être créée, demande une lettre de créance au gouverneur général, pour tel ou tel individu. Cette lettre est adressée au caïmakam ou mudir de l'endroit, et voilà une puissance établie. Tous ces consulats sont des États dans l'État, des pierres d'achoppement où viennent se briser toutes les bonnes intentions des gouverneurs. Quelquefois même des consulats sont donnés au plus offrant.

Souvent, et ceci sous la réserve que le corps consulaire compte des titulaires de la plus parfaite honorabilité; souvent, disons-nous, les agences consulaires sont vendues presque publiquement; d'autres sont obtenues par faveur, par intrigue. Les employés subalternes ont intérêt à faire réussir leurs candidats, ce qui donne lieu à des comédies sans nom.

Lorsque le consul est depuis peu arrivé d'Europe, qu'il ne connaît encore ni les mœurs, ni les coutumes du pays, il se trouve circonvenu, et on lui arrache une acceptation pour des protégés que l'on représente comme les plus honnêtes gens du monde, mais qui, en réalité, ont une réputation des plus douteuses. On se partage ensuite le prix convenu d'avance.

Parfois, pourtant, la somme promise n'est acquittée qu'en partie, ou ne l'est point du tout. Les employés la réclament en vain à l'aspirant consulaire qui a déjà sa nomination en poche. Alors l'honnête homme de la veille devient le fripon du lendemain. Le consul ne sait à qui croire, mais il est tellement sollicité, obsédé, qu'il promet une destitution. D'autres fois encore, l'individu à qui l'on avait promis un poste, paye d'avance une certaine somme à ces mêmes employés subalternes. Le poste étant donné à un autre, ce sont des réclamations et des procès scandaleux.

Et ceci n'est pas un conte forgé à plaisir. Tous les habitants de Beyrouth, d'Alep et de Jérusalem vous raconteront les mêmes faits.

Un agent consulaire ayant fait de grandes dépenses pour arriver à son poste, il faut qu'il retrouve son argent. Alors il se met à faire la vente des protections; un agent consulaire, contrairement aux traités et aux capitulations, aura jusqu'à quatre drogmans, quatre ou cinq cavass, des commis, des copistes, des traducteurs. Tous ces gens-là lui achètent à beaux deniers le droit d'échapper au gouvernement direct de la Sublime Porte. A Alep, l'agent consulaire de Perse avait, en 1860, environ vingt-quatre cavass, qui tous lui payaient une redevance.

Tous ces drogmans, commis et cavass sous-louent, à leur tour, la protection qu'ils ont obtenue, à des soi-disant associés, frères ou amis, et rentrent en partie dans la somme qu'ils ont déboursée. Ceci regarde les protégés-employés.

Parlons maintenant d'une autre classe de protégés. Un sujet européen, négociant ou non, a le droit, en Syrie (un droit non écrit et non admissible), d'avoir cinquante employés, tels que commis, magasiniers, courtiers, portefaix, etc., qui tous jouissent de la protection consulaire. Nous avons connu à Alep une vieille femme veuve, vivant du loyer de quelques magasins ; elle protégeait, ou, pour mieux dire, elle couvrait de la protection de son consul six négociants indigènes dix fois plus riches qu'elle, et qui passaient, l'un pour son commis, l'autre pour son homme d'affaires, un autre pour son domestique. Avec ce système on va loin, très-loin même. L'autorité se saisit-elle d'un délinquant, sujet turc de père en fils, un consulat quelconque le réclame comme son protégé, et le gouverneur, s'il n'est pas doué d'une grande énergie, le relâche immédiatement. Un raya a-t-il un procès avec un de ces protégés, son affaire, contrairement aux traités et aux capitulations, sera portée, non devant les tribunaux turcs, mais devant le consulat : quatre-vingt-dix-neuf fois sur cent, le raya est condamné.

Dans un voyage que nous fîmes, il y a quelque temps, à Alexandrie, nous rencontrâmes sur le bateau à vapeur M. Salemann, vice-consul de Russie dans cette ville. Nous causâmes ; la discussion tomba sur les différences qui existent entre l'Égypte et la Turquie. « En Égypte, dit le vice-consul, les Européens font tout ce qu'ils veulent. Pour qu'un raya ou un Turc ait raison, il faut que sa cause soit plus claire que le soleil ; s'il a quatre fois raison, alors peut-être justice lui sera-t-elle faite. » Cela s'applique tout aussi bien à la Syrie, et les consuls n'en sont pas toujours coupables. Ils sont tellement entourés, influencés, qu'ils font parfois à leur insu triompher les causes les plus injustes. Les gouverneurs, surtout dans ces dernières années, voyant ce mal, s'en affligeaient, mais ne pouvaient pas y porter remède. Pourquoi? Leurs instructions de Constantinople disaient : « Tâchez de nous donner le moins d'embarras possible avec les ambassades. » Le « moins d'embarras » signifiait, pour les gouverneurs insouciants « aucun embarras; » et ils laissaient faire, sans s'inquiéter de ce fait, que les abus ainsi tolérés acquéraient quelquefois force de loi.

Une autre plaie de la Syrie, ce sont les drogmans. Nous avons dit que chaque consul, qu'il y fût autorisé ou non, avait cinq, six, jusqu'à huit drogmans non payés. Ces messieurs se tiennent presque sans cesse près du sérail du gouverneur, où ils guettent des pratiques. Une affaire scabreuse se présente : n'importe à quelle nationalité appartiennent les parties, le drogman s'en empare, la fait sienne, et l'administration turque est obligée de compter avec lui comme s'il était partie lui-même. Si l'autorité ne cède pas au drogman, celui-ci va faire à son consulat des plaintes amères contre l'injustice, la mauvaise organisation des tribunaux, contre la législation et la vénalité du gouverneur, et c'est sur ces données que la plupart des consuls font leur rapport. Il y a en Syrie trois ou quatre cents personnes qui vivent de cette industrie singulièrement lucrative. Quelques-uns, et nous pourrions les citer, y ont fait des fortunes aussi énormes que scandaleuses.

A qui la faute? disent les détracteurs de la Turquie, et ils répondront : au gouvernement local, avec un semblant de vérité pour qui ignore la Turquie et l'extrême tolérance qu'on y montre envers tout ce qui est européen. Mais, en réalité, la faute en est aux ambassades, abusées par des gens à qui elles accordent une confiance qu'ils ne méritent pas. Il en faut accuser aussi cette lutte incessante des influences étrangères, qui fait trouver mauvais par tel ambassadeur tout ce que son collègue propose; et ces capitulations surannées qui furent accordées à des Européens, gens de haute honorabilité venant en Turquie pour y faire un séjour momentané, et qui étaient tenus à déposer de fortes sommes d'argent en garantie de leur retour dans leur pays.

Nous n'en avons pas fini avec les protections.

Partout où en Syrie il existe des consulats, des agents consulaires ou des agents de ces agents, le nombre des protégés est illimité.

Mais si le gouvernement turc est paternel, pourquoi ses sujets cherchent-ils à passer sous une juridiction étrangère? La réponse est facile; on cherche une protection étrangère pour jouir des avantages accordés par les capitulations et les traités, pour en abuser même, pour ne pas payer les contributions extraordinaires qui pèsent sur les sujets turcs; quelquefois même, c'est pour être mauvais débiteur, banqueroutier, faussaire, en se retranchant derrière certains articles des codes européens fort mal connus, et encore plus mal interprétés.

On acquiert une protection du jour au lendemain, on en change avec la même facilité. Est-on condamné au tribunal d'un consul éclairé, honnête et ferme (et certes il y en a beaucoup), on redevient immédiatement sujet turc pour repasser quelques jours plus tard sous l'autorité d'un autre consulat, si l'autorité locale a prononcé contre vous.

Il y a trois ans, six mille Cromlis de la province de Trébizonde, ayant reçu l'autorisation d'abandonner le culte de Mahomet qu'ils suivaient depuis quatre cents ans, pour rentrer dans la religion de leurs premiers ancêtres, voulurent aussi changer de nationalité. Un voyage de quinze jours à Kutaïs leur en fournit le moyen. Le gouvernement de Saint-Pétersbourg leur ayant donné des passeports pour circuler à l'intérieur de la Russie, ils s'en servirent pour réclamer la protection russe en rentrant dans leur patrie. Le consul la leur accorda, et ce n'est qu'à grand'peine et grâce à la fermeté du gouverneur de cette province qui se sentait appuyé par le grand vizir Ali-Pacha et le ministre des affaires étrangères Fuad-Pacha, qu'ils purent être contraints à déchirer le papier constatant leur nouvelle nationalité.

En Syrie il n'est pas même nécessaire de sortir des murs d'une ville pour jouir des priviléges que donne un passe-port. Des individus qui n'ont jamais quitté Alep, Beyrouth, Tripoli, ou Damas, sont aujourd'hui munis de papiers officiels, constatant qu'ils sont nés, celui-ci à Alexandropol, celui-là à Hambourg, cet autre à Brême ou à Lubeck.

Plus d'une fois le gouvernement turc voulut mettre ordre à cet état de choses. Le 14 septembre 1860, un mémorandum de

S. A. Ali-Pacha proscrivait les protections et demandait aux ambassadeurs qu'ils donnassent à leurs agents des instructions nécessaires pour la répression de ces abus. Par malheur la question de Syrie était à l'ordre du jour et les prescriptions de Constantinople ne furent pas suivies. Les journaux abondent en plaintes contre l'abus des protections.

Le 3 octobre 1860, on écrivait ce qui suit à l'*Impartial de Smyrne*:

« .... Certes, comme j'ai déjà eu occasion de vous le dire, en Turquie et à Alep, peut-être plus qu'ailleurs, il y a de grands abus à redresser, mais est-ce sur le gouvernement local qu'ils doivent tous peser? Non, certainement. La plupart des consulats ici agissent en maîtres absolus, protégent qui ils veulent et entravent continuellement l'action de la justice. J'en connais un particulièrement qui est devenu quasi une agence d'affaires scabreuses, pour ne pas dire autre chose, et dont le drogman ne cesse de se trouver au palais.

« Il y a à Alep mille protégés sous différents titres qui, pour la plupart, profitent de l'appui qu'ils trouvent auprès de leurs magistrats pour faire des faillites qu'on pourrait qualifier de frauduleuses, ou, ce qui arrive le plus souvent, susciter des procès pour ne pas payer leurs dettes. C'est à tel point que le commerce honnête est chose presque inconnue ici. « Il faut hurler avec les loups, » me disait, il y a quelques jours, un Européen. « Si je continuais à faire « mes affaires comme cela se pratique ailleurs, je serais ruiné dans « six mois. » Je ne veux pas faire le procès des indigènes d'Alep, il s'y rencontre des hommes d'une haute honorabilité, mais les malhonnêtes gens y sont en majorité. Les consuls sont établis pour protéger leurs nationaux selon leurs lois, mais je ne pense pas que les instructions de leurs gouvernements tendent à enlever des sujets à la Turquie. »

L'*Impartial* ajoutait les observations suivantes :

« ...Cet abus devient intolérable et entraîne de graves conséquences. Les étrangers possédant de grands priviléges en Turquie, il résulte de l'octroi de ces protections une immense injustice. Les sujets du sultan parviennent par ce moyen à se soustraire aux charges de l'État et aggravent ainsi la part des autres. En même temps, se sentant appuyés et défendus par un pouvoir étranger dont les troisième et quatrième drogmans ont plus de prétentions que les hauts barons de l'ancien régime, ils se posent en adversaires du pouvoir local et s'adonnent à une détestable propagande. Il est probable qu'ils eussent eu dans leur vie plus d'un démêlé avec l'autorité turque, car ce sont d'ordinaire les plus remuants et les plus intrigants qui aspirent à ces changements fructueux de nationalité, etc. »

Tous les consuls, sans exception, s'occupent des affaires intérieures des gouvernements des provinces; comme ils le font le plus souvent sur les rapports des drogmans, dont nous venons de parler, il s'opère une confusion étrange, et les autorités locales ne savent où donner de la tête. « Il est bien entendu, dit pourtant le traité de Paris, à l'article 9 que nous avons cité, que le hatt ne saurait, en aucun cas, donner le droit aux puissances de s'immiscer soit collectivement, soit séparément dans les rapports de S. M. le Sultan avec ses sujets, ni dans l'administration intérieure de l'empire. » Eh bien, de tous les articles du traité, celui-ci est le plus violé par les représentants des puissances qui l'ont signé.

Les Turcs ne sont plus les maîtres chez eux, entend-on dire chaque jour en Syrie. Jamais parole n'a été plus vraie. Ont-ils raison dans un procès, on est forcé de leur donner tort. On se plaint du joug sous lequel sont maintenues les populations chrétiennes. On devrait plaindre au contraire les Turcs d'avoir à subir tant d'avanies.

Pour faire le commerce en Syrie, il est nécessaire à un indigène de connaître non-seulement les lois qui régissent son pays, mais encore les codes de toutes les autres puissances; sinon il est ruiné au bout de six mois.

Cet état de choses, qui mériterait plus de développement que n'en comporte notre cadre, doit finir par exaspérer les masses. « Il y a dix ans, dit M. Skene, consul anglais à Alep, dans un rapport à son gouvernement, les chrétiens ont cruellement souffert sous la main des musulmans, mais cette explosion avait des causes particulières, et elle n'a point laissé de traces. La condition des chrétiens s'est même améliorée de manière à devenir dangereuse pour eux : les musulmans sont jaloux de leur prospérité commerciale et exaspérés par *l'arrogance des chrétiens quand ceux-ci sont protégés par les consuls européens.* »

M. Finn, consul à Jérusalem, constate aussi les effets de cette protection :

« Avant l'occupation égyptienne, la condition des chrétiens était la plus basse et la plus dégradée qu'il soit possible d'imaginer. Pendant l'occupation égyptienne, les chrétiens avaient plus de liberté et de bien-être qu'aujourd'hui. Il y eut une réaction en faveur des musulmans après l'expulsion des Égyptiens. Cependant cette réaction fut tempérée *par l'influence croissante des consuls* et des Européens en général. Pendant la guerre de Russie, la condition des chrétiens s'améliora et il y eut *plusieurs exemples* de chrétiens qui se conduisirent insolemment *envers les chefs musulmans* parce qu'ils s'appuyaient sur les consuls européens. »

Ces deux relations prouvent surabondamment ce que nous avons dit nous-même. Que le lecteur impartial en tire lui-même les conclusions.

Nous avons demandé plus haut : à qui en est la faute ? et nous avons répondu : aux capitulations. Au reste, lisons-nous dans l'*Annuaire des Deux-Mondes*, ces malheureuses capitulations ont éprouvé bien des atteintes depuis quelques années. Autrefois, la France se faisait honneur de ces conventions qui permettaient à ses nationaux de former des communautés indépendantes et libres au sein de l'empire ottoman. Elle mettait tant de gloire à ce que ces communautés fussent exemplaires et donnassent à l'Orient une haute idée de la moralité et de la sociabilité des Français, que l'on ne pouvait obtenir un passe-port qu'à la condition d'un cautionnement de plusieurs milliers de francs déposés entre les mains de la Chambre de commerce de Marseille. Aussi ne rencontrait-on en Orient que d'honorables commerçants, des voyageurs qui faisaient aimer le nom français. Depuis 1833, le cautionnement a été supprimé. Le ministère des affaires étrangères délivre aujourd'hui des passe-ports à quiconque les sollicite. Il en est résulté que certaines parties de l'empire ottoman, tenues pour bonnes à exploiter, ont été envahies par des multitudes d'aventuriers, souvent même par des repris de justice. Par malheur, en même temps que la tâche devenait plus difficile et que la sévérité était plus nécessaire, le gouvernement français cessait de tenir à l'observation rigoureuse de son Code pénal et criminel et toutes ses traditions judiciaires en Orient. Non-seulement les faussaires, les faux monnayeurs, les assassins ont pu tourner en dérision cette justice qui se trouvait paralysée entre les mains des consuls, mais le gouvernement turc s'est scandalisé à bon droit de ce que le pavillon français couvrît en Orient une situation aussi étrange.

Ce qui vient d'être dit pour les Français peut s'appliquer à toutes les autres nations indistinctement.

Comme nous l'avons dit encore, le spectacle que présente la Turquie et surtout la province de Syrie avec ses infinies protections est vraiment extraordinaire. Chaque nation étrangère, établie passagèrement ou d'une manière permanente en Turquie, constitue en réalité une colonie qui a ses magistrats et qui échappe à peu près entièrement à la juridiction des autorités ottomanes. Ces familles étrangères, ainsi que les sujets turcs eux-mêmes, forment de véritables petits États dans l'État. La plupart des grandes difficultés que la Turquie a eues à traverser résultent de cette situation exceptionnelle. Et pourtant ces capitulations sont des concessions accordées par les sultans aux diverses puissances, et la Porte les considérait autrefois comme un don de sa munificence. Quand Soliman en gratifiait les Français sous le règne de François Ier, il aurait pu les refuser d'autant plus que c'était la France qui demandait une alliance et non la Turquie. Si ces stipulations, que la force des événements a imposées à la Sublime Porte comme des traités, étaient exactement observées, il faudrait, puisque cette puissance fait partie du concert européen, qu'il y eût réciprocité. Mais notre but est simplement d'en signaler ici les funestes conséquences. Les capitulations étaient bonnes autrefois. Aujourd'hui, pour rendre le repos aux provinces turques, elles doivent être révisées.

DEUXIÈME PARTIE

X

Méhémet-Ali vaincu, la Syrie rentre, en vertu des traités, sous le gouvernement direct du Sultan. — Béchir Kassem est nommé gouverneur du Liban; Omer-Pacha le remplace comme gouverneur provisoire. — Différend entre la Porte et les cinq puissances. — Le gouvernement direct des Turcs sur la Montagne cesse par le rappel d'Omer-Pacha. — L'Autriche propose deux administrations distinctes : l'une chrétienne, l'autre druze. — Ce projet est adopté par les puissances, sauf quelques réserves de la France, et la Porte charge Essad-Pacha de le réaliser dans le Liban. — L'émir Haydar, caïmakam des chrétiens; Ahmet Roslan, caïmakam des Druzes; Deïr-el-Kamar, territoire neutre.

La question égyptienne était terminée de fait. Le sort venait de se prononcer contre Méhémet-Ali, et celui qui disait un jour : « Je n'ai jamais retiré mon pied là où une fois je l'ai posé, » était contraint d'attendre du bon plaisir des cinq puissances et du Sultan la part qu'il leur conviendrait de lui laisser dans l'œuvre qu'il avait si laborieusement édifiée.

La Syrie rentrait sous le gouvernement direct de la Sublime Porte sans aucune autre condition, de la part des gouvernements européens, que la fermeture des détroits. On peut s'en convaincre en lisant toutes les pièces diplomatiques, traités et actes additionnels aux traités, échangées entre les puissances et entre celles-ci et la Turquie.

Les difficultés pour reconstituer le gouvernement d'une province aussi étendue qu'un empire étaient considérables. En même temps qu'elle en prenait possession, la Sublime Porte nommait le neveu de l'émir Béchir, Béchir-Kassem, gouverneur du Liban. C'était un homme juste, doux, mais il n'avait ni l'énergie, ni le génie de son prédécesseur. Une insurrection druze le renversa. Plusieurs villages furent brûlés. A Constantinople, dès qu'on apprit ce qui se passait, les ministres furent plusieurs fois réunis en conseil à la Porte, et l'on se décida à envoyer en Syrie le séraskier Mustapha-Pacha en qualité de commissaire extraordinaire.

Après trois mois de séjour, Mustapha-Pacha, fut convaincu que le gouvernement de l'émir était impossible et que les Druzes ne resteraient jamais tranquilles aussi longtemps qu'ils seraient gouvernés par les descendants d'un homme qui les avait à moitié exterminés ; il prononça donc la déchéance de Béchir-Kassem. Des plaintes s'élevèrent contre le pacha, et Sélim-Bey, fils d'Ali pacha de Tebelen, lui fut adjoint pour contrôler ses actes et s'informer des besoins de la Montagne. Tous les deux furent d'accord pour reconnaître que le gouvernement direct de la Sublime Porte était le seul possible.

Omer-Pacha, qui devait plus tard illustrer son nom dans la guerre avec la Russie, fut placé dans le Liban comme gouverneur provisoire. Son administration juste et ferme fut accueillie avec joie par les chrétiens, dit M. Poujade ; mais à cet éloge il ajoute que ce n'était qu'un heureux accident.

Plusieurs pétitions en faveur du maintien d'Omer-Pacha furent envoyées à Constantinople. Mais les signataires du traité de Londres n'en tinrent aucun compte.

C'est alors qu'éclata entre elles et la Porte un différend diplomatique. On sait quelle en est l'origine : les populations qui habitent le Liban, disait l'Europe, possèdent depuis des siècles le privilège d'être immédiatement gouvernées par un émir de leur nation. La Turquie ne voulait pas reconnaître un privilège qui ne s'appuyait que sur l'usage. De tels privilèges, répondait-elle, existaient partout en Turquie du temps de la féodalité. De plus, les émirs acceptés ou nommés par le gouvernement de Saint-Jean-d'Acre, quoique habitant le Liban, étaient tous de religion musulmane, témoin les émirs de la famille de Shehab.

Dans le chapitre consacré aux Maronites, nous avons dit tout ce qui vient à l'appui de ce qui précède.

Sélim-Bey revint de Beyrouth au moment où Rifaat-Pacha quittait le ministère des affaires étrangères. Le 15 septembre, à peine installé, le nouveau ministre, Sarim-Effendi, entouré des dignitaires de la Porte, reçut les représentants des cinq puissances. Sélim-Bey fut introduit et entendu. La discussion se prolongea durant six heures sans résultat. Le ministre ottoman déclarait qu'il regardait comme nécessaire d'établir le gouvernement direct du Sultan sur la Montagne. Les ambassadeurs protestaient en rappelant que leurs gouvernements avaient promis aux habitants du Liban le maintien de ce qu'ils appelaient leurs priviléges.

Quelque temps après, un mémorandum de la Porte, s'en tenant aux principes exposés par elle dans la conférence du 15 septembre, fut remis aux représentants des puissances, qui en référèrent à leurs gouvernements respectifs. La Porte annonçait en même temps qu'elle ne prendrait aucune résolution avant d'avoir reçu l'avis de ceux-ci.

Le gouvernement ottoman, occupé alors de mettre à exécution les nouveaux principes de la charte de Gulhané, de reconstituer son armée et sa flotte, d'apaiser les révoltes de quelques provinces, voulant surtout marquer aux puissances sa gratitude pour ce qu'elles avaient fait en sa faveur, dut tenir compte de leurs exigences. Omer-Pacha fut rappelé, et de la sorte prit fin le gouvernement direct des Turcs dans la Montagne.

La Porte, tout en cédant aux désirs des puissances, résistait pourtant à ceux des cabinets qui demandaient le rétablissement du gouvernement unique de la Montagne avec un chef de la famille de Shehab. La Russie appuyait secrètement la Porte, qui proposait soit le gouvernement d'un pacha, soit, pour les Druzes et pour les Maronites, deux gouverneurs turcs qui relèveraient l'un et l'autre du gouverneur de Beyrouth.

M. de Metternich trouva un moyen terme qui consistait à établir deux administrations, l'une chrétienne et l'autre druze. Au mois de septembre 1842, cette nouvelle solution fut connue. Aux termes du hatti-sherif du 27, Essad-Pacha, gouverneur de la province de

Saïda, est nommé gouverneur du Liban et de l'anti-Liban. Deux caïmakams administrent sous ses ordres, l'un les Maronites, l'autre les Druzes. Deïr-el-Kamar, ancienne résidence de l'émir Béchir, et habité par des Druzes, des Maronites, des Grecs catholiques, des Grecs orthodoxes et des juifs, serait occupé par une garnison turque, chargée de maintenir l'ordre entre les diverses races ennemies résidant dans les environs de cette ville.

La Porte se résignait à en passer par la volonté des puissances qui conçurent de belles théories, mais dont l'expérience devait bientôt mnotrer le vice radical.

Le prince de Metternich, en proposant ces deux administrations distinctes, croyait pouvoir séparer deux populations unies autrefois sous un même gouvernement, mais animées maintenant (surtout chez les Druzes), d'une haine qui n'était pas sans motifs légitimes.

En théorie, avons-nous dit, ce projet était excellent; mais il ne valait rien en pratique. En effet, si la caïmakamie chrétienne était, à part quelques rares villages mutualis, habitée par des chrétiens, le pays druze était composé de districts mixtes. Le seul pays de Chouf ne contient exclusivement que des Druzes, tandis que celui de Djézzin ne renferme que des chrétiens; et encore l'un et l'autre forment-ils enclave dans les districts mixtes.

En nommant pour le Kasrawan un prince chrétien, on donnait aux chrétiens ce qu'ils possédaient déjà. Aussi toute la question du Liban a-t-elle son vrai cadre dans la montagne druze.

Le gouvernement français fit des réserves; mais les autres puissances, l'Angleterre, la Russie, la Prusse et surtout l'Autriche, acceptèrent le projet tel quel. La France avait toujours l'intention de faire prévaloir son idée d'un prince chrétien gouvernant toute la Montagne, et c'était un Shehab qu'elle mettait en avant. Pourquoi cette famille plutôt qu'une autre, alors que l'émir Béchir s'était rendu odieux à tous ses administrés? C'est un secret que nous ne sommes pas à même de dévoiler.

Essad-Pacha fut donc chargé, en 1842, d'installer le double gouvernement du Liban. Dès les premiers pas, il fut arrêté par les complications qu'il prévoyait dans le problème des districts mixtes.

Le caïmakam des chrétiens fut l'émir Haydar, originaire d'une famille druze. Plusieurs de ses parents n'avaient reçu le baptême que sous la domination égyptienne. C'était un homme d'un caractère à la fois ferme et doux, sachant user de son autorité. On lui donna tout le territoire qui s'étend depuis Tripoli jusqu'à la route de Damas, avec le district mixte de Metn, les membres de sa famille ayant été de tout temps les seigneurs de ce pays. Ahmet Roslan, appartenant à une famille qui n'était ni Djomblatié ni Yezbekiés (ce sont les deux partis qui dominent dans le pays druze, et dont le premier tire son nom de la famille Djomblat), fut désigné comme caïmakam druze. On plaça sous son administration tout le pays, depuis la route de Damas jusqu'aux approches de Saïda, à l'exception de Deïr-el-Kamar, dont on fit un territoire neutre.

Cette nouvelle division du Liban était plus propre à perpétuer les rivalités qu'à les faire disparaître. Au lieu de séparer les races, on assujettissait l'une à l'autre. Dans les districts mixtes, le nombre des chrétiens en état de porter les armes s'élevait alors à treize mille neuf cent cinquante et un, et celui des Druzes à six mille trois cent quatre-vingt-dix seulement.

XI

Druzes et Maronites réclament de nouveau le gouvernement direct de la Porte, qui, dans un mémorandum adressé aux puissances, établit que c'est là le seul arrangement praticable. — Difficultés diplomatiques à propos des districts mixtes. — La France incline toujours vers un gouvernement unique sous un prince de la famille de Shehab. — Désaccord des puissances. — Halil-Pacha, commissaire du Sultan en Syrie. — Modifications apportées à l'arrangement de 1842. — La Porte persiste dans ses déclarations sur la nécessité de son gouvernement direct pour le Liban.

Cet arrangement fit pousser les hauts cris. Les Maronites et une grande partie des Druzes demandèrent une fois encore à rentrer sous l'autorité immédiate du gouvernement turc.

La Porte-Ottomane, pourtant, ne négligeait pas une seule occasion de signaler aux puissances la faute qu'elles avaient commise en soustrayant le Liban à sa domination immédiate.

S'appuyant sur les rapports d'Essad-Pacha, qui ne cessait de critiquer la séparation des pouvoirs dans le Liban en mettant au jour les difficultés ou même l'impossibilité de réaliser la fâcheuse utopie de la désagrégation des races, la Porte envoya un mémorandum aux représentants des cinq cours. Elle y dénonce avec une ferme persistance ses projets de gouvernement direct sur la Montagne, déclare ce système seul applicable et seul capable de donner satisfaction aux populations; elle s'y fonde sur l'opinion de tous ceux qui avaient pu étudier de près la Syrie et ses habitants. Sarim-Effendi établit par ce document que l'institution des caïmakams est mauvaise; il fait allusion avec une certaine vivacité à l'intervention des puissances dans une question d'administration intérieure, déclare que, dans sa conviction, les caïmakams ne sont installés qu'à titre d'essai; et il fait des réserves pour le cas où l'avenir mettrait en évidence la justesse de ses prévisions.

Les faits de 1859 et 1860 n'ont que trop donné raison à cet homme d'État; mais cette triste expérience a coûté la vie à des milliers d'hommes.

Pendant qu'Essad-Pacha s'occupait d'établir l'administration d'après la nouvelle division territoriale, la désagrégation des races, disions-nous, était reconnue impossible; et une lutte diplomatique éclatait à Constantinople, à propos des districts mixtes. Les représentants des puissances n'auraient pu réfuter les objections de la Porte; mais ils avaient voulu admettre un principe impraticable, et maintenant ils fermaient les yeux pour ne pas voir la vérité.

Les chrétiens, en plus grand nombre dans les districts mixtes, refusaient de se soumettre à la nouvelle organisation. Quant aux Druzes, ils disaient : Il est vrai que les chrétiens sont plus nombreux que nous dans les districts où nous habitons ensemble, mais ces districts sont notre ancienne propriété; le nom de « montagne des Druzes » a toujours été donné à cette partie du Liban; depuis la route de Damas jusqu'aux confins du Sandjak de Saïda, il n'y a pas un seul mokatagi (seigneur) chrétien. Les familles druzes qui sont actuellement en possession des gouvernements du Djurd, des deux

Gharbs, du Chouf, du Djezzin, remontent à une haute antiquité, et leur autorité n'est guère moins ancienne.

Les Druzes étaient appuyés par le colonel Rose, consul général d'Angleterre.

« Essad-Pacha, dit M. Poujade, à la mémoire duquel je suis heureux de rendre ici une justice éclatante, comprit tout ce qu'il y avait d'équitable dans les demandes des chrétiens. Il résista longtemps aux exigences du colonel Rose, qui lui enjoignait de contraindre les chrétiens, même par la force, à reconnaître la juridiction pure et simple des Druzes, et en référa une dernière fois à Constantinople, en faisant connaître l'invincible répugnance des chrétiens à se soumettre aux Druzes. »

Essad-Pacha, dans une lettre au grand vizir, conseillait à son tour le gouvernement direct, en constatant la désunion qui existait parmi les Druzes, divisés en deux partis, les Yezbekiés et les Djomblatiés. Au moment où un caïmakam dut être choisi, les uns et les autres s'opposèrent à ce qu'on le prît dans le parti ennemi. L'émir Ahmet-Roslan, qui, bien qu'allié aux Djomblatiés, avait toujours gardé la neutralité, fut enfin désigné. « Mais, dit M. Poujade, sa nomination ne fut permise qu'après qu'il eut signé un acte rédigé par les chefs druzes, en vertu duquel il s'engageait à partager avec eux non-seulement le pouvoir, mais encore les émoluments. » « On rend, ajoute-t-il, le gouvernement ottoman responsable de tout ce qui se passe dans le Liban ; encore faut-il qu'il ait une action directe sur les tribus ennemies, livrées à l'anarchie que ne cesse de fomenter la propagande étrangère. »

Dans les instructions envoyées à Beyrouth, les districts du Djebaïl, situés au bord de la mer et habités par des populations de divers rites et religions, devaient être placés, comme tout le littoral, sous le gouvernement immédiat du vâali de Beyrouth. Le colonel Kadri-Bey y fut envoyé. Ce territoire n'avait jamais été possédé par l'émir Béchir au même titre que le reste de la province ; il le tenait, il est vrai, à ferme, mais ces districts ne faisaient pas partie intégrante de son gouvernement.

Dans une réunion diplomatique tenue au commencement de février 1843, les représentants des puissances firent une démarche collective; et, le 4 mars, Sarim-Effendi, ministre des affaires étrangères, répondait que rien ne s'opposait à ce que les districts du Djebaïl fussent rendus à la juridiction de l'émir chrétien au même titre qu'ils avaient été soumis à celle de l'émir Béchir.

« Cependant la Porte ottomane, dit encore M. Poujade, avait confié le gouvernement de la Syrie à un vieillard, Essad-Pacha, doué d'une haute raison, d'une grande tolérance, et dont la longue expérience semblait trouver des lumières qui n'étaient plus guère le partage d'un grand nombre de ses compatriotes, et un esprit de douceur et d'équité que peuvent seuls donner la crainte de Dieu et l'amour des hommes. C'est à ce vieillard que fut confié le soin délicat et difficile de mettre à exécution les divers arrangements pris par la Porte ottomane, d'installer les caïmakams et de placer leurs administrés sous leurs ordres. C'est alors que surgit l'inextricable difficulté (dont nous avons parlé) au sujet de l'organisation des districts mixtes. Les chrétiens protestèrent avec vigueur et avec désespoir contre un arrangement qui les soumettait aux Druzes, et enfin au bout de quinze mois de négociations, on est arrêté par un obstacle imprévu à Constantinople, parce qu'on ignorait la géographie du Liban. Les chrétiens, pour se concilier de plus en plus Essad-Pacha, avaient déclaré qu'ils préféraient le gouvernement d'un pacha et d'un musulman à celui des Druzes, et le muchir de Saïda avait fait à Constantinople l'aveu de l'impossibilité où il se trouvait d'exécuter dans le Liban les ordres qu'il avait reçus sans recourir à la force. »

M. de Bourqueney, alors ambassadeur de France auprès de la Sublime Porte, écrivait, le 15 juin 1843, à M. Guizot :

« Essad-Pacha, dont les dispositions personnelles continuent à mériter notre approbation, se trouve arrêté à chaque pas par le mélange des intérêts qu'il s'agit de satisfaire, par la rivalité des passions qu'il faut contenir.

« L'application du nouveau système de gouvernement aux territoires mixtes présente des difficultés que nous avions prévues, mais qui dépassent même nos premières craintes. Les chrétiens veulent Deïr-el-Kamar affranchi de toute soumission au nouveau pouvoir druze, les Druzes le réclament à leur tour comme un fief dont les titres sont incontestables... »

Le 11 septembre, les cinq représentants se réunissaient en conférence et envoyaient leurs drogmans à Essad-Pacha pour lui proposer ceci :

« La population chrétienne de Deïr-el-Kamar aurait pour chef un vékil nommé par l'émir druze.
Toute contestation entre ces deux délégués des deux autorités serait déférée au bey commandant les troupes stationnées à Deïr-el-Kamar. Deïr-el-Kamar ne serait pas la résidence de l'émir druze. »

La Porte accepta cet arrangement.

La France, de son côté, penchait toujours pour l'unité du pouvoir entre les mains d'un membre de la famille Shehab.

« Ce que je crois savoir, dit M. Guizot (dépêche à M. de Bourqueney, du 15 avril 1844), c'est que les Maronites et les Druzes regrettent en général le passé et que les vieux sont pour le retour de la famille Shehab. »

D'après ce que nous avons rapporté, nous pensons que la conscience du ministre avait été trompée, et que ni les Druzes, qui avaient été exterminés, ni les Maronites, qui avaient été trahis, ne voulaient le retour, soit de l'émir Bechir, soit de son fils Émin, l'apostat, soit d'aucun membre de cette famille. Au reste, M. Guizot ne paraît pas bien sûr que cet arrangement serait le meilleur, puisqu'il ajoute :

« La restauration de cette famille dans le gouvernement du Liban serait-elle, en effet, comme on nous l'assure, le meilleur et même l'unique moyen de remédier au mal, de tout concilier et de tout consolider? Pourrait-elle gouverner et se maintenir sans user des mêmes moyens arbitraires et violents à l'aide desquels l'émir Bechir avait si laborieusement fait sa position? Ce que les circonstances ne permettraient peut-être plus aujourd'hui, et ce que, dans tous les cas, l'Europe ne serait pas sans doute disposée à tolérer. »

Dans une autre dépêche du 14 mai, M. Guizot avoue que :

« Les chrétiens préféreraient à une administration druze un gouvernement turc, qu'ils ont même été sur le point de demander. »

Qu'ils ont même demandé, aurait-il pu dire.

Mais cette idée du gouvernement turc qui revient à tout bout de champ, et qui aurait dû être admise comme la meilleure, est combattue non par des raisonnements, mais parce que le principe contraire avait été admis.

« Je n'ai pas besoin d'ajouter, déclare le ministre dans la même dépêche, que l'idée d'un gouverneur turc pour ces districts ne peut ni ne doit être considérée comme sérieuse, et que si elle trouvait quelque accès auprès du gouvernement turc, il faudrait s'expliquer de façon à le convaincre que l'Europe ne l'admettrait point. »

C'est à ce moment, dit M. Poujade, que s'opère, au sein de la conférence des représentants des cinq cours, un changement profond et regrettable. Jusqu'alors l'unanimité avait régné pour s'opposer au gouvernement direct des Turcs, du moins entre la France, l'Angleterre et l'Autriche; la Russie et la Prusse se montrant plus molles dans l'action, bien que leurs déclarations fussent conformes à celles des autres puissances. L'unanimité continua au moment de l'acceptation du gouvernement des deux caïmakams; mais lorsque le muchir de Saïda fit connaître que, sans la force, on ne pourrait pas imposer ce gouvernement aux chrétiens, cette unanimité cessa. Les représentants de la Grande-Bretagne, de la Russie et de la Prusse étaient persuadés que l'application des mesures de 1842 n'avait pas encore été essayée, « ni avec la bonne foi ni avec l'intelligence qui en eussent pu assurer le succès. »

En cela, ils n'avaient pas absolument tort. Les lettres et dépêches qu'ils recevaient de Beyrouth et du Liban les entretenaient de manœuvres employées constamment pour empêcher la mise en pratique du nouveau gouvernement, et leur dénonçaient la propagande active qui mettait la crainte dans les esprits.

Ils offraient leur concours sincère et décidé pour la mise à exécution de l'engagement de 1842. Lord Cowley présenta un mémorandum en faveur du *statu quo*; il insistait sur l'impossibilité de rendre le pouvoir à un prince de la famille Shehab sans heurter la Porte et froisser les populations.

La question était grave. La Porte se décida à envoyer en Syrie un troisième commissaire, et son choix tomba sur le beau-frère du Sultan, Halil-Pacha, alors grand amiral. Sa mission était de régler les indemnités à accorder aux Maronites, d'aplanir les obstacles qui empêchaient la réalisation du plan proposé et appuyé par les puissances, celui des deux caïmakamats. La Porte voulait essayer, fit-elle dire à l'ambassadeur de France, si la présence à Beyrouth d'un des grands officiers de l'empire, accompagné d'une force imposante, ne faciliterait pas, par son seul effet moral, la tâche qu'Essad-Pacha avait reconnue très-difficile. Tout recours à la force lui était interdit.

La France s'émut de l'envoi de ce haut dignitaire, et M. de Bourqueney faisait connaître à la Sublime Porte « l'opposition décidée que rencontrerait chez tous les cabinets européens l'essai d'un pouvoir turc unique et direct dans la Montagne. »

La France et l'Autriche tenaient toujours à la famille Shehab.

M. Guizot écrivait, le 24 juin 1844 :

« J'apprécie la parfaite netteté de langage avec laquelle, ainsi que vous m'en informez, vous avez soutenu les considérations de droit et de fait qui ne permettent plus de s'en tenir aux règlements adoptés en 1842 à titre d'essai pour le gouvernement de la Montagne, et les motifs qui commandent de ne procéder à un nouvel examen de la question que sur la base d'une restauration politique de la famille Shehab. »

Ainsi, le gouvernement turc se trouva tiraillé d'un côté par l'Autriche et la France, qui demandaient le retour à l'administration d'avant 1840, et de l'autre par l'Angleterre, la Prusse et la Russie, qui voulaient maintenir l'arrangement de 1842.

La Porte, partie plus intéressée, elle, qu'on tenait pour responsable des événements du Liban, prétendait, et l'expérience ne lui a que trop donné raison, que les deux systèmes étaient également défectueux, et que les cinq cours devaient lui prêter leur appui pour établir son action directe sur toute cette province.

Halil-Pacha débuta à Beyrouth en déclarant que les Shehab étaient hors de cause. Puis, le 5 septembre 1844, il fit connaître aux Druzes et aux chrétiens réunis que :

L'indemnité due aux Maronites avait été fixée à la somme de treize mille cinq cents bourses, dont trois mille cinq cents seraient payées directement par les Druzes et le reste acquitté par la Porte sur les revenus de l'Eyalet de Saïda.

Deïr-el-Kamar serait administré par deux vékils, druze et chrétien, désignés chacun par leurs émirs respectifs. Les Abou-Nakad, qui possédaient Deïr-el-Kamar en fief, perdaient le gouvernement de cette ville importante. Sheikh-Nassif et Sheikh-Hamoud, qui avaient pris une part principale aux massacres de 1842, étaient déchus de tout droit à l'autorité.

Dans les territoires mixtes, soumis à la juridiction druze, les chrétiens nommeraient un vékil de leur religion pour défendre leurs intérêts, soit auprès du chef druze, soit auprès du pacha, en recours d'un abus de pouvoir local. Ces vékils devaient recevoir de la Porte un titre d'honneur.

La faculté d'émigration d'un territoire à l'autre était accordée à tous ceux des chrétiens qui ne voudraient pas rester soumis à l'autorité administrative d'un chef d'une religion différente de celle qu'ils professaient. La Porte devait faciliter cette émigration par tous les moyens en son pouvoir.

Telles étaient, en résumé, les modifications apportées aux arrangements de 1842.

En même temps, Halil-Pacha déclarait à M. Poujade, gérant du consulat général de France, qu'à son avis il n'y avait qu'un gouvernement turc, relevant du muchir de Saïda, qui pût établir dans le Liban un ordre de choses solide et durable.

XII

Mémorandum de la Porte aux cinq cours (septembre 1844). — Autre mémorandum (février 1845) en réponse aux puissances. — Le désordre va croissant dans la Montagne, surtout dans les districts mixtes. — L'action des consuls ne fait que précipiter la crise sanglante de 1845. — Les chefs druzes et maronites sont convoqués à Beyrouth par le pacha en vue d'un accommodement. — Les cinq puissances, et surtout la Porte, veulent mettre un terme à cet interminable conflit. — Documents diplomatiques. — Chekib Effendi, ministre des affaires étrangères, se rend en Syrie; sa conférence avec les consuls. — Lettre vizirielle en date du 12 novembre 1845. — Instructions aux deux medjliss, adjoints aux caïmakams chrétien et druze.

L'historique de cette époque peut se faire par les documents diplomatiques échangés entre les cinq cours et la Turquie.

Voici le mémorandum adressé par la Porte aux représentants des puissances, à la fin de septembre 1844 :

« A la suite de ce qui s'était passé dans le Liban, Sa Hautesse ne consultant que ses sentiments d'équité et de bienveillance envers ses sujets, et désirant rendre le bien-être et le repos aux Druzes et aux Chrétiens avait pris, en 1842, une décision qui accordait à ces deux nations des caïmakams distincts. Depuis deux ans et demi, ceux-ci, sous les auspices de Sa Hautesse, ont gouverné à la satisfaction générale, et chaque jour voit s'accroître la tranquillité et la prospérité publiques. Deux seules questions, celles de l'administration et de l'indemnité, n'ayant pu pour certains motifs être encore résolues, Sa Hautesse, dont le vœu le plus cher est de voir tous ses sujets heureux, a voulu qu'elles fussent réglées de la manière suivante :

1° Sur la somme dont la commission a crédité les chrétiens, après déduction des pertes essuyées par les Druzes, on fera payer par les derniers trois mille bourses à des termes convenables, et bien que cette nation dût aussi payer le reste, comme elle n'aurait pas moyen de le faire, et que, d'un autre côté, les chrétiens, victimes du pillage et de l'incendie, ont mérité la compassion de Sa Hautesse, qui, dans sa sollicitude pour ses peuples, doit assurer le bien-être et le repos de ces deux nations, le restant de la dette sera prélevé à terme sur les impôts de la province de Saïda, pour être distribué aux chrétiens, à titre de libéralité de Sa Hautesse, par des personnes sûres qu'eux-mêmes choisiront et désigneront;

2° Conformément à la décision prise antérieurement par Sa Hautesse, on laissera les Druzes et les chrétiens administrés par des caïmakams distincts comme ils le sont aujourd'hui; seulement les villages druzes à population mixte seront sous l'administration du caïmakam et des fermiers druzes, et pour veiller à ce qu'il ne se commette aucun abus, les rayas de chaque village éliront un vékil sous l'approbation du caïmakam; si les fermiers commettent une injustice contre les rayas, le vékil en informera le caïmakam; et si celui-ci n'en tient pas compte, il en sera référé au gouverneur de la province, qui fera droit à la réclamation avec pleine impartialité. Ainsi les fermiers druzes n'auront aucun moyen d'opprimer les rayas, et, sous les auspices de Sa Hautesse, le gouvernement s'appliquera à procurer chaque jour plus de bien-être et de repos aux populations. Le même mode d'administration sera appliqué aux Druzes qui habitent les villages chrétiens mixtes.

Deïr-el-Kamar sera également administré par deux vékils, un pour les Druzes, un pour les Maronites.

Les représentants des cinq puissances ayant, à la suite de ce mémorandum, voulu avoir quelques éclaircissements sur les moyens que la Sublime Porte regardait comme les plus propres à faciliter et à accélérer la solution des difficultés du Liban, Chekib-Effendi, alors ministre des affaires étrangères, leur fit, le 30 janvier 1845, la réponse suivante :

La Sublime Porte avait fait connaître et communiqué, par mémorandum, à MM. les représentants des cinq cours, sa pensée sur l'état actuel du Liban, d'après les dépêches reçues, il y a peu de temps, de ses agents en Syrie, et avait exprimé le désir de connaître leur idée et leur opinion à ce sujet. Après avoir reçu ce mémorandum, MM. les représentants ont demandé les éclaircissements possibles sur les moyens et dispositions que le gouvernement de Sa Hautesse croyait propres à faciliter et à hâter la solution des difficultés qu'il voit dans cette affaire.

Une décision a été prise précédemment, après des communications dans le but d'assurer la tranquillité du Liban, parce que les Maronites et les Druzes, qui forment la très-grande partie de ses habitants, sont les uns et les autres sujets du gouvernement de Sa Hautesse, et que la Sublime Porte tient à établir sur de bonnes bases l'administration de la Montagne. La Sublime Porte a certes le pouvoir d'exécuter complétement par la force cette décision; c'est une chose dans la voie du possible. Mais, suivant les informations reçues jusqu'à présent, les Maronites seulement refusent d'accepter les Mokatagis druzes des villages mixtes. Pour les leur faire accepter, bon gré mal gré, il faudrait employer à leur égard des moyens coercitifs. La Sublime Porte n'a pas encore pu avoir des informations locales suffisantes quant au mode d'application de ces moyens; et d'un autre côté l'emploi de la force doit occasionner une effusion de sang, chose que le gouvernement turc ne permet pas sans qu'une nécessité urgente ne l'y contraigne. Pour ces raisons, la manière de voir du gouvernement de Sa Hautesse que MM les représentants ont désiré leur être manifestée, n'avait pas encore pu être arrêtée lorsqu'il a reçu cette fois de ses agents de nouvelles informations.

Suivant ces informations, le gouvernement a compris que l'on ne voit pas d'autre moyen de résoudre et de terminer ladite question que de désigner pour la direction des affaires de chacune des deux nations qui se trouvent dans ces villages mixtes, un vékil qui serait pris parmi ses compatriotes et ses coreligionnaires, excepté toutefois leur mokatagis, et qui aurait recours, dans les affaires qui surviendraient, au muchir de Saïda. Or, comme la Sublime Porte est surtout préoccupée de l'idée d'assurer le repos des habitants de la Montagne comme celui des autres peuples et de faire sortir cette question de l'état de fluctuation, animée de la pensée paternelle de donner une nouvelle preuve de l'horreur que lui inspire une effusion de sang sans grave motif, et du sérieux intérêt qu'elle prend au repos des différentes classes de ses sujets, elle trouve convenable et permis, conformément aux derniers renseignements qu'elle a reçus, que l'ancienne décision soit, pour les villages susmentionnés, ainsi rectifiée et accommodée; c'est-à-dire qu'un vékil soit choisi, comme il est dit ci-dessus, parmi ses compatriotes et ses coreligionnaires pour chacune des deux nations, à l'effet de voir ses affaires, à la condition de recourir au muchir de Saïda dans les circonstances qui pourront survenir, et que l'on fasse ainsi cesser cet état de fluctuation.

Des agents de la Sublime Porte lui ont fait savoir aussi que la chose deviendra plus facile si les consuls qui sont en Syrie ne s'opposent aucunement à l'application de cette mesure et ne font naître quelque nouvel incident. Nous prions M.... de faire connaître son assentiment d'un commun accord avec ses collègues, afin que les ordres nécessaires soient promptement expédiés en Syrie. »

Les représentants des cinq cours ayant cru voir dans le mémorandum précédent plutôt une résolution prise qu'un projet soumis à consultation, et ne voulant pas surtout admettre l'action du pacha de Saïda dans l'étendue qui lui était assignée ni d'aucune manière qui porterait, disaient-ils, atteinte au principe d'indépendance administrative, ils en informèrent leurs cours et avisèrent la

Sublime Porte qu'il lui appartenait de peser l'urgence des circonstances.

Le 24 février 1845, le Divan reprenait son œuvre et envoyait le mémorandum suivant aux ambassadeurs :

Nous avons pris connaissance de la lettre que MM. les représentants des hautes cours nous ont adressée au sujet de l'affaire du mont Liban, et sur l'importance actuelle de cette question, nous avons pensé qu'il y avait nécessité et obligation, pour parvenir à une conclusion définitive, de répondre en manifestant les pensées du gouvernement de Sa Hautesse.

Effectivement, comme le soin de faire naître le plus tôt possible les moyens propres à assurer et à compléter le repos et la tranquillité de la Montagne, de même qu'il est une conséquence de la volonté équitable de Sa Hautesse, est le résultat aussi des opinions et des pensées des hautes cours qui sont les amies bienveillantes de la Sublime Porte, et comme MM. les représentants ont désiré que le gouvernement turc leur fît connaître quels moyens et quelles dispositions lui paraissaient convenables et propres au règlement des affaires du Liban et au rétablissement de la tranquillité dans cette montagne, et que les conseils et avis bienveillants qui viennent de la part des gouvernements amis sont appréciés, les ministres de Sa Hautesse ont pesé la forme la plus propre à faire sortir l'administration du Liban de l'état de confusion où elle se trouve, l'ont soumise à la sanction impériale, et Sa Hautesse l'a trouvée conforme à ses vues équitables; et il était certain, comme M. le chargé d'affaires en conviendra, que l'on n'aurait pu trouver, pour arriver au but désiré, une voie convenable autre que la forme exposée, et que, par conséquent, cette volonté de la Sublime Porte aurait aussi été appréciée par les hautes cours. Pour ces raisons, nous avions fait connaître à M. le chargé d'affaires de France et à ses collègues que ladite forme de la décision est souveraine.

La Sublime Porte espérait, à cet égard, une concordance parfaite et absolue de la part de M. le chargé d'affaires et de ses collègues. Mais quelques nuages dans la pensée ont empêché ce résultat, et comme il est évident qu'en levant les doutes qui sont manifestés on obtiendra la concordance désirée sur cette décision et sur les intentions impériales, nous nous faisons un plaisir de porter la sécurité dans les pensées amicales de MM. les représentants. Ainsi donc, le cercle du pouvoir de Son Excellence le pacha-muchir de Saïda sur les vékils qui seront établis dans les villages mixtes se bornera au soin de résoudre et de décider seulement les affaires difficiles qui n'auront pu être accommodées parmi les contestations qui pourront survenir entre les deux nations; c'est à lui que l'on aura recours dans ces occasions; mais, hors de là, il n'aura pas à intervenir dans leur administration particulière. La Sublime Porte ne songe ni ne tend à la suppression des moukataadjis, ni à l'abolition des privilèges locaux que les habitants de la Montagne ont obtenus récemment de Sa Hautesse, et, quant à l'indemnité qui doit être donnée aux Maronites, il va sans dire qu'après l'entier règlement de cette question de l'administration, le gouvernement turc donnera ses soins aux moyens de parvenir, le plus tôt possible, à la forme du payement de cette indemnité suivant la décision prise précédemment.

Ainsi, la réalité des intentions bienfaisantes de la Sublime Porte étant connue, il ne restera plus aucune difficulté qui puisse laisser des nuages dans la pensée, et faire ajourner l'exécution des projets arrêtés par la Sublime Porte dans le but de perfectionner les moyens d'assurer la tranquillité du Liban. Les ministres du gouvernement de Sa Hautesse ont été chargés de peser les nécessités du temps et des circonstances, et de bien examiner l'importance de leurs décisions; et, d'après cela, le contenu des dépêches officielles reçues cette fois de la Syrie, a fait apprécier encore davantage l'importance des idées du gouvernement de Sa Hautesse à l'égard du Liban, et, en faisant connaître les exigences des temps et des circonstances, a démontré la nécessité de les appliquer promptement. Vu ce qui précède, les intentions bienfaisantes et paternelles dont Sa Hautesse a fait preuve par cette décision sont conformes aux exigences des circonstances et des localités, et le doute qui s'est manifesté sur cette affaire étant levé par les éclaircissements donnés, les hautes cours apprécieront aussi cette décision. En conséquence, de même que les ministres du gouvernement de Sa Hautesse se feront de cette chose un titre de gloire, de même les témoignages de sentiments bienveillants que tant M. le chargé d'affaires que ses collègues donneront toujours au gouvernement de Sa Hautesse, nous sont garants, qu'appréciant ces intentions de Sa Hautesse, ils seront les premiers à les louer, et s'empresseront de reconnaître la nécessité de les remplir promptement.

A Beyrouth et dans le Liban régnait toujours un grand désordre, au lieu de la conciliation que l'Europe devait employer pour engager les Maronites à obéir à l'arrangement proposé par les cinq cours, mais que la Porte n'avait accepté que par esprit de concession. La partie des districts mixtes était devenue un ardent foyer d'intrigues. Halil-Pacha avait donné l'ordre aux chrétiens d'élire des députés et de les envoyer à Beyrouth pour y assister aux délibérations sur un arrangement définitif. Après quelques pourparlers, les chrétiens refusèrent. Ils semblaient craindre d'avoir à se soumettre à la décision des cinq cours.

Vers la fin de 1844, l'évêque Tobie, primat des Maronites à Beyrouth et représentant du patriarche, fit une requête au nom de la communauté, demandant un mode de gouvernement quelconque qui fût de nature à soustraire les chrétiens à l'autorité druze. C'était une manière habile de désigner le gouvernement direct du muchir de Saïda. Cette pièce fut envoyée à Halil-Pacha, qui la transmit à la Porte.

La résistance des chrétiens, l'impossibilité pratique des derniers arrangements faisaient croître l'agitation dans la Montagne et surtout dans les districts mixtes. Les Druzes croyaient à leur bon droit, puisque ce droit avait été reconnu et appuyé par les puissances. Ils étaient fatigués d'avoir un gouvernement de nom, sans l'avoir de fait. Des symptômes de troubles prochains éclataient partout. Les Druzes se sentaient vaincus, malgré la protection de l'Angleterre, de la Russie et de la Prusse. Essad-Pacha venait d'être rappelé et remplacé par Vedjihi-Pacha, gouverneur d'Alep.

Vers la fin du mois d'avril, les symptômes précurseurs de la guerre civile devinrent de plus en plus apparents.

Ce fut alors que le gouvernement ottoman, dans l'ignorance de ce qui se passait en Syrie, invita Halil-Pacha à revenir à Constantinople. Il était ministre de la marine.

On se rappelle que M. Guizot, dans la dépêche que nous avons citée, prétendait que toute action directe du gouverneur de Saïda devait cesser sur la Montagne.

Des démarches avaient été faites, avons-nous dit aussi, par divers ministres turcs, pour régler les attributions des consuls en Syrie. Une dépêche de M. de Bourqueney porte que, dans un mémorandum adressé aux cinq représentants, le gouvernement du sultan « appellera l'attention des puissances amies sur la nécessité de contenir les consuls étrangers dans les limites de leurs attributions, afin que leur intervention n'entrave pas l'action réparatrice de la Porte. »

Ces agitations, ces efforts des consuls agissant en sens contraire, ces protections promises aux Maronites par les uns, aux Druzes par les autres, aux Grecs catholiques par ceux-ci, aux Grecs orthodoxes par ceux-là, tout ce désordre produisit les événements de 1845, où tant de sang coula sur la Montagne.

Dans le Metn, les chrétiens furent victorieux ; mais, dans les autres districts, ils eurent le dessous.

A Abey, un couvent de capucins fut saccagé ; et un prêtre catholique fut tué en voulant sauver la vie à deux Maronites.

Les consuls européens se réunirent. Les chefs druzes et maronites furent convoqués à Beyrouth par le pacha, pour y conclure un accommodement et rechercher les éléments d'une pacification générale. Des délégués des deux partis répondirent à cette invitation. Dans cette conférence, il fut convenu que le gouverneur turc ferait cantonner des troupes dans huit localités qui furent désignées ; que dans ces localités les deux partis, druze et chrétien, remettraient leurs armes entre les mains de l'officier commandant ; que les armes seraient retenues jusqu'à ce que la paix fût entièrement rétablie, et que ceux qui ne voudraient pas se soumettre auraient à quitter leurs villages.

Mais les chrétiens refusèrent de s'éloigner des villes où ils s'étaient réfugiés, et l'anarchie continua à régner dans la Montagne.

Au commencement de juillet, un armistice fut conclu. Druzes et chrétiens avaient toujours les armes à la main, et occupaient encore les points fortifiés. Une commission composée de chefs druzes et maronites se forma à Beyrouth, sous la présidence du pacha, pour régler les différends. L'émir Hadaïr devait s'y trouver pour les Druzes, et le caïmakam chrétien pour les Maronites.

Cependant la Porte et les puissances européennes s'émurent, et le gouvernement turc, voulut plus énergiquement que tout autre, mettre un terme à cette interminable conflit.

Chekib-Effendi, ministre des affaires étrangères, fut désigné par le sultan pour se rendre en Syrie. Voici en quels termes M. de Bourqueney annonce à M. Guizot, le 21 juillet 1845, cette mission :

Nos efforts persévérants pour convaincre la Porte de la nécessité de mettre un terme aux désordres du Liban n'ont pas été sans succès. Votre Excellence sait par les numéros antérieurs de ma correspondance que les affaires de Syrie étaient, depuis trois semaines, l'objet constant des délibérations du Conseil. Chekib-Effendi ajournait la communication de leurs résultats toujours retardée par des causes indépendantes de sa volonté..... Chekib-Effendi avait donné rendez-vous ce matin, à M. Cor qui m'apporte la communication ci-jointe.

Voici les principaux extraits de cette communication :

..... Sa Majesté le sultan a décidé que le ministre des affaires étrangères se rendrait dans le Liban, muni des pouvoirs les plus amples pour assurer la tranquillité de cette province et régler toutes les questions pendantes.

Je crois a dit alors Chekib-Effendi, que l'ambassadeur sera content, et que je ne pouvais pas mieux lui montrer combien je comprends l'importance de ces affaires qu'en me chargeant moi-même du soin de les terminer sur les lieux.

L'action des autorités locales actuelles sera suspendue momentanément ; Namik-Pacha, commandant le camp d'Arabie prêtera son concours au ministre. La Porte appellera l'attention des puissances amies sur la nécessité de contenir les consuls étrangers résidant à Beyrouth, dans les limites de leurs attributions, pour que leur intervention dans les affaires concernant les sujets de Sa Hautesse ne vienne point entraver l'action réparatrice de la Sublime Porte ; sur celle de régler ici les attributions respectives des mokatagis et des vékils, de manière à sauvegarder les droits et privilèges des premiers, tout en conservant aux chrétiens le bénéfice des derniers arrangements; sur celle enfin d'employer des moyens coercitifs si l'obstination des uns et des autres en rendait l'usage nécessaire.

Voici maintenant le document émané de la Porte dont parle la précédente dépêche, il porte la date du 28 juillet 1857 :

Sa Hautesse le sultan, dans sa sollicitude paternelle pour ses peuples, cherche, à trouver et à compléter les moyens d'assurer le bien-être, la tranquillité et la sécurité de toutes les classes des sujets placés à l'ombre de son autorité équitable. Il a voulu que les habitants du mont Liban participassent aussi à ces bontés, et des marques de bienveillance et de faveur de toute espèce leur ont été accordées, leurs anciens priviléges locaux ont été maintenus, et l'administration de la Montagne a été placée sous une forme particulière. De plus, pour qu'il ne restât aucune cause de contestation, il a été permis récemment qu'outre les mokatagis dans chaque village dont la population est composée de Druzes et Maronites, ces derniers eussent aussi un vékil et ordre a été donné à qui de droit de mettre promptement cette mesure à exécution.

Il semblait que les habitants de cette montagne, appréciant les faveurs que Sa Hautesse ne cessait de leur accorder, devaient s'en montrer reconnaissants, et, en leur qualité de sujets, se soumettre avec empressement aux ordres de la Sublime Porte. Mais obéissant à la rudesse de leur caractère, les uns ont trouvé ces faveurs au-dessous de leurs espérances, les autres se sont crus sacrifiés; ils ont hésité à les accepter et ont fait des difficultés. En outre voyant dans l'exécution d'une décision prise pour assurer la paix et la sécurité du pays une occasion de donner cours à leur haine mutuelle et d'exécuter leurs mauvais desseins, ils ont osé s'attaquer et verser le sang les uns des autres. Non-seulement le gouvernement de Sa Hautesse a été véritablement ému en l'apprenant, mais, de plus, il a été fort surpris de ce qu'ils avaient présenté leurs actes comme autorisés par la Sublime Porte.

Or la Sublime Porte a la volonté bien arrêtée de faire appliquer complétement et sans retard la forme d'administration, concernant les villages mixtes, laquelle est la conséquence et le complément des décisions impériales prises précédemment au sujet de l'administration locale de la Montagne; c'est pourquoi il est devenu nécessaire, qu'elle s'attachât à prendre une mesure d'une prompte efficacité, pour montrer, à l'égard des habitants de la Montagne, sa haute sollicitude, son autorité et sa puissance, pour manifester aux yeux des hautes cours ses alliées, sa bonne volonté et le bon esprit qui l'anime, et enfin pour terminer complétement cette question du Liban. En présence de la conduite passée des habitants de la Montagne, il est évident que tant qu'on ne leur aura pas montré l'emploi possible de la force, ils hésiteront à accepter les bontés et les faveurs qui leur sont accordées. Il est certain aussi qu'on ne pourra pas faire cesser cette hésitation tant qu'ils n'auront pas su que cette décision ne peut être changée, et qu'ils n'auront pas bien compris que quelques désirs qu'ils nourrissent encore en dehors d'elle ils n'ont aucune chance de les réaliser. Le gouvernement de Sa Hautesse a donc pensé que les circonstances demandaient qu'un homme pénétré de l'importance véritable de cette affaire et des intentions pures de la Sublime Porte se rendît en mission spéciale et absolue et avec une force complète dans le Liban, au foyer de ces affaires, pour les régler et les terminer sans laisser subsister aucune cause de difficultés ou d'observations nouvelles. Or, le ministère des affaires étrangères étant depuis quelque temps le centre des délibérations et de l'action que nécessite cette question, se trouve naturellement le protecteur de la décision prise ici. En conséquence, j'ai été chargé par Sa Hautesse, et je me fais un honneur de l'annoncer à Votre Excellence de me rendre moi-même en Syrie en mission spéciale et absolue pour régler promptement et complétement l'affaire et montrer qu'il n'est plus resté un point sujet à hésitation et à contestation d'aucune sorte.

Appliquer pleinement et entièrement les arrangements et ceux arrêtés plus récemment au sujet de l'administration locale, tout en préservant les priviléges particuliers accordés par S. M. le Sultan, parvenir à assurer, en tout état de choses, la paix du pays et la tranquillité des sujets du gouvernement; tel est le fond de la question, tel est l'unique but de ma mission. Pour en faciliter l'exécution, il faut, comme je l'ai dit plus haut, avoir à montrer une force capable d'intimider, et que quels que soient ceux qui refuseraient d'accepter la susdite décision, ils auraient appelé contre eux-mêmes l'emploi effectif de ces forces. Le gouvernement souhaite que ce cas ne se présente pas; mais il est nécessaire de mettre les forces coercitives qui se trouvent dans la Montagne en état d'aider à atteindre le but qu'on se propose. En conséquence, il a été donné ordre à S. Exc. Namik-Pacha, muchir du camp impérial de l'Arabie, de prendre dans l'armée régulière placée sous son commandement la quantité de troupes nécessaires, de se rendre avec elles dans le Liban, d'occuper les positions militaires convenables et d'y faire des mouvements que nécessiteront les circonstances et les indications que je lui donnerai. Si l'on considère d'un œil d'équité les mesures puissantes et efficaces que le gouvernement s'attache à prendre, on verra que la mission que j'ai reçue, comme ayant l'honneur de faire partie du ministère de Sa Hautesse, de régler complétement et sans hésitation cette question, conformément aux pensées pures du gouvernement de Sa Hautesse contribuera à hâter le moment de la solution. On verra aussi que l'adjonction de Namik-Pacha et la force d'intimidation qui sera montrée démontreront aux habitants de la Montagne la nécessité de rentrer dans les bornes de l'obéissance. Quant aux indemnités, elles ont été précédemment accordées dans l'intention de montrer que Sa Hautesse peut employer la force comme la bienfaisance et de prouver que le but des mesures prises par son gouvernement était uniquement, tout en faisant voir sa puissance à quelques habitants imprudents qui ignoraient leurs propres intérêts, d'accorder une faveur et une marque de générosité. La décision prise aujourd'hui de faire distribuer une portion de ces indemnités en même temps que l'on commencera à s'occuper de la question, et de donner le reste après le règlement de l'affaire, fournit une nouvelle preuve des pensées équitables du gouvernement de Sa Hautesse. Les habitants du Liban comprendront que plus ils se conformeront aux devoirs de l'obéissance et de leurs conditions de sujets, plus ils obtiendront de marques de bienveillance et de grâces de Sa Hautesse. Cette considération, comme l'ensemble des mesures qui précèdent, doit amener la solution prompte et définitive de la question. Comme les diverses classes des habitants de la Montagne, trouvent un appui moral sous des formes différentes lorsqu'elles hésitent à accepter les ordres de la Sublime Porte, y résistent et se portent à des actes qui troublent la tranquillité du pays; comme, d'un autre côté, lorsqu'on exécute en Syrie les décisions prises ici, les consuls témoignent des doutes, prétendant discuter de nouveau, et font surgir ainsi des difficultés; comme la décision prise cette fois ne sera changée d'aucune manière, et la mission que j'ai à exécuter en personne le témoigne assez, il est important que les consuls ne se mêlent en aucune façon de ce que je dirai, et s'abstiennent de s'ingérer dans l'affaire, dans le fond et dans la forme. Convaincu que je suis que l'assistance morale désirée de Votre Excellence dans cette affaire se produira conforme à la demande de la Sublime Porte, j'ai l'honneur d'appeler votre sollicitude sur l'exécution de tout ce qui est nécessaire.

Pour ce qui regarde l'hésitation et les retards qui ont eu lieu dans l'exécution effective de la dernière décision prise au sujet de villages mixtes, on peut vraisemblablement supposer qu'ils proviennent de ce que l'on n'a pu comprendre convenablement sur les lieux, la mesure des attributions des vékils maronites. Pour que, dans cette matière aussi, il n'y ait plus dans le Liban aucun motif de discussion, il est nécessaire de dissiper ici les doutes. Je vais déposer et développer maintenant en quoi consiste l'intention de la Sublime Porte à cet égard.

Dans l'administration des villages mixtes, il y a trois choses :

1° Les questions de droit;
2° Les affaires administratives ;
3° Le pouvoir exécutif (police).

Quant à la première catégorie, tout procès ou contestation entre individus de la même nation sera jugé uniquement par son vékil. Si l'un appartient à une nation et sa partie adverse à l'autre, le vékil de l'un et le mokataadji de l'autre jugeront de concert le différend survenu entre eux. Il y aura recours au caïmakam s'ils ne peuvent pas s'accorder. Sur les points d'administration, c'est-à-dire dans les affaires générales, telles que l'exécution des ordres envoyés par le gouvernement ou émanés du gouverneur de la province et la perception des revenus du pays, les vékils seront vis-à-vis de leur nation les intermédiaires des mokataadjis, pour l'exécution des ordres et le maintien de la défense. Quant au pouvoir exécutif (police), comme le partage de cette matière peut en gêner l'exercice, les vékils ne pourront y être associés, et, suivant ce qui se pratique partout, le soin de maintenir et de réprimer sera, dans ce cas aussi, confié aux seuls mokataadjis. Mais lorsque le mokataadjis arrêtera et mettra en prison une personne d'une autre nation pour la punir, l'exécution du châtiment qu'elle aura mérité sera disposée et aura lieu de concert avec le vékil, et, s'il y a dissentiment à cet égard, on recourra aux caïmakams : les vékils auront le droit de veiller à ce que l'homme incarcéré ne subisse aucun mauvais traitement avant que l'exécution de son châtiment ne soit arrêtée.

Ces dispositions sont conformes non-seulement aux principes de justice et d'équité, mais à l'ensemble du règlement administratif du pays. Veiller à leur pleine et entière exécution, rechercher les crimes individuels, tels que les meurtres qui ont eu lieu de temps à autre dans la Montagne avant les dernières discordes, et que les susdits événements fâcheux ont empêché de punir, et châtier au plutôt les coupables : tels sont les points que la volonté du gouvernement de Sa Hautesse est aussi déterminée à atteindre et qui sont compris dans la mission dont je suis chargé. J'ai l'honneur d'annoncer à Votre Excellence que je pars dans quelques jours pour aller remplir ma mission. Je chercherai autant qu'il est en moi, à exécuter les volontés bienfaisantes de Sa Hautesse le sultan, mon souverain. Comme les puissances amies sincères de la Sublime Porte, mues par leurs sentiments de bienveillance bien connus à son égard, ont aussi à cœur de voir se consolider la tranquillité de la Montagne, et que la décision prise cette fois par le gouvernement de Sa Hautesse est évidemment un moyen puissant pour atteindre ce but si désiré, j'ai l'honneur de demander à Votre Excellence, comme disposition liée aux résolutions ci-dessus énoncées, de vouloir bien me faire remettre ouvertes, et pour être consignées par mon entremise, les instructions formelles qu'elle donnera à son consul à Beyrouth.

Chekib-Effendi partait le 9 septembre, et, le 14, débarquaient, presque simultanément avec lui, à Beyrouth, deux régiments d'infanterie régulière qui allaient renforcer l'armée d'Arabie.

« Dès le lendemain, dit M. Poujade, qui gérait alors le consulat général de France, une réunion de tous les consuls eut lieu chez le ministre des affaires étrangères. Nous avions été invités pour entendre de sa bouche l'exposé de sa mission et des raisons qui l'avaient motivée. Il le fit avec netteté et dignité. Voici à peu près ses paroles :

« Je suis envoyé pour exécuter rigoureusement le mémorandum
« que j'ai adressé moi-même aux représentants des cinq puissances,
« qui l'ont toutes accepté. Lorsque la Syrie fut *délivrée du joug*
« *égyptien*, la Porte *promit* aux Montagnards certains priviléges ; ma
« mission est de les leur garantir.

« Chekib-Effendi fit alors une allusion très-voilée, mais mal-
« veillante à l'intervention des cinq consuls, et donna clairement à
« entendre qu'il avait été décidé par les grandes puissances que cette
« intervention allait cesser ; il pria de n'écouter ni les plaintes ni les
« griefs des Montagnards et de les lui envoyer, en nous assurant que
« le gouvernement du sultan était animé des intentions les plus pa-
« ternelles... » Tous les consuls généraux accueillirent avec une approbation qui ne différait que dans les termes les ouvertures et les déclarations de Chekib-Effendi, et ne firent aucune objection aux modifications apportées aux décisions qui avaient affranchi les chrétiens du pouvoir direct des mokataadjis druzes. Je ne pouvais, pour mon compte, donner un aussi facile assentiment aux injonctions fort peu déguisées du ministre ottoman. »

La mission de Chekib-Effendi est diversement jugée par ceux qui ont écrit sur cet épisode de l'histoire de Syrie. Les uns le louent, les autres désapprouvent tous ses actes. Il ne nous appartient pas de le suivre pas à pas dans son épineuse entreprise. Il opéra le désarmement le plus complet et tâcha d'organiser la Montagne selon les dispositions du mémorandum que nous avons reproduit. N'oublions pas qu'il avait les mains liées par la volonté des puissances.

On l'a accusé d'avoir toléré des actes violents jusqu'à la cruauté pour opérer ce désarmement; mais pour qui connaît la Syrie et les Arabes, il est impossible d'ignorer que l'exagération fait le fond de toutes ces attaques.

Nous passerons aussi sous silence divers incidents qui survinrent, à cette époque, entre ce ministre et le consulat de France. Mieux vaut jeter le voile sur l'abus de la force.

Pour clore ce chapitre, nous mettrons sous les yeux de nos lecteurs la lettre vizirielle écrite le 12 novembre à Chekib-Effendi, ainsi que les instructions que celui-ci donna aux deux medjliss qui devaient siéger, l'un auprès du caïmakam druze, et l'autre auprès du caïmakam chrétien, sous la présidence des émirs. Nous avons oublié de dire que l'émir Ahmet-Roslan, qui n'avait pas pu empêcher l'effusion du sang en 1844, avait été destitué et remplacé par son frère, Emin-Roslan.

Satisfaction était donnée aux Maronites, mais le ministre aussi bien que les gouverneurs étaient persuadés d'avance que ces mesures n'étaient qu'un palliatif, et que le Liban, livré aux influences des prêtres et des autorités étrangères, servant de refuge à tout ce qu'il y avait de plus bas et de plus vil dans la société, serait toujours un foyer de troubles.

La Turquie était pourtant obligée de subir cet état de choses. Elle avait indiqué le remède, mais personne n'avait voulu l'écouter.

Voici la lettre vizirielle adressée à S. E. Chekib-Effendi le 12 novembre :

J'ai pris connaissance des lettres écrites par Votre Excellence et par le muchir de l'armée d'Arabie. Vous nous faites savoir de quelle manière vous avez commencé le désarmement de la Montagne, et vous nous annoncez que vous avez retenu ensemble dans le conak que Votre Excellence habite les cheikhs qui se sont rendus à Deïr-el-Kamar. Le conseil particulier des ministres a délibéré sur le contenu de ces lettres et elles ont été soumises à Sa Hautesse.

Par suite de la décision prise quelque temps avant votre départ de Constantinople, et d'après les dépêches que je vous ai adressées postérieurement, la question du désarmement était mise au second rang ; c'est-à-dire que le gouvernement pensait à délibérer de nouveau sur cette mesure, et à la mettre à exécution après le règlement des points qui faisaient l'objet de votre mission. Mais Votre Excellence écrit que le désarmement lui a paru dans la Montagne la première mesure à prendre ; elle a été convaincue qu'il serait impossible, si on ne la mettait pas à exécution, d'asseoir sur des bases durables et solides le système d'administration dont l'établissement est la base de votre mission. Vous avez jugé impossible de mettre, sans recourir à cette mesure, un terme à l'ancienne inimitié des Druzes et des Maronites, et assurer la paix du Liban, but principal de la Sublime Porte, et par conséquent d'empêcher en aucun temps le renouvellement des collisions intérieures. En votre qualité de commissaire investi de pleins pouvoirs, vous avez commencé le désarmement, et Dieu en soit loué ! La plus grande partie des armes a pu être réunie, grâce à des dispositions prudentes, sans qu'une goutte de sang ait coulé.

Dans cette question du Liban, Sa Hautesse sait, comme il est inutile de l'expliquer à Votre Excellence, que, par une bonne administration dans la Montagne, les contestations et les collisions qui ont eu lieu dans ces derniers temps parmi ses habitants cessent tout à fait ; elle veut que les Druzes et les Maronites soient traités également, et obtiennent la protection nécessaire à l'ombre de son autorité équitable. La mission que vous remplissez vous a été confiée dans l'espoir d'atteindre ce but. Tout le monde le sait, et comme pour y parvenir Votre Excellence n'a pas cru pouvoir faire autre chose que d'opérer tout d'abord le désarmement, et qu'en outre cette mesure, qui a été antérieurement mise plusieurs fois à exécution dans la Montagne, ne peut être contraire à son privilége ; le parti pris par Votre Excellence a été accepté.

Mais il est possible que les habitants de la Montagne, en voyant enlever leurs armes, croient que quelques anciens priviléges que la Sublime Porte leur a accordés relativement à l'administration, et surtout la forme d'administration arrêtée ici, de concert avec les représentants des cinq grandes puissances, et que Votre Excellence est chargée d'établir, seront modifiés et changés, et que cette idée leur inspire de la frayeur. Or, la Sublime Porte n'a aucune pensée à pareille chose ; tous se bornent à vouloir l'application complète de cette forme et le maintien des priviléges et de la sécurité des habitants, et Votre Excellence l'aura sans doute fait comprendre à tous.

Mais le ministère a pensé que, pour tranquilliser encore plus les esprits dans la Montagne et en rassurer les habitants, il convient de bien expliquer de nouveau, et de faire comprendre à tous ceux que de droit les intentions pures et bienveillantes de Sa Hautesse à cet égard. Il a pensé aussi que, à Dieu ne plaise ! pour établir le système arrêté, s'il devenait véritablement nécessaire de recourir à la force, l'exécution des mesures coercitives ne devrait pas être générale ; il faudrait, comme cela a été écrit en détail, et spécialement il y a peu de temps, qu'elle fût limitée et particulière.

Ces dispositions ont été arrêtées par le ministère, et Sa Hautesse a ordonné qu'il fût fait en conséquence.

J'adresse donc cette lettre à Votre Excellence pour la prier de vouloir bien, avec la sagacité, l'expérience et la prudence qu'elle possède, faire, suivant la volonté souveraine, ce que les circonstances exigent.

Voici maintenant sur quelles bases la Syrie a été gouvernée durant les dernières années :

TRADUCTION DES INSTRUCTIONS DE S. EXC. CHEKIB-EFFENDI AUX DEUX MEDJLISS.

Par mes deux bouyourouldis en date du courant, adressés au caïmakam druze et au caïmakam maronite chargés de l'administration des populations du mont Liban, il est dit que, pour connaitre et pour juger d'après les anciens usages et conformément aux vues d'équité et de justice de Sa Hautesse notre auguste maître, les affaires particulières et générales concernant l'administration des habitants soumis à la juridiction des deux caïmakams, il est émané un ordre impérial qui ordonne qu'un conseil comme ceux qui existent déjà sur tous les points de l'empire, soit établi auprès de chaque caïmakam pour l'aider dans l'exercice de ses fonctions.

Conformément à cette décision ces deux conseils seront constitués de la manière ci-dessous expliquée :

Chaque conseil sera surveillé par son caïmakam respectif qui en est le président naturel, et comme l'absence des caïmakams est quelquefois nécessitée par les soins qu'ils sont obligés de donner à la police dont ils sont spécialement chargés, il est nécessaire :

1° Que chacun d'eux désigne parmi les gens les plus respectables des notables du pays une personne qui sera chargée, en son absence, de la présidence et de la surveillance du conseil comme membre, et pourra vaquer à ses affaires personnelles.

La personne susdite devra, comme tous les autres membres du conseil, y assister toujours et, suivant le cas échéant, exercer les fonctions par intérim du caïmakam qu'elle est chargée de représenter, et pour aucun motif elle ne pourra se refuser à remplir les fonctions de son emploi.

2° A l'égard des membres du conseil, les habitants du mont Liban, étant divisés en différentes sectes qui toutes doivent participer aux bienfaits de la bienveillance impériale,

Ces membres seront tirés des plus respectables parmi les notables de chaque secte qui en fournira un à chaque conseil outre les juges pris dans chacune de ces sectes, et qui, siégeant avec les membres susdits, sont chargés d'entendre et de juger d'après leur croyance religieuse, les différends de leurs coreligionnaires respectifs. Ainsi donc, comme il a été dit plus haut, chaque conseil sera composé de la manière suivante, savoir :

Un substitut du caïmakam, un juge, un conseiller musulmans, un juge et un conseiller druzes, un juge et un conseiller maronites, un juge et un conseiller grecs, un juge et un conseiller grecs catholiques, et enfin pour les Mutualis, un seul conseiller vu que le juge des musulmans leur est commun. De cette manière les juges et les conseillers siégeant dans les deux conseils, étant choisis et désignés par l'intermédiaire des évèques et des okkals de chaque secte, devront se rendre auprès de leur président naturel, leur caïmakam respectif, qui leur indiquera le lieu où ils devront se réunir, et là, à l'exception des jours fériés, ils se forment en conseil et délibèrent de la manière expliquée plus bas sur toutes les affaires que le caïmakam leur soumettra.

Ci suivent les noms des juges et des conseillers qui ont été nommés pour les deux conseils.

Noms des membres du conseil siégeant auprès du caïmakam druze :
Substitut du caïmakam druze (non avoué) :
Cheikh Mohammed, kadi musulman, habitant du village de Bardjé.

Cheikh Ahmed-Khattib, conseiller musulman du village de Sbuhim ; — Kassim-Elarab, conseiller mutuali du village de Berdj-Beradjini ; cheikh Mohamed, juge druze de Deïr-el-Kamar ; Yussef Nasser-el-Din, conseiller druze de Kefr-el-Kannib ; — Bechara-Houri, juge maronite du village de Rachmada ; — Mihail-Houri, conseiller maronite de Djezzin ; — Hanna-Houri, juge grec du village de Chouefat ; — Chedid-Aïsi-Houri, conseiller grec de Rhamdonne ; Dervich Rosa, juge catholique de Deïr-el-Kamar ; — Fares Chekoor, conseiller catholique de Aïn-Zahlé ; — Mohammed-Fahki-Eddin, secrétaire général du conseil druze de Beakelin.

Membres du conseil siégeant auprès du caïmakam maronite :
Substitut du caïmakam maronite, cheikh Jacoub-el-Bittar ; cheikh Hossein-el-Khattib, juge musulman du village de Ras-el-Kossen ; — Osman-Resamy, conseiller musulman de Djebel ; — Hassan-Hundii, conseiller mutuali du village de Kassir ; — Aly-Ballout, juge druze du Metn ; — Aly-Abou-Kaidebyek, conseiller druze de Houbseh ; — Houri-Arsenius-Fahoori, juge maronite du village de Babda ; — cheikh Giorgios-Abou-Saab, conseiller maronite de Mazraa ; — Soliman-Merhedji, juge grec de Chuvir ; — Menouhi-Abou-Roussam, conseiller grec de Ras-el-Metn ; — Abrahim-Jhami, juge catholique du Sahel ; — Abdalla-Abou-Hatir, conseiller catholique de Zahlé ; — Hodscha-Halil-Kordali, secrétaire maronite du conseil.

Les membres susmentionnés de ces deux conseils exerceront sans interruption et avec persévérance leurs fonctions et tout en s'attachant à être en bonne harmonie, soit entre eux, soit avec leurs caïmakams respectifs ; ils devront régler et juger les affaires concernant leurs coreligionnaires d'une manière impartiale et équitable. Dans le cas particulier où un membre, pour une conduite contraire à l'objet de sa mission, rendrait son changement nécessaire, il sera procédé à la nomination du nouveau membre de la même manière que les présentes nominations ont eu lieu, c'est-à-dire que ce membre devant être choisi parmi les habitants soumis à la juridiction du caïmakam du conseil auquel il est appelé à siéger devra réunir les trois conditions suivantes, ne s'être jamais trouvé au service des agents étrangers, n'avoir jamais prétendu à une protection étrangère pour cause d'association avec un étranger et enfin ne pas faire partie des habitants dont la patrie ou le domicile est en dehors du cercle de la Montagne.

La plus grande attention sera apportée à l'observation de ces trois conditions dans la nomination du candidat dont le choix devra être fait par les évêques et les okkals sous la surveillance et avec l'avis du caïmakam. Réunir l'agrément et les avis de tous étant la condition la plus essentielle du choix des candidats, les caïmakams et les membres du conseil devront s'attacher à faire observer cette condition qui est comptée au nombre de leurs devoirs, et dont ils seraient responsables de l'inobservation. Ainsi le choix étant fixé, les pièces qui ont trait à ce choix après avoir été revêtues du cachet du caïmakam seront adressées par ce dernier à Son Excellence le muchir de Saïda qui, après avoir examiné si le choix de cette personne est conforme aux trois conditions précitées, statuera d'une manière définitive sur la nomination.

Or, il est à faire connaître les diverses missions que les conseils sont appelés à remplir, ainsi que les affaires particulières et générales qu'ils sont tenus de discuter; les articles suivants suffiront à cet objet:

Article premier.

L'affaire la plus importante et la plus considérable dont doivent se préoccuper les deux conseils est de répartir annuellement, sur le pied de la plus parfaite justice, les impôts de la Montagne, impôt dont la perception et le recouvrement sont confiés aux caïmakams, aux mokataadjis et aux vékils, qui l'exécuteront d'après l'ordre établi antérieurement, et conformément à ce qui sera prescrit et expliqué plus bas à ce sujet.

Article 2.

Les affaires tenant le second rang dans la mission des deux conseils sont les différends, et les procès qu'ils sont chargées de régler et de juger d'après les usages locaux, et conformément à la justice et à l'équité.

Comme habituellement il est de nécessité que les affaires de chaque secte soient arrangées et réglées par le juge et les conseillers qui lui sont particuliers, ces derniers ne devront en aucune manière s'ingérer ou se mêler dans les affaires qui sont étrangères à leurs coreligionnaires. Cependant les juges et les conseillers des autres sectes devront assister au conseil, malgré que l'affaire ne concerne point leurs coreligionnaires, et seront tenus de prêter attention aux procès que leurs collègues instruiront et jugeront; ainsi donc chaque conseil, pour les affaires qui sont de son ressort, devra se conduire comme il est prescrit ci-bas dans ce troisième article.

Article 3.

1° Le caïmakam, après avoir reçu la supplique qui formule les griefs du demandeur, supplique qui lui aura été remise soit par le plaignant, soit par intermédiaire, en prendra connaissance, et, s'il le juge nécessaire, fera comparaître le défendeur; après quoi il apostillera ladite supplique, qu'il remettra au juge et au conseiller de la partie demanderesse.

2° Si les deux parties sont de la même religion, le règlement et l'arrangement de l'affaire qui fait l'objet du litige rentre dans les attributions de leurs conseillers et de leur juge respectifs, sinon, c'est-à-dire si elles sont de religion différente, le caïmakam déférera l'affaire au juge et aux conseillers respectifs des parties.

3° Dans le cas où ces deux juges différeraient d'opinion sur une affaire, le caïmakam, et, en son absence, son substitut, qui doit toujours assister au conseil, et qui est tenu d'examiner avec les juges et les conseillers de chaque secte les procès, devra, lorsqu'une pareille divergence se présentera, s'attacher, s'efforcer à les conseiller, à les rapprocher, et, si ses efforts échouent et que la nécessité de leur adjoindre une troisième personne se fasse sentir, alors les deux juges devront s'entendre pour faire choix parmi leurs collègues d'un tiers dont ils feront la demande au caïmakam. Dans la supposition où ils ne pourraient s'entendre pour désigner cette personne tierce, ce serait alors le caïmakam qui, sur leur demande, leur impose ladite personne; mais toujours cependant à la condition de faire le choix au sein du conseil.

4° Dans le cas où une des parties se sentirait lésée par l'arrêt prononcé contre elle par son juge, elle peut porter plainte au caïmakam, qui, supposant la plainte fondée, sera tenu de faire réviser le procès en sa présence par les mêmes juges auxquels il pourra adjoindre un, deux ou trois autres membres du conseil, selon l'importance de l'affaire.

5° Si quelquefois il survenait des questions graves, le caïmakam devra alors inviter tous les membres à s'assembler pour délibérer et décider la question avec l'attention voulue.

6° Le caïmakam devra convoquer également au grand complet le conseil toutes les fois qu'il s'agit d'une question ayant trait à la répartition ou à la perception des impôts, car, quoique en apparence elles ne soient que locales, ces espèces de questions, soit directement, soit indirectement, n'en touchent pas moins les intérêts généraux en touchant toutes les localités de la Montagne. C'est pourquoi il ne pourrait y avoir justice dans la décision, si tous les membres n'avaient pas eu part à la délibération. Cependant, soit dans cette supposition, soit enfin dans tout autre cas, lorsqu'il s'agira de l'arrangement et du règlement d'affaires importantes ayant rapport aux intérêts généraux des habitants, et que le conseil se sera assemblé au grand complet, la voix du juge et celle du conseiller de chaque secte ne pourront former qu'un vote et devront toujours s'accorder dans un seul avis. C'est pourquoi les votes seront comptés, non pas par le nombre des individus qui se trouvent dans le conseil, mais bien par le nombre des sectes qui y siègent.

7° Dans les affaires judiciaires, comme c'est la voix du juge qui doit prédominer, le conseiller ne pourra en rien invalider l'avis de ce dernier, et dans les affaires d'administration, d'impôt, le contraire aura lieu, c'est-à-dire que le juge n'est alors considéré que comme une espèce de conseiller. Les membres de chaque secte siégeant au conseil ne pourront en aucune manière, soit en particulier, soit en général, écouter les plaintes des habitants, à moins que le caïmakam ne leur ait envoyé l'affaire dont il s'agit. Comme les membres du conseil ne peuvent être saisis d'un procès que sur l'ordre du caïmakam, de même ce dernier ne pourra pas non plus, de son côté, prononcer des arrêts arbitraires dans les affaires qui, réclamant la consultation des membres du conseil, n'auront pas été préalablement discutées et délibérées en conseil.

Les personnes préposées à la police se trouvant sous les ordres immédiats du caïmakam, c'est à ce dernier qu'appartient le droit d'exécution des sentences, des arrêts prononcés par le conseil de la manière ci-dessus expliquée.

Ainsi, pour enlever tout prétexte de contestation ou de désordre sur ce point, tout arrêt ou sentence qui n'aura pas été revêtu du cachet des juges qui l'auront prononcé, et sanctionné par l'apposition du cachet du caïmakam, ne pourra être mise à exécution.

8° Dans le cas où le demandeur d'un procès et le défendeur ne seraient pas soumis à la juridiction du même caïmakam, on devra se régler sur ce qui sera dit plus bas.

Le demandeur ayant présenté sa supplique à son caïmakam, celui-ci, conjointement avec le juge coreligionnaire dudit demandeur, l'apostillera et l'enverra au caïmakam du défendeur ; après que le procès aura été jugé avec les formalités prescrites dans le conseil du caïmakam du défendeur et la sentence sanctionnée, comme il a été dit plus haut, le procès-verbal en sera envoyé au caïmakam de la partie demanderesse.

Dans le cas où le demandeur ne serait pas satisfait de la sentence prononcée, il pourra s'en plaindre à son caïmakam, qui alors a le droit de réviser le procès dans son propre conseil. Si la sentence est confirmée par ce second jugement, elle devient exécutoire; sinon, c'est-à-dire dans le cas où elle n'aurait pas été confirmée, l'affaire serait référée à S. E. le muchir de la province, à qui, s'il est nécessaire, seront envoyés les juges qui auraient examiné l'affaire, et l'arrêt prononcé par Son Excellence serait définitif et sans appel.

9° Les causes criminelles seront préalablement instruites et jugées d'après l'ordre établi dans les conseils; mais si l'exécution de la sentence dépassait les pouvoirs du caïmakam, celui-ci devra en présenter toute la procédure au muchir du pays, qui, après l'avoir examinée, ordonnera ce qu'il jugera convenable.

10° Toutes les décisions, toutes les sentences ayant trait à une question d'impôt doivent être revêtues des cachets de tous les membres du conseil et sanctionnées par le cachet du caïmakam. Si parmi ces membres le conseiller et le juge d'une secte se refusaient à signer une de ces décisions, donnant pour raison qu'elle est préjudiciable aux intérêts de la secte qu'ils sont chargés de représenter, le caïmakam et les autres membres devront s'attacher à les ramener à leur avis, et, dans le cas où leurs efforts à cet effet seraient inutiles, l'affaire sera déférée au muchir, qui en statuera.

Article 4.

Les conseils n'ont pas le droit de s'adresser en leur propre nom à qui que ce soit, excepté à leur caïmakam respectif, sans l'ordre duquel il leur est expressément défendu d'intervenir dans les affaires quelles qu'elles soient. De même qu'aucune sentence ne pourra être exécutée sans avoir au préalable été revêtue de la sanction et de la signature du caïmakam, la comparution aussi des personnes dont la présence serait réclamée par le conseil ne pourra être ordonnée que par le caïmakam à qui il devra en être référé, et qui devra, pour le plus grand bien du service, s'empresser de prendre les mesures nécessaires. Si les circonstances nombreuses qui accompagnent souvent les phases d'un procès nécessitaient la présence sur les lieux du juge qui est chargé d'en faire l'instruction, celui-ci devra s'adresser au caïmakam pour obtenir son autorisation, soit pour y envoyer une personne de confiance, soit pour s'y rendre lui-même en personne, et, s'il est nécessaire, il lui est loisible de se faire accompagner par des cavaliers de la part du caïmakam.

L'affaire la plus importante des conseils est l'impôt, dont la répartition, pour obéir aux volontés impériales de notre gracieux souverain, devant être faite de manière à ce que chacun paye d'après ses moyens, sera réglée ainsi :

1° Que sa répartition ne donne lieu à aucune plainte ou réclamation fondée de la part des imposés ;

2° Que tout en étant prélevée à temps, sa perception ne soit pas un motif de vexation, de dommage, de dépenses inutiles pour le contribuable ;

3° Que les personnes qui sont chargées de sa perception ne puissent rien prendre au delà de ce qui est dû. Pour atteindre ce but, il est nécessaire que le medjliss, convoqué au grand complet, établisse chaque année, vers l'époque du recouvrement des impôts, sous la présidence personnelle du caïmakam, après une délibération générale, une liste de la redevance générale de chaque district et ensuite des redevances particulières de chaque village, de chaque monastère. Cette liste, signée par tous les membres du medjliss et confirmée par le caïmakam servira de base pour les notes isolées qui devront être tirées pour chaque localité en particulier et qui, également signées des membres et confirmées de la part du caïmakam, seront remises aux percepteurs et aux mokataadjis chargés du recouvrement des impôts; car d'après l'ordre établi, il est clair que ce service est une partie importante de la mission que les mokataadjis sont appelés à remplir pour empêcher qu'à l'avenir un acte quelconque de vexation ou d'exaction n'ait lieu dans la perception des impôts; il ne pourra désormais être perçu ou payé des impôts que sur la présentation des notes séparées dont il est fait mention plus haut.

Article 5.

Comme ici pour la perception des impôts, il est d'habitude d'envoyer sous le nom de havalés, dans les villages des personnes déléguées, il faut, vu que toutes les sectes ont droit d'être traitées avec la même douceur et vu aussi que c'est une chose digne de la plus grande attention que d'empêcher tout ce qui pourrait donner naissance à l'inimitié et à la discorde, il faut, dis-je, que ces personnes soient autant que possible de la même religion que celles que professent les habitants des villages près desquels elles se trouvent déléguées, c'est-à-dire qu'un musulman sera de préférence délégué près des musulmans, un Maronite près des Maronites, un Grec près des Grecs, un catholique près des catholiques, etc., soit également pour cause de notifications ou pour raison de mesures quelconques prises pour le plus grand avantage et dans l'intérêt des diverses sectes que représentent les habitants. On devra s'efforcer de troubler le moins possible leur repos et s'attacher autant que faire se pourra à suivre le système de ménagement et de justice dont il a été parlé, et qu'on devra surtout observer strictement à l'égard des couvents.

Article 6.

Comme il a été expliqué plus haut les membres des medjliss devant consacrer toute leur application et tout leur temps aux affaires qui leur seront confiées et leur résidence continuelle auprès de leur caïmakam respectif nécessitant de leur part l'abandon de leurs moyens d'existence, il leur sera alloué pour traitement des appointements mensuels qui commenceront à courir du jour où ils siégeront aux medjliss et qui leur seront soldés aussitôt à l'arrivée de l'ordonnance impériale qui a été sollicitée à cet égard.

Ces appointements seront ainsi répartis : 600 piastres par mois pour chaque substitut de caïmakam ; 500 piastres par mois pour chaque membre ; 450 piastres par mois pour chacun des secrétaires du conseil.

En conséquence, les membres des medjliss devront s'abstenir d'accepter quoi que ce soit qui pourrait leur être offert, sous le nom de cadeau ou à tout autre titre, de la part des solliciteurs, et ils devront s'attacher à se conduire loyalement et avec probité en servant avec fidélité leur souverain, leur patrie et leur religion et en pensant que toute infraction de leur part à leurs devoirs ne pourrait manquer d'attirer sur leur tête le châtiment encouru par leur conduite.

XIII

Coup d'œil d'ensemble sur la période de 1840-1845.

Maintenant embrassons d'un coup d'œil les événements de cette période troublée.

Nous en avons assez dit pour faire comprendre comment la Syrie a mérité la triste renommée qui la désigne comme la province la plus turbulente de l'empire ottoman. Elle ne connut jamais l'ordre dans le gouvernement jusqu'à l'époque de Méhémet-Ali, qui, par ambition plutôt que par dureté naturelle, fut, pour cette province, d'une grande cruauté.

Il a gouverné la Syrie pendant neuf ans, et nous avons rappelé en passant de quels moyens il se servait pour maintenir la tranquillité. Nous avons dit les défauts de son administration, les troubles continuels qu'il était obligé de réprimer, en versant des torrents de sang.

En arrachant la Syrie des mains de Méhémet-Ali pour la rendre à son véritable souverain, le Sultan, l'Europe voulut s'ingérer dans toutes les affaires intérieures de cette province.

Ce fut son malheur.

On invoqua des priviléges dont nous avons fait justice; et la Turquie, affaiblie encore par les secousses que venaient de lui imprimer ses sujets révoltés, dut consentir à les prendre au sérieux; il lui fallut exercer sur le Liban un gouvernement plutôt nominal qu'effectif.

Certes, en s'efforçant d'affranchir la Montagne de la domination directe de la Porte, l'Europe n'avait en vue que la prospérité de ses habitants chrétiens. Dans l'origine, c'est la philanthropie qui l'a inspirée; puis, des intérêts politiques se faisant jour, elle a vu là une prépondérance à exercer. Mais c'est un problème singulièrement ardu qu'une entente de cinq puissances ayant des intérêts opposés, et surtout dans une question où la religion et la nationalité se trouvent mêlées.

La Sublime Porte était seule dans le vrai, et les événements l'ont depuis surabondamment prouvé, quand elle demandait que le Liban fût, comme toutes les autres parties de l'empire, soumis à son autorité directe. Tout en accordant l'organisation qu'on exigeait d'elle, la Sublime Porte faisait des démarches auprès des puissances pour leur démontrer que leurs théories, excellentes sur le papier, ne valaient absolument rien en pratique. Elle prétendait connaître et elle connaissait vraiment les populations de cette contrée. Mais c'était assez que la Turquie eût préconisé le système de gouvernement direct pour qu'on le déclarât détestable. Et comment faire prévaloir sur les idées des Metternich, Guizot, Nesselrode, Aberdeen, les idées de Rifaat, Halil ou Sélim?

Des troubles s'ensuivirent, et nous en avons indiqué les causes. Ces troubles n'ouvrirent pas les yeux aux puissances. A la question des intérêts politiques se mêlait une question d'amour-propre.

La France comprit un moment le défaut du système préconisé par les puissances: mais, si elle voulut y substituer un gouvernement unique, ce fut celui du prince Béchir, qui « faisait la solitude et l'appelait du nom de paix. »

Et pourtant la responsabilité des faits et gestes de populations qu'elle ne gouvernait pas incombait à la Porte. Était-ce justice?

Pour le gouvernement turc la position était des plus perplexes. On lui disait : Vous laisserez la direction de votre établissement à deux individus, divisés de race, de religion, de principes, animés l'un contre l'autre d'une haine profonde. En même temps vous ferez, sans vous ingérer dans leurs affaires, tout votre possible pour qu'ils restent tranquilles. Vous serez même responsable de tous les dommages qui pourront résulter de la mauvaise gestion de cet établissement.

La Turquie répondait : Laissez-moi diriger moi-même cet établissement, et je vous donne toute garantie pour qu'il n'arrive pas de malheur.

Non, lui répliquait-on, vous serez seulement gérant responsable, puisqu'il nous faut quelqu'un à qui nous en prendre, mais vous ne vous mêlerez de rien.

Pour tout homme impartial c'était une impossibilité, une injustice criante. La Porte a dû la subir par nécessité et par reconnaissance.

On a vu comment la Porte s'efforça de contenter les puissances, tout en leur faisant observer qu'elle agissait comme le médecin qui peut guérir le malade immédiatement en employant tel remède, mais à qui défense est faite de l'employer.

TROISIÈME PARTIE

XIV

L'émir Béchir-Ahmed-Abou-Bellameh, caïmakam des Maronites. — Sa mauvaise administration. — Le clergé maronite pousse les paysans à s'insurger contre leurs émirs et leurs cheikhs. — Le rôle des jésuites dans le Liban.

L'émir Haydar, caïmakam des Maronites, venait de mourir. C'était un homme juste, d'un caractère doux et conciliant; pendant quatorze ans il gouverna sa province avec modération, et les chrétiens avaient acquis sous lui une prépondérance marquée. Nous avons vu, au précédent chapitre, qu'il avait su garder la neutralité pendant les événements qui ensanglantèrent le Liban de 1840 à 1845. La tâche avait été difficile, mais il avait réussi à maintenir son autorité.

A peine sa mort fut-elle connue, que plusieurs compétiteurs se présentèrent pour prendre sa place. L'un d'eux était l'émir Béchir-Ahmed-Abou-Bellameh, qui jusqu'alors n'avait vécu que d'intrigues et de déprédations, et qui se mit sur les rangs, protégé par le consul d'une grande puissance.

Wamik-Pacha, alors gouverneur de Saïda, refusa même de le recevoir; il connaissait ses antécédents et son caractère. Le consulat protecteur fit des instances, et Béchir-Ahmed redoubla d'intrigues.

Des représentations furent même faites à Constantinople à son sujet par un ambassadeur qui recevait dépêches sur dépêches de son agent en Syrie. Bref, tous les moyens furent employés. Wamik-Pacha, qui s'était montré si opposé à Béchir-Ahmed, fut obligé de lui faire bon accueil.

Depuis son âge de raison, Béchir-Ahmed avait changé de religion à plus d'une reprise. Quelque temps avant la mort de l'émir Haydar, il était Druze et passait pour un des plus savants okkals ; depuis son mariage avec la nièce de cet émir, il pratiquait au dehors le christianisme.

C'était à l'époque de la guerre avec la Russie. La Porte était tenue à beaucoup de condescendance envers la puissance qui lui demandait la nomination de Béchir-Ahmed. Elle accepta donc celui-ci, et le firman d'investiture fut expédié à Beyrouth.

A peine nommé, le nouveau caïmakam se signala par une persécution systématique contre les chrétiens de divers rites, surtout contre les Grecs orthodoxes. Il avait à cœur de se venger de l'opposition que lui avait faite l'évêque grec de Beyrouth.

Puis il voulait prouver par quelques actes son attachement à la puissance à laquelle il devait son élévation. On sait qu'à tort ou à raison on regarde en Syrie les Grecs orthodoxes comme les protégés de la Russie, les Grecs catholiques comme les protégés de l'Autriche, les Maronites comme les fidèles de la France, et les Druzes comme les humbles serviteurs de l'Angleterre.

La guerre avec la Russie avait forcé le consul général de cette puissance à quitter Beyrouth. Le soulèvement de l'Épire et de la Thessalie empêchait aussi la Grèce d'entretenir des consuls en Turquie.

L'évêque grec, ami intime du gouverneur de la province de Saïda, fit des représentations verbales et écrites ; mais, devant la volonté des puissances qui empêchaient toute action des autorités turques sur la Montagne, Wamik-Pacha dut se déclarer impuissant. Alors, au nom de ses coreligionnaires, le prélat grec rédigea une requête, exposant tous les faits qui s'étaient passés depuis la nomination de Béchir-Ahmed, et il l'adressa au patriarcat de Constantinople.

Nous avons pris connaissance de cette pièce, qui eût paru à nos lecteurs une des plus curieuses du procès de la Montagne, si son extrême étendue ne nous obligeait d'en faire seulement mention. Elle se trouve dans les archives du patriarcat. L'évêque, tout en accusant Béchir-Ahmed, fait une large part de responsabilité à une grande puissance. Il n'avance aucun fait sans l'accompagner de preuves, et, ce qui n'est pas moins digne d'attention, il prédit les événements qui se sont accomplis par la suite.

Béchir-Ahmed, ayant à gouverner des populations de divers rites, voulut diviser pour régner. Le caïmakam maronite croyait rendre service aux puissances alliées, en persécutant les Grecs qui aimaient la Russie. Jusqu'à la fin de la guerre, ce fut sa politique.

Les gouverneurs de Saïda adressèrent à Constantinople plusieurs rapports où ils signalaient le déplorable état du Liban. Wamik-Pacha appuya même très-vivement la supplique de l'évêque grec. Mais toutes ces démarches échouèrent devant l'obstination de la politique étrangère. Les prélats grecs cessèrent de se faire les interprètes des doléances générales.

Le Liban était devenu non-seulement un foyer de troubles, mais encore le refuge de tous les malfaiteurs; et puis il commençait à se réveiller de sa torpeur.

L'émir Béchir-Ahmed avait été accepté comme caïmakam dans le Kasrawan, de préférence à un membre de la famille Kassem, plus riche, plus nombreuse et plus puissante que la sienne; mais c'était à la condition qu'il ne se mêlerait pas des affaires du district de Kassem. Cette première concession en amena d'autres. Plusieurs cheikhs s'emparèrent du pouvoir dans tel ou tel district, et bientôt l'autorité du caïmakam devint presque nulle.

Le gouvernement devenait de plus en plus difficile. Béchir-Ahmed voulut suivre les traces de l'émir Béchir et régner par la force; mais il y avait loin du génie du vieux de la Montagne à l'esprit hésitant du chef actuel. Il fut renversé, et vint se réfugier à Beyrouth. L'anarchie devint complète; plusieurs districts n'eurent plus de chefs.

L'Angleterre demanda le remplacement du caïmakam; la France s'y opposa, et en 1858 Béchir-Ahmed alla reprendre le pouvoir. Mais alors, voulant venger son échec sur ceux qu'il n'avait pas su gouverner, il se mit à souffler partout la discorde par de pitoyables menées, il poussa les fellahs à la révolte contre les cheikhs.

L'émir, pourtant, il faut le dire, ne fut pas seul à entraîner le peuple à cette révolte. L'arbitraire et la violence faisaient loi; le meurtre et le pillage s'accomplissaient au grand jour. Le clergé maronite pensait employer un sûr moyen d'augmenter son influence.

Tout cela faisait le compte de l'émir, qui avait pris, comme nous l'avons dit, pour devise politique : *Divide ut regnes*.

Depuis plusieurs années déjà, le clergé maronite voulait concentrer exclusivement dans ses mains la direction des affaires de la Montagne chrétienne; il travaillait à ruiner le pouvoir des émirs. Excitant l'envie et les passions démocratiques, il armait les paysans contre leurs anciens chefs. L'esprit révolutionnaire, une fois déchaîné parmi les paysans chrétiens, produisit sa moisson ordinaire d'excès et de crimes. Dans beaucoup de villages les émirs furent chassés; dans quelques-uns ils furent même tués par les paysans [1].

Sans doute l'ancienne organisation avait ses inconvénients, et ils étaient sérieux; beaucoup de cheikhs maronites n'étaient certes pas de brillants personnages; mais le pays du moins avait, bonne ou mauvaise, une organisation. En la détruisant, le clergé maronite ne lui en a pas substitué une autre. Entre les villages qui avaient arboré la bannière démocratique et ceux qui conservaient leurs émirs surgit une ardente inimitié.

Nous avons vu dans la première partie de ce livre, ce qu'étaient les cheikhs et les émirs. Il y a quatre principales familles de cheikhs dans la Montagne maronite : les Kourisalerh, les Daher, les Kassem et les Habech.

Les premiers sont aujourd'hui réduits à la misère, mais ils portent toujours au petit doigt de la main gauche la bague aristocratique.

Les Daher sont les chefs des villages situés au-dessus de Tripoli, où ils possèdent de grands biens. Les Kassem, qui sont les plus anciens, les plus riches et les plus puissants, gouvernèrent presque tout le Kasrawan jusqu'à l'époque où l'émir Béchir plaça son frère

---

[1] Lenormant, les *Derniers événements de Syrie*, p. 148.

à la tête de cette partie du Liban. Ils étaient presque toujours en relation avec les principaux Druzes, surtout les Djomblat. C'est peut-être la famille qui a le plus fait pour le Liban. La famille Habech est aussi excessivement ancienne; elle est originaire de Ghazir. Elle est réputée pour la plus vaillante.

Voici, d'après M. Poujoulat, quels sont les griefs des paysans contre les seigneurs.

« Après la chute de l'émir Béchir, les cheikhs ressaisirent avec trop d'avidité peut-être et trop de hauteur l'autorité absolue qu'ils avaient perdue depuis un demi-siècle.

« Les paysans accusaient depuis lors les cheikhs de n'être pas des modèles de justice et de douceur. Les femmes mêmes de ces seigneurs prenaient des décisions touchant des fellahs, et, dans des cas donnés, elles envoyaient des janissaires dans leurs cabanes. Il était devenu d'usage de leur porter des présents aux jours de fête; il fallait leur baiser la main, comme à leurs maris, comme aux émirs ou aux membres du sacerdoce. Les paysans devaient donner une balle de café à l'occasion de la noce de la fille ou du fils du cheikh. Ils reprochaient à leurs gouverneurs de village de s'exempter eux-mêmes de l'impôt personnel, en le prélevant, de leur propre autorité, sur les paysans. Ils les accusaient en outre d'avoir retenu à leur profit le tribut de trois années que la Porte réclama ensuite; ils disaient tout haut que les cheikhs avaient gardé l'argent destiné au payement du cadastre du Kasrawan, qui n'a jamais été fait.

« Les cheikhs repoussaient toutes ces accusations. Ils disaient qu'il n'y a pas dans tout l'empire de région mieux cultivée, ni plus riche que le Liban, où la vie du peuple fût plus douce; ils prétendaient que les prédications mensongères du clergé étaient l'unique cause du soulèvement.

« A la fin de la guerre de Crimée, le Liban se trouvait dans un état affreux. Les négociants de Beyrouth, réunis en conférence, se décidèrent à envoyer une requête aux cinq puissances et à la Porte pour qu'il y fût apporté un remède.

« Tout mauvais débiteur, banqueroutier ou faussaire, trouvait un refuge assuré dans la Montagne. C'était au point que les transactions commerciales étaient devenues impossibles. La requête, signée par les négociants européens et un grand nombre d'indigènes, signalait les employés d'un certain consulat comme coupables d'accorder des protections illégales et illicites.

« Avant d'être envoyée, cette requête fut communiquée au gouverneur général de la province, qui fit tout ce qui était humainement possible pour déterminer les autorités de la Montagne à ne pas tolérer des griefs aussi manifestement fondés. Rien n'y fit, et à peine daigna-t-on lui donner une réponse où les faux-fuyants se mêlaient aux sophismes. »

Nous devons ici consigner une autre accusation que nous avons entendu répéter souvent. Elle concerne les jésuites.

Chassée de presque toute l'Europe, cette corporation trouva un refuge dans le Liban. Possédant des hommes d'une rare intelligence, elle les a disséminés dans toute cette province, où leur active propagande s'exerce à l'aide d'incessantes intrigues.

Dans nos voyages au Liban, nous n'avons jamais pu faire deux lieues de chemin sans rencontrer un jésuite. Ils ont pour la plupart adopté le costume des Arabes ; ils parlent leur langue avec facilité; ils s'introduisent partout sous prétexte de donner des avis pieux, mais en réalité pour s'occuper de toute autre chose que de leur ministère. Qui n'a pas lu, dans ces derniers temps, les lettres du défunt P. Rousseau, où l'extravagance et la calomnie allaient jusqu'à soulever le cœur?

Les jésuites sont, nous a-t-on assuré, au nombre de cent à cent vingt pour desservir deux colléges où il y aurait assez de quinze professeurs. Que font les autres? Courent-ils la Montagne pour secourir les pauvres et les affligés? Vont-ils porter dans la cabane des paroles de paix et de charité? Les événements de la Montagne ont trop prouvé le contraire.

Puisqu'ils mangent avec sécurité le pain de l'exil, ils auraient dû, nous semble-t-il, bénir la main qui les protége. Mais non : oublieux des griefs qui les ont fait chasser de tant de pays d'Europe, ils ne songent pas que les mêmes causes pourraient faire prononcer leur exclusion de la Turquie. Bien souvent nous avons entendu dire: la Syrie ne sera jamais tranquille, tant qu'il s'y trouvera des jésuites.

XV

Une insurrection démocratique éclate au commencement de 1858. — Son chef, Tanouss-Chaïn. — Accusations portées contre lui par sept cheikhs de la famille Kassem. — La révolution du Kasrawan est généralement attribuée au clergé maronite. — La Porte n'a pu la réprimer, ayant les bras liés. — Un seul des prélats maronites est de famille seigneuriale, les autres sortent du peuple. — Monseigneur Massad, patriarche. — Monseigneur Tobie, évêque de Beyrouth. — Au commencement de la révolte, les émirs et les cheikhs druzes proposaient aux chefs maronites de les aider à la réprimer.

Revenons à l'insurrection. Le chef populaire était un nommé Tanouss-Chaïn, ancien conducteur de mulets, puis maréchal ferrant. Doué d'un caractère énergique, le premier, au milieu d'un peuple stupide, il leva l'étendard de la révolte, pour se venger d'un cheikh qui lui avait volé, disait-il, une somme de dix mille piastres.

« Le soulèvement éclata, terrible comme la vengeance, dit M. Poujoulat, au commencement de l'année 1858, dans le Kasrawan et dans le Fethoul. Le sang coula. Les cheikhs Kassem et Habech surtout furent impitoyablement chassés de leurs maisons et de leurs domaines (ce n'est que depuis peu que les Kassem ont pu y rentrer). Il n'y eut pas de confiscation des biens proprement dite, mais seulement exploitation des biens au profit des paysans. »

Tanouss-Chaïn, qui ne sait ni lire ni écrire, qui se distingue peu par la foi religieuse, devient tout à coup un personnage, le maître du Kasrawan. C'est un homme profondément dissimulé; son regard fauve trahit, malgré lui, ses mauvais instincts. On le croit capable de tous les forfaits. Le peuple, qui tout d'abord lui décerna de sa propre autorité le titre de bey, le proclama chef du Kasrawan et composa pour lui des chants de triomphe.

« Tout cela, dit M. Poujoulat, est lamentable, sans doute, mais c'est une leçon pour tout le monde : pour les paysans, qui en se séparant du reste de la Montagne ont ouvert les portes aux Druzes; pour les cheikhs, qui avaient abusé de leur autorité. »

Dans cette révolution du Kasrawan, où tant d'intrigues sont mêlées à tant de violences, les chrétiens n'ont respecté ni les femmes ni les enfants.

Un soir, le couvent de Harissa, habité par des franciscains, des religieux vraiment dignes ceux-ci de leur mission sacrée, s'ouvrait devant une troupe de vieillards, de femmes et d'enfants chassés de chez eux, et ce n'est que grâce à l'énergie de Mgr Valerga, patriarche de Jérusalem, qui se trouvait par hasard dans les environs, qu'ils purent être sauvés de la furie de ces forcenés et reconduits à Beyrouth.

Dans les dépêches du 30 juin 1860 à l'ambassadeur de France, M. le comte Bentivoglio d'Aragon, consul de cette puissance, rapporte ce qui suit de l'insurrection du Kasrawan et du rôle des prêtres :

Pendant une période de douze ans, de 1845 à 1857, ces populations ont joui d'une tranquillité à peu près parfaite. De temps à autre, des plaintes s'élevaient contre les abus du pouvoir des mokataadjis chrétiens, qui représentent dans ce caïmakamat (chrétien), la contre-partie de l'aristocratie des districts mixtes; mais elles n'ont éclaté qu'il y a deux ans environ. Cependant un travail sourd se poursuivait en s'appuyant sur le clergé, un certain esprit d'indépendance se faisait jour. Le clergé avait depuis 1842 surtout commencé à s'immiscer aux affaires; un esprit de parti assez prononcé ne tarda pas à se montrer; l'aristocratie chrétienne se voyant débordée ne cédait le pas qu'à contre-cœur au patriarche et aux évêques; de leur côté, les prêtres exerçant une influence incontestable sur la population ont fini par aspirer au gouvernement de la Montagne et n'ont, dès lors, plus ménagé ni les émirs, ni les cheikhs. De là, lutte sourde, travail incessant, pour arriver chacun de son côté à la réalisation de ses désirs.

La révolution tentée par les émirs Bellameh contre le caïmakam chrétien, leur parent, l'enquête qui s'en est suivie et qui a eu pour résultat d'acquitter l'émir Béchir-Ahmed [1], l'insurrection des paysans du Kasrawan contre leurs cheikhs de la famille de Kassem, qui ont été chassés de ce district, sont les faits qui se sont succédé dans cette partie de la Montagne. Votre Excellence les connaît et je crois inutile d'y revenir aujourd'hui. Je me bornerai à faire observer que dans tous ces mouvements, le clergé a joué un rôle peu en harmonie avec sa mission de paix. Il a voulu dominer la position, supplanter l'aristocratie et diriger les affaires, mais la nature même des choses, la résistance de cette aristocratie, la tactique de l'autorité turque qui consistait à affaiblir les uns par les autres, déjouèrent ses projets. Aristocratie et clergé sont débordés par le peuple sur lequel ils n'exercent plus qu'une influence illusoire et qu'ils ne peuvent plus diriger. Ainsi, depuis quelques années, ces genres de discorde, d'anarchie et d'insubordination couvaient en silence

---

[1] On sait grâce à quelles influences ce résultat a été obtenu et ce que représentait cet émir dans la Montagne. Nous n'avons pas besoin de rappeler que c'est un consul de France qui parle.

dans les deux caïmakamats du Liban, ayant des causes différentes, mais tendant toutes à raviver la haine entre les deux races, à rendre permanente la fermentation chez les uns et les autres. *Les chrétiens* cherchaient toutes *les occasions favorables à secouer le joug des Druzes* et les Druzes faisaient continuellement des préparatifs pour assurer par la force leur domination et pour *repousser* l'attaque de leurs administrés, si elle venait à être dirigée contre eux.

Nous ne rapporterons pas ici tous les actes d'arbitraire qui se sont accomplis dans le Liban depuis cette fameuse insurrection. Nous avons dit comment est tombé l'émir Béchir-Ahmed. Le gouvernement turc voulait pourvoir à son remplacement, mais une puissance s'interposa, et Atta-Bey, commissaire extraordinaire, fut envoyé dans le Liban. Béchir-Ahmed fut renvoyé de l'accusation portée contre lui par ses cousins, mais son honneur fut entamé. Le commissaire retourna à Constantinople ; lui aussi connut à fond la situation du Liban. Il prévit le danger et le signala à la Sublime Porte.

Nous ne croyons pas devoir insister davantage sur ce qu'avait de défectueux et d'impraticable un gouvernement comme celui qui fut imposé à la Turquie. Ce que nous en avons dit, les rapports des agents ottomans, les dépêches des consuls, en un mot, tout prouve que l'Europe se trompe souvent et qu'elle se trompera toujours dans les questions orientales, en les jugeant à son point de vue.

Tanouss-Chaïn, l'homme du moment, ne pouvait lui-même croire à sa puissance. Un jour, dans une fête de Reïfoun, il leva le drapeau français et en quelques mots il fit entendre qu'il destinait la province de Kasrawan à la France. Le lendemain, il chassa de chez lui les envoyés du gouvernement de la province. Il martyrisa des femmes, des vieillards et des enfants ; vola et pilla tout ce qu'il pût, dans les environs.

« J'ai vu Tanouss-Chaïn, dit M. Poujoulat. Bourrelé de remords, il n'est pas très-tranquille en ce moment (septembre 1860) de répression générale. Il n'ose plus se présenter à Beyrouth et s'attend à tout. Il m'a dit : « Si j'ai mérité d'être pendu, qu'on me pende ;
« mais au moins que ce ne soit pas en Turquie ! Que des juges fran-
« çais prononcent sur moi ! et qu'ils me punissent eux-mêmes,
« s'ils me trouvent coupable. »

« Soyons justes, ajoute M. Poujoulat, tout le monde avait un peu mis la main à cette détestable insurrection du Kasrawan, et notre consul, en 1858, n'y était peut-être pas complétement étranger. Tanouss n'aurait-il pas voulu faire allusion à ce dernier fait, en prononçant les paroles que je viens de citer textuellement¹? »

Nous reproduisons les accusations que sept cheikhs de la famille Kassem formulaient contre lui. On verra quel triste personnage était le héros révolutionnaire de Kasrawan. « Les crimes, dit lord Dufferin (Papiers anglais, n° 276, page 361), commis par les chrétiens compagnons de Tanouss-Chaïn sur quelques malheureuses femmes de la famille Kassem, dépassent tout ce qui a été dit contre la nation druze. C'est aussi un fait trop notoire pour qu'il soit besoin de le contrôler, que ces attentats étaient encouragés par l'évêque Tobie et quelques-uns de ses frères ecclésiastiques. » Voici le texte de ces accusations :

Accusations contre Tanouss-Chaïn, de Reïfoun, dans la province de Kasrawan :

1. Pour avoir, dans le mois de novembre 1858, adopté le titre de cheikh-el-Chebab (chef des jeunes gens) et ensuite le titre de bey.

2. Pour s'être mis à la tête d'un mouvement révolutionnaire qui n'avait pour but que d'amener un désordre dans cette province et de produire une désorganisation gouvernementale.

3. Pour avoir excité par ses divers discours un grand nombre des habitants des villages du Kasrawan, et pour avoir nommé parmi eux ses représentants, afin de les associer dans ses méfaits et disperser les ordres.

Suivent les noms de vingt-six délégués avec leurs villages.

Ces personnes furent reconnues par ledit Tanouss-Chaïn se qualifiant « chef de l'association des jeunes gens; » plusieurs parmi eux adoptèrent le titre de bey.

4. Pour avoir invité les suivants de son parti à acheter des armes offensives à Beyrouth et autre part.

5. Pour avoir commandé à ses délégués de prendre des sommes d'argent aux bourgeois paisibles afin d'acheter des armes et des munitions de guerre.

6. Pour avoir donné l'ordre à ses délégués de distribuer à ses suivants des armes et des munitions de guerre, afin d'organiser leur armement complet.

7. Pour avoir en 1857, levé l'étendard d'une insurrection, et pour s'être mis à la tête de ses suivants auxquels il ordonna de s'assembler chez lui, à Reïfoun.

8. Pour avoir outragé et excité à chasser les chefs féodaux de la province du Kasrawan.

9. Pour avoir dans le courant de la même année, au mois de janvier, opéré un grand rassemblement de ses suivants, et s'être rendu avec eux à Ghousta afin de

---

¹ La *Vérité sur la Syrie*, p. 72.

massacrer la famille Kassem, qui se mettant en fuite, au grand péril de la vie, échappa au sort qui lui était destiné. Néanmoins les insurgés tirèrent sur eux des coups de fusil, dont un perça le cheval que montait Abdalla-Hottar-Kassem.

10. Pour avoir au mois de juillet de la même année réuni à Azelhoun un petit nombre de ses suivants de la plus mauvaise réputation dans le but de massacrer certains personnages de la famille de Kassem qui s'y trouvaient encore, et par conséquent ayant été l'instigateur et l'auteur de la mort de la femme de Diab-Kassem et de sa fille Susanne qui furent fusillées; et des blessures qui furent faites à la tête de sa seconde fille Naufara par des coups de yatagan, aussi bien que de la destruction de la maison de Nicolas Kassem et de la mise en fuite du reste de cette famille qui se trouvait à Azelhoun.

11. Pour avoir ordonné qu'on n'enterrât pas ces victimes; mais qu'on les dépouillât de leurs vêtements, et après les avoir laissées dans cet état plusieurs jours, fait traîner leurs cadavres jusqu'à une muraille qu'on fit écrouler sur elles; et aussi pour le pillage de leurs maisons.

12. Pour avoir aggloméré et confisqué la récolte de la famille de Kassem, ses chevaux et ses bestiaux.

13. Pour avoir ordonné de couper les chemins et pour avoir ordonné de poursuivre dans leur retraite un grand nombre de paysans qui habitaient une autre province, soit chrétiens ou mutualis, qui ont été arrêtés et dépouillés.

14. Pour avoir frappé et emprisonné plusieurs habitants paisibles qui avaient refusé de se soumettre à ses ordres d'insurrection.

15. Pour avoir envoyé de ses agents à d'autres provinces pour inviter leurs habitants à prendre les armes contre les chefs féodaux et le gouvernement local, ce qui amena une insurrection qui fut suivie de grandes pertes pour les chefs.

16. Pour avoir annoncé par maintes lettres dispersées dans diverses provinces, qu'il était le représentant du peuple suivant la volonté des sept puissances européennes, et qu'il était en possession d'ordres honorifiques desdites puissances qui l'attestaient.

17. Pour avoir été une des causes principales du grand mouvement d'insurrection, connu dans le monde sous le nom d'insurrection de Kasrawan contre les chefs féodaux, qui emmena leur expulsion de leurs terres et la confiscation de leurs biens; auxquels le gouvernement turc n'a su venir en aide quoiqu'il en eût le vouloir.

18. Pour avoir intimé à certains de ses suivants d'attaquer et de mettre en fuite les officiers et gens du gouvernement turc qui étaient venus pour faire restituer certains biens confisqués à Nekach, en leur tirant des coups de fusil jusqu'à ce qu'ils eussent été mis en fuite.

19. Pour avoir agi d'une telle manière, que quand il fut nécessaire un jour d'envoyer une force, de la part de la Porte, dans le Kasrawan pour calmer une guerre que les chrétiens avaient commencée contre les mutualis, que cette force fut obligée d'aller à Djebeïl, de crainte d'être attaquée le long de la côte comme cela était arrivé auparavant.

20. Pour avoir écrit une lettre aux habitants de Djebeïl dans laquelle il leur dit de ne pas reconnaître l'ordre du gouvernement turc et du caïmakam donné à la force dernièrement arrivée, parce qu'il possédait un « bouyouroldi » des sept puissances, qui déclare que la liberté a été donnée aux chrétiens et qu'ils ne sont sujets de personne et que s'ils voulaient être délivrés de l'esclavage, personne ne

pouvait les empêcher, ni le muchir ni le caïmakam; et dans laquelle il leur dit aussi que s'ils avaient besoin d'aide, il leur enverrait une quantité d'hommes, et que si par hasard le commandant de la force envoyée par le gouvernement avait l'audace de ne pas reconnaître l'ordre qu'il lui envoie de quitter le pays, qu'ils devaient lui écrire de suite afin d'amener des hommes de tout côté.

21. Pour avoir élevé le drapeau tricolore de la France afin d'exciter ces habitants à se réunir et à le suivre dans l'insurrection susdite.

(Suivent les signatures de sept cheikhs de la famille Kassem.)

On s'accorde généralement à attribuer cette révolution du Kasrawan aux prêtres maronites; et tous ceux qui ont écrit sur la question de Syrie expriment cette opinion, sauf peut-être M. Baptistin Poujoulat. Il rejette la faute, et cela ne nous étonne guère, sur le gouvernement turc; mais ses arguments sont si complétement dénués de fonds et de logique, que nous aurions tort de le contredire. Le gouverneur de Saïda et la Sublime Porte ont vu s'abattre sur leur tête assez d'accusations injustes et absurdes, pour n'avoir pas du moins à réfuter celle-là.

Pourquoi, dira-t-on, ne réprimaient-ils pas l'insurrection? Mais le pouvaient-ils? N'avaient-ils pas les bras liés par les instructions de Chekib-Effendi que les cinq puissances considéraient alors comme un succès? Auraient-ils pu s'ingérer dans les affaires de la Montagne sans soulever d'unanimes protestations? N'avons-nous pas vu, en décembre 1860, M. Béclard, commissaire français, protester formellement, au sein de la commission internationale, contre l'envoi de quelques soldats dans le Metn?

Mais revenons au clergé maronite.

L'église maronite avait conservé l'ancienne coutume de soumettre au vote populaire le choix des chefs ecclésiastiques. Depuis 1842, il y eut résistance de la part du clergé; de là, des froissements qui ont produit une grande hostilité. Actuellement, sur onze prélats maronites, un seul est de famille seigneuriale. les autres sortent du peuple. Le patriarche, Mgr Massad, est d'une famille de fellahs. C'est un homme très-instruit, mais orgueilleux et vain comme un parvenu, et qui voudrait voir tout le monde à ses pieds.

Parmi les autres prélats, c'est l'évêque de Beyrouth, Mgr Tobie, qui joue le principal rôle dans les événements du Liban. Nous aurons à parler plus d'une fois de ce personnage dans le cours de ce livre, et il convient d'en donner ici quelques traits. Nous avons eu souvent l'occasion de le voir : avec les uns, hautain et arrogant, il est timide et astucieux avec les autres. C'est un vrai tyran au petit pied qui ne se montre fort qu'alors qu'il se sent derrière un bouclier, à l'abri de son ennemi. Il est évêque depuis 1841, et s'est trouvé mêlé dans toutes les questions politico-religieuses de la Syrie. C'est le même qui présentait à Halil-Pacha une pétition pour le rétablissement du gouvernement direct du Sultan dans la Montagne.

On accuse les chefs druzes d'avoir de tout temps voulu affaiblir les chrétiens pour les exterminer. Il est bien connu, et le consul de France le dit clairement dans ses dépêches, que, s'ils s'armaient, c'était uniquement pour repousser l'attaque de leurs administrés, au cas où elle viendrait à être dirigée contre eux. Nous savons de source certaine qu'au premier moment de l'agitation du Kasrawan, leurs émirs et cheikhs allèrent trouver les cheikhs chrétiens et leur proposèrent de les aider à comprimer la révolte populaire qui s'annonçait. N'était-ce pas là une preuve de bon vouloir? Et c'est, en effet, à la dernière heure seulement que les Druzes sont devenus agresseurs.

L'effervescence était à son comble dans la Montagne; nous en avons indiqué les causes. Jetons un coup d'œil sur les résultats.

XVI

Une querelle à propos d'un mouton devient le prétexte d'un combat entre Druzes et Chrétiens. — La paix est rétablie, grâce à Hourchid-Pacha, gouverneur général de Beyrouth. — Manœuvres du clergé maronite. — La guerre contre les Druzes est prêchée parmi les Chrétiens. — Des comités sont institués à Beyrouth et dans tous les centres maronites. — On achète des armes et des munitions. — On enrôle les jeunes gens. — Des corps militaires s'organisent. — Les Druzes s'arment de leur côté. — Trois muletiers druzes sont tués le 14 mai. — Trois Chrétiens sont mis à mort deux jours plus tard. — Daher-Nassif se met à la tête d'un corps chrétien et déclare la guerre aux Druzes. — Lettre de monseigneur Tobie, de l'évêque de Tyr et Sidon, et de Habib-Akawi, habitant chrétien de Deïr-el-Kamar.

Le 15 août 1859, une querelle au sujet d'un mouton devint le prétexte d'un furieux combat entre Druzes et chrétiens, lequel se termina par l'incendie du village mixte de Beït-Meri, où ces faits s'étaient produits. Mais personne ne crut que ce fût le commencement d'un massacre. Le tort était des deux côtés. Le consul de France s'empressa de se rendre sur les lieux, et Hourshid-Pacha, gouverneur général de Beyrouth, déploya la plus grande activité pour mettre fin au conflit[1], et bientôt la paix fut conclue.

Le comte Bentivoglio écrivait à l'ambassadeur de France à Constantinople, le 30 juin de l'année suivante :

> Je disais à cette époque que la solution donnée par Hourshid-Pacha était favorable aux chrétiens; les Druzes avaient été condamnés à payer à ces derniers une indemnité en argent et à leur rendre leurs objets pillés. Le muchir avait de plus promis de faire arrêter le cheikh Youssouf-Abdul-Melek qui avait été la cause de ces troubles. Mais ces mesures eurent un résultat tout autre que celui auquel on devait s'attendre. L'évêque Tobie, et, avec lui, les chrétiens se formalisaient de ce qu'une partie des objets pillés n'étaient pas rendus et de ce que Youssouf-Abdul-Melek n'avait pas été arrêté. L'effervescence augmentait, le caïmakam druze et le caïmakam chrétien ne faisaient rien pour empêcher cette agitation sourde qui se traduisait d'abord par des plaintes et des murmures, et qui finit par prendre un caractère sérieux et inquiétant vers le commencement de l'année suivante.

Quand la première horreur du sang versé se fut un peu dissipée et qu'on remonta jusqu'à la source de ces excès regrettables, on fut presque unanime à reconnaître que les chrétiens étaient les vrais fauteurs des troubles.

Nous avons vu l'insurrection du Liban excitée par le clergé chré-

---

[1] Voici une lettre adressée par un filateur français du Liban à l'*Impartial de Smyrne*; elle dit assez de quelle manière honorable Hourshid-Pacha s'acquitta de son devoir :

« Monsieur le rédacteur,

« Je lis dans le numéro du 5 courant, d'un journal de Constantinople, une lettre de Beyrouth, au sujet des événements dont la Syrie vient d'être le théâtre. Les détails qu'elle donne sont généralement erronés; quelques-uns surtout sont tellement empreints de partialité, de malveillance même, que je me crois obligé de les réfuter.

« Les filateurs français du mont Liban n'ont pas abandonné leurs établissements. Leur qualité d'étrangers, d'industriels, leur imposant l'obligation de ne pas s'immiscer dans les querelles entre chrétiens et Druzes, ils n'avaient rien à craindre en cette circonstance. Ce fait est tellement vrai, que les personnes des deux partis, que leur âge ou leur sexe éloignaient de la lutte, sont venues se réfugier chez eux comme en lieu neutre, y apportant également leurs effets les plus précieux.

« S. Exc. Hourshid-Pacha, loin d'avoir fait preuve de négligence et de faiblesse a, au contraire, déployé une équité, un zèle, une activité si remarquables, que la lutte a été étouffée, dès son début, et que la sûreté de la Montagne n'a pas été compromise.

« Veuillez, monsieur le rédacteur, agréer l'assurance de ma parfaite considération.

« Ernest Bataillu,
« *Filateur français sur le mont Liban.*
« Krey, près Beyrouth, le 29 septembre 1859. »

tien, patriarche et évêques en tête, l'expulsion de leurs foyers des cheikhs Kassem et Habech, qui refusaient de devenir leurs alliés. A peine débarrassés de ceux qu'ils considéraient comme leurs ennemis, prêtres et prélats réunirent tous leurs efforts pour s'attirer la confiance du peuple. Au nom du Dieu de paix, ils prêchèrent la guerre sainte contre les idolâtres et les musulmans; ils crurent dans leur orgueil qu'ils pourraient expulser de la Syrie toutes les populations non chrétiennes pour régner sans partage sur les déserts qu'ils voulurent faire. Puisque l'émir Béchir, disaient-ils, avait pu exterminer cinquante mille Druzes, pourquoi ne viendrons-nous pas à bout du peu qu'il en reste? Dieu réprouve l'idolâtrie, il nous a suscités pour l'exterminer dans ce pays. Vous êtes quatre fois plus nombreux, disaient-ils encore à leurs adeptes, que craignez-vous? Dieu vous suivra dans les batailles.

Outre ces prédications, on distribua des feuilles volantes sortant du patriarcat, dans lesquelles le but qu'on se proposait n'était pas ouvertement indiqué, mais on y recommandait à tous d'agir de concert, le cas échéant, et avec une aveugle confiance dans les chefs qui leur seraient donnés.

Ces pièces sont devenues publiques.

Des ouvertures furent faites aux autres rites chrétiens. On craignait l'opposition des Grecs orthodoxes, qui avaient beaucoup souffert pendant la guerre de Crimée. Aussi n'épargna-t-on rien pour les attirer dans ce complot. Des instructions furent envoyées à tous les prêtres maronites leur enjoignant d'assister aux offices des Grecs orthodoxes et des Grecs catholiques, de les aider dans leurs funérailles et de simuler un grand respect pour leurs confessions. Chose extraordinaire, puisque jusqu'alors le fanatisme le plus aveugle avait profondément divisé ces diverses communions chrétiennes. Les Grecs orthodoxes, pourtant, ne se laissèrent pas prendre au piége. Ils comprenaient que les Maronites, dès qu'ils auraient le dessus, les traiteraient comme par le passé ou leur imposeraient leurs rites.

Cependant les Grecs catholiques, ne voulant pas se déclarer ouvertement contre eux, leur promirent leur aide ou tout au moins la neutralité.

Mais si les Maronites pouvaient compter jusqu'à un certain point sur les chrétiens d'autres rites habitant la Montagne, il va de soi qu'ils ne devaient pas espérer de rallier à leurs projets les musulmans et les mutualis disséminés dans leur pays. Aussi, par suite de l'insurrection et du partage du pouvoir, il n'y a pas d'avanie que ces derniers n'eurent à souffrir. Plusieurs abjurèrent leur religion et se firent Maronites, d'autres s'expatrièrent, et tous ceux qui restèrent furent persécutés. Parmi ceux qui abjurèrent se trouvaient la femme et les deux fils de l'émir Suleyman-el-Metn.

Dans chaque ville et chaque village de la Syrie où les Maronites étaient en nombre, des comités furent institués. Leur but avoué était de s'occuper des petits intérêts des coreligionnaires et de venir en aide aux indigents ou aux malades; mais il est prouvé maintenant qu'on s'y occupait de choses plus importantes, comme, par exemple, de formuler des vœux, qui étaient examinés dans le comité central de Beyrouth, de l'achat d'armes et de munitions, d'avis et d'ordres identiques à faire circuler partout. Le secret le plus absolu devait être gardé sur ces réunions et leur but.

Nous ne pensons pas qu'il soit nécessaire d'ajouter d'autres preuves à celles que donnent les correspondances officielles et les journaux. Souvent, à vrai dire, on y affecte de croire que ce n'est que tout dernièrement que ces comités ont procuré quelques fusils et une certaine quantité de poudre et de plomb à ceux des Montagnards qui en manquaient [1]. « L'hiver, dit M. Lenormant, se passa sans autre chose qu'une grande agitation dans toutes les parties du Liban. De chaque côté, on se préparait à une lutte imminente; et *quelques banquiers maronites de Beyrouth, qui servaient dans la ville de procureurs à leurs coreligionnaires*, s'efforçaient de faire passer dans la portion chrétienne de la Montagne une certaine quantité de fusils et de la poudre pour mettre la population en état de se défendre. »

En réalité, le comité de Beyrouth s'occupa de nommer des chefs pour les jeunes gens aptes à porter les armes, puis à procurer des munitions de guerre et des armes à tous les Montagnards qui n'en

---

[1] Dépêche de M. le comte Bentivoglio à l'ambassadeur de France du 30 juin 1860.

avaient pas. De grands achats se firent à Beyrouth, pendant toute l'année 1859 et au commencement de 1860, et cela dans un moment où les subsistances étaient à un prix inconnu jusqu'alors en Syrie. La distribution s'en faisait par l'intermédiaire des prêtres.

Après l'enrôlement, il fut procédé à l'instruction militaire des Montagnards; à cet effet, des sergents furent envoyés dans tous les villages. Les tendances belliqueuses des chrétiens devinrent de plus en plus manifestes. L'effervescence dans les deux caïmakamats était à son comble.

Cependant, à Beyrouth, les consuls et l'autorité, non-seulement ne faisaient rien pour apaiser les troubles, mais ils pensaient que les rapports qui leur en étaient faits n'étaient qu'un produit de l'exagération arabe.

Les Druzes de leur côté s'armaient. Leurs cheikhs, qui, dans une insurrection, avaient tout à perdre et rien à gagner, faisaient de continuelles représentations aux principaux cheikhs chrétiens. Mais ceux-ci répondaient qu'ils n'avaient plus aucune autorité sur le peuple, et qu'ils pensaient, du reste, que rien de sérieux n'adviendrait, puisque des chefs lui manquaient.

Le 6 avril, un muletier druze du village de Baklin fut trouvé assassiné dans le Khan-el-Kasa, près du village de El-Hidi, dépendant du caïmakamat chrétien. Des Maronites armés l'avaient tué pendant son sommeil pour le dépouiller. On n'attacha aucune importance à ce meurtre; plainte fut seulement portée devant les autorités.

Et cependant, de jour en jour, la situation devenait plus menaçante. Des corps militaires s'organisaient dans le Kasrawan et aux environs de Beyrouth.

On se flattait qu'aucune explosion n'aurait lieu avant la fin de l'été, et qu'on pourrait tout prévenir. En effet, on touchait au temps de la récolte des cocons; et comme tout retard ou toute négligence à la faire cause un égal dommage aux Druzes et aux Maronites, d'ordinaire toutes les hostilités, même dans les plus graves conflits, cessent à cette époque.

Mais cette espérance fut bientôt déçue. Le 14 mai, trois muletiers druzes du village de Màasir, se dirigeaient vers Saïda. A leur arrivée près du pont de cette ville, ils furent assaillis par une troupe de Maronites de Kaytula, du district de Djezzin. Deux furent tués et le troisième mortellement blessé. M. Lenormant rapporte le fait à sa manière; il prétend que les Druzes avaient assailli les Maronites, comme s'il était possible de croire que trois hommes, si courageux qu'ils fussent, osassent attaquer une troupe de vingt individus armés.

La nouvelle de cet événement étant parvenue aux parents des muletiers, ils prirent leurs armes, et deux jours plus tard, ils attaquaient plusieurs chrétiens de Djezzin qui passaient près du village de Kahtwingya, du district de Shouf. Il tuèrent trois chrétiens.

Il nous faut rendre justice aux chefs des deux partis. Dès que les faits leur furent connus, ils s'empressèrent de prendre des mesures pour apaiser les deux villages de Kahtwingya et Kaytula, auxquels appartenaient les victimes. Des messagers furent envoyés dans ces villages avec l'agrément de Saïd-Bey-Djomblat, mokataadji du pays. Les habitants du village druze voulurent bien consentir à entrer en arrangement; mais ceux de Kaytula, poussés par Abou-Semra, chef des jeunes gens du district, repoussèrent les messagers. Des chants de guerre se firent entendre dans ce village; les travaux des champs furent abandonnés, et on se prépara au combat par des démonstrations militaires.

Le nommé Daher-Nassif, délégué des chrétiens de Hamb, se mit à la tête d'un corps armé et déclara la guerre aux Druzes. Ce fut dans le village de Burjeym, où il demeurait, que sa troupe se rassembla. Le 21 mai, un musulman de ce village fut tué de sa main.

Le même jour une troupe de cavaliers de Zahleh s'avança dans la plaine de Békaa. Elle s'établit dans le village de Kabr-Elias, situé au pied de la Montagne et commença à maltraiter les voyageurs druzes ou musulmans et à s'emparer des troupeaux.

Le 20 mai, les principaux négociants de Beyrouth, réunis dans une des salles de la Banque ottomane, signèrent une pétition adressée aux consuls des cinq puissances pour leur demander d'agir auprès du pacha, dans le but de maintenir la sécurité de la ville et la paix de la Montagne, également indispensables à la continuation des transactions commerciales.

Avant d'aller plus loin dans le récit des faits, nous croyons devoir reproduire ici trois lettres qui, à des points de vue divers, jettent une vive lumière sur le procès. La première fut adressée, le 20 mai 1860 par l'évêque Tobie, à la population de Deïr-el-Kamar. La voici :

Après avoir invoqué sur vous la bénédiction divine et avoir demandé des nouvelles de votre santé, je dois accuser réception de votre lettre d'avant-hier (18 mai) qui me donne, à ma grande satisfaction, des nouvelles tranquillisantes.

Je comprends et accepte les excuses que vous me donnez sur l'aversion que vous avez montrée jusqu'à ce jour à m'informer des faits qui se sont passés dans votre voisinage, et aucun blâme ne peut vous en être imputé. Je suis content de votre zèle et de votre grande énergie pour tout ce qui regarde le bien public, l'amour de la patrie, la paix, la tranquillité et la félicité domestique. Nous avons fait un journal contenant les nouvelles de votre province jusqu'à ce jour, qui nous démontre que les pensées des chefs de la communauté druze sont dirigées vers la tranquillité et tendent à éviter tout motif de désordre qui pourrait produire une explosion et allumer le feu de la guerre.

Lorsque j'examine ces pensées et les compare à celles de la communauté chrétienne (qui est opposée à la création et à la perpétuation de la haine, et qui cherche à éviter tout mouvement et toute intrigue, soit ouvertement, soit secrètement, comme cela vous est bien connu), je me vois forcé ou d'accepter comme vrais les rapports sur les pensées des chefs de la communauté druze, qui vous ont été représentés comme désirant couper la racine du mal, et de faire cesser toute agitation et intrigue ; ou à comparer ces rapports à ce qu'ils ont fait et à ce qu'ils font encore contre les populations de la province de Djezzin, les massacrant, et les ruinant par de faux témoignages et barrant les routes qui mènent à leurs maisons, de façon que ces populations se trouvent cernées de tous côtés et dans l'impossibilité de vaquer à leurs affaires, pendant qu'elles voient une assemblée de Druzes qui les oppriment. Pour cette raison, je me verrai donc forcé à changer mon opinion, mais je crains d'être trahi, et si cela arrivait, voyant que les chrétiens dorment sur les coussins de la sécurité, il est indubitable qu'il leur arriverait de nouveau ce qui a eu lieu dans les années 1841 et 1845 ; et nous ne pouvons nous fier à nos pensées, ni être sûrs de vous trouver à l'abri d'une trahison jusqu'à ce que nous voyions la route de Djezzin libre, ou du moins devant vous, et que vous puissiez vous rendre à Djezzin en pleine sûreté. Lorsque vous aurez fait ceci, alors seulement nous consentirons à croire ce que vous avez vu. Nous nous opposons à tout ce qui est contraire à cette décision, parce que les populations de la province de Djezzin ont clairement démontré qu'elles ont perdu tout espoir de sauver leurs vies, leurs communications dans toutes les directions ayant été coupées.

Soyez attentif, et tenez-nous exactement au courant de cette tentative; et si vous réussissez, je serais reconnaissant pour vos actes de zèle, et il me sera permis d'être complétement d'accord avec vous sur votre proposition pour l'expulsion et pour la ruine des Druzes, qui sont la cause des agitations et des intrigues. Si vous ne pouvez sous peu réussir dans ce projet, nous serons forcés d'adopter la pensée qui est haïssable, et qui, en outre, aura un mauvais résultat, si vous n'y portez toute votre attention et si vous vous fiez au hasard. Ceci doit suffire à votre intelligence éclairée, et nous attendons une prompte réponse pour tranquilliser notre esprit.

Nous prions Dieu d'ouvrir les yeux des insensés, qu'ils puissent prévoir la fin de ces affaires, et qu'ils puissent se garder des dangers qui mènent à la destruction et à la perdition.

Que la bénédiction divine soit sur vous, et que vous soyez conservés.

Voici la deuxième lettre. Elle émane de l'évêque de Tyr et de Sidon, et a été publiée par le *Times*. Les Druzes la considèrent comme des plus essentielles pour leur défense :

A nos glorieux enfants exaltés et très-honorés les cheikhs, les nobles et les anciens de notre nation, les orthodoxes, à Hasbeya, dans la vallée, soyez toujours honorés ; que les bénédictions du ciel soient sur vous...

Nous vous déclarons, nos enfants, en ce qui concerne les événements qui se passent actuellement chez les Druzes, qui sont les corrupteurs sur terre et les auteurs d'actes illégaux conformes à leur religion, que nos chrétiens aimés dans le Seigneur leur Dieu se sont éveillés, et ceux qui possèdent la puissance et qui sont couverts de la protection de la Vierge ; qu'ils accablent les Druzes que Satan a poussés à de mauvaises actions.

Il y a donc sur la Montagne une assemblée de gens de Zahleh, de Deïr-el-Kamar, de Kasrawan, de Djezzin et des endroits environnants, et ils seront tous comme une main levée contre la nation des Druzes; petite par le nombre et faible, ils la détruiront, ils verseront son sang, ils prendront ses biens et ses possessions, et ils la chasseront du pays qui appartenait à nos pères, nation orthodoxe, surtout parce qu'il nous est arrivé une lettre de Sa Sainteté notre seigneur le haut patriarche, nous instruisant de venir en aide à ces gens selon qu'ils le voudront, et c'est pourquoi cette lettre est venue, afin que chacun d'entre vous soit pourvu des armes nécessaires et que vous vous fortifiiez les uns les autres. Ensuite avertissez nos enfants chrétiens du voisinage, afin d'accabler vos ennemis les Druzes.

Il est résolu ici (à Hasbeya) que lundi prochain, s'il plaît à Dieu, on combattra sous les princes vénérables, car il ne vous est pas inconnu qu'ils ont du zèle pour tout notre peuple; c'est pourquoi tenez-vous prêts, et par la bénédiction de notre souveraine Mère de Dieu, le pays dans toutes les directions sera délivré de vos ennemis, dont l'hostilité envers notre religion vous est connue. Que notre bénédiction, etc.

SOPHRONIUS,
Évêque de Tyr et de Sidon.

Quant à la troisième lettre, elle fut adressée vers la même époque par Habib-Akawi, habitant chrétien de Deïr-el-Kamar, à Seïd-Bey-Djomblat. La voici :

A mon arrivée ici (Beyrouth) j'y trouvai les Maronites causant beaucoup d'excitation en faisant savoir aux populations de toutes les provinces de la Montagne.

depuis Jibbet-B'sheni jusqu'à Zahleh, que la guerre avait éclaté entre les Druzes de Shouf et les chrétiens d'Aklîm-Djezzin, et leur disant de se tenir prêts à partir à la réception d'une autre lettre. J'appris qu'ils avaient expédié à Hadeth cinquante hommes de Deïr-el-Kamar et d'Aklîm-Djezzin, avec Tanouss-Chaïn, l'aga et émir Nassif de Djezzin; que de là, leur nombre complété, ils devaient agir à Djezzin, voie de Saïda, et qu'ils devaient tuer tous les Druzes ou Mutualis qu'ils pourraient rencontrer en chemin. Aussitôt que je sus ce fait, je me rendis chez M. Portalis, qui en donna avis au gouvernement. Le gouvernement le communiqua aux Maronites de Beyrouth, leur faisant savoir que s'ils ne s'empressaient de disperser leurs hommes, des soldats seraient envoyés contre eux pour les prendre et qu'ils seraient mis aux galères à vie. Les Maronites firent connaître cette décision à l'assemblée.

Voici la réponse qui fut reçue à Beyrouth le jour suivant :

« Nous avons fait tous nos préparatifs, et c'est notre intention d'envoyer cinq cents hommes au secours de ceux de Djezzin et dans toutes les provinces; nous avons donné avis aux populations de se préparer. »

Cette lettre vint à l'évêque Tobie.

Ils répondirent qu'ils enverraient dire à Jibbet-B'sheni, à Djebeïl, à Batrûn, à Youssouf-Keram et à Tanouss-Chaïn de se préparer à aller au Metn, en leur demandant des munitions pour être envoyées à Zuneh. La population de Beyrouth prit alors la lettre et en expédia des copies de tous les côtés, et excita le peuple à se soulever et à se rendre au Metn.

Assaad-Shawish, en entendant ceci, se rendit chez l'évêque Tobie et lui demanda le but de cette manière d'agir, lui faisant voir le désastre qui en résulterait. L'évêque lui répondit : « Si vous, peuple de Deïr-el-Kamar, n'obéissez pas et refusez de marcher au combat, je persuaderai et les Druzes et les chrétiens de vous assaillir. »

Il quitta l'évêque aussitôt après cette réponse, et celui-ci envoya B'shara Foroun à Tanouss-Chaïn pour l'inviter à se dépêcher d'arriver; il envoya aussi Shantiri au Metn et à la Mokâtâa pour rassembler la population de Mokâtâa dans le Metn. Nous avons tout lieu de croire qu'ils y allèrent. Les chefs de ce mouvement parmi les Maronites sont : Khalil-Effendi-Nakash, Naoum-Rihan et Assaad-Tabet; et la communauté maronite a déclaré qu'elle était prête à débourser pour les frais jusqu'à la somme de mille bourses (cent dix mille francs), et c'est le désir de l'évêque Tobie de se mettre lui-même à la tête des troupes.

Assaad-Shawish et moi-même (votre serviteur), lorsque nous vîmes ceci, nous prédîmes la ruine du pays. Nous allâmes ensemble chez les primats de notre communauté et nous leur en donnâmes avis. Il paraît qu'ils ignoraient complètement ce qui se passait. Ils nous dirent d'aller au consulat général d'Angleterre, ce que nous fîmes, et nous le mîmes au fait de tout. Il nous répondit qu'il en informerait le gouvernement, et il ajouta que si les chrétiens persistaient, le gouvernement les attaquerait avec des troupes, et, de plus, il promit de prendre les mesures nécessaires. La communauté grecque-catholique écrivit des lettres à ses coreligionnaires, à Zahleh, les prévenant de ne rien faire et de rester chez eux, et de faire savoir au public que ce mouvement provenait des seuls Maronites, et il est positif qu'après une lettre pareille ils (les Grecs catholiques) n'y prendront aucune part.

En quittant Beyrouth, j'envoyai un exprès à Khalil-Effendi-Shawish, et le priai de m'accorder une entrevue à Kefr-Shema; il vint, et je le mis au courant de tout en le priant de le faire savoir au caïmakam et ensuite d'en informer le muchir. Aussitôt après l'entrevue il se rendit à Schuefat pour le faire savoir à Son Excellence.

Il était question de l'émir Medjid pour le mettre à la tête; il promit d'accepter aussitôt après les premiers actes d'hostilité ouverte, et on promit d'exciter le peuple à se soulever. En route, je rencontrai un exprès de Beyrouth allant à Abey.

Voici ce que j'ai appris, et je vous le communique. Je vous prie de le faire savoir au gouvernement, afin que les informations des consuls, du caïmakam et de vous-même soient d'accord.

A Beyrouth, les Grecs et les Grecs catholiques refusèrent de s'unir aux Maronites dans leur œuvre; cependant les Maronites disent que les Grecs et les Grecs catholiques désirent la guerre, et que ce sont eux qui cherchent à l'éviter.

Votre, etc.
Signé : Habib-Akawi.

Dans son livre, la *Vérité sur la Syrie*, M. Poujoulat s'exprime ainsi : « Avant tout, il faudra, c'est ma pensée la plus intime, purger le Liban de tout ce qui est Druze. C'est là, qu'on ne s'y trompe pas, le point capital de la question syrienne. *Ou Druzes ou Maronites*, me disait encore hier l'évêque Nicolas Murad; c'est-à-dire qu'il n'y a pas de repos possible pour la Montagne tant que ces deux nations seront en présence l'une de l'autre; et, certes, nous ne pensons pas qu'on puisse être embarrassé dans le choix de l'expulsion de l'une ou de l'autre. »

Qu'on rapproche des paroles de l'évêque la pensée intime de M. Poujoulat, et qu'on dise si nous avons eu tort de parler comme nous l'avons fait des aspirations maronites.

XVII

Nouvelle rencontre de Druzes et de Maronites aux portes mêmes de Beyrouth. — Version druze et version française sur cette affaire. — Hourshid-Pacha fait des préparatifs militaires. — Extraits d'un discours et d'une lettre de M. Weckbecker, où ce membre de la commission internationale de Syrie apprécie la conduite du gouverneur turc de Beyrouth et celle des Druzes.

Quelques jours après, le 26 mai, une petite affaire s'engageait sur les bords du Nahr-Beyrouth, aux portes mêmes de la ville. Nous allons produire deux versions sur cet événement, l'une des Druzes, et l'autre celle que M. Lenormant a mise dans sa brochure sur les derniers événements.

Voici la version druze :

« Samedi, 6 du mois de Zilcadé (26 mai), quelques Druzes du village de Beshamun allèrent voir quelques-uns de leurs parents qui se trouvaient parmi les travailleurs, près de la rivière de Beyrouth. Lorsqu'ils arrivèrent près des jardins du moulin à huile situé sur les bords de cette rivière, ils firent la rencontre de chrétiens du Kasrawan rassemblés en cet endroit et qui leur demandèrent leurs armes. Ils refusèrent de les livrer; mais les chrétiens réitérèrent leur demande. Les Druzes, moins nombreux, se réfugièrent dans une maison. Elle fut assiégée, et les assaillants menacèrent de brûler la maison avec ceux qui s'y trouvaient, si les armes n'étaient pas livrées. Plusieurs cédèrent; mais d'autres, s'échappant par les fenêtres, allèrent chercher des cavass avec lesquels ils marchèrent dans la direction de la ville. En chemin, ils furent rencontrés par Eyoub de Tripoli, un des délégués du comité de Beyrouth et l'auteur de ce complot. Il avait avec lui une bande armée qui commença immédiatement à tirer sur les Druzes et les cavass. Un de ces derniers fut tué et un autre mourut le lendemain des suites de sa blessure. »

Voici maintenant la version française :

« Dix ou douze paysans druzes arrivaient pour chercher quelques-uns de leurs employés dans les filatures auprès de la rivière et les emmener avec eux dans la Montagne. Ils rencontrèrent quelques chrétiens armés comme eux. Des paroles, puis des injures furent échangées de part et d'autre, et bientôt des injures on en vint aux coups. Une fusillade s'engagea dans laquelle, je dois le reconnaître, les premières balles partirent du groupe des chrétiens. Les Druzes se retranchèrent dans une maison où ils furent assiégés, et quand cette rixe sanglante se termina, un Druze était étendu mort sur le carreau et deux autres grièvement blessés. »

Le lendemain, un Maronite de Deïr-el-Kamar fut tué par les parents de ceux qui avaient été mis à mort la veille, près de Beyrouth. La nouvelle de ce meurtre parvint à Deïr-el-Kamar, et produisit un grand émoi. Les chrétiens firent une perquisition dans les maisons druzes et tuèrent un habitant de Kafr-Tahud. C'était un dimanche. Après la messe, toute la population maronite du Shahar se rassembla dans le village de Moallaha et déploya les emblèmes de la guerre.

Le gouverneur de Beyrouth faisait force préparatifs militaires. Il n'y avait dans la ville que sept cent cinquante soldats réguliers; mais Hourshid-Pacha écrivit à Damas, à Jérusalem, à Naplouse, qu'on lui envoyât des renforts. Il rassemblait de tous côtés des troupes irrégulières. Malheureusement, cette extrême précipitation fit admettre, parmi ces bachi-bouzouks, des gens sans aveu qui ne s'enrôlaient que pour tirer profit du désordre.

La conduite de Hourshid-Pacha et des Druzes, ainsi que les événements d'alors, sont appréciés, d'une manière qu'il importe de faire connaître, par M. de Weckbecker, commissaire d'Autriche, dans la vingt-deuxième séance de la commission de Syrie. Nous donnons, avec un extrait de son discours au sein de la commission, la lettre qu'il écrivit à S. Exc. Fuad-Pacha, après la lecture des dossiers de procédure que le plénipotentiaire turc avait soumis à la commission internationale. Il nous faut observer que M. de Weckbecker est le seul des cinq commissaires qui ait suivi, pas à pas, les événements de Syrie, se trouvant à Beyrouth en qualité de consul général d'Autriche.

Le soussigné a lu avec attention les dossiers que S. Exc. Fuad-Pacha a soumis à l'examen de la commission internationale.

Il voit avec une vive satisfaction que les organes du gouvernement impérial à Beyrouth ne sont pas complices des atrocités commises envers les chrétiens du Liban. Ils paraissent, au contraire, s'être efforcés de réprimer les désordres, et s'ils n'y ont pas réussi, c'est qu'ils n'avaient à leur disposition que des forces militaires insuffisantes, et qu'ils furent promptement débordés par les événements. Le tribunal extraordinaire de Beyrouth, en proposant de les frapper d'une peine rigoureuse, a eu sans doute en vue un genre de culpabilité que l'examen attentif des pièces du procès ne fait pas apercevoir.

Quant aux chefs druzes, le soussigné est d'avis que le tribunal n'a pas pris suffisamment en considération le caractère particulier de la lutte entre Druzes et chrétiens. Ce n'était pas un acte de rébellion de la part des cheikhs druzes contre l'autorité du souverain, c'était une guerre civile entre deux populations rivales qui, en se disputant un territoire, se sont défendues ou ont pris l'offensive tour à tour et selon l'occurrence.

La commission, loin de méconnaître le caractère de la lutte, avait pris soin de le constater, pour ainsi dire, elle-même, en établissant dans sa dixième séance du 24 novembre 1860 trois catégories de coupables qu'elle jugeait passibles de la peine de mort, savoir :

Les instigateurs des massacres ;

Les chefs des bandes des assassins et des incendiaires ;

Et les assassins les plus sanguinaires, c'est-à-dire les individus ayant pris une part personnelle aux massacres, sans distinction s'ils sont des chefs de la nation ou de simples administrés.

Or, le soussigné ne trouve pas que les Druzes, détenus à Beyrouth et condamnés par le tribunal extraordinaire de Beyrouth, à l'exception peut-être de deux, savoir : Mehyeddin-Chibli et Béchir-Meri, puissent être compris dans l'une ou l'autre de ces trois catégories. Il faudrait, selon lui, faire réviser la sentence des autres condamnés contre lesquels les preuves à charge ne lui paraissent pas tout à fait convaincantes.

Le soussigné saisit cette occasion pour réitérer à Son Excellence l'expression de sa très-haute considération.

Signé : DE WECKBECKER.

Beyrouth, le 23 février 1861.

Voici maintenant les observations qu'il présente à l'appui de sa lettre au commissaire impérial :

M. le commissaire d'Autriche a fait une double étude de cette affaire. Il a examiné les dossiers avec soin et il a été le témoin des événements. Ces deux études ont tour à tour contribué à faire naître en lui l'opinion qu'il a exprimée dans sa note particulière, savoir : que les désordres qui ont eu lieu dans la Montagne doivent être considérés comme une guerre de peuple à peuple, et que les fonctionnaires et officiers ottomans ont fait ce qui était en leur pouvoir pour l'empêcher d'éclater.

Dans les districts du Nord, dans le Kasrawan, comme dans le Metn et les districts du Sud, l'abus des droits féodaux, dont les seigneurs ou mokataadjis étaient en possession, avait soulevé dans les classes inférieures de la population un vif mécontentement. Dans les districts de la partie septentrionale, où les mokataadjis étaient les coreligionnaires des fellahs, l'insurrection, quand elle eut lieu, conserva le caractère d'une guerre civile. Dans les districts où les populations chrétiennes étaient soumises à des mokataadjis druzes, la difficulté politique et sociale prit naturellement le caractère d'une lutte militaire entre deux nationalités. Au fond, le principe des troubles était le même dans les deux caïmakamies. Mais, dans le Sud, à ce principe il se joignait d'autres circonstances qui aggravèrent singulièrement le mal et amenèrent de véritables désastres. L'organisation des Druzes, leur esprit de solidarité, la facilité pour les chefs de rassembler en un moment autour d'eux leurs vassaux, permirent à cette nation, la moins nombreuse, de se défendre avec succès contre l'autre, et même de remporter facilement sur elle une victoire qui fut souillée par de déplorables excès. M. le commissaire d'Autriche ajoute que ces atrocités ont soulevé en Europe une douloureuse émotion, et il ne croit pas se tromper en disant que ce n'est point le fait de la guerre lui-même que l'Europe a blâmé, car en Europe il y a aussi des guerres qui coûtent la vie à beaucoup d'hommes ; ce sont les assassinats, c'est l'incendie, le pillage effréné que l'opinion publique a flétris et qu'elle voudrait voir réprimer. Or, dans les pièces du procès des accusés de Beyrouth, M. de Weckbecker a vainement cherché la preuve que les accusés, tant ottomans que cheikhs druzes, aient été les instigateurs du massacre, ou qu'ils y aient pris personnellement part, sauf deux, Mehyeddin-Chibli et Béchir-Meri, au sujet desquels il a déjà fait des réserves dans sa note particulière. Il ne peut que persister dans l'opinion générale qu'il a exprimée, savoir : que le tribunal de Beyrouth n'a point tenu suffisamment compte, à ses yeux, du caractère qu'il vient d'assigner à la lutte entre Druzes et Maronites. Quant aux fonctionnaires et officiers ottomans, M. de Weckbecker a été à même de constater qu'ils ont, et cela est vrai surtout de Hourshid-Pacha, fait appel à tous les moyens qu'ils avaient à leur disposition pour prévenir la guerre civile. Mais les forces matérielles étaient insuffisantes, et leur force morale s'est trouvée impuissante. Hourshid-Pacha avait réuni le corps consulaire, et lui avait dit : « Je n'ai d'influence que sur les Druzes et les musulmans ; vous en avez sur les chrétiens ; retenez les uns, je retiendrai les autres. » Conformément à l'invitation qui lui était adressée par Hourshid-Pacha, M. de Weckbecker, en sa qualité de consul général d'Autriche, conjointement avec son collègue, M. le comte Bentivoglio, engagea monseigneur Tobie, l'évêque maronite le plus influent et le plus populaire, à se rendre dans le Kasrawan pour y faire entendre une parole de paix. L'évêque se rendit avec empressement à ce conseil. Il s'efforça de calmer les esprits, et adressa peu de jours après aux consuls des lettres dans lesquelles il exprimait sa reconnaissance pour la démarche sage et bienveillante que le gouverneur général avait faite auprès d'eux, afin de rendre possible la réconciliation des deux partis. Le commissaire d'Autriche peut présenter cette lettre à la commission. Malheureusement les efforts de ce prélat demeurèrent impuissants. Les chrétiens ne voulurent pas se retirer avant que les Druzes n'eussent mis bas les armes, et les Druzes, de leur côté, refusèrent de se disperser avant que les chrétiens ne fussent rentrés chez eux. Ainsi Hourshid-Pacha n'a pas réussi à maintenir les Druzes, non plus que les consuls n'avaient réussi à calmer les chrétiens ; néanmoins on peut dire que, eu égard au petit nombre de troupes dont il disposait, il a mis sa responsabilité à couvert par la manière dont il s'est conduit.

XVIII

La situation critique de la Montagne est exposée par Hourshid-Pacha aux membres du conseil provincial, aux fonctionnaires et aux notables de Beyrouth réunis en conseil. — La nécessité d'une intervention est signalée à la Sublime Porte. — Un camp turc est établi à Hazmié; Monseigneur Tobie est invité à se rendre dans la Montagne dans un but de pacification. — Les Maronites commencent les hostilités contre les Druzes. — Ils ont le dessous en plusieurs rencontres. — Appréciation des événements arrivés jusqu'à la date du 1er juin par les membres de la commission internationale de Beyrouth. — Quelle a été la conduite des consuls? — Le gouvernement pouvait-il intervenir?

Le 28 mai, les membres du conseil provincial, les notables de Beyrouth et les principaux fonctionnaires du palais furent convoqués en un grand conseil. L'évêque Tobie fut aussi invité à prendre part aux délibérations. Hourshid-Pacha exposa clairement la situation, et demanda l'opinion de tous sur les moyens à employer pour apaiser les troubles.

Il faut maintenant se rendre compte de la situation politique où se trouvait la Montagne. Les deux populations maronite et druze, placées sous un régime exceptionnel, étaient soustraites à l'action directe de l'autorité turque. Sa voix devait rester muette, son action nulle. Une partie de la population, comme nous l'avons vu précédemment, s'était mise en opposition directe non-seulement avec le gouvernement de Beyrouth, mais avec le pouvoir même constitué par la Montagne chrétienne. Une lettre d'un des chefs de cette partie de la Montagne, dont tout le monde connaît la teneur, prouve jusqu'à quel point l'autorité du gouvernement avait été méconnue[1].

---

[1] Il s'agit de la lettre suivante que Tanouss-Chaïn écrivait, le 3 avril 1860, aux vékils et habitants du Djebeil :

« J'ai reçu votre lettre et compris tout ce que vous me dites relativement à l'arrivée de l'émir Joussef et du bimbachi, apportant un *bouyourouldi* pour l'administration de Djebeil. Ne l'acceptez pas, parce que j'ai un *bouyourouldi* des sept souverains pour l'émancipation de tous les chrétiens, qui ne doivent plus rester les esclaves de personne. Si vous désirez être émancipés de votre esclavage, personne ne vous empêchera, ni le muchir, ni le caïmakam. Je vous joins un ordre pour l'émir Joussef de retourner à son ancien poste; délivrez-le-lui sans délai et ne craignez rien. Si vous avez besoin d'un corps de troupes, faites-le-moi savoir et je vous l'expédierai. Si l'émir Joussef veut faire

Les Druzes, plus soumis en apparence, n'étaient pas, en réalité, moins désobéissants que les chrétiens. La Montagne, théâtre quotidien de crimes isolés qui restaient toujours impunis, était devenue en outre le refuge de tous les malfaiteurs de la province, et même d'une foule de gens qui voulaient échapper aux procès ordinaires qu'on leur intentait. Les Maronites et les Druzes, se considérant les uns et les autres comme appuyés par des influences étrangères, manifestaient un égal dédain pour l'autorité, et celle-ci n'avait nul moyen de détourner les funestes effets de cette guerre sourde engagée entre deux populations exaspérées par des passions haineuses. Fallait-il donner des ordres ou des conseils? on n'écoutait rien, on n'obéissait plus. Fallait-il menacer de la répression, employer la force? Ce moyen n'eût pas mieux réussi, et d'ailleurs pouvait-on en user?

Le Kasrawan était depuis longtemps un foyer d'agitation et d'insubordination. L'autorité turque, n'ayant pas le pouvoir d'agir par elle-même, avait signalé à la Sublime Porte la nécessité absolue d'une intervention pour combattre le mal qu'elle voyait grandissant. Mais le gouvernement du Sultan, déjà en butte à mille récriminations, toléra ce pitoyable état de choses plutôt que d'être accusé une fois de plus de persécution contre les chrétiens.

L'autorité locale donc, réduite au rôle de simple spectatrice par la volonté des cinq puissances, restait les mains liées en présence d'un désordre chaque jour plus menaçant. Hourshid-Pacha avait déjà donné trois fois sa démission pour échapper à cette situation intolérable.

L'état critique de la Roumélie avait forcé la Sublime Porte à dégarnir la Turquie d'Asie et l'avait mise dans l'impossibilité de satis-

---

opposition, faites-le-moi savoir et je viendrai moi-même avec tous mes hommes. N'appréhendez rien, puisque c'est une chose qui ne vous concerne plus; cela me regarde. Tous les villages qui voudront s'unir à vous, faites-leur nommer des vékils.

« ..... J'ai chargé le porteur de certaines communications verbales pour vous.

« *Signé et scellé* : Tanouss-Chaïn.

« *P. S.* Je vous transmets, ci-incluse, une lettre pour l'émir Joussef; remettez-la à lui-même et immédiatement, parce qu'il est très-important qu'elle lui soit donnée, et faites-moi connaître sa réponse, parce que je l'ai prévenu que s'il hésitait il m'aurait, moi et mes hommes, sur le dos dans toutes les directions. J'inclus aussi une lettre pour Jezbek Laboud; remettez-la-lui et intimez-lui verbalement qu'il ait à se désister de son dessein. Ne craignez rien; ceci est suffisant pour votre sagacité. »

faire le gouverneur de Saïda, qui lui réclamait des renforts de troupes.

Revenons au grand conseil réuni par Hourshid-Pacha à Beyrouth. Après un débat long et pénible, on prit la résolution de mettre immédiatement sur pied les troupes impériales et d'établir un camp à Hazmyé, pour en imposer du moins aux révoltés. Des personnes de confiance devaient, en outre, être envoyées par le gouverneur et l'évêque à Tanouss-Chaïn pour l'exhorter à retirer ses bandes et à abandonner son entreprise.

Mgr Tobie fit observer qu'il s'était déjà rendu dans le Kasrawan, mais que ses efforts pour opérer la réconciliation des partis avaient été vains, et que les chrétiens ne se retireraient pas avant que les Druzes n'eussent mis bas les armes. Néanmoins il consentit à envoyer son archidiacre avec l'aide de camp du pacha vers Tanouss-Chaïn.

Ce jour-là même, 28 mai, une bande de chrétiens poussée par le comité de Beyrouth, s'avança jusqu'au village de Baabda, près de celui de Shouveyfat, résidence du caïmakan druze. Le gouverneur général les fit sommer de se retirer. Ils répondirent qu'ils ne se sépareraient pas avant d'avoir battu les Druzes, qui pillaient leurs frères des districts mixtes. Le caïmakam druze, de son côté, envoyait des personnes de confiance aux chefs chrétiens pour leur demander la dispersion des bandes. « Le drapeau de la guerre est déployé, répondirent-ils, il n'y a pas moyen de le replier. »

En même temps une nombreuse troupe de Maronites de Djesir-Kasrawan et Kati s'avança vers le Metn ; et le lendemain (29 mai), les curés de Basheriya, district situé dans la plaine de Beyrouth, se mirent à la tête d'une troupe de gens armés et se portèrent, bannière déployée, vers Beït-Meri, avec le dessein de l'attaquer.

Tous ces faits sont rapportés par les dépêches des consuls. Le seul point que nous y trouvions à contredire, c'est que, d'après certaines d'entre elles, les chrétiens ne se proposaient d'autre but que quelques démonstrations.

Ibrahim-Aga, chef des irréguliers, qui se trouvait dans la maison de l'émir Seïd, est accusé d'avoir pris part au massacre. Voici les informations que nous avons pu prendre sur les lieux mêmes :

Lorsque les Druzes se virent menacés par les chrétiens de la plaine, ils firent appel à leurs frères d'un village nommé Abadié. Ibrahim-Aga et quelques cheikhs druzes allèrent trouver l'émir Joussef, et le prièrent d'user de son influence pour renvoyer les curés et leur bande. L'émir fit de son mieux, mais, voyant que sa parole n'était pas écoutée, il conseilla aux Druzes d'évacuer Beït-Meri sous la sauvegarde d'Ibrahim-Aga. A peine dehors, ils virent les flammes sortir de leurs maisons et plusieurs chrétiens courir à leur poursuite. Quelques gens d'Ibrahim-Aga reçurent des coups. Les Druzes, forcés de se défendre, prirent l'offensive, aidés par les soldats irréguliers, et, malgré leur petit nombre, ils forcèrent les chrétiens à battre en retraite. L'incendie pourtant continuait ses ravages, et en quelques heures le beau village de Beït-Meri n'était qu'un amas de cendres. Le consul de France, dans son rapport, ne peut pas s'empêcher d'avouer que *les chrétiens aussi* mirent le feu aux maisons druzes.

Le 29 mai, les bandes de Zahleh, stationnées dans le village de Kabr-Elias, allaient à la Montagne pour trouver Ali-Bey-el-Amad, chargé de la protection de la route de Damas. Près d'Aïn-Dara, Ali-Bey se porta à leur rencontre avec ses serviteurs et une troupe de deux cent cinquante personnes. Le nombre des chrétiens montait à près de deux mille. Le combat s'engagea. Le bruit de la fusillade étant parvenu aux districts environnants, un grand nombre de Druzes, qui dans l'attente des événements s'étaient armés, vinrent au secours d'Ali-Bey, et la lutte se prolongea jusqu'à la déroute des Zahliotes vers Khan-Mourad. Là, le combat recommença et fut terrible. En moins d'une heure les chrétiens furent obligés de se retirer en désordre, en laissant plusieurs des leurs sur le terrain. Le nombre des combattants druzes était de mille, tandis que celui des chrétiens était au moins double. Ali-Bey-el-Amad fut blessé, et un cheikh druze, nommé Meleh, accouru pour empêcher les hostilités, perdit la vie.

Le même jour, une troupe de chrétiens sortit de Deïr-el-Kamar pour se porter à Urkub. Quand elle arriva au village de Kaf-Nabrakh, résidence de Malhem-Bey, celui-ci l'attaqua avec les siens et l'obligea à se retirer.

Le lendemain, 30 mai, les bandes de Baabda s'avançaient vers le manoir du haut Gharb. Hourshid-Pacha, qui avait établi son camp à Hazmyé, au pied de la Montagne, leur envoya son interprète et quelques officiers pour les engager à se retirer. Elles refusèrent de rien entendre. Parvenues près du village de ce nom, elles y mirent le feu. Les Druzes marchèrent contre les Maronites, et pour la première fois ils se trouvaient en aussi grand nombre que leurs ennemis. Ces derniers furent culbutés et chassés. Les Druzes ne cessèrent de les poursuivre que sur les instances du pacha, mais ils avaient eu le temps de mettre à feu et à sang les villages de Baabda, Wadi, Chahroon et Hadet.

Le même jour encore, quelques villages druzes, Keran et Kafr-Selucan, sont attaqués par un corps de Maronites de Zahleh et autres endroits. Là aussi, ces derniers sont repoussés avec de grandes pertes.

Le même insuccès suivit les chrétiens à la bataille près de Hamana. Vers minuit, des coups de canon se firent entendre dans diverses directions de la plaine de Shouveyfat. C'était un signal. Les Druzes accoururent, et, malgré les ténèbres, ils purent déloger les Maronites des positions qu'ils avaient prises.

M. le comte Bentivoglio s'exprime ainsi dans un rapport que nous avons cité déjà :

« Le lundi 31 mai, cent cinquante à deux cents chrétiens partent de la plaine et se rendent de nouveau à Beït-Meri pour déloger les Druzes, apostés de l'autre côté du ravin qui sépare ce village de celui d'Abadié. *Ils sont encore battus*, et se replient sur Branura. » Les Druzes, bien commandés, poursuivent leurs ennemis et ne s'arrêtent qu'à la fin du district de Metn. Pendant cette journée, où la mêlée était devenue à la fin générale, trente-cinq à quarante villages, dont les quatre cinquièmes chrétiens, devinrent la proie des flammes.

M. Lenormant rapporte ce fait de la manière suivante :

« Cependant le 31, dans la matinée, une bande de chrétiens, venant de toutes les parties du Metn et forte de deux à trois cents hommes, poursuivant l'offensive reprise la veille par les Maronites, vint attaquer les Druzes dans leur quartier général d'Abadié. Malheureusement les éléments qui composaient cette bande n'avaient ni homogénéité ni cohésion, et elle manquait d'un chef habile. Les Druzes, commandés par leurs émirs, sortirent d'Abadié au nombre de huit cents, bousculèrent leurs assaillants mal exercés, et, marchant en avant à leur tour, incendièrent une dizaine de villages sur le versant du Liban, en face de Beyrouth. En un instant Deïr-el-Kalaah, Aïn-Bardé, Aïn-Saadé, Broumana, Mar-Ischaya, Babdat et Behannis devinrent la proie des flammes. La Montagne entière était couverte de feu, et l'on entendait dans toutes les directions retentir les détonations des coups de fusil. Le seul village de Roumi, dans toute cette région, opposa une résistance assez énergique et assez persévérante pour lasser les efforts des Druzes, secondés par les Bachi-Bozouks, et se préserver de la destruction. »

Ce jour-là aussi les Druzes attaquèrent les avant-postes de Zahleh, mais ils furent refoulés jusqu'à Andara, au pied du Liban.

Ici quelques mots pour rendre justice aux Druzes. S'ils sont féroces et pillards à l'heure du combat, s'ils tuent leur ennemi avec un raffinement de cruauté, ils ont certaines vertus chevaleresques. Un Druze ne frappe jamais un être faible et désarmé, un vieillard, un enfant; il se gardera surtout d'infliger une souillure à une femme tombée en son pouvoir.

Nous avons raconté avec la plus complète impartialité les événements qui se sont accomplis jusqu'au 1er juin. Ce sont, jusqu'à présent, les Maronites qui ont attaqué les Druzes. Les autorités que nous avons citées ne sauraient être suspectes à raison de leur peu de sympathie pour les Druzes.

Voici maintenant ce qui a été dit dans la vingt-deuxième séance de la commission de Beyrouth :

> Il est vrai, dit le commissaire français, qu'une troupe de chrétiens du Kasrawan a passé le fleuve du Chien, sous la conduite de Tanouss-Chaïn, le 29 mai, et qu'une partie d'entre eux est allée attaquer le village de Beït-Meri et Baabda.
>
> Peu importerait au fond, reprend M. Novikow, commissaire de Russie, que les chrétiens aient été agresseurs sur quelques points, et s'ils l'ont été, ce qui est bien loin d'être prouvé, si même on peut les accuser de s'être rendus coupables de quelques provocations morales, etc.

Nous avons déjà reproduit l'opinion de M. de Weckbecker. Voici maintenant les paroles du commissaire anglais :

Lord Dufferin avoue que, lors de son arrivée en Syrie, il était sous l'impression d'un sentiment d'indignation très-naturel que lui avait inspiré le récit des atrocités commises par les Druzes. Il avait autrefois, à son premier voyage, entendu parler vaguement d'un état de lutte entre les deux races, mais on lui avait laissé ignorer leur énorme disproportion numérique, et il ne savait pas que l'existence même de la nation druze ou son expulsion de la Montagne étaient, pour ainsi dire, deux questions à l'ordre du jour chez les chrétiens. Il a appris seulement depuis que, sur toute la ligne de démarcation qui sépare le Kasrawan des districts mixtes, une attaque contre les Druzes avait été préparée et devait se terminer, telle était du moins l'attente des Maronites, par l'extermination des Druzes ou leur expulsion; que des armes étaient importées en quantité extraordinaire, et des réunions belliqueuses fréquemment tenues dans plusieurs parties de la Montagne; que le pays était inondé de mandemen's incendiaires que l'on disait émanés des chefs spirituels de la nation; qu'une sorte de conseil central, d'un caractère fort suspect, siégeait à Beyrouth, et que, selon toute apparence, les chrétiens des autres rites étaient appelés, sous peine de vengeance ultérieure, à prendre part à la guerre sainte; que, enfin, non content de la supériorité d'une nation de cent cinquante mille âmes contre une tribu de trente-cinq mille, le clergé cherchait à animer le courage de ses ouailles en leur donnant l'assurance que leurs efforts, quels qu'ils fussent, pour acquérir la possession incontestée du Liban, seraient appuyés par les puissances de la chrétienté.

Il n'est guère supposable que de tels desseins, ouvertement poursuivis et devenus notoires plusieurs mois avant l'événement, demeurèrent ignorés de ceux contre qui ils étaient dirigés. L'insolence et l'ambition de l'une des parties devait naturellement éveiller les instincts féroces de l'autre, et les préparatifs d'attaque commandant les mesures défensives, l'atmosphère se chargea peu à peu et l'explosion devint imminente. Des collisions isolées, provoquées on ne sait par qui, mais remarquables de part et d'autre par une cruauté traditionnelle, furent les avant-coureurs de l'orage qui allait éclater. Des corps d'hommes armés passèrent du Kasrawan dans les districts mixtes, laissant sur leur passage l'incendie et le massacre. Les chrétiens de Zahleh marchèrent au combat, et c'est ainsi que la guerre devint inévitable, après avoir été longtemps imminente.

Dans une telle conjoncture, en effet, quel parti les chefs de la nation druze pouvaient-ils prendre? Demeurer tranquillement chez eux, tandis qu'on pillait et brûlait les villages de leurs proches? Une telle conduite eût été aussi insensée que lâche. Les autorités ottomanes ne paraissant point disposées à intervenir dans l'intérêt du maintien de la paix publique, il ne restait aux Druzes qu'à prendre en main leur propre défense. Mais cet acte de bravoure, autorisé, commandé même par la loi naturelle, doit-il être confondu avec ces horribles massacres qui eurent lieu en dehors des limites de la Montagne druze, en présence des garnisons ottomanes? Si, par suite du tempérament propre aux peuples montagnards non encore civilisés, et surtout grâce à l'attitude équivoque des soldats ottomans, d'épouvantables excès ont été commis, dira-t-on que chaque chef qui, après avoir rassemblé ses vassaux, se prépara à la lutte et même y prit part, doit répondre de toutes les violences que ses gens auront pu commettre, et être confondu avec des incendiaires et des assassins? A Dieu ne plaise! Il est impossible de ne pas établir une distinction fondamentale entre ceux qui ne firent que courir aux armes pour leur propre défense et celle de leur nation, et ceux qui seraient convaincus d'avoir organisé le massacre et trempé leurs mains dans le sang. Lord Dufferin espère que la commission reconnaîtra avec lui la nécessité de cette distinction, et qu'elle se gardera de frapper comme des assassins les hommes qui ont seulement pris part à une guerre dont l'initiative, de l'aveu de tous, revient de droit aux ennemis de la nation druze.

Voici l'extrait d'un rapport du consul d'une puissance secondaire :

Il faut avouer que les Druzes ne sont jamais les premiers à provoquer les Maronites. Quoique en petit nombre, quarante mille à peine, ils sont laborieux et leur travail est prospère. Les Maronites, au contraire, au nombre de cent cinquante mille, indolents, nés pour l'intrigue et d'un caractère altier, sont, en leur qualité de chrétiens, ostensiblement protégés par la France, qui s'est donné la peine de leur procurer des armes..... Le gouvernement de la Montagne chrétienne a dégénéré en ces derniers temps en anarchie, à tel point qu'un Maronite conduit en ville pour être jugé se trouvait absous en se disant Maronite, et partant protégé Français. Je ne m'étends pas sur ces détails; j'ajouterai seulement que Mgr Tobie, évêque maronite, malgré les nombreuses démarches faites auprès de lui par notre muchir pour éviter un malheur, était loin de calmer les passions de ses ouailles qui espéraient rester seuls possesseurs du Liban ; leurs vols, leurs rapines, leurs assassinats continuels, et finalement des agressions récentes, ont fini par exaspérer les Druzes.....

Dans cet état de choses le corps consulaire a fait les plus énergiques démarches auprès de Hourshid-Pacha... Le muchir a refusé d'abord, parce qu'il ne croyait pas devoir se mêler de ces différends qui seraient de la compétence des émirs, et puis parce qu'il manque de troupes, la garnison n'allant pas à plus de quatre cents hommes. Le corps consulaire ayant insisté, Hourshid-Pacha s'est mis à la tête de ces quatre cents hommes et de cent irréguliers, avec deux pièces de campagne.

Quand la nature orientale est dégagée de tout frein, l'impétuosité du sang, l'ardeur du climat l'entraînent souvent aux plus grands excès. Telle est pour nous l'explication de cette série d'événements où tant de sang fut répandu. Au milieu de toutes les violences, les filatures et autres établissements européens de la Montagne étaient épargnés.

Que faisaient, cependant se demande M. Lenormant, les consuls des puissances à Beyrouth? Nous n'avons pas mission de les défendre, mais nous pensons que M. Lenormant, en répondant à la question, a trop exagéré leur manque d'énergie.

Les consuls n'avaient pu prévoir l'intensité prolongée de la lutte. Ils pensaient, dans le principe, que tout se terminerait par quelques échauffourées. Et ce qui s'était passé l'année précédente, le secret gardé par le comité de Beyrouth, la récolte des cocons qui était proche, leur faisaient croire que tout serait bientôt terminé ; les événements les avaient pris au dépourvu ; mais il est injuste de dire qu'ils n'entreprirent rien pour arrêter le mal. Tous, indistinctement, M. Bentivoglio, consul de France, comme M. Moore, consul d'Angleterre, M. de Weckbecker, consul d'Autriche, comme M. Begger, consul de Russie, firent les démarches les plus actives auprès des chefs des deux nations rivales ; mais leur voix demeura impuissante. La soif du meurtre, du pillage, aveuglait et rendait sourds et le peuple et les chefs.

Le 31 mai, les consuls se réunissaient et décidaient qu'une démarche serait faite auprès du pacha, dans son camp, afin de le rendre responsable des malheurs qui pourraient fondre sur la ville.

Le gouverneur leur promit ou plutôt leur donna l'assurance formelle que Beyrouth n'éprouverait aucun mal, mais il se déclara impuissant à pacifier le Liban, parce qu'il ne pouvait pas y envoyer des troupes, lié qu'il était par les conventions de 1845.

Ici une digression nous semble nécessaire.

Le gouvernement turc et Hourshid-Pacha ont été violemment attaqués de n'avoir pas réprimé les désordres du Liban. Pouvaient-ils intervenir? Nous répondrons : Non !

Quelques scènes de désordre s'étaient produites, en décembre 1860, à Abadié, village mixte situé dans la caïmakamie chrétienne. Ahmed-Pacha, gouverneur général de Beyrouth, prit sur lui, en l'absence de Fuad-Pacha, d'expédier quelques troupes régulières pour rétablir la tranquillité.

Le 9 janvier 1861, à la dix-huitième séance de la commission, M. le commissaire français [1] demande au délégué de Fuad-Pacha des explications touchant un fait qui vient de se produire dans la Montagne. Après quelques scènes de désordre qui avaient eu lieu à Abadié, ce village, compris dans la caïmakamie chrétienne, a été occupé par un détachement de troupes ottomanes envoyées par le gouverneur de Beyrouth. M. Béclard s'étonne qu'une telle mesure, attentatoire aux priviléges de la Montagne, ait été prise sans que les commissaires en aient été même prévenus.

[1] Protocole de la dix-huitième séance de la commission de Syrie.

M. Novikow rappelle que, d'après les règlements existants, un seul point de la Montagne, Bettedin, peut être occupé par les troupes ottomanes. En conséquence, l'envoi d'un détachement à Abadié, s'il n'a pas eu lieu sur la demande du caïmakam chrétien, constitue une contravention à des règlements garantis par les puissances et qui ne peuvent être modifiés sans leur assentiment.

Dans la séance suivante, Abro-Effendi donne les explications suivantes sur la présence de ces troupes dans le village mixte :

Quant à la présence d'un détachement de troupes ottomanes à Abadié, qu'on a considérée comme contraire au règlement du mont Liban, la commission doit savoir que ce village se trouve dans le district mixte de la caïmakamie chrétienne, et qu'il ne peut, dans les circonstances actuelles, échapper, pas plus que les villages mixtes, à l'action militaire qui seule peut maintenir le bon ordre entre deux populations naturellement hostiles. Abro-Effendi cite à cette occasion la présence d'un détachement français à Hamana, l'envoi de troupes ottomanes dans tous les districts mixtes pour faire des arrestations. Si l'autorité ottomane avait porté un changement dans l'organisation de la caïmakamie, et si elle avait exercé une ingérence quelconque dans les affaires administratives de cette partie de la Montagne, il y aurait certes alors violation du règlement; mais rien de pareil n'a eu lieu. L'autorité locale, seule responsable aujourd'hui de la tranquillité du pays, a dû et doit encore prendre toutes les mesures nécessaires pour maintenir le bon ordre et empêcher notamment tout conflit dans un district composé de chrétiens et de Druzes. Si le conflit, prévenu par l'envoi d'un détachement de troupes à Abadié, était arrivé sans cet envoi, qu'aurait pensé la commission, et n'aurait-elle pas fait peser la grave responsabilité qui en serait résultée sur l'autorité locale? Ainsi c'est dans ce seul but que la mesure a été prise, et provoquée même par l'avis de Youssouf-Bey-Karam, qui s'était empressé de signaler dans ses propres lettres des intrigues et des rassemblements des Druzes. Abro-Effendi croit avoir dit dans la précédente séance que le détachement de troupes en question serait retiré d'Abadié, dès que les inquiétudes qui se sont produites de part et d'autre dans ce district auraient cessé. Aujourd'hui que ces inquiétudes ont diminué, et que le caïmakam se croit en mesure de déclarer sous sa responsabilité qu'il n'y a pas lieu de craindre des troubles qu'il saura sans doute prévenir, en s'adressant, en cas de nécessité, à l'autorité locale pour requérir une force supplémentaire, Abro-Effendi déclare que l'autorité ottomane, ainsi qu'elle en a déjà donné l'ordre, retire elle-même son détachement de troupes ; mais il ne cesse de maintenir le droit de cette autorité à occuper, dans les circonstances exceptionnelles que nous traversons, toute partie de la Montagne où la tranquillité lui paraîtrait être compromise. Ce droit ne saurait souffrir aucune contestation, du moment où elle est responsable du maintien du bon ordre. Appuyé sur ce droit, le délégué ottoman conclut que la mission plénipotentiaire ne se croit pas dans l'obligation de demander l'avis de la commission, toutes les fois qu'il faut agir dans le sens de la conservation de la tranquillité dans le pays.

M. Béclard répond que des termes de cette communication il semble résulter que la retraite des troupes d'Abadié n'a été ordonnée que parce que leur présence n'y était plus jugée nécessaire. Il ne peut admettre pour son compte une telle interprétation des faits. Selon lui, les troupes ont été retirées parce que leur présence à Abadié était illégale et, en conséquence des protestations qui s'étaient élevées au sein même de la commission à la précédente séance.

M. Novikow abonde dans le sens de M. Béclard. Lord Dufferin dit qu'en principe il lui semble très-juste de considérer tous les districts mixtes comme soumis aux mêmes conditions, car dans tous ces districts les chances de collision sont exactement les mêmes. Ahmed-Pacha a pu craindre que les mouvements qui s'étaient produits à Abadié ne dégénérassent en lutte sanglante, et pour ne pas encourir le reproche fait à son prédécesseur, il a dû intervenir avec promptitude. Le retrait des troupes doit satisfaire aujourd'hui toutes les exigences; mais, en principe, M. le commissaire britannique ne saurait admettre, de son côté, que, là où des troupes étrangères peuvent résider à titre d'auxiliaires, celles du souverain qui constituent la garantie principale du maintien de l'ordre n'aient pas un droit au moins égal d'occupation.

M. le commissaire d'Autriche partage l'opinion de lord Dufferin sur la légalité de la présence des troupes ottomanes partout où il pourrait y avoir des troupes françaises; mais il regrette que, dans la circonstance dont il s'agit, on n'ait pas fait appel en même temps aux troupes de la Turquie et à celles du corps expéditionnaire.

Eh bien, nous le demandons à tout homme doué d'un esprit impartial : si l'envoi des troupes turques dans un village chrétien et druze où des troubles avaient éclaté, a soulevé de telles protestations, que n'eût-on pas reproché à Hourshid-Pacha, s'il était entré de sa pleine autorité dans la Montagne afin de la pacifier? Il ne faut pas oublier qu'à l'époque où ces derniers faits se passaient, le Liban n'avait qu'un gouvernement transitoire, que le caïmakam chrétien avait été destitué et que Joseph Karam avait été provisoirement nommé à sa place. En cas de succès, Hourshid-Pacha eût été pourtant coupable d'avoir foulé aux pieds les conventions de 1845; car à Beyrouth, dans le principe, on ne croyait pas que le conflit aurait eu le caractère que plus tard on lui a vu prendre. S'il ne réussissait pas, non-seulement aux yeux de l'Europe il se serait ingéré illégalement dans les affaires de la Montagne, mais il aurait aussi fomenté des troubles. Qui sait même si on ne l'eût pas accusé d'avoir tué des chrétiens de sa propre main?

Après cela n'avons-nous pas lieu de nous étonner qu'on ait imputé à faute, à la fois à Hourshid-Pacha et à Ahmed-Pacha, d'avoir agi chacun dans un sens diamétralement contraire?

XIX

Nouveaux combats entre Maronites et Druzes. — Massacres de Deïr-el-Kamar, Hasbeya et Racheya. — Prise et incendie de Zahleh par les Druzes. — Conduite indigne d'Osman-Bey, Ali-Bey et Abdul-Selam-Bey. — Traité de paix entre les Maronites et les Druzes. — Troubles d'Alep. — Accusation portée contre l'Angleterre.

Mais reprenons notre récit.

Le vendredi 1er juin, il y eut une rencontre entre les Druzes de Munassif et les chrétiens de Deïr-el-Kamar. Ces derniers eurent le dessous. Un autre parti de chrétiens attaqua en même temps les villages de Kafi-Humal et Kafi-Katrei. Le bruit du combat parvint aux districts, où Druzes et chrétiens prirent les armes. A Deïr-el-Kamar, quelques maisons de Druzes absents furent incendiées pendant le tumulte. Des deux parts on accourut au secours des siens, et le combat devint sérieux. Là aussi les chrétiens eurent le dessous.

Nous n'en finirions pas si nous voulions signaler tous les petits engagements de chaque jour. Partout le sang coula. Toute la Montagne était en feu, depuis Saïda jusqu'à la rivière du Chien.

Tout le monde connaît les massacres de Deïr-el-Kamar, de Hasbeya et Racheya. Les habitants de Deïr-el-Kamar, où se trouvait une petite garnison de troupes turques, n'avaient pris qu'une faible part aux luttes de la Montagne. Le 1er juin, comme nous venons de le dire, quelques maisons druzes, qui se trouvaient au sommet de la colline, furent brûlées. L'ayant appris, les Druzes, qui venaient de remporter une victoire, se portèrent le lendemain en masse vers cette ville et la bloquèrent. Le premier jour, vingt-cinq personnes y perdirent la vie.

A Beyrouth, Hourshid-Pacha, sur la demande des consuls, envoya Tahir-Pacha pour y rétablir l'ordre. Il arriva à Bettedin le 3 juin, au moment où les cheikhs chrétiens et druzes traitaient de la paix. Le 4 juin, une convention fut signée avec la condition que les chrétiens de la ville demeureraient paisiblement dans leurs maisons et dans leurs champs. Tahir-Pacha, croyant cette paix sérieuse, revint à Beyrouth.

Nous ne raconterons pas les massacres des trois villes désignées plus haut. Ils sont horribles. Là, trois infâmes, Osman-Bey, Ali-Bey et Abdul-Selam-Bey ont souillé l'honneur du drapeau ottoman et compromis l'autorité turque. Ils ont payé de leur vie une trahison pour laquelle aucun châtiment, si terrible qu'on pût l'imaginer, n'eût été trop sévère.

A Hasbeya, à Racheya, comme à Deïr-el-Kamar, les chrétiens enfermés dans les palais des gouverneurs militaires, furent livrés aux Druzes, qui les massacrèrent, en épargnant seulement les femmes et les enfants. Ces trois villes furent livrées aux flammes jusqu'à ce qu'il n'en resta plus que des murs noircis et des décombres fumants.

Zahleh, attaqué par les Druzes, se défendit vaillamment. Lorsqu'on apprit à Beyrouth le danger qui menaçait cette ville, l'émotion fut des plus vives. Les consuls se rendirent à Baabda près du pacha, qui donna l'ordre de faire partir plusieurs compagnies du Nizam. Malheureusement elles arrivèrent trop tard. Les habitants de Zahleh avaient repoussé à trois reprises les assaillants; le premier jour, jusqu'à Kabr-Elias, le second dans la vallée du Nahar-el-Bourdoni, et la troisième, dans les rues même de la ville. Ils attendaient impatiemment le secours de Joseph Karam qui était parti des environs de Tripoli avec une troupe d'hommes déterminés. Ne le voyant pas venir, ils se décidèrent à évacuer la ville et à se retirer en combattant jusqu'au Kasrawan. La masse de la population de Zahleh parvint à se sauver. La ville fut ravagée et livrée aux flammes. C'est alors que les vainqueurs de Zahleh, conduits par Ismaïl-el-Atrach, se portèrent sur Deïr-el-Kamar.

Tahir-Pacha, qui était accouru pour garantir l'exécution du traité, venait de partir, croyant que cette ville n'avait plus rien à craindre. Il avait laissé des troupes et des instructions précises au lieutenant-colonel Abdul-Selam-Bey.

Encore une fois, nous n'essayerons pas de décrire les scènes d'horreur dont cette ville a été le théâtre : six cents chrétiens, enfermés dans le sérail, furent massacrés sous les yeux du gouverneur et des soldats turcs qui avaient reçu l'ordre de rester l'arme au bras.

Ainsi finit cette horrible tragédie. Quels que soient les griefs des Druzes, leur vengeance dépassa le but qu'ils s'étaient proposé. Ils s'étonnèrent eux-mêmes du vide qu'ils avaient fait autour d'eux, emportés par la fureur du massacre.

Nous le répétons, à Hasbeya, Racheya et Deïr-el-Kamar, l'autorité turque s'est couverte de honte. Mais faut-il rendre responsables toute une nation et son gouvernement du forfait de quelques agents indignes? Et parce que des infâmes comme Osman-Bey, Ali-Bey et Abdul-Selam-Bey font partie de l'humanité, celle-ci est-elle déshonorée tout entière?

A Constantinople et en Europe, on ne connaissait encore qu'imparfaitement les déplorables événements de la Montagne. Dans la capitale, on espérait que la dispute des deux peuples rivaux finirait sans effusion de sang. On expédia immédiatement le général Kmety-Ismaïl-Pacha avec quelques troupes.

A Beyrouth, les inquiétudes étaient grandes, lorsque le 5 juin, la frégate russe *Ilia-Moronetz* apparut dans la rade. Bientôt deux navires français, un vaisseau de ligne et deux corvettes anglaises vinrent tranquilliser la population.

A la suite des massacres de Deïr-el-Kamar, Hasbeya et Racheya, et de la chute de Zahleh, une sorte de lassitude semblait s'être emparée des deux partis.

A Saïda, il y avait encore quelques appréhensions, mais la présence des bâtiments européens suffisait à prévenir les troubles. Sur la demande du gouverneur, M. Krantz, commandant de la *Senti-*

nelle, avait débarqué une compagnie de marins et un obusier de campagne.

A Beyrouth, l'état de siége avait été proclamé, et Ismaïl-Pacha (Kmety) venait d'arriver avec des troupes, double garantie de tranquillité.

A Tripoli, l'imprudence d'un frère du vice-consul de Grèce jetant un pot de fleurs sur la tête d'un Turc qui se baignait avec quelques-uns de ses amis sous les fenêtres du consulat, faillit causer de sérieux désordres. Le consulat fut envahi, mais aucun malheur n'arriva. Pourtant, sur l'avis de ses collègues, M. Nicolaïdy, vice-consul de Grèce, s'embarquait sur l'aviso français l'*Éclaireur*, qu'envoyait M. de la Roncière, prévenu de ce qui se passait par une lettre de M. Blanche, consul de France [1].

Hourshid-Pacha avait été débordé par les événements. Il ne savait quelle conduite tenir. Nous ne nous arrêterons plus à répondre aux accusations que tout le monde a cru devoir formuler contre lui. Son grand tort, c'est de n'avoir pas montré plus de fermeté, et de n'avoir pas osé prendre sur lui de violer des conventions diploma-

---

[1] Voici une lettre publiée dans un journal de Smyrne, sous la date du 5 juillet; qui ajoute quelque chose à ce que nous avons rapporté sur les causes et les mobiles du conflit :

« Vous connaissez les événements déplorables qui viennent de se passer dans le Liban. Druzes et Maronites se sont de nouveau rués les uns contre les autres, se massacrant et incendiant leurs demeures. Partout où les Druzes étaient en force ils se montraient sans pitié pour les Maronites; partout où les Maronites avaient le dessus, ils se montraient sans pitié pour les Druzes. Les chrétiens sont beaucoup plus nombreux que leurs adversaires. Ils sont comme trois à un, mais ils ont un caractère faible et ne résistent que difficilement aux Druzes. Malgré le défaut de courage, les Maronites, fort de leur nombre, ont presque toujours été les agresseurs.

« Cette fois-ci on a remarqué chez les Druzes plus d'acharnement que dans les luttes précédentes. Croira-t-on en Europe que la brochure de M. Edmond About, la *Nouvelle carte d'Europe*, ait pu avoir quelque influence dans ces douloureux conflits? Oui, c'est la vérité; tel est le cas. Des gens qui ont leur intérêt à révolutionner la Turquie, à la représenter comme agonisante, à montrer ses peuples hostiles au gouvernement et le gouvernement trop faible pour les contenir; ces gens-là ont pris de la brochure du spirituel romancier les passages qui parlent de l'expulsion des Turcs, du partage du pays qui sera fait aux chrétiens; ils les ont traduits en leur donnant une source officielle et les ont répandus dans les villages. De là, des illusions d'un côté et de l'exaspération de l'autre. Dans cette situation, vous expliquez-vous le sang répandu et le feu qui se promène en destructeur dans la Montagne. Que l'intrigue et la malveillance cessent leur jeu détestable, et vous verrez ces populations vivre parfaitement tranquilles. Combien de nos journaux légitimistes et autres qui se font des brandons de discorde, des provocateurs de désordre en ne croyant être que les avocats des chrétiens. »

tiques, pour prévenir de grands malheurs. Après l'incendie de Deïr-el-Kamar, il se rendit dans cette ville et ne put s'empêcher de verser des larmes en présence d'un si effroyable désastre. Il parcourut le caïmakamat druze, faisant entendre partout des paroles de paix. S'adressant tour à tour aux chefs druzes et aux chefs chrétiens, il déploya un zèle extraordinaire dans cette œuvre de pacification.

Les deux caïmakams vinrent à Beyrouth avec tous les mokataadjis et seigneurs, et on délibéra sur les moyens d'en venir à un accord.

Après plusieurs réunions, la paix fut conclue. La majorité du corps consulaire approuva le traité, qui fut signé le 6 juillet entre les Druzes et les Maronites sous les auspices de Hourshid-Pacha, et qui assura la tranquillité de la Montagne jusqu'à l'arrivée de Fuad-Pacha. En voici le texte :

Nous soussignés caïmakam, ouakils, mokataadjis, divan, et principaux d'entre les chrétiens, nous étant rendus, selon l'ordre de Son Excellence le muchir de Saïda, auprès de Son Excellence le kehaya et caïmakam de Son Excellence Ouasfi-Effendi, après nous être abouchés avec le caïmakam, les ouakils, mokataadjis, le divan et les principaux des Druzes, cherchant les uns et les autres à extirper les causes de désunion qui ont eu lieu et à sauvegarder dans l'avenir, la tranquillité publique conformément aux ordres de Son Excellence et pour l'amour du pays ;

Reconnaissant que depuis le commencement de ces désordres, le gouvernement, les chefs du pays, les gens raisonnables et ceux qui aiment le pays et la tranquillité, n'ont cessé de chercher à empêcher qu'ils eussent lieu ; mais attendu les machinations de ceux qui aiment le désordre et principalement des personnes qui n'ont aucune pitié des nouveau-nés, des garçons et des filles ; l'entêtement des gens qui ne sont pas raisonnables, ils n'ont pu empêcher que la guerre n'ait eu lieu ; reconnaissant que devant une pareille situation, il n'y a pas d'autre moyen, pour arrêter l'effusion du sang et ramener la tranquillité générale, que de conclure la paix entre les parties belligérantes, conformément à la condition de celle qui fut faite en l'année 1261 de l'hégire (1845) qui est : *l'oubli de ce qui est arrivé ;*

En conséquence, il a été convenu, avec l'aide de Dieu, de rédiger ce traité de paix générale à la condition indiquée ci-dessus, et que de tout ce qui est arrivé depuis le commencement de la guerre générale jusqu'à présent, aucun des partis n'a le droit de faire des réclamations ni pour le présent ni pour l'avenir ; qu'après la signature de ce traité, quiconque chercherait à le violer sera puni en conséquence. Tous les chefs dans ce cas-là devront être unis pour empêcher pareil fait de se renouveler.

Les ordres de l'autorité seront rendus en conformité des règlements de la Montagne. Le caïmakam, les mokataadjis devront aussi conformer leurs actions aux règlements administratifs du Liban, sans aucun changement, s'empressant de faire exécuter toutes les ordonnances de l'autorité, s'engageant à la tenir au courant des affaires, toutes les fois qu'il y aura nécessité.

Ils devront faire tous leurs efforts pour amener l'union, l'amitié et la concorde entre les deux nations, en procurant la tranquillité et le bien-être à tous les habitants et surtout en cherchant à ramener chaque individu dans la maison pour y vivre en paix et reprendre possession de ses propriétés sans que personne y puisse mettre le moindre obstacle, ni le molester en quoi que ce soit. Autant que possible, le cas échéant, ils prêteront leurs concours à la population en conformité des règlements du gouvernement et avec l'aide de Son Excellence le muchir de Saïda.

Il sera pris au plus tôt les moyens les plus prompts pour faire disparaître toute cause de désunion en la remplaçant par des relations de bonne amitié et le retour de la tranquillité générale, conformément à la volonté et aux ordres du Sultan, que Dieu conserve et aux intentions de Son Excellence le muchir.

Mais, comme il est reconnu que les principales causes de désordre sont dans le laisser aller avec lequel les ordres et les règlements de l'administration sont exécutés, les soussignés supplient Son Excellence de prendre des mesures efficaces pour faire marcher la justice, en faisant exécuter toutes les choses suivant leur cours naturel, et rendant avec la plus grave impartialité la justice à chacun.

Tous les mokataadjis et les employés devront s'acquitter des devoirs de leur charge avec zèle et attention, en conformité des règlements de la Montagne, sans permettre qu'il soit fait la moindre injustice, devoirs que l'on espère qu'ils rempliront avec l'empressement et l'impartialité qu'exige leur conscience.

Conformément à ce qui précède, la paix est conclue entre nous aux conditions sus-indiquées, et il a été trouvé convenable d'en rédiger quatre exemplaires, signés par chaque nation, dont deux seront échangés entre les parties et deux devront être présentés à Son Excellence le muchir pour être gardés dans les archives du gouvernement et servir de règle de conduite pour le présent et l'avenir.

Le 16 zilhedjé (6 juillet).

(*Suivent les signatures* : caïmakam chrétien, caïmakam druze, mokataadjis, membres du divan, ouakils et principaux habitants).

Avant de parler des tristes événements de Damas, jetons un coup d'œil sur le reste de la Syrie.

Nous avons vu que les villes du littoral jouissaient de la plus parfaite tranquillité. Des appréhensions avaient existé; mais la présence des escadres, accourues au premier signal de la guerre civile, les avait promptement dissipées. De Jérusalem et de la Palestine, on recevait les nouvelles les plus satisfaisantes. Surreya-Pacha y maintenait l'ordre le plus parfait. Jaffa, Caïffa et Acre, qui avaient éprouvé le plus de craintes, retrouvaient le calme. Saïda, où l'on avait prodigieusement enflé le récit des massacres, revenait de ses frayeurs. Tripoli, Latakié et Alexandrette n'éprouvaient point d'alarmes.

Alep, qui se trouve dans l'intérieur et où des scènes de pillage avaient eu lieu en 1851, inspirait quelques craintes. Pendant que le Liban était en feu, il y eut dans cette ville quelques tumultes. Un juif avait détruit, pendant la nuit, une espèce de chapelle qu'on élevait près de sa maison sur un terrain qu'il disait lui appartenir. Le lendemain, une foule de gens sans aveu se réunirent près de cet endroit, en criant que l'islamisme allait périr.

Heureusement, il y avait alors à Alep, comme gouverneur militaire, un homme plein d'intelligence, de tact et de courage, le général Méhémet-Réchid-Pacha, et, comme commandant militaire, Omer-Pacha.

Omer-Pacha, d'une famille princière du Daghestan, avait servi en Russie pendant vingt ans, et il avait reçu le grade de colonel à la suite de plusieurs actions d'éclat. Au siège de Kars, il se prit de querelle avec le général Mouravieff, et ne pouvant pas se battre avec son supérieur, il quitta l'armée russe et vint servir en Turquie, où il obtint le grade de général de brigade. C'est un homme d'un courage et d'une énergie rares; il est très-instruit, connaît à fond l'art de la guerre, et possède, parmi des connaissances variées, le don des langues. De religion musulmane, il sait respecter toutes les autres croyances. C'est l'homme tolérant par excellence.

Ayant appris ce qui se passait, Omer-Pacha expédia sur-le-champ à tous les chefs de corps l'ordre de tenir leurs hommes prêts pour toute éventualité; puis, accompagné d'un seul aide de camp, il se rendit au milieu des attroupements, et par des menaces ou des conseils, il parvint à les dissiper. Les Turcs savaient qu'ils pouvaient prendre à la lettre les paroles d'Omer-Pacha.

De son côté, le gouverneur civil envoyait son kehaya sur les lieux, et, le lendemain, on rendait justice au peuple, en expulsant de la ville le coupable, qui, Autrichien d'origine, s'était réfugié dans le consulat général de sa nation[1].

---

[1] Voici le fait tel qu'il est rapporté par un journal.

Alep, 14 avril.

Nous venons de passer par une crise. Comme le prétexte de l'émeute était la religion, on tremble à l'idée seule de ce qui aurait pu arriver. Dans le quartier de Djuvaki existait une maison en ruines, que les Turcs excités par un cheikh prétendaient être une ancienne mosquée; ils réclamèrent ce terrain et l'obtinrent. Ils commencèrent à bâtir.

Le désordre se borna donc à quelques cris poussés; le lendemain tout était rentré dans le calme, et le fanatisme religieux des Turcs se contentait de la légère satisfaction qui leur était accordée.

A Hama, Homs, Marach, Orfa, Biredjik, Beylan, Antioche, les gouverneurs rivalisaient de zèle pour maintenir partout la tranquillité. Les chrétiens appréhendaient beaucoup de périls qui n'existaient que dans leur imagination.

Alep, ou plutôt les musulmans de cette ville avaient chèrement payé le meurtre de quatre individus en 1851 : tout un quartier renversé, plus de six cents personnes qui avaient été frappées, soit pendant le bombardement de la ville, soit par l'exil ou l'enrôlement forcé, c'était là un exemple que neuf années n'avait pu effacer de la mémoire. En outre, plusieurs personnages influents, parmi lesquels nous nous plaisons à citer le cheikh Turmanin, rassemblaient, chaque soir, les musulmans dans la mosquée du prophète Zacharie, et leur prêchaient la tolérance en leur citant les paroles mêmes de Mahomet. Malgré cela, il ne manquait pas, dans cette ville, de gens à vues personnelles et politiques qui croyaient avancer leurs affaires en jetant l'alarme au dehors et au dedans.

Il fait toujours bon pêcher en eau trouble.

En même temps que la Turquie et son gouvernement, l'Angleterre aussi a été souvent attaquée pour sa politique en Syrie. Il ne nous appartient pas de la défendre : mais nous ne devons pas passer

---

Mais le propriétaire, jeune homme de vingt ans, ne voulut pas se soumettre à cette restitution; et dimanche dernier, dans la nuit, il détruisit une partie de la construction. Le lendemain, quelques musulmans, s'étant aperçus de la profanation, se répandirent dans les rues, cherchant par des cris à exciter leurs coreligionnaires. Le consul général d'Autriche fit appréhender au corps le délinquant et l'emprisonna Au bout d'une heure, près de trois mille personnes encombraient, en vociférant, une partie des bazars, dont les boutiques étaient fermées à cause des solennités de Pâques.

Omer-Pacha, averti de ce qui se passait, après avoir ordonné à ses bataillons de se diviser en plusieurs patrouilles, se rendit aussitôt sur les lieux, accompagné d'un seul aide de camp. Il promit au peuple de lui faire rendre justice et l'engagea à se disperser et à porter ses plaintes devant l'autorité. Voyant que ses efforts de conciliation étaient inutiles, il menaça les récalcitrants de leur faire quitter la place de force; puis il parcourut les endroits exposés, renouvela les mêmes exhortations et menaces et parvint à disperser la foule. Ses soldats avaient eu le temps d'arriver et à leur seule apparition, les mutins, comprenant qu'Omer-Pacha était homme à faire ce qu'il avait dit, un certain ordre se rétablit.

Il n'y a qu'une voix à Alep pour louer l'énergie, le sang froid et le courage d'Omer-Pacha. Il est certain que sans lui nous aurions eu à déplorer des malheurs. La panique a été grande, etc., etc.

sous silence l'accusation qu'on a portée contre ses agents d'avoir fomenté la guerre du Liban. Cela a été dit et répété par plus d'un écrivain, notamment par MM. Poujoulat, Lenormant et Baudicour. Est-il un seul homme sérieux qui veuille accorder le moindre fondement à une assertion toute gratuite, qui ne s'appuie sur aucune preuve? L'Angleterre a bien pu montrer un peu de partialité en faveur des Druzes, mais c'est alors seulement qu'ils étaient les plus faibles. D'ailleurs, cette race d'hommes a un côté chevaleresque qui leur attire la sympathie, tandis que les Maronites ne se recommandent par aucune qualité. Nous nous en rapportons au témoignage de Volney et à celui de M. Poujoulat lui-même.

Tous ceux qui ont habité Beyrouth rendront justice à l'Angleterre. Dans cette ville, elle est représentée par M. Moore, un homme dont l'honorabilité est au-dessus de l'éloge et que personne n'a jamais accusé de se mêler d'intrigues dans la Montagne.

A Damas, jusqu'après les massacres, c'était M. Brant, un vieillard presque octogénaire, auquel il restait à peine assez de force pour sortir de chez lui.

Quant aux autres agents britanniques, ce sont pour la plupart des Arabes ou des gens sans aucune importance.

Nous exceptons de cette catégorie M. Skene, consul de Sa Majesté Britannique à Alep, un homme d'un caractère rare, un cosmopolite à sens droit qui veut le bien pour le bien et qui n'emploie ses grandes qualités qu'à le faire. Celui-là, on pourrait l'accuser moins encore que tous les autres d'être un agent d'intrigues.

C'est pour contrebalancer, dit-on, l'influence de la France que l'Angleterre a pris les Druzes sous sa protection. Cette supposition est tout simplement absurde. Dans une population d'un million huit cent mille âmes, l'Angleterre adopterait par intérêt une nation qui n'en compte que trente-cinq mille; et c'est de la sorte qu'elle voudrait asseoir son influence et contrebalancer celle de la France, qui se dit la protectrice de quatre cent mille chrétiens!

L'Angleterre est assez forte et puissante, et elle en a donné assez de preuves, pour n'avoir pas besoin de recourir à de pareils moyens.

Nous aurions beaucoup à dire sur ce sujet; mais nous comptons sur le bon sens de nos lecteurs pour faire justice des accusations qu'on jette à l'Angleterre. Un peu de réflexion et d'équité suffit pour reconnaître que cette grande nation chrétienne n'a pas pu faire massacrer trois à quatre mille hommes pour assurer son influence qui a d'autres leviers pour soulever le monde.

XX

Fuad-Pacha est envoyé en Syrie en qualité de commissaire impérial, muni de pleins pouvoirs. — La France propose la formation d'une commission d'enquête. — Les puissances adhèrent à ce projet. — Damas, sa population musulmane et chrétienne. — Les massacres racontés par des témoins oculaires. — Réponse aux ennemis du gouvernement ottoman qui l'ont fait complice dans ces atrocités.

A Constantinople on apprenait, vers la fin de juin seulement, les affligeants détails des massacres de Deïr-el-Kamar, de Hasbeya et de Racheya, ainsi que la chute de Zahleh. Les ministres se réunirent en conseil; et l'on porta au Sultan ces tristes nouvelles.

« Que les mesures les plus promptes et les plus efficaces soient prises, ordonna Sa Majesté, pour que le sang cesse de couler et que toutes les misères soient secourues. »

A la suite d'un second conseil des ministres, il fut décidé que S. Exc. Fuad-Pacha, ministre des affaires étrangères, l'homme des circonstances difficiles, qui s'était déjà distingué dans toutes les missions dont l'avait chargé la confiance de son souverain, serait envoyé en Syrie avec de pleins pouvoirs. Il devait, en qualité de commissaire plénipotentiaire, commander l'armée, remonter jusqu'à la source des derniers événements, conjurer pour l'avenir de nouveaux malheurs, s'il était possible, punir les crimes commis et donner une juste réparation aux victimes.

Des troupes et des bâtiments, et un crédit assez élevé furent mis à sa disposition pour l'accomplissement de cette œuvre difficile. Des instructions lui permirent aussi d'y employer tous les revenus des douanes, de l'impôt et des dîmes de Syrie. Fuad-Pacha fit cette déclaration au premier drogman de la légation de France :

« Dites à l'ambassadeur que je vais, fût-ce au péril de ma vie, venger l'honneur de l'humanité et arrêter l'effusion du sang. »

En Europe, ce ne fut que le 4 juillet qu'on fut renseigné, par les rapports des consuls, sur les événements du Liban. Jusqu'alors, les cabinets ne s'étaient pas émus. Ils pensaient, du reste, comme tout le monde, que la paix serait bientôt faite entre les deux peuples rivaux et que l'Europe n'aurait pas à intervenir.

M. Thouvenel fit appeler le 5 juillet lord Cowley, ambassadeur d'Angleterre, et tandis qu'il lui mettait sous les yeux les dépêches consulaires, il lui déclara qu'il serait impossible de laisser les affaires de Syrie dans l'état où elles étaient.

Le lendemain, lord Cowley recevait une dépêche du Foreign-Office par laquelle lord John Russell l'informait que le gouvernement anglais exposerait à la Porte la nécessité d'employer ses plus grands efforts pour réprimer les désordres de Syrie. Le 9, le vice-amiral Martin, commandant les escadres anglaises dans la Méditerranée, avait ordre de se porter immédiatement sur les côtes de Syrie et d'agir de concert avec les consuls pour protéger la vie et les propriétés des chrétiens.

Le 16 juillet, avant que les massacres de Damas fussent connus, M. Thouvenel adressait la dépêche suivante à M. le comte de Persigny, alors ambassadeur de France à Londres. Nous la donnons en entier parce qu'elle est le point de départ des faits qui se sont accomplis par la suite :

M. THOUVENEL A M. LE COMTE DE PERSIGNY.

Monsieur le comte,

Les événements qui viennent de se passer dans le Liban ont, comme nous devions nous y attendre, profondément ému l'opinion, et tous les cabinets ont compris qu'ils leur créaient des devoirs. Tous se sont empressés de fournir à leurs agents sur les lieux les moyens en leur pouvoir pour protéger les populations chrétiennes, et il est à espérer que ces moyens combinés avec l'envoi des troupes ottomanes mises à la disposition de Fuad-Pacha, suffiront pour arrêter au moins l'effusion du sang. Mais, après de pareilles scènes et une semblable perturbation dans tous les rapports, il ne suffit pas, pour satisfaire aux principes de justice et d'ordre et pour rétablir un état de choses durable, de comprimer l'insurrection et d'obliger les Druzes à déposer les armes. La situation exige des mesures propres, à la fois, à réparer d'effroyables calamités et à en prévenir le retour.

Dans cette seconde partie de la tâche, les puissances, monsieur le comte, me paraissent avoir un rôle tracé d'avance par les antécédents de la question. Les contestations entre les Maronites et les Druzes, bien qu'elles n'aient point encore peut-être présenté un tel caractère d'acharnement et pris des proportions aussi fâcheuses, ont déjà, à diverses époques, occupé les cabinets; et l'arrangement de 1845, destiné à régler le régime administratif dans le Liban, est le résultat d'un accord conclu entre eux et la Porte. Cet arrangement se trouve aujourd'hui méconnu par les Druzes; et les puissances qui en avaient arrêté les conditions et les termes avec le gouvernement ottoman sont, par cela même, naturellement appelées à examiner de concert avec lui, les causes auxquelles il convient d'en attribuer la violation, ainsi que les dispositions qu'il peut y avoir lieu d'y substituer. La Porte n'a jamais fait difficulté d'admettre les bons offices de la diplomatie dans les conflits qui ont successivement éclaté entre les populations du Liban, et l'accord que nous jugeons indispensable ne constituerait nullement une innovation ou un acte d'intervention dont on aurait à redouter l'effet pour la considération ou l'indépendance de la Turquie. Il serait conforme aux précédents, et l'on n'y pourrait voir qu'une conséquence logique d'une entente antérieure, à laquelle la Porte elle-même a prêté les mains, et qu'elle doit désirer de maintenir parce qu'elle y trouvera un moyen de donner à de nouveaux arrangements toute l'autorité nécessaire.

Pour se former une idée exacte des faits accomplis et des nécessités de la situation, la voie à suivre me semble indiquée par la nature des choses. Les puissances ne seraient pas suffisamment éclairées sur les difficultés et les besoins dont il faut tenir compte, si l'on ne procédait par voie d'examen sur les lieux, et d'enquête collective. Le gouvernement de l'empereur jugerait donc utile l'institution d'une commission formée de délégués des puissances et de la Porte. Cette commission serait envoyée dans le Liban pour rechercher les circonstances qui ont provoqué les derniers conflits, déterminer la part de responsabilité des chefs de l'insurrection et des agents de l'administration locale, ainsi que les réparations dues aux victimes, et enfin, étudier, pour les soumettre à l'approbation de leurs gouvernements et de la Porte, les dispositions qui pourraient être adoptées en vue de conjurer de nouveaux malheurs.

Si, comme l'accord qui s'est établi spontanément dans les appréciations de toutes les cours à la nouvelle des massacres du Liban me donne lieu de l'espérer, elles approuvaient cette idée, elles auraient entre les mains tous les éléments nécessaires pour concerter avec la Porte un arrangement qui, résultant d'un examen approfondi et réunissant une adhésion unanime, offrirait toutes les chances possibles de durée.

C'est donc avec confiance, monsieur le comte, que je vous invite à faire part de cette proposition au principal secrétaire d'État de Sa Majesté Britannique; j'adresse la même communication aux cours de Saint-Pétersbourg, de Vienne et de Berlin. De tous temps la sollicitude de la France s'est exercée dans le Liban. C'est une tradition que le gouvernement de Sa Majesté ne saurait répudier. Elle nous imposait le devoir d'accomplir cette démarche auprès des puissances. Toutefois, en prenant l'initiative dans les circonstances présentes, nous ne sommes dirigés par aucune vue particulière, ni par le désir préconçu de poursuivre en faveur de l'une des deux populations entre lesquelles le conflit s'est élevé aucun avantage exclusif. Nous ne nous proposons d'autre objet que de concourir avec les puissances, et au même titre, dans l'intérêt de la paix de l'Orient, à rétablir le calme et l'ordre sur un point où ils ne peuvent être troublés sans la mettre sérieusement en danger.

Vous voudrez bien donner lecture de cette dépêche à lord John Russell et lui en remettre copie.

Agréez, etc.

Signé : Thouvenel.

Le 17, lord John Russell écrivait dans le sens de cette dépêche à Sir Henry Bulwer, ambassadeur de S. M. B. à Constantinople. Les autres cabinets avaient aussi accédé au désir de la France.

Tant que le conflit n'avait atteint que le Liban, l'Europe avait compris qu'il s'agissait d'une querelle de peuple à peuple, et que le remède à y apporter était un changement radical du gouvernement de cette province, proposé et adopté par elle en 1845 ; mais on apprit bientôt les atroces massacres de Damas. Non-seulement les cabinets s'émurent, mais les rapports exagérés, les récits fantastiques qui arrivaient de tous côtés, soulevèrent l'indignation publique.

Nous allons raconter maintenant une des plus terribles catastrophes qui aient attristé notre siècle.

Mais d'abord, quelques indications préliminaires.

Damas, à vingt-cinq lieues de Beyrouth, a une population composée de quatre-vingt-dix mille Turcs, vingt mille chrétiens et cinq mille juifs.

C'est une ville sainte pour les musulmans, qui doivent la visiter dans leur pèlerinage à la Mecque. Elle est appelée Sham-Sheriff, et ses habitants sont fanatiques de leur religion et de leur cité.

Jusqu'à la conquête de la Syrie par Méhémet-Ali, aucun Européen ne pouvait pénétrer à Damas sans être revêtu de l'uniforme qu'il était permis aux chrétiens de porter. Les consuls eux-mêmes se soumettaient à cet usage.

Les chrétiens, malgré l'humilité qu'ils étaient obligés de feindre vis-à-vis des Turcs, y vivaient heureux et tranquilles depuis des siècles, et s'y enrichissaient. Si, à l'extérieur, leurs maisons présentaient un aspect délabré, à l'intérieur, les salons, chambres et cours ruisselaient d'or. On y marchait sur le marbre et le porphyre. Jamais un chrétien n'avait à se plaindre de la moindre avanie.

Sous Ibrahim-Pacha, les choses changèrent de face. D'humbles, les chrétiens devinrent arrogants. Nous avons dit, aux premières pages de ce livre, comment ils opprimèrent eux-mêmes les Turcs, et les craintes qu'exprimait à ce sujet M. de Lamartine.

Pendant le long séjour que nous fîmes en Syrie, nous avons observé ce côté particulier du caractère de tout Arabe chrétien : donnez-lui un peu d'appui, il devient orgueilleux, insolent, dominateur; retirez-le-lui, il retombe soudain dans sa servilité, ce n'est plus le même homme. Sous le gouvernement turc, et après la charte de Gulhané, ils continuèrent à jouir des priviléges qu'Ibrahim leur avait octroyés. La loi les avait déclarés égaux aux musulmans, et si ceux-ci ne voulurent pas admettre à cette égalité, les consuls de toutes les puissances européennes, qui s'étaient établis dans la ville, veillèrent à ce que le droit écrit fût un droit de fait.

L'esprit mercantile qui les enrichissait augmentait leur orgueil.

L'appui des consuls, qui avait fait de presque tous des protégés à divers titres, les enhardissait au point de les rendre insolents avec les Damascains musulmans.

Nous avons cité les paroles d'un vice-consul de Russie à Alexandrie, qui prétendait qu'il fallait qu'un sujet turc y eût quatre fois raison pour obtenir justice. Cela était parfaitement vrai aussi pour Damas.

Dans cette ville, il y avait à peine quatre consuls ou vice-consuls rétribués par leurs gouvernements. Tous les autres, ayant acquis leur diplôme à grands frais, s'ingéniaient pour en tirer le plus de profits possible, et se faisaient les avocats des mauvaises causes.

Les musulmans étaient exaspérés.

Nous avons dit que le fanatisme religieux existe dans cette ville à un haut degré, surtout dans la basse classe de la population.

Outre le Coran, les musulmans de cette contrée suivent les préceptes de Mahomet recueillis par ses disciples. Ils détestent les Turcs proprement dits, et ne se font pas faute de le dire tout haut.

Les nouvelles de la Montagne, la chute surtout de Zahleh, qui n'est qu'à quelques lieues de Damas, excitèrent de vives appréhensions parmi tous les chrétiens.

Nous transcrivons ici quelques lettres qui peignent bien l'esprit de la population. Elles nous furent adressées par un chrétien, étranger à la Syrie, et qui a échappé aux massacres de Damas.

« Damas, 15 juin.

« .... La ville est tranquille pour le moment, grâce au zèle et à l'activité que déploie Ahmed-Pacha. Depuis que les événements qui ensanglantent le Liban sont parvenus à sa connaissance, il fait des rondes toutes les nuits, et a posé partout des sentinelles. Malheureusement, les troupes dont il dispose sont en fort petit nombre. L'état de la Roumélie oblige le gouvernement à nous dégarnir. J'ai vu hier le pacha qui se plaignait des ordres qu'il venait de recevoir, et qui m'a assuré avoir donné sa démission. Il espère pourtant que la tranquillité ne sera pas troublée, et qu'on prendra bientôt des mesures pour apaiser cette grave affaire du Liban, qui jette partout des ferments de discorde.

« Les Turcs de la basse classe sont fort exaltés, et j'en ai entendu plusieurs exprimer à haute voix leur contentement sur les défaites des chrétiens dans le Liban. Les chrétiens n'ont plus rien de leur arrogance : ils sortent à peine de leurs maisons, et ils saluent bien bas les musulmans. »

« 27 juin.

« ... La peur persiste parmi les chrétiens. J'ai assisté hier à une entrevue que les consuls ont eue avec notre muchir. Ces messieurs sont venus en corps pour lui demander, au nom de leurs gouvernements, s'il y avait péril pour les chrétiens à Damas. Le pacha ne leur cacha pas que la situation était assez tendue, et qu'il y avait quelques perturbateurs qui voudraient profiter d'un désordre pour se livrer au pillage, mais il les rassura pourtant. « Quoique les « troupes dont je dispose, leur dit-il, ne soient qu'en petit nombre, « je pourrai maintenir la tranquillité. Dites aux chrétiens que leurs « craintes sont vaines et que je veille à leur salut. »

« Après le départ des consuls nous avons discuté avec le pacha sur

l'objet de cette entrevue. « Je ne suis pas tout à fait tranquille,
« m'a-t-il dit, mais si je ne rassure pas les chrétiens, leur frayeur
« donnera de l'audace à la populace, et celle-ci, croyant alors ne
« rencontrer aucun obstacle, pourrait en venir à quelques excès.

« J'ai reçu, a-t-il ajouté, une supplique des évêques des diverses
« communautés, ils m'y font part de leurs craintes, et me deman-
« dent de prendre des mesures de protection. Voici la réponse que
« je leur donne. » Je vous transmets cette lettre que le pacha m'a
communiquée :

« J'ai reçu le rapport que vous m'avez adressé, relatant les évé-
« nements du Liban, et me signalant le peu de sécurité des mem-
« bres des diverses communautés, et leurs inquiétudes provenant
« des propos tenus par des personnes malveillantes. Vous me de-
« mandez de prendre des mesures en conséquence.

« Je m'empresse de vous prévenir que la miséricorde souveraine
« assure en tout temps et dans toutes les circonstances, la tranquil-
« lité et le bien-être de ses sujets et de tous ceux qui vivent à l'abri
« de ses ailes.

« Tous les représentants de la Sublime Porte agissent dans ce
« but et emploient tous les moyens nécessaires pour maintenir la
« sécurité et la tranquillité publique; ceci est connu de tout le monde
« et personne ne peut le nier; ceci est tellement vrai que, dès le
« commencement des troubles, on a pris des mesures pour empê-
« cher tout conflit, afin que ces contrées demeurent en paix, surtout
« la ville de Damas qui relève directement de la Sublime Porte.
« Les mesures déjà prises sont plus que suffisantes pour maintenir
« le bon ordre et empêcher qu'il ne soit troublé.

« En conséquence, je ne saurais admettre que l'inquiétude et la
« frayeur qui se sont emparées des membres de vos communautés
« pussent durer davantage. Je me fais un devoir de vous dire l'état
« des choses avec l'espoir que vous voudrez faire part de ce qui pré-
« cède à vos communautés, afin qu'elles vivent dans la plus parfaite
« sécurité. »

« Je ne suis pas pourtant tranquille moi-même, mais je fais
montre de beaucoup de courage, pour engager les autres à ne pas
trop s'effrayer.

« On m'assure qu'hier, les Turcs de Kanavat Mahalessi se sont rassemblés dans la maison d'un cheikh.

« Aujourd'hui un chrétien a été insulté devant moi par deux gamins... »

« 3 juillet.

« J'ai omis de vous annoncer qu'une grande quantité de ceux qui avaient échappé aux massacres de Hasbeya et de Racheya, sont venus chercher un refuge dans notre ville. Ahmed-Pacha a pris des dispositions pour leur donner un abri.

« A propos d'Ahmed-Pacha, je vous avouerai que je ne suis pas très-rassuré. Il me semble que notre muchir n'est pas à la hauteur de la situation. Un jour, il a des accès de courage pendant lesquels il jure de mourir avant que la tête d'un chrétien ne tombe; le lendemain, il désespère de pouvoir sauver la ville ; il a fait partir des exprès pour réclamer des troupes dans le plus bref délai possible. Mais je crains que des troubles n'éclatent avant qu'elles ne soient ici.

« L'effervescence est extrême parmi les musulmans, et notre ville est remplie de Druzes.

« Depuis quelque temps, il se publie à Paris, un journal arabe appelé *Birgyss*. Cette feuille, qui est répandue ici à un très-grand nombre d'exemplaires, contient les plus détestables articles sur la Turquie, et la Syrie surtout. Elle représente l'empire ottoman comme agonisant et prêt à être partagé par les puissances occidentales. Il n'y a pas d'infamies qu'elle ne publie contre l'Islam, Mahomet et ses sectateurs. J'ai signalé au pacha les funestes effets que doit avoir cette propagande qui ne peut qu'exciter les passions et réveiller le fanatisme, et il a tâché d'empêcher l'introduction de ce journal, mais on trouve toujours le moyen de le faire parvenir à Damas, caché dans des ballots. Un Turc de notre ville m'en parlait l'autre jour et m'assurait que, si des désordres éclataient, il faudrait les attribuer surtout à cette pernicieuse publication. « Nous
« avons plus à perdre que vous, s'il arrivait une catastrophe, ajou-
« tait-il ; j'étais établi à Alep en 1851, lorsque le gouvernement
« turc tira cette effroyable vengeance du massacre de quatre chré-

« tiens. Si vos coreligionnaires ont alors perdu dix millions, il nous
« en a coûté à nous cinquante, plus la vie d'un millier des nôtres.
« On nous dit fanatiques, et pourtant jamais un Turc n'a proféré
« contre les chrétiens la millième partie de ce qui est imprimé
« dans ce journal contre les musulmans et leur race. »

« Je vous communique ces observations parce qu'elles sont pleines de justesse; mais j'y trouve un sujet d'alarmes : au milieu de toutes les horreurs qui se commettent autour de nous, le prétexte de la religion menacée pourrait amener une cruelle effusion de sang.

« Les guerres des Albigeois, les massacres des Cévennes, la Saint-Barthélemy, les horreurs de l'Inquisition, les Dragonnades et toutes les persécutions religieuses qui ont inondé l'Europe de sang, me reviennent à la mémoire et me font trembler. »

« 11 juillet.

« Ce que je redoutais est arrivé. Depuis hier, je suis enfermé dans la citadelle où se trouve le gouverneur, ainsi que plusieurs milliers de chrétiens qui ont échappé au massacre. D'autres se sont réfugiés chez M. Brant, consul d'Angleterre, et cinq à six cents chez l'émir Abd-el-Kader, qui, dans ce grand péril, a prouvé qu'il était l'ami des chrétiens.

« Les massacres, commencés à huit heures du soir, continuent. Tout le quartier chrétien est en cendres. Je ne puis vous donner d'autres détails; à bientôt... »

Voici une lettre écrite le 12 juillet, qui a été reproduite par tous les journaux :

« Un habitant chrétien de la ville ayant été trouvé chez une femme musulmane, il fut arrêté et envoyé au *konak* pour être mis en prison. Mais l'autorité locale le renvoya sans lui infliger de châtiment. A cette occasion, quelques vagabonds de la ville pénétrèrent dans le quartier des chrétiens et se mirent à crier et à blasphémer contre eux. Les chrétiens portèrent plainte au gouverneur, et celui-ci s'empressa d'y donner satisfaction en faisant arrêter et enchaîner ces vagabonds. En outre, Son Excellence les condamna à balayer le quartier habité par ceux qu'ils avaient insultés.

« Mais à la vue de ces musulmans obligés de nettoyer les rues des chrétiens, une grande effervescence se manifesta chez les jeunes gens de la plus basse classe musulmane. Ils pénétrèrent dans le quartier chrétien et arrachèrent de force les prisonniers des mains de leurs gardiens. Il y eut alors une scène de désordre : les musulmans se jetèrent sur les chrétiens, et le feu fut mis aux maisons. Une vingtaine de musulmans et une trentaine de chrétiens y perdirent la vie.

« Les membres du conseil et les notables se hâtèrent de se rendre sur le lieu du désordre, mais ils furent impuissants à le réprimer.

« Le lendemain, cet événement s'étant ébruité aux environs de Damas, les Druzes et une masse de mauvais sujets y trouvèrent un prétexte pour pénétrer dans la ville. La scène changea alors de face et devint plus terrible que la veille. L'incendie, le pillage et le massacre recommencèrent sur une plus large échelle. Beaucoup de musulmans en furent les victimes, mais un bien plus grand nombre de chrétiens.

« Des milliers de ces derniers trouvèrent un refuge contre le fer et le feu chez plusieurs braves négociants musulmans. La bande furieuse accourut pour livrer aux flammes quelques-unes des maisons turques où les chrétiens s'étaient réfugiés.

« C'est aussi avec l'assistance de ces braves musulmans que tant de chrétiens purent trouver un refuge dans la citadelle, où le gouverneur s'était retiré au commencement du désordre.

« Le nombre des victimes, du côté des chrétiens, est de trois cents. Les émeutiers n'étant pas encore arrêtés, le désordre continue. Quelques musulmans, qui avaient recueilli des chrétiens, ont été massacrés. »

« Voici maintenant la lettre de notre correspondant ; elle porte la date du 19 juillet.

« Le drame qui vient de s'accomplir à Damas est de ceux qui soulèvent l'indignation universelle. Si la population fanatique de cette ville avait agi en vue des intérêts les plus hostiles à l'empire ottoman et en faveur de ceux qui représentent la Turquie sur les bords d'un abîme, elle n'eût pas su mieux faire.

« Je suis sorti avant-hier de la citadelle, où pendant huit jours j'ai souffert, avec dix mille malheureux, tout ce que vous pourrez imaginer de plus atroce. Nous étions là, entassés les uns sur les autres, souffrant de la faim, exposés la plupart aux ardeurs du soleil, et craignant, à chaque moment, que les assassins ne vinssent nous passer au fil de l'épée.

« Je sais pourtant rendre cette justice à Ahmed-Pacha que, s'il a laissé périr par une lâche et stupide inaction tant de malheureux, il a fait tout ce qui était en son pouvoir pour sauver ceux qu'il a recueillis dans la citadelle. Pendant huit jours il a veillé constamment. Il est taciturne, sombre, parce qu'il comprend le jugement qui va être porté sur lui. Il comprend que le gouvernement turc ne manquera pas de sévir, qu'il faut que la conscience publique reçoive une satisfaction éclatante, et que la main souveraine fasse expier, avec une sévérité exemplaire, les atrocités commises. Il ne sait pas lui-même s'il n'est pas coupable, parce qu'en effet, un gouverneur ne doit jamais se laisser dominer par qui que ce soit, ni surprendre par les événements.

« Mais reprenons les faits dès le début :

« Depuis que la lutte avait pris un caractère si furieux dans le Liban, les chrétiens de Damas, comme je vous l'ai déjà rapporté, étaient grandement alarmés. Lorsqu'ils venaient dans les bazars, ils étaient insultés par des enfants et des vagabonds, qui s'amusaient à les poursuivre des épithètes les plus injurieuses pour eux et leur religion. Les massacres de Hasbeya et de Racheya avaient mis le comble à leur frayeur. Les fugitifs, qui étaient accourus à Damas, racontaient des choses horribles.

« Les fêtes du Baïram approchaient et tout le monde redoutait qu'on n'en fît un prétexte pour commencer l'émeute. Aussi, les chrétiens abandonnèrent-ils leurs travaux, leurs promenades, personne n'osait plus bouger de chez soi. Ahmed-Pacha prit des mesures pour que ces fêtes se célébrassent tranquillement. Ce qui arriva; car les 29 et 30 juin et les premiers jours de juillet se passèrent sans aucun sérieux désordre, bien qu'à vrai dire l'effervescence allât croissant. Plusieurs notables de la ville avaient pris à cœur de contenir la foule.

« Cependant le lundi 9 juillet, comme il n'arrivait plus aucune nouvelle fâcheuse de la Montagne, les chrétiens se persuadèrent que le danger était passé. Ils s'en félicitèrent entre eux et retournèrent à leurs occupations.

« Deux jeunes musulmans de basse classe avaient insulté des chrétiens et les avaient contraints à marcher sur des croix jetées à terre. Le consul de Russie envoya son drogman au palais pour demander réparation de cet outrage fait à la religion. Le gouverneur, m'assure-t-on, fit quelques objections, prétendant que le moment était mal choisi pour donner de pareilles réparations; mais le drogman, qui avait des instructions formelles, insista; et il fut décidé que les coupables, les fers aux pieds, iraient balayer le quartier chrétien.

« Effectivement, le lundi 9 juillet, à deux heures de l'après-midi, on les vit paraître escortés par des cavass. Immédiatement quelques-uns de leurs compagnons se ruèrent sur les agents de l'autorité, en blessèrent un et délivrèrent les coupables. On eût dit un signal. Au bout d'une heure, une foule de peuple, courant les bazars, excitait les musulmans au nom de Mahomet. Des bandes armées descendirent de Salhié, grand village à quatre milles de Damas, et du faubourg de Shagur. Les Turcs s'enflammaient les uns les autres, en invoquant la religion et le prophète, et en proférant des imprécations contre les infidèles. « Tuez! brûlez! « criaient-ils, le jour de la vengeance est arrivé! »

« J'ai oublié de vous dire, dans mes précédentes lettres, que le gouverneur, voyant que les troupes qu'il avait sous ses ordres étaient absolument insuffisantes pour réprimer les troubles, avait enrôlé une masse de bachi-bozouks, sans trop faire attention à quelle espèce de gens il confiait des armes; ce fut là une grande faute, et elle eut d'affreuses conséquences.

« Quelques femmes, de ces furies qu'on voit toujours apparaître au milieu des catastrophes publiques, stimulaient les hommes par leurs vociférations. Les bachi-bozouks de Sélim-Aga et de Mustapha-Bey devinrent les plus actifs agents de pillage et de meurtre.

« L'incendie fut allumé dans plusieurs endroits et il y eut une cinquantaine de victimes.

« Que faisait le gouverneur pendant ce temps-là?

« A peine avait-il entendu le premier coup de feu qu'il rassemblait le medjliss provincial et lui demandait son avis. Il émit l'opinion qu'il fallait commencer le feu contre les émeutiers, et il envoya même dans ce sens un ordre écrit à son chef d'état-major. Le medjliss fut d'un avis contraire, et délivra un mazbata conforme.

« Le chef d'état-major, colonel Ali-Bey, en recevant l'ordre du pacha, au lieu de s'y conformer, vint le trouver pour lui faire des objections. « Puisque tout le monde est contre moi, dit Ahmed-Pacha, « qu'il soit fait comme on le désire. Je m'en lave les mains! » Et il se retira dans la citadelle, donnant seulement l'ordre de secourir le plus de chrétiens possible, et de les lui amener. Entouré d'un bataillon sur lequel il pouvait compter, il espérait, s'il ne parvenait pas à arrêter l'effusion du sang, sauver du moins dans la citadelle ceux qu'on pourrait soustraire aux égorgeurs.

« Quelques notables de la ville tentèrent d'apaiser le peuple, mais inutilement. C'est à un de ceux-là que je dois la vie. Il m'emmena chez lui, mais, sa maison ayant été attaquée, je dus me réfugier à la citadelle.

« Le lendemain mardi, une masse de Druzes de Jermana, village à deux lieues de Damas et des environs, accoururent dans la ville, et continuèrent l'œuvre sanguinaire.

« Les chrétiens ne se défendirent pas. Un Grec, propriétaire d'un hôtel, chez qui s'étaient réfugiés plusieurs de ses amis, s'arma et se tint sur le seuil de sa porte. L'envie ne prit à personne de s'attaquer à lui.

« Abd-el-Kader était absent de Damas, mais il revint le soir même du 9, et organisa ses Algériens pour secourir les chrétiens. Plus de six cents se réfugièrent chez lui.

« Le consulat de Russie, qui est au centre du quartier chrétien, a été le premier attaqué, pillé et livré aux flammes. Le drogman, qui avait demandé avec instance la punition exemplaire des deux musulmans, fut tué. La maison des vices-consuls de Belgique et de Hollande (un indigène) fut aussi brûlée.

« Le pacha avait envoyé des troupes pour garder le patriarchat grec, mais elles furent culbutées. On le pilla et on y mit le feu, après avoir massacré ceux qui s'y étaient réfugiés. Vous savez que l'Église grecque et le patriarcat contenaient des trésors immenses rassemblés depuis des siècles.

« Les pillards procédaient partout de la même manière : on forçait la porte d'une maison, on enlevait tout ce qui en valait la peine, on commettait les plus odieux excès sur les jeunes femmes et on leur arrachait leurs bijoux, puis on allumait l'incendie.

« Quelques-uns ne mettaient la main que sur des objets de grande valeur et laissaient le reste du butin à la bande qui emportait les meubles et jusqu'aux marbres. Comme l'émeute commençait, plusieurs trafiquants se trouvaient dans les quartiers turcs. Quelques-uns furent massacrés en rentrant dans le quartier chrétien ; d'autres parvinrent à se sauver au consulat d'Angleterre, chez Abd-el-Kader, dans la citadelle ou chez des Turcs de leurs amis; mais rarement une famille entière se trouva réunie les premiers jours.

« Ceux qui eurent le plus à souffrir, ce furent les réfugiés de Hasbeya et de Racheya.

« Le meurtre, le pillage et l'incendie continuèrent durant toute la journée du mardi. Le mercredi, il sembla que les assassins fussent las.

« Le consulat d'Angleterre, se trouvant dans le quartier turc, a été épargné. Les boutiques que les chrétiens possédaient dans les bazars furent pour la plupart pillées, mais on n'y mit pas le feu. Les habitations des consuls de France et de Prusse furent pillées, mais non incendiées. Environ onze cents maisons furent pillées et environ treize cents brûlées.

« Je ne puis fixer le chiffre des morts. J'entends parler autour de moi de deux à trois mille victimes. Je pense que c'est exagéré. Dix cadavres dans un même endroit en paraissent cinquante aux yeux d'un homme épouvanté. J'estime, pour ma part, et j'espère que le nombre des victimes n'a pas dépassé mille.

« Plus de trente personnes ont péri dans la maison d'un prêtre grec. Dans une autre, on a trouvé onze morts; dans le patriarcat grec, où étaient les réfugiés de Racheya, il y eut un grand massacre.

« Dans les rues et les maisons voisines de celle de Mustapha-Bey-

Havassi, plusieurs cadavres furent abandonnés en pâture aux chiens. Le plus grand nombre des moines franciscains qui voulurent se défendre, furent mis à mort. Les sœurs de charité et les lazaristes furent sauvés par Abd-el-Kader.

« Les enfants, les vieillards et les femmes ont été préservés de la mort ; mais celles-ci ont souffert un pire traitement.

« Plusieurs jeunes filles ont été enlevées. On dit qu'elles ne sont plus en ville, mais qu'elles ont été contraintes à suivre des Kurdes qui, aux dernières heures du pillage, s'étaient introduits dans la ville. Plusieurs personnes ont embrassé la religion musulmane.

« Les juifs n'ont rien eu à souffrir. Leurs maisons, leurs femmes, leurs biens ont été respectés.

« Abd-el-Kader fit beaucoup pour sauver les chrétiens ; mais, si dès les premiers moments, il se fût trouvé un homme pour défendre le quartier chrétien résolûment, il n'y eut eu aucun malheur à déplorer.

« Un des principaux cheikhs de la ville s'est efforcé d'ouvrir les yeux à ses coreligionnaires ; mais on m'assure que le plus vénéré des ulémas, le cheikh Abdallah-Halebi, qui passe pour saint, et quelques autres, ses amis, ont au contraire excité le peuple à massacrer les infidèles.

« Le colonel Ali-Bey, dont je vous ai déjà parlé, est le plus compromis parmi les officiers supérieurs. Mais, par contre, le colonel Salih-Bey a droit à des éloges. Sans ordres, il fit feu sur les émeutiers et parvint un moment à arrêter leur audace.

« Les troupes ont été employées, depuis mercredi jusqu'à la fin de la semaine, à conduire les chrétiens de la ville à la citadelle. Les meurtres ont cessé. J'ai vu plusieurs Turcs déplorer, non moins amèrement que les chrétiens, ces événements effroyables.

« Je n'ai pas osé visiter le quartier chrétien.

« Je suis réfugié chez un musulman de mes amis, avec plusieurs autres chrétiens. Nous y recevons la plus cordiale hospitalité. Demain je pars pour Beyrouth.

« Les individus les plus compromis dans les massacres sont Hassan-Bey, Moustapha-Bey et Ali-Bey, tous les trois fils de Nessib-

Pacha; Cheikh-Sbaï-Saïd; Moustapha-Bey-Havassi, chef de la porte Bab-Touma; Tahir-Aga, chef de la porte d'Omar; Selim-Aga; deux neveux de Moustapha-Bey-Havassi; quatre négociants. Les premiers avaient enrôlé des bachi-bozouks pour garder la ville, et ils s'en sont servis pour commettre les plus horribles excès.

« Enfin, parmi les plus coupables, on désigne quelques membres du medjliss.

« Je ne veux pas me faire accusateur public, mais j'ai entendu signaler ces individus comme les plus compromis, et je vous les nomme.

« Je dois rendre justice à une grande partie de la population turque : elle est venue spontanément en aide aux chrétiens.

« Nous avons appris l'arrivée à Beyrouth de Fuad-Pacha, en qualité de commissaire plénipotentiaire du sultan. Les chrétiens respirent.

« Ahmed-Pacha est appelé à Beyrouth.

« Voici venu le temps de la répression, qui sera grande et terrible. Il le faut pour apaiser la conscience publique, mais Damas se relèvera-t-elle jamais de ses cendres?

« Au milieu de toutes ces calamités est arrivé aujourd'hui le nouveau gouverneur, Mohammer-Pacha. Il vient dans des moments singulièrement critiques. Est-ce bien l'homme de la situation? Il est accompagné de troupes. Le désordre a cessé; des proclamations ont été affichées, mais les chrétiens n'osent pas encore sortir.

« Je vous ai raconté les choses froidement; mais mon sang se soulève et des frissons me courent par tout le corps quand j'évoque par la pensée les horreurs des derniers jours. »

Voici maintenant la lettre de M. Brant, consul d'Angleterre, à M. Moore, consul à Beyrouth :

Damas, 18 juillet 1860.

Monsieur,

J'ai à vous communiquer aujourd'hui les plus affreuses nouvelles sur l'incendie et le pillage du quartier chrétien. Très-peu de maisons jusqu'à ce moment ont échappé aux flammes, qui continuent encore leurs ravages. La conduite du pacha a été souverainement honteuse (*shameful*) ; il s'est montré dépourvu de toutes les qualités d'un gouverneur, et il n'a paru nulle part. Les soldats, au lieu de prévenir le pillage, y ont donné leur assistance ; et, avec un tel homme à la tête des affaires, on ne saurait dire où le mal s'arrêtera.

J'ai été sauvé uniquement parce que ma maison se trouvait dans le quartier musulman. Le vice-consul d'Autriche avec sa femme sont chez moi. Un certain nombre d'indigènes des deux sexes, parmi lesquels M. et madame Marcopoli, ont été brûlés vifs[1]. Les consuls de France, de Russie et de Grèce sont chez l'émir Abd-el-Kader. Le docteur Mouschaka et sa famille ont échappé et se sont réfugiés dans ce quartier, mais leur maison a été détruite. M. Graham et M. Hisk ont cherché un refuge dans la maison de Moustapha-Bey-Haouatty, mais je ne saurais vous dire au juste s'ils ont été brûlés ou épargnés, cette maison se trouvant dans le quartier chrétien. J'envoie à l'instant demander comment M. et madame Robson ont passé cette terrible nuit. La maison de M. Abdo-Koutsi est complément détruite. Je n'ai rien appris sur le sort du docteur Medana. M. Freig se serait, dit-on, réfugié dans une maison musulmane. Antoun Schami, Dimitri Schalhoub et d'autres scribes se trouvent dans la forteresse.

Le pacha est enfermé dans le château, délibérant avec son conseil. Il eût mieux valu plus agir et moins délibérer. Tout le monde dit qu'avec un peu plus d'énergie et de promptitude il eût arrêté à la fois l'incendie et le pillage ; mais les soldats n'ont rien fait, et Son Excellence encore moins.

Il n'y a pas eu jusqu'ici beaucoup de meurtres commis. Le pillage et l'incendie des maisons semblent avoir été le principal but des agresseurs. La plupart des églises chrétiennes ont été la proie des flammes. Mais le nouveau couvent français des lazaristes n'a pas encore été touché. Le couvent latin des Pères de terre sainte a été, dit-on, incendié.

Le consulat de Russie a été le premier point attaqué. Le vice-consul se trouvait, au moment de l'attaque, chez son collègue de France. La cause immédiate de ce mouvement est la suivante : Les enfants mahométans avaient commencé à faire des croix dans les rues et à insulter les chrétiens qui passaient ; le toufektzi-bachi les a mis aux fers et les a obligés à balayer les rues. La populace les a délivrés. L'émeute alors a commencé ; c'était dans l'après-midi, et elle continue jusqu'à ce moment sans interruption.

J'ai reçu trois messages de la part du pacha, qui m'offrait son assistance et un refuge, si je les désirais ; j'ai décliné l'un et l'autre, me croyant plus en sûreté chez moi.

10 heures du soir.

Les choses restent dans le même état. Les autorités semblent paralysées et incapables d'agir ; trois à quatre mille chrétiens se sont réfugiés, dit-on, dans la forteresse ; et cela a fait que le nombre des morts est demeuré jusqu'ici insignifiant. Mais reste à voir ce qu'il en sera, maintenant que les Druzes se sont unis aux pillards. Les rues sont si remplies de monde que mes cavass ne peuvent pas

---

[1] Heureusement cette nouvelle qui s'était répandue ce jour-là, était controuvée. M. et madame Marcopoli se rendaient le soir même chez M. Brant ; et plus tard ils se réfugiaient à Beyrouth.

s'y frayer un passage, de sorte que je ne puis obtenir d'autres informations que celles qu'ils me donnent.

J'ai l'honneur d'être, etc.

BRANT.

Voici quelques extraits de la lettre que M. Hugh Robson écrivait le 9 juillet, à cinq heures du soir, à M. Brant.

Depuis deux heures et demie, la rue où est située ma maison présente un aspect effrayant. C'est d'abord l'aspect sinistre d'une foule d'hommes armés et non armés, de femmes, d'enfants, qui encombre la rue en proférant des imprécations furieuses contre les infidèles. Puis, hommes, femmes, enfants, agas et soldats, pendant plus de deux heures ont passé, chargés de toute espèce de butin, devant ma maison, comme une bande échappée de l'enfer.

Mes voisins musulmans offrent de me donner un asile et de cacher les objets précieux qui m'appartiennent. Mais quelle sûreté puis-je avoir chez eux?... Osman-Effendi est venu pour essayer de me rassurer et me proposer d'aller dans sa maison ; mais il m'a semblé encore plus terrifié que moi. Je n'ai pas pu m'empêcher de lui exprimer mon opinion sur son administration, et il aura dû la partager.

J'ai refusé ses offres, et il aura pensé que je ne me fiais point à lui. Je n'ai point cette défiance, mais, en réalité, je ne vois rien de mieux que de rester où je suis...

HUGH ROBSON.

Nous ne voulons pas, à la suite de ces rapports, qui sont les plus impartiaux qui aient été écrits sur les événements de Damas, rapporter toutes les exagérations qui furent débitées sous l'impression de la première panique. Nous ne répondrons pas à ces diatribes qui veulent faire du gouvernement ottoman le complice de toutes les atrocités commises. Il aurait voulu détruire les chrétiens de Damas! Alors pourquoi Ahmed-Pacha ouvrait-il les portes de la citadelle et en sauvait-il dix mille? La supposition est si étrangement insensée qu'il est inconcevable vraiment que des esprits sérieux aient pu s'y arrêter un seul instant. Mais faisons-en une autre : que tous les chrétiens de Damas eussent péri, qu'aurait-on fait de tous les autres qui forment, comme chacun sait, la majorité de la population de l'empire? Les aurait-on détruits aussi? N'allons pas plus avant dans l'absurde.

Le fond de tout ceci, c'est que ces événements ont fourni aux ennemis de la Turquie un nouveau prétexte pour poursuivre de leurs clameurs le gouvernement du sultan. C'est à qui mêlerait sa voix à ce concert d'accusations et d'injures. Mais jusqu'à quel point les excès d'une populace déchaînée peuvent-ils être imputés au souverain qui règne à Constantinople ?

Que ce soit par fanatisme religieux ou par esprit révolutionnaire, les peuples les plus civilisés, comme les peuples les plus barbares, deviennent à certaines heures capables des plus grandes atrocités. Ce sont là des misères inhérentes à l'espèce humaine; mais il n'y a que la passion, l'injuste et aveugle passion, qui puisse s'en servir comme d'une arme contre un gouvernement.

Nous ne nous sommes jamais fait illusion sur le but des modernes croisades entreprises contre l'empire ottoman. Tous les moyens ont été bons pour mettre le gouvernement du sultan au ban de l'humanité et de la civilisation. Si l'on écoute surtout les champions de la Russie, la première chose à faire et la plus facile de toutes, ce serait un démembrement de la Turquie. Ils dédaignent même d'assurer un sort aux musulmans. Le plus simple serait, apparemment, de les noyer tous dans la mer ou de les envoyer mourir de faim dans les déserts brûlants de l'Arabie.

Heureusement, tout le monde n'est pas la dupe des Russes et des autres ennemis de la Turquie, quand ils imaginent ces grossières et pitoyables insinuations qui ont fait du gouvernement ottoman lui-même le complice des forfaits de Damas. Les ministres anglais et autrichiens ont placé à plusieurs reprises le gouvernement ottoman au-dessus de pareils soupçons.

« A Paris même, lisons-nous dans une correspondance publiée le 22 juillet 1861, les hommes de bon sens, les politiques qui ont les yeux ouverts sur les machinations de Saint-Pétersbourg ne s'abandonnent pas à d'injustes et aveugles entraînements contre la Sublime Porte. Ils déplorent les abus que l'esprit si libéral, le cœur si généreux du sultan et le bon vouloir d'un certain nombre de ses serviteurs ne réussissent pas à extirper; mais ils comprennent que les meilleures dispositions d'un gouvernement, sa volonté énergique du bien, son zèle pour d'utiles réformes ne sauraient changer un état de choses dont il n'est pas responsable, mais qui résulte du degré de civilisation où sont arrivées les populations qu'il administre. Jusqu'à ce jour on n'a pas trouvé de recette gouvernementale au moyen de laquelle un souverain peut placer d'un moment à l'autre son peuple au premier rang de la civilisation. Voilà ce que nous répondrons à ceux qui, avec une légèreté inconcevable, jettent la haine et le mépris sur le gouvernement ottoman et qui lui imputent tous les actes qui se commettent dans son pays. »

Ah! certes, nous ne songeons pas à atténuer si peu que ce soit l'horreur des massacres; nous ne sommes point, nous l'avons déjà dit à la première page de ce livre, l'apologiste du fanatisme et de l'assassinat.

Ahmed-Pacha s'est comporté comme un lâche. Au lieu de se faire tuer, ainsi qu'il le promettait, ou de sauver la ville, au lieu de s'en tenir aveuglément au mazbata qui lui interdisait d'employer les moyens violents, au lieu de se laver les mains de ce qui pourrait advenir, il aurait dû emprisonner les membres de son conseil, faire fusiller Ali-Bey, se mettre à la tête de ses troupes et défendre les chrétiens. Nous sommes persuadé qu'avec le peu de troupes dont il disposait, il aurait eu bien vite raison de l'émeute. Si comme gouverneur civil il devait de la déférence aux avis du medjliss, comme gouverneur militaire, il lui fallait avant tout sauver l'honneur du drapeau. Cette tache faite au drapeau, il l'a payée de sa tête.

Il n'est pas vrai que les soldats aient fait cause commune avec la populace; ceux qui leur font cette injure ont été induits en erreur par des rapports qui parlaient des soldats irréguliers. Si ces derniers se sont, en effet, mêlés aux pillards et aux égorgeurs, aucun témoin oculaire n'accusera les soldats de la ligne d'avoir trempé dans aucun méfait. Au contraire, c'est grâce à eux que des milliers de chrétiens ont pu échapper à la mort.

Mais ne nous arrêtons pas davantage à ces tristes détails. L'œuvre de répression, sanglante et terrible comme le crime, a passé là-dessus. Le sultan a promis à l'Europe qu'une prompte et éclatante justice serait faite, et il n'a pas failli à sa parole.

Nous allons voir, dans le prochain chapitre, comment cette œuvre de justice s'est accomplie, et quelle part l'Europe y a prise.

QUATRIÈME PARTIE

XXI

Fuad-Pacha, l'homme des situations difficiles. — Détails biographiques. — Des pouvoirs plus étendus encore sont donnés au commissaire impérial. — Lettre du sultan à l'empereur des Français et à la reine d'Angleterre. — La France propose une intervention militaire en Syrie. — Les puissances y donnent leur assentiment. — Opinion du *Morning-Post*, organe de lord Palmerston, sur cette intervention à laquelle la Sublime Porte adhère, mais avec une vive répugnance.

A Constantinople, on ne connaissait pas encore les événements de Damas, mais ceux du Liban y avaient produit une émotion profonde.

Une ordonnance impériale du 9 juillet (le jour même où les Damasquins saisissaient le plus petit prétexte pour assouvir leur soif de pillage et de sang) nommait le ministre des affaires étrangères Fuad-Pacha, commissaire extraordinaire et plénipotentiaire en Syrie avec de pleins pouvoirs pour pacifier cette province.

Le jeudi suivant, Son Excellence s'embarquait sur le *Taïf*, frégate de la marine impériale. Deux corvettes et deux canonnières chargées de troupes et de munitions de guerre l'accompagnaient. Un vaisseau de ligne était déjà à Beyrouth sous le commandement de Moustapha-Pacha, ainsi que trois autres navires de guerre qui, dès le 11, y avaient amené des troupes.

C'est en arrivant à Chypre pour prendre du charbon, que le commissaire du sultan apprit l'horrible catastrophe de Damas. Nous savons par un témoin oculaire que Son Excellence resta comme foudroyé sous le coup de son émotion ; puis il éclata en reproches indignés contre ceux qui voulaient, disait-il, donner raison aux ennemis de la Turquie.

Sa mission, déjà si difficile, venait de se compliquer encore. Il ne s'arrêta à Chypre que le temps strictement nécessaire, et fit faire force vapeur pour arriver une heure plus tôt à sa destination.

A peine débarqué, il expédiait un courrier à Alep pour préserver cette ville des calamités de Damas. Son ordre était ainsi conçu :

« Faites savoir aux musulmans que j'ai mis les pieds sur la terre de Syrie, et que si quelqu'un d'entre eux a le malheur d'insulter un chrétien, sa maison et son quartier répondront pour lui : je les ferai raser. »

Comme Fuad-Pacha a joué un grand rôle dans tous les derniers événements de la Turquie, quelques renseignements biographiques sur cet homme d'État semblent ici nécessaires.

Fuad-Pacha, politique de premier ordre et littérateur très-distingué, est né en 1814, à Constantinople. Son père était le célèbre poëte Izzeti-Effendi-Kitchedji-Zade, plus connu sous le nom d'Izzet-Mollah. Il est neveu de Leïlah-Khanoum, l'une des rares femmes poëtes de la Turquie. Aussi reçut-il une éducation plus littéraire que celle de la plupart des jeunes gens qui se destinent aux emplois publics en Orient. Il s'était déjà fait connaître par quelques poésies, lorsque l'exil de son père, tombé dans la disgrâce du sultan Mahmoud, et la confiscation des biens de sa famille, le forcèrent de prendre une profession. Il choisit la médecine, qu'il étudia pendant quatre ans. En 1834, il fut nommé médecin de l'Amirauté sous Tahir-Pacha, et accompagna le grand amiral dans son expédition contre Tripoli. De retour à Constantinople, il quitta soudain la profession médicale pour entrer dans le bureau des interprètes de la Porte. Il s'y prépara pendant plusieurs années à la carrière diplomatique par l'étude de l'histoire, des langues modernes, du droit international et de l'économie politique. En 1840, il fut attaché en qualité de premier secrétaire à la mission de Chekib-Effendi, ambassadeur à Londres. Les négociations compliquées que suivait alors la Turquie furent conduites à bonne fin, et l'honneur en revint en partie aux conseils du jeune secrétaire d'ambassade. Il géra pendant quelque temps la légation de Londres, tandis que Réchid-Pacha se trouvait accrédité à la fois auprès des deux cours de Londres et de Paris.

En 1843, Fuad-Effendi fut nommé à Constantinople second interprète de la Porte, puis directeur du bureau de traduction. Il reçut peu après la mission d'aller complimenter la reine d'Espagne à l'occasion de son avénement, et obtint les plus grands succès à la cour de Madrid. Rien en lui ne sentait le vieux Turc[1]. Il parlait le français à merveille, faisait des mots comme M. de Talleyrand, et se montrait galant comme un Abencerrage. Il remplit une mission semblable près de la reine dona Maria, et reçut le grand cordon de la Tour et de l'Épée, après avoir déjà obtenu celui d'Isabelle-la-Catholique. Il rapporta à Constantinople, après une absence de sept à huit mois, un poëme sur l'Alhambra que les lettrés applaudirent, et un rapport au sultan dont les hommes d'État ont loué les aperçus aussi neufs qu'intéressants. L'année suivante, et peu de temps avant l'arrivée du duc de Montpensier à Constantinople (août 1845), il fut nommé premier interprète de la Porte et se trouva ainsi en communication journalière avec le prince, qui lui fit envoyer, à son retour en France, la croix de commandeur de la Légion d'honneur.

En 1848, étant amedji (grand référendaire) du Divan impérial, il fut nommé commissaire général dans les Principautés, à la suite des troubles de Jassy et de Bucharest (avril et juin), et s'acquitta de sa mission, sinon à la grande satisfaction des Moldo-Valaques, du moins de la manière la plus impartialement conforme à ses instructions.

Après deux nouvelles missions, l'une en 1850 à Saint-Pétersbourg, à l'occasion de la question des réfugiés, l'autre en 1853, en Égypte, Fuad, qui déjà, à son retour de Russie, avait été nommé mustéchar du grand vizir, (position qui correspond à celle de minis-

---

[1] *Dictionnaire des contemporains*, page 708.

tre de l'intérieur), reçut le portefeuille de ministre des affaires étrangères, sous le grand viziriat d'Aali-Pacha (6 août 1853). Dans la question des lieux saints, Fuad-Effendi, par son attitude et par une brochure très-hostile aux prétentions russes (*La vérité sur la question des lieux saints*), encourut le mécontentement du czar. Le prince Mentchikoff le lui ayant témoigné d'une manière blessante, le ministre ottoman envoya sur-le-champ sa démission au sultan.

L'année suivante, il se rendit, en qualité de commissaire du gouvernement, au quartier général d'Omer-Pacha; puis, des troubles ayant éclaté en Épire, il fut nommé commissaire plénipotentiaire dans cette province. Il parvint, par son énergie et son courage, à étouffer l'insurrection des Grecs. Dans cette campagne, les soldats lui décernèrent le *ferahi* (plaque que portent les militaires sur leurs fez). A la fois diplomate et général, voyant que les négociations n'aboutissaient pas, il mit l'épée à la main et chargea les bandes insurgées. A son retour à Constantinople, il fut nommé membre du conseil du Tanzimat, nouvellement institué. En mai 1855, il fut rappelé au ministère des affaires étrangères avec le grade de muchir. Le hatti-chériff du 18 février 1856, la consolidation des relations extérieures de la Porte, la création des télégraphes et des phares, tels ont été les résultats de ce second ministère. En septembre 1857, Fuad devint président du conseil du Tanzimat, puis de nouveau ministre des affaires étrangères. En 1858, il négociait à Londres le troisième emprunt ottoman, et, à son retour, il reprit le portefeuille des affaires étrangères.

Fuad-Pacha a publié plusieurs ouvrages justement estimés, surtout une grammaire turque, qui fait loi.

Outre les distinctions honorifiques que nous avons citées, il est grand-croix de presque tous les ordres qui existent en Europe. Nous lui en connaissons vingt-sept.

Fuad-Pacha est l'homme des situations difficiles. Les Anglais, les Russes, les Français ont tour à tour été ses ennemis et ses amis. C'est que sa politique est toute nationale, et qu'il ne craint pas de froisser ses amis de la veille, quand il s'agit de travailler pour le bien de son gouvernement. Il n'est ni Français, ni Anglais, il est patriote. C'est un homme d'un grand courage, dur à la fatigue et qui ne recule devant rien pour satisfaire sa conscience et accomplir son devoir. Son abord est facile; mais il y a dans son sourire, dans sa parole quelque chose qui signale l'homme supérieur.

A Constantinople, on venait d'apprendre les événements de Damas; le sultan en fut atterré. Le conseil des ministres se rassembla aussitôt, et on décida d'étendre la mission de Fuad-Pacha en lui donnant pour la répression des pouvoirs plus larges encore s'il était possible. Quelles que soient l'étendue du mal et les causes qui l'ont produit, les mesures les plus énergiques furent décrétées pour rétablir la paix. La Porte déclarait hautement aux ambassadeurs qu'elle donnerait toute satisfaction à l'opinion publique, et qu'elle allait sévir avec rigueur contre les fonctionnaires qui avaient trahi leur devoir. En même temps le sultan adressait par le télégraphe, à Leurs Majestés la reine de la Grande-Bretagne et l'empereur des Français, la lettre suivante :

Palais de Dolma baghtché, 16 juillet.

Je tiens à ce que Votre Majesté sache bien avec quelle douleur j'ai appris les événements de Syrie. Qu'elle soit convaincue que j'emploierai toutes mes forces pour y rétablir l'ordre et la sécurité, punir sévèrement les coupables, quels qu'ils soient, et rendre justice à tous. Pour qu'il ne puisse y avoir aucun doute sur les intentions de mon gouvernement, c'est à mon ministre des affaires étrangères, dont les principes sont connus de Votre Majesté, que j'ai voulu confier cette importante mission.

En Europe, l'émotion n'était pas moindre. On écrivait de Paris, le 9 juillet :

« Les déplorables excès commis à Damas, annoncés par le *Moniteur*, ont produit une douloureuse émotion. Toute la presse a élevé la voix pour demander dans les termes les plus pressants une intervention immédiate de la France en Syrie. Le *Constitutionnel* a parlé un langage aussi énergique que les autres journaux, quoique cette feuille ait gardé plus de mesure dans les formes. Son article a été considéré comme l'expression des vues de M. Thouvenel qui, je puis vous le certifier, engage l'Empereur à entrer résolûment dans la question d'Orient. »

Voici maintenant une dépêche en date du 17 juillet, que M. Thouvenel adressait à l'ambassadeur de France à Londres :

Paris, le 17 juillet 1860.

Monsieur le comte,

L'ambassadeur de l'Empereur à Constantinople m'a adressé au sujet des événement de Damas, la dépêche télégraphique ci-jointe, qui confirme celle dont M. le ministre de la marine m'avait fait connaître la substance. Ainsi se sont réalisées pour cette ville les craintes dont je vous entretenais il y a déjà quelques jours. Cette guerre impitoyable faite aux chrétiens prend des proportions dont il devient difficile de prévoir l'étendue, et les cabinets ne répondraient point aux justes exigences de l'opinion publique s'ils n'adoptaient, autant qu'il dépend d'eux, toutes les mesures propres à arrêter le progrès de ces scènes de carnage. La Porte semble avoir elle-même un juste sentiment de cette situation. J'en trouve la preuve dans une lettre que le sultan a adressée à Sa Majesté Impériale, et que ce souverain a fait communiquer à M. le marquis de la Valette pour être transmise par le télégraphe. Je joins également ici la copie de ce message, et vous verrez que le sultan a dû écrire dans des termes analogues à Sa Majesté Britannique.

Toutefois il n'est pas moins nécessaire d'agir avec autant de promptitude que d'énergie, et comme il y a malheureusement lieu de craindre que les moyens d'action de la Porte ne répondent pas à ses intentions, je doute qu'elle pût satisfaire aux nécessités d'une situation si grave si les puissances ne s'entendaient pour lui venir en aide.

L'ordre donné aux commandants des escadres de mettre leurs équipages à la disposition des consuls ne peut pas permettre d'atteindre l'insurrection dans son foyer, au sein du Liban, ni surtout dans les villes de l'intérieur qu'elle a déjà envahies ou qu'elle menace. Un corps de troupes mis à portée d'agir selon les circonstances serait seul en mesure de suffire à cette tâche. A tous les points de vue, il pourrait exercer une heureuse influence, non-seulement à raison du concours éventuel qu'il prêterait aux troupes turques, mais par l'autorité morale que sa seule présence, en rassurant les populations, ne manquerait pas d'avoir sur l'attitude et la conduite des fonctionnaires ottomans eux-mêmes.

Cette combinaison, d'ailleurs, ne pourrait recevoir son exécution que de concert avec la Porte, et il serait en outre essentiel qu'elle fût le résultat d'un accord évident des cinq cours. L'intervention serait ainsi collective dans son principe, et les troupes européennes, envoyées dans des vues communes, ne feraient, en quelque sorte, que remplir une délégation des puissances.

Si le gouvernement de Sa Majesté Britannique entrait dans cet ordre d'idées, il serait sans doute possible de concerter, sans retard, une entente avec les autres cabinets et la Porte, et d'aviser aux moyens les plus prompts d'obtenir les satisfactions dues à l'humanité, et de concourir au rétablissement de la paix en Syrie.

Ce résultat, monsieur le comte, serait important, non pas seulement pour la conscience publique et pour les chrétiens, mais aussi pour la Porte, qui, dans l'état de crise où se trouvent son administration et ses finances, ne supporterait pas longtemps sans péril l'épreuve d'une insurrection aussi étendue à comprimer. C'est une considération qui n'échappera pas à la prévoyance du cabinet anglais. Quant à nous, nous pensons qu'une combinaison de la nature de celle sur laquelle je viens de vous exprimer notre manière de voir peut être adoptée avec avantage. Je ne m'en dissimule pas les inconvénients, mais l'abstention en aurait assurément de beaucoup plus grands en présence des complications qui menacent de surgir.

Je vous prie de faire part à lord John Russell de l'opinion du gouvernement de Sa Majesté et d'en conférer avec lui. En raison de l'urgence, qui n'est que trop attestée par les événements, je vous serai obligé de me faire savoir le plus tôt possible ce que le cabinet anglais pense à ce sujet et quelles sont ses intentions.

Agréez, etc.

Signé : THOUVENEL.

Le *Moniteur* du 20 annonçait que l'Empereur avait cru devoir provoquer l'adoption en commun avec les autres puissances, des mesures exigées par les circonstances.

Ces mesures étaient, comme nous l'avons vu, l'envoi de troupes européennes en Syrie.

M. de la Valette se rendait chez Ali-Pacha et lui communiquait la dépêche qui précède. Le ministre ottoman n'en entendit pas sans émotion le contenu. Il ne voulut pas y répondre avant d'avoir vu ses collègues, mais il était, dit-il, dans la conviction que l'envoi de forces étrangères en Syrie serait le signal d'autres catastrophes.

Après un échange de dépêches, les puissances se mirent d'accord, et le *Moniteur* du 22 juillet l'annonçait en ces termes :

Les propositions que le gouvernement de l'Empereur a faites dans le but d'arrêter l'effusion du sang en Syrie et de protéger les populations chrétiennes ont été accueillies par les grandes puissances. L'Angleterre, prête à coopérer avec ses vaisseaux, reconnaît l'opportunité de l'envoi d'un corps de troupes dont la France fournirait la totalité ou la plus grande part. L'Autriche et la Russie émettent la même opinion. Le ministre des affaires étrangères de Prusse s'est rendu auprès de S. A. R. le prince régent pour prendre ses ordres. Une convention doit être signée pour déterminer le caractère et l'objet de l'intervention européenne. On n'attend plus que l'acquiescement de la Porte.

Ce n'est pas sans un sentiment de surprise qu'on apprit que tous les gouvernements avaient adhéré aux vues de la France. Le *Constitutionnel*, dans un article émanant du ministère, définissait ainsi l'intervention :

Il ne peut y avoir de doute sur le rôle de la France. Ce n'est ni une occupation ni une intervention que nous préparons en Orient, c'est un appui que nous allons donner à la Turquie pour l'aider à réprimer des désordres qui entraîneraient infailliblement la perte du gouvernement ottoman.

Le *Morning-Post*, organe de lord Palmerston, s'exprimait ainsi de son côté :

> Le mal produit par une intervention prenant la forme d'une occupation étrangère est si grave, si peu défini, qu'il est impossible de songer à y recourir autrement que comme à la dernière ressource à employer pour le rétablissement de la paix. Une telle occupation, commencée même avec les meilleurs motifs de pacification, peut sembler ne devoir jamais se terminer. Le but pour lequel elle est annoncée peut ne paraître jamais atteint. Il y a toujours des raisons nouvelles et souvent même très-plausibles pour sa prolongation...
>
> On sait parfaitement qu'une force turque de seize mille hommes, sous les ordres du ministre des affaires étrangères en personne, a été expédiée de Constantinople.
>
> Il n'est dès lors que juste et raisonnable de laisser cette puissance réprimer un mouvement fanatique sur son propre territoire.
>
> Malgré toutes nos sympathies pour la cause qui entraîne les puissances chrétiennes coreligionnaires d'une race maltraitée, nous croyons qu'il serait impolitique d'opérer une intervention territoriale en vue d'un but que le gouvernement turc déclare pouvoir et vouloir réaliser.
>
> ..... Si nous devons avoir une occupation militaire en Syrie, parce qu'il y a eu dans cette province un différend entre les chrétiens et les autres races, pourquoi n'aurions-nous pas une occupation militaire russe en Bulgarie, en cas d'une insurrection sur le Danube? Et si de semblables désordres se produisaient en Servie et dans le Monténégro, quels arguments trouverions-nous à opposer à une occupation autrichienne?...

Après plusieurs conseils de ministres, le gouvernement turc acquiesçait aux désirs de la France; mais la Porte communiquait en même temps les observations suivantes à ses agents diplomatiques :

M. MUSURUS A LORD J. RUSSELL.

Londres, le 30 juillet 1860.

L'ambassadeur de la Sublime Porte à Londres vient de recevoir de son gouvernement une dépêche télégraphique qu'il est invité à communiquer à S. Exc. lord John Russell.

D'après cette dépêche, qui porte la date du 27 juillet, S. M. I. le sultan a, sur la demande de l'Angleterre et de la France, autorisé son ambassadeur à Paris à négocier et à signer une convention avec les puissances, relativement à l'envoi d'un corps de troupes en Syrie, si tel est leur commun avis.

A cette occasion, la Sublime Porte déclare que, si elle a adopté cette décision, c'est pour donner à ses alliées une preuve de sa confiance, et de son loyal désir de réprimer les désordres qu'elle déplore plus que personne.

Toutefois, elle n'a pas laissé ignorer aux représentants de France et d'Angleterre à Constantinople tous les inconvénients et tous les dangers que pourrait amener une intervention de cette nature. Elle leur a fait observer que l'arrivée de troupes étrangères sur un point du territoire ottoman pourrait, d'un bout à l'autre de l'empire, éveiller chez les différentes populations des sentiments différents, dont les résultats pourraient devenir on ne peut plus désastreux. En effet, la partie turbulente des populations chrétiennes, interprétant la résolution des puissances comme une assistance en leur faveur contre les musulmans, pourrait se laisser aller à des excès. D'un autre côté, ceux d'entre les musulmans qui ne sont pas en état d'apprécier les véritables intentions de l'Europe, désespérés et irrités de se voir traités avec tant de méfiance, par cela seul que les Druzes et une poignée de malfaiteurs, qui n'ont de musulman que le nom qu'ils portent, se sont permis des actes qu'ils réprouvent eux-mêmes, pourraient répondre à ces excès par d'autres excès. Il est évident que les malheurs qui seraient capables d'amener un pareil état de choses, rallumeraient des haines que le gouvernement fait tout son possible pour éteindre.

De plus, une fois l'idée répandue parmi les populations musulmanes que le gouvernement appelle des forces étrangères pour punir ses coreligionnaires, l'autorité souveraine perdrait en partie son prestige à leurs yeux.

Enfin, le gouvernement impérial, ayant pris les mesures les plus propres à venger les horreurs commises, et ayant envoyé le ministre des affaires étrangères avec des pouvoirs illimités, est convaincu que, par l'aide de Dieu, il est en état de réprimer seul le désordre et de châtier les coupables.

En conséquence, la Sublime Porte ne voit aucune nécessité de recourir à une mesure qui serait capable de faire naître de si grands périls, et qui, en tout cas, constituerait une sorte d'atteinte au droit de souveraineté de S. M. I. le sultan.

La Sublime Porte espère que ces observations franches et loyales seront prises en sérieuse considération par le gouvernement de S. M. britannique; et c'est dans cet espoir qu'elle les a communiquées à MM. les représentants, qui lui ont promis de les transmettre à leurs cours respectives.

Agréez, etc.

Signé : Musurus.

A Constantinople, le premier moment d'émotion passé, on prenait toutes les mesures pour sauvegarder les populations des autres parties de l'empire. Les gouverneurs du Kurdistan, d'Alep, Mossoul, Bagdad, etc., recevaient les instructions suivantes :

La Porte vient d'apprendre avec beaucoup de regret qu'à Damas les musulmans ont attaqué les chrétiens, sujets fidèles du sultan, et osé commettre des cruautés comme le meurtre et le pillage. Il est inutile de répéter que la protection de l'honneur, de la vie et de la fortune des chrétiens, sujets de la Porte, confiées par Dieu très-haut à notre souverain, est une des prescriptions glorieuses et fondamentales de la loi sainte, et il est évident que qui agira contrairement ne trouvera de salut ni dans ce monde ni dans l'autre.

Quoique les auteurs de ces actes odieux, contraires à la loi de Mahomet et aux sentiments bienveillants et paternels de Sa Majesté, doivent tomber bientôt sous le coup des châtiments sévères de la loi et du code, si quelques fous, ne comprenant pas leur religion, commettaient de pareils actes contre les chrétiens, les difficultés et le danger qui en résulteraient pour le gouvernement seraient énormes, mais la responsabilité en retomberait entièrement sur les fonctionnaires de la Porte : ils ne pourraient en aucune manière s'en dégager. Aussi, que chaque fonctionnaire comprenant ses devoirs, et considérant d'avance la responsabilité et le châtiment auxquels il s'exposerait, si, qu'à Dieu ne plaise, ce crime était commis, que chacun s'efforce de maintenir la paix. Il est en tout temps nécessaire d'assurer la tranquillité dans les provinces de l'empire; mais à l'époque où nous sommes cette nécessité est bien plus impérieuse. Veillez donc jour et nuit; pensez que notre pays se trouve à une époque critique et dangereuse; unissez-vous aux autorités militaires et consacrez-vous tout entiers à empêcher qu'aucune mauvaise action ne se commette entre les différentes classes de sujets, à maintenir la tranquillité du pays et à prévenir ainsi, où vous êtes, de nouveaux embarras qui s'ajouteraient à ceux du gouvernement. Si vous pressentez de mauvais desseins de la part des musulmans à l'égard des chrétiens, ou des chrétiens à l'égard des musulmans, prenez immédiatement les mesures nécessaires et ne laissez pas un conflit s'élever. Si quelque méfait se commettait, appliquez-vous à la hâte à l'apaiser et à prévenir des troubles.

Ainsi qu'il a été dit plus haut, le maintien de la tranquillité de la province que vous gouvernez étant de la dernière nécessité, dans le cas où il serait constaté que les forces dont vous disposez ne seraient pas suffisantes, vous enrôlerez immédiatement, et sans demander l'autorisation, le nombre de zaptiés nécessaires parmi les gens honnêtes, ne commettant aucun acte dont la population aurait à se plaindre, parmi les gens sûrs et réguliers, puis vous rendez compte à la Porte.

Enfin, le plus grand désir du gouvernement est que la province que vous gouvernez soit maintenue dans l'ordre, et qu'aucun méfait n'ait lieu entre musulmans et chrétiens, ni contre les fonctionnaires ou les sujets étrangers. Observez donc les recommandations ci-dessus, et, réfléchissant aux conséquences malheureuses de conflits qui, il faut l'espérer, n'auront pas lieu, appliquez-vous au maintien de la tranquillité qui est le point capital, en prouvant par vos actes votre fidélité et votre amour pour le gouvernement, le souverain, la religion et la nation.

XXII

De vives inquiétudes se manifestent sur les suites d'une intervention européenne en Syrie. — Extrait d'une lettre de Napoléon III au comte de Persigny, ambassadeur de France à Londres. — Les plénipotentiaires des puissances, réunis en conférence à Paris, arrêtent les bases d'une convention dans la séance du 3 août. — Protocoles. — Allocution de l'empereur des Français au corps expéditionnaire. — Formation d'une commission internationale destinée à agir en Syrie. — Instructions aux commissaires. — Instructions au général de Beaufort d'Hautpoul, commandant en chef. — Une intervention militaire devait elle atteindre le but que l'Europe s'était proposé ?

Avant de revenir à la Syrie, voyons ce qui se décidait en Europe.

De sombres inquiétudes s'étaient emparées du monde politique. On craignait de voir éclater un grave dissentiment entre la France et l'Angleterre au sujet des événements de Syrie, mais le 30 juillet on apprit que le plus parfait accord existait entre ces deux puissances.

L'empereur Napoléon, dans une lettre qu'il écrivait à son ambassadeur à Londres, exposait ses plus intimes pensées au sujet de la Turquie et de la Syrie. Nous croyons devoir citer ce passage de sa lettre :

...... Quand Lavalette est parti pour Constantinople, les instructions que je lui ai données se bornaient à ceci : « Faites tous vos efforts pour maintenir le *statu quo*; l'intérêt de la France est que la Turquie vive le plus longtemps possible. »
Maintenant arrivent les massacres de Syrie, et l'on écrit que je suis bien aise de trouver une occasion nouvelle de faire une petite guerre et de jouer un nouveau rôle. En vérité, on me prête bien peu de sens commun. Si j'ai immédiatement proposé une expédition, c'est que je suis comme le peuple qui m'a mis à sa tête et que les nouvelles de Syrie m'ont transporté d'indignation. Ma première pensée n'a pas été moins de m'entendre avec l'Angleterre.
Quel intérêt autre que celui de l'humanité m'engagerait à envoyer des troupes dans cette contrée! Est-ce que par hasard la possession de ce pays accroîtrait nos forces? Puis-je me dissimuler que l'Algérie, malgré ses avantages dans l'avenir, est une cause d'affaiblissement pour la France qui depuis trente ans lui donne le plus pur de son sang et de son or...
Je souhaiterais beaucoup ne pas être obligé de faire l'expédition de Syrie, et dans tous les cas, de ne pas la faire seul, d'abord parce que ce sera une grosse dépense, ensuite parce que je crains que cette intervention n'engage la question d'Orient. Mais, d'un autre côté, je ne vois pas comment résister à l'opinion publique de mon pays qui ne comprendra jamais qu'on laisse impunis, non-seulement le meurtre des chrétiens, mais l'incendie de nos consulats, le déchirement de notre drapeau et le pillage des monastères qui étaient sous notre protection...

L'intervention devait donc avoir lieu, mais non pas avant qu'une convention n'eût été signée entre les cabinets et la Sublime Porte.

L'impatience des turcophobes ne put faire oublier aux gouvernements ce qu'ils devaient à un empire allié. Le *Constitutionnel*, qui cédait, quelques jours auparavant, à l'indignation que soulevait à Constantinople, aussi bien qu'à Paris et à Londres le sang versé en Syrie, revenait le 30 juillet à des sentiments plus justes. « En politique, disait-il, l'enthousiasme ne dispense pas du devoir. Libre à certains journaux de gémir sur les lenteurs de la politique française... La Turquie, admise désormais dans la grande famille des

États européens, a promis de prendre part au châtiment éclatant qu'exigent l'humanité et la civilisation. »

Depuis qu'Achmet-Weffyk Effendi, ambassadeur de la Sublime Porte, avait reçu les pouvoirs qui l'autorisaient à entrer dans la Conférence, les plénipotentiaires s'étaient rassemblés, à plus d'une reprise, au ministère des affaires étrngères.

Voici le texte des protocoles signés à Paris, le 3 août 1860.

Présents : les représentants, etc.

S. M. I. le Sultan voulant arrêter, par des mesures promptes et efficaces, l'effusion du sang en Syrie, et témoigner de sa ferme résolution d'assurer l'ordre et la paix parmi les populations placées sous sa souveraineté, et LL. MM. l'empereur d'Autriche, l'empereur des Français, la reine du royaume uni de la Grande Bretagne et d'Irlande, S. A. R. le prince régent de Prusse et S. M. l'empereur de toutes les Russies, ayant offert leur coopération active, que S. M. le Sultan a acceptée, les représentants de leurs dites Majestés et de Son Altesse Royale sont tombés d'accord sur les articles suivants :

Article premier.

Un corps de troupes européennes qui pourra être porté à douze mille hommes, sera dirigé en Syrie pour contribuer au rétablissement de la tranquillité.

Article 2.

S. M. l'empereur des Français consent à fournir immédiatement la moitié de ce corps de troupes. S'il devenait nécessaire d'élever son effectif au chiffre stipulé dans l'article précédent, les hautes puissances s'entendraient sans retard avec la Porte, par la voie diplomatique ordinaire, sur la désignation de celles d'entre elles qui auraient à y pourvoir.

Article 3.

Le commandant en chef de l'expédition entrera, à son arrivée, en communication avec le commissaire extraordinaire de la Porte, afin de combiner toutes les mesures exigées par les circonstances et de prendre les positions qu'il y aura lieu d'occuper pour remplir l'objet du présent acte.

Article 4.

Leurs Majestés, etc., etc., promettent d'entretenir sur les côtes de Syrie des forces navales suffisantes pour concourir au succès des efforts communs pour le maintien ou le rétablissement de la tranquillité sur le littoral de la Syrie.

Article 5.

Les hautes parties, convaincues que ce délai sera suffisant pour atteindre le but de pacification qu'elles ont en vue, fixent à six mois la durée de l'occupation des troupes européennes en Syrie.

Article 6.

La Sublime Porte s'engage à faciliter, autant qu'il dépendra d'elle, la subsistance et l'approvisionnement du corps expéditionnaire.

Il est entendu que les six articles précédents seront textuellement convertis en une convention qui recevra les signatures des représentants soussignés, aussitôt qu'ils seront munis des pleins pouvoirs de leurs souverains, mais que les stipulations de ce protocole entreront immédiatement en vigueur.

M. le chargé d'affaires de Prusse toutefois fait observer que la distribution actuelle des bâtiments de guerre prussiens peut ne pas permettre à son gouvernement de coopérer dès à présent à l'exécution de l'article 4.

Fait à Paris, le 3 août 1860, en six expéditions.

Signés : Thouvenel,
Metternich,
Cowley,
Reuss,
Kisseleff,
Ahmet Weffyk.

Deuxième protocole de la conférence tenue au ministère des affaires étrangères, le 3 août 1860.

Les plénipotentiaires de.... désirant établir, conformément aux intentions de leurs cours respectives, le véritable caractère du concours prêté à la Sublime Porte aux termes du protocole signé aujourd'hui, les sentiments qui leur ont dicté les clauses de cet acte, et leur entier désintéressement, déclarent de la manière la plus formelle que les puissances contractantes n'entendent poursuivre ni ne poursuivront dans l'exécution de leurs engagements aucun avantage territorial, aucune influence exclusive, ni aucune concession touchant le commerce de leurs sujets, et qui ne pourrait être accordée aux sujets de toutes les autres nations.

Néanmoins ils ne peuvent s'empêcher, en rappelant ici les actes émanés du Sultan dont l'article 9 du traité du 30 mai 1856 a constaté la haute valeur, d'exprimer le prix que leurs cours respectives attachent à ce que, conformément aux promesses solennelles de la Sublime Porte, il soit pris des mesures administratives sérieuses pour l'amélioration du sort des populations chrétiennes de tout rite de l'empire ottoman.

Le plénipotentiaire de la Sublime Porte prend acte de cette déclaration des représentants des hautes puissances contractantes, et se charge de la transmettre à sa cour, en faisant observer que la Sublime Porte a employé et continue d'employer ses efforts dans le sens du vœu exprimé ci-dessus.

(*Suivent les signatures.*)

Le général de Beaufort d'Hautpoul venait d'être nommé commandant en chef de l'expédition ; six mille hommes de troupes étaient prêtes au camp de Châlons et les transports les attendaient à Marseille et à Toulon.

L'Empereur fit une allocution aux troupes, le 7 août. Nous empruntons ce qui suit au *Moniteur* du 8 :

Camp de Châlons, le 7 août, 1 h. 25 m. soir.

Ce matin, à dix heures, l'Empereur a passé la revue de départ du 5ᵉ régiment de ligne, colonel Caubert; du 13ᵉ régiment, colonel Darricau, et du 1ᵉʳ escadron du 1ᵉʳ des hussards, capitaine Stockly.

Les troupes étaient en tenue de campagne et présentaient l'aspect le plus martial.

Avant le défilé, Sa Majesté a distribué quelques croix et médailles; les troupes étant formées en carré, les drapeaux au centre, l'Empereur a prononcé l'allocution suivante :

« Soldats,

« Vous partez pour la Syrie et la France salue avec bonheur une expédition qui n'a qu'un but, celui de faire triompher les droits de la justice et de l'humanité.

« Vous n'allez pas, en effet, faire la guerre à une puissance quelconque, mais vous allez aider le Sultan à faire rentrer dans l'obéissance des sujets aveuglés par un fanatisme d'un autre siècle.

« Sur cette terre lointaine, riche en grands souvenirs, vous ferez votre devoir et vous vous montrerez les dignes enfants de ces héros qui ont porté glorieusement dans ce pays la bannière du Christ.

« Vous ne partez pas en grand nombre, mais votre courage et votre prestige y suppléeront, car partout aujourd'hui où l'on voit passer le drapeau de la France les nations savent qu'il y a une grande cause qui le précède, un grand peuple qui le suit. »

Après ces paroles a eu lieu le défilé aux cris enthousiastes de : *Vive l'Empereur!*

En même temps on s'occupait en Europe de la formation d'une commission internationale qui devait se rendre en Syrie.

L'Angleterre désigna, pour la représenter, Lord Dufferin and Claneboye.

La France, M. Béclard, agent et consul général à Alexandrie.

L'Autriche, M. P. de Weckbecker, son consul général en Syrie.

La Prusse, M. de Rehfues, premier secrétaire d'ambassade à Constantinople.

Et la Russie, M. Novikow, qui remplissait les mêmes fonctions dans la capitale turque.

Voici les instructions données à ces commissaires :

Dans le principe, ils devaient recevoir des ordres de leurs ambassades respectives, et leur communiquer tout ce qui aurait été fait. Avant leur départ pour la Syrie, il fut décidé que les communications seraient faites à la fois à leurs ambassadeurs et à leurs cours respectives.

Vous connaissez l'objet de la mission dont vous êtes chargé, comme commissaire de l'Empereur en Syrie, et vous comprendrez que je ne saurais ni prévoir toutes les difficultés que vous aurez à surmonter, ni vous indiquer en détail les divers points que vous aurez à résoudre. Je me bornerai donc à vous donner ici les directions générales qui devront vous servir de règle de conduite.

Votre premier soin, après vous être mis en rapport avec les commissaires d'Autriche, de Grande-Bretagne, de Prusse et de Russie, et avec celui du Sultan, sera de rechercher, de concert avec eux, l'origine et les causes des événements, de déterminer la part de responsabilité des chefs de l'insurrection et des agents de l'administration, et de provoquer la punition des coupables. Les assurances qui nous ont été données à Constantinople et les pouvoirs que le commissaire ottoman a reçus du Sultan ne permettent pas de douter que vous ne trouviez, de sa part, tout le concours que vous avez droit d'en attendre pour que l'enquête à laquelle vous vous livrerez avec lui réponde aux conditions d'une sévère et impartiale justice.

Il conviendra, d'autre part, d'apprécier l'étendue des désastres qui ont frappé les populations chrétiennes, et de combiner les moyens propres à soulager et même à indemniser, autant que possible, les pertes constatées. C'est là une œuvre de réparation à laquelle tous les commissaires voudront consacrer leurs efforts. Mais il est un autre point qui mérite également de fixer votre attention; je veux parler des arrangements qu'il pourrait être utile de prendre pour assurer, à l'avenir, l'ordre et la sécurité de la Syrie et conjurer le retour des mêmes calamités. Vous puiserez, dans une appréciation équitable des faits et des circonstances qui les ont motivés, les lumières nécessaires pour suggérer les modifications qu'il y aurait lieu d'apporter à l'état de choses actuel et particulièrement dans l'organisation de la Montagne, telle que l'ont établie les arrangements de 1842 et 1845. L'exposé de ces modifications devrait faire l'objet d'un rapport commun qui serait arrêté par tous les commissaires collectivement.

Telles sont, monsieur, les seules instructions qu'il me paraisse pour le moment utile de vous donner. Les commissaires d'Autriche, de Grande Bretagne, de Prusse et de Russie, en reçoivent d'identiques; vous vous appliquerez à entretenir avec eux un parfait accord, et vous les trouverez, je n'en doute pas, animés de leur côté des mêmes dispositions à votre égard.

J'invite les consuls de Sa Majesté en Syrie à répondre à toutes les demandes que vous auriez à leur adresser et à vous prêter un entier concours pour l'accomplissement de votre mission.

Je communique les présentes instructions à M. l'ambassadeur de Sa Majesté à Constantinople. Vous aurez soin de lui transmettre toutes les informations qui pourront l'intéresser, et vous vous conformerez aux directions spéciales qu'il serait dans le cas de vous adresser.

Les instructions données à M. le général Beaufort, sont spécifiées dans la lettre suivante adressée par M. Thouvenel au ministre de la guerre.

L'objet de la mission de cet officier général et des commandants des forces navales des puissances réunies sur les côtes de Syrie, est de concourir à arrêter, par des mesures promptes et énergiques, l'effusion du sang, et à seconder la répression des attentats commis sur les chrétiens, et qui ne sauraient rester impunis. L'article 5 du protocole stipule qu'à cet effet il devra, à son arrivée en Syrie, entrer en communication avec le commissaire de la Porte. Cette clause était commandée par la situation même des choses; l'accord des puissances devait se retrouver dans la participation de leurs agents appelés à contribuer au résultat qu'elles ont résolu de poursuivre. L'envoyé du Sultan et M. le général de Beaufort auront donc à réunir leurs efforts communs en combinant l'action de nos troupes avec les pleins pouvoirs dont le commissaire ottoman a été muni, et qui lui donnent le droit de rendre et de faire exécuter les décisions exigées par les circonstances. M. le général de Beaufort toutefois conserve une entière liberté d'appréciation pour tout ce qui concerne l'honneur de notre drapeau et la sûreté de notre corps expéditionnaire. A cet égard il demeure libre, en s'en expliquant cependant avec le représentant du gouvernement turc, d'adopter les mesures et d'occuper les positions qu'il jugera utile de prendre.

J'invite l'ambassadeur de Sa Majesté à Constantinople, et nos consuls à Beyrouth et à Damas à seconder de tous les moyens en leur pouvoir l'accomplissement de la mission confiée à cet officier général.

« Nous craignons, disait à cette époque l'*Impartial de Smyrne*, qu'une grande faute politique n'ait été commise par l'intervention étrangère en Syrie. On nous trouvera bien hardi, sans doute, d'oser désapprouver ce que tout le monde approuve. Mais qu'il nous soit permis de dire tout simplement notre opinion. Elle ne tirera pas à conséquence : ce ne sera, au milieu du bruit d'une effroyable tempête, qu'une voix bien faible que l'oreille la plus fine aurait peine à saisir; et d'ailleurs, nous exprimons le vœu sincère de voir se dissiper bientôt les appréhensions qui nous font parler aujourd'hui.

« Quel peut être l'objet de cette intervention dont la France a pris l'initiative, à laquelle la Russie a poussé de toutes ses forces dans l'espoir de la généraliser, et que les trois autres puissances, l'Angleterre, la Prusse, l'Autriche, ont cherché à restreindre dans les limites les plus étroites ? L'objet de cette intervention est de prévenir de nouveaux massacres et de punir les auteurs de ceux qui ont été commis.

« S'agit-il de prévenir ? Que peuvent faire six mille hommes et même douze mille hommes dans un pays d'une aussi vaste étendue, et où dans chaque ville, dans chaque bourg, dans chaque village, les deux éléments hostiles, surexcités par les événements, sont en présence ? L'intervention armée risquerait d'avoir pour résultat d'exaspérer les uns, d'encourager les autres, et de fournir ainsi des armes terribles à ceux qui travaillent sans relâche à la ruine de la Turquie.

« Eh bien! vienne le moment suprême, entends-je dire autour de moi, et qu'on nous débarrasse une fois pour toutes de cette éternelle question d'Orient. Si les Turcs ne sont plus capables de gouverner, qu'ils s'en aillent et que d'autres prennent leur place. C'est ainsi que l'on parle sans songer un instant à la lutte effroyable que cette crise fatale amènerait à l'intérieur, et à la guerre européenne qui en serait la conséquence inévitable.

« S'agit-il de punir? L'intervention eût été nécessaire si l'on doutait des sentiments et de la parole du Sultan. Mais nous n'avons pas vu que personne en doutât. La Porte s'est hâtée de prendre toutes les mesures que le cas exige, et dans l'intérêt même de sa conservation, elle doit se montrer et elle se montrera sévère. Le gouvernement turc, qui avait eu le tort de laisser la Syrie dégarnie d'une force régulière respectable, son attention et ses moyens ayant été attirés et concentrés ailleurs, y a envoyé ses meilleures troupes et la plupart des hommes capables dont elle dispose. Elle est ainsi en mesure, et elle en avait donné l'assurance, de remplir le double devoir que la situation lui prescrit.

« C'est à elle donc qu'il appartenait, en bonne politique, à elle exclusivement, et la question d'humanité y trouvait mieux son compte, de donner satisfaction pleine et entière à la conscience publique. Une commission internationale, composée d'hommes éminents, aurait assisté au châtiment de la ville coupable, et la sentence proclamée dans tout l'Empire eût produit son effet, sans préjudice d'aucun droit, sans aucun danger de complication européenne.

« Ce que nous craignons aujourd'hui, et nous nous appuyons dans nos craintes sur la lettre même de l'empereur Napoléon III au comte de Persigny, c'est que « *la question d'Orient ne soit de nouveau engagée.* » L'empereur Napoléon avoue que « les choses lui semblent bien embrouillées, grâce à la défiance semée partout depuis la guerre d'Italie, » et lord Palmerston nous disait aussi, il y a peu de jours, « qu'il est impossible à tout homme qui jette un coup d'œil sur la situation de l'Europe, qui voit et qui entend tout ce qui se passe, de n'être pas convaincu que l'avenir n'est pas exempt de dangers. Il est difficile, a-t-il ajouté, de prévoir où l'orage éclatera, mais l'horizon est chargé de nuages qui présagent la tempête. »

« En présence donc d'une pareille situation, de la Russie qui ne demande pas mieux que de voir l'Europe aux prises, des complications italiennes, des progrès de la révolution qui pourrait bien ne pas s'arrêter à la péninsule italique; en présence de la position prise par la France dans ces dernières années et des armements de l'Angleterre, la perspective doit sembler à tout le monde, comme à lord Palmerston, peu rassurante, et c'est pourquoi nous aurions voulu que l'on diminuât les occasions de conflit, au lieu de les multiplier. La bonne politique ne serait ainsi qu'une question d'humanité; seulement, au lieu d'être applicable à la Syrie en particulier, elle aurait une portée générale. »

Nous nous exprimions dans le même sens, lorsque cette nouvelle de l'intervention nous parvint en Syrie. La suite des événements ne nous a pas donné tort. Si la question d'Orient ne s'est pas trouvée de nouveau engagée, c'est grâce à la modération du gouvernement ottoman. L'intervention armée a eu pour résultat d'exaspérer les uns, d'encourager les autres et, en définitive, elle n'a produit aucun résultat heureux.

On verra, dans la suite de ce récit, les scènes de vengeance, les massacres partiels que les Maronites ont commis sur les Druzes isolés. On verra, disons-nous, que cette intervention n'a servi, ni à prévenir de nouvelles horreurs, ni à punir les auteurs de celles qui avaient été commises.

Le seul bien qui en soit résulté, c'est que les yeux de six mille Français se sont dessillés et qu'ils ont vu aussi clair que nous dans cette malheureuse question de Syrie. Ils sont venus pour défendre les chrétiens, ils sont repartis en éprouvant, au lieu de pitié, des sentiments tout opposés pour leurs coreligionnaires.

CINQUIÈME PARTIE

XXIII

Fuad-Pacha, en arrivant à Beyrouth, organise une commission de secours. — Proclamation du commissaire impérial. — Diverses correspondances de Beyrouth et de Damas sur les premières mesures prises par le plénipotentiaire, et sur la situation de la Syrie, après son arrivée à Beyrouth. — La nouvelle d'une intervention militaire produit le plus fâcheux effet. — Instructions de Fuad-Pacha en vue du débarquement des troupes françaises et proclamation aux troupes ottomanes. — Réponse du commissaire impérial à une lettre de son délégué, Abro-Effendi, qui lui signalait des rumeurs malveillantes sur un prétendu ralentissement d'action à Damas, où huit cents individus avaient été arrêtés, et cinq cents jugés en quelques jours. — Quelle a été la conduite de Fuad-Pacha? Nouvelle série de lettres de Beyrouth et de Damas qui la font connaître. — Indication sommaire des peines infligées, et des secours accordés aux victimes. — Memorandum de Fuad-Pacha résumant son œuvre de répression à Damas. — Exécution d'Ahmet-Pacha.

Fuad-Pacha, accompagné de plusieurs bataillons de troupes éprouvées, était arrivé à Beyrouth le 17.

Jamais mission n'avait été aussi difficile que celle qui lui était confiée. Il lui fallait en même temps commander l'armée, rendre la justice, organiser des secours, administrer une province aussi grande qu'un royaume, organiser tous les services, pourvoir à tous les emplois, présider une commission, maintenir l'ordre dans un pays profondément troublé, relever des populations abattues, les arracher du découragement, leur rendre confiance, et tout cela avec des troupes insuffisantes et des ressources que l'état financier de la Turquie rendait précaires. Général, magistrat, diplomate, administrateur, les yeux de l'Europe et du monde entier étaient sur lui. Mais si ardue que fût la tâche, il se sentait la force de la mener à bonne fin. Dans ses yeux on lisait la volonté de prouver à tous que la Turquie possédait encore des hommes dévoués et énergiques. Avec son esprit observateur, il saisit d'un coup d'œil ce qu'il avait à faire.

Son premier soin en arrivant fut d'organiser une commission de secours pour tous les malheureux qui s'étaient réfugiés à Beyrouth.

Cette commission fonctionne encore maintenant, et si des critiques amères ont atteint tous les actes du gouvernement turc, personne n'a osé du moins attaquer cette institution qui, pendant plus de seize mois, a préservé des milliers d'hommes de la faim et du froid.

Le firman qui investissait Fuad-Pacha de pleins pouvoirs fut lu le 19, et le commissaire ottoman faisait publier dans toute la Syrie la proclamation suivante :

Peuples de Syrie,

La guerre civile qui a éclaté dans le mont Liban entre les Maronites et les Druzes et fait couler des torrents de sang, a excité l'indignation et les regrets de S. M. le Sultan, dont la justice et la miséricorde s'étendent à tous ses sujets également et sans distinction.

Il est tout à fait contraire aux sentiments de Sa Majesté que tout individu ou population, pour quelque raison que ce soit, ou d'aucune manière, attente aux droits d'autrui. Par conséquent ceux qui trangressent ces ordres sont regardés comme rebelles envers le gouvernement. Désormais, après la constatation des excès commis par les habitants du Liban, toute trace d'hostilité doit disparaître.

Je suis venu avec une commission impériale, indépendante et extraordinaire, pour punir ceux qui ont perpétré ces crimes. La nature de mes pouvoirs est constatée par le haut firman qui m'a été adressé. Il fera connaître la justice de S. M. le Sultan qui donne refuge aux opprimés et inflige des punitions aux oppresseurs.

Je remplirai ma charge avec une parfaite impartialité. Que tout soit en paix.

Pour ce qui regarde les familles qui ont été expulsées de leurs maisons, je me charge de leur subsistance et j'aurai soin qu'elles soient pourvues de moyens d'existence. Ainsi leur seront manifestées la compassion et l'équité souveraines.

Que les hostilités cessent partout. Dès aujourd'hui les troupes impériales, sous notre commandement, agiront contre le parti qui transgressera ces ordres et qui commencera les hostilités, et nous punirons sur-le-champ les fauteurs de tout désordre. Tout en mettant un terme aux dissensions, nous avons aussi à notre disposition des moyens extraordinaires pour juger les cas d'un caractère criminel affectant les individus. Que chacun donc, grand ou petit, nous fasse connaître librement ses griefs et nous lui prêterons la plus grande attention.

Que ceci soit connu de tous.

Voici une série de correspondances de Beyrouth sur les événements de cette époque.

Beyrouth, 24 juillet.

« Enfin nous sommes tranquilles. Fuad-Pacha, muni de pleins pouvoirs, est arrivé accompagné de plusieurs bataillons. L'état du pays autour de notre ville est calme. Une sorte de paix ayant été conclue entre les Maronites et les Druzes, ces derniers sont rentrés chez eux. Fuad-Pacha s'occupe de rétablir la confiance dans l'autorité. Il a ordonné à Hourshid-Pacha de visiter avec une corvette les côtes jusqu'à Latakié; mais c'est plutôt pour prendre en son absence des informations précises sur la conduite qu'il a tenue pendant ces malheureux événements.

« Le vice-amiral Mustapha-Pacha a mis à la voile pour l'autre partie de la côte, jusqu'à Acre. Un des membres catholiques de la mission du plénipotentiaire, Franco-Effendi l'accompagne, chargé de distribuer des secours à ceux qui ont souffert des derniers événements et qui sont réfugiés dans les ports de mer.

« Ahmet-Pacha, l'ex-muchir de Damas, est arrivé ici; il a été mis aux arrêts, après qu'on lui eut retiré son sabre et ses décorations. Toutes les apparences sont contre lui. Un fonctionnaire doit savoir, au moment du danger, payer de sa personne et ne pas abandonner son poste, en s'enfermant, comme il l'a fait, dans la citadelle.

« Le pacha, que quelques personnes ont pu approcher, allègue pour son excuse que n'ayant pas une force suffisante pour maîtriser l'insurrection, il a voulu du moins se maintenir dans le château qu'il pouvait défendre, et ne pas s'exposer à tomber entre les mains des insurgés, ce qui aurait rendu l'événement infiniment plus grave, en même temps qu'il se privait du moyen de donner refuge aux chrétiens qu'il voulait sauver.

« Ahmet-Pacha sera embarqué ce soir sur le *Taïf*, qui retourne à Constantinople.

« Les nouvelles de Damas sont relativement bonnes. Mohammer-Pacha y était arrivé avec des troupes; le désordre avait cessé. Beaucoup de personnes se trouvent encore enfermées dans les endroits où elles ont trouvé asile dès les premiers jours.

« On m'assure qu'on ne tardera pas à arrêter Hourshid-Pacha, ainsi que son kéhaya et un certain Ahmed-Effendi, *emlak mudiri*. Comme je vous le disais plus haut, Fuad-Pacha a voulu éloigner le premier pour recueillir le plus d'informations possible sur son compte. Il paraîtrait qu'elles ne sont pas en faveur de notre ex-gouverneur. »

Beyrouth, 29 juillet.

« Comme je vous l'ai annoncé Hourshid-Pacha a été arrêté. Voici dans quelles circonstances. A peine débarqué, le commissaire extraordinaire du Sultan ordonna à Hourshid-Pacha d'aller faire une tournée jusqu'à Latakié à bord de la corvette à vapeur l'*Izmir*, pour s'enquérir de l'état des esprits dans cette partie de la Syrie et y empêcher tout désordre. Fuad-Pacha, en éloignant de Beyrouth le gouverneur, avait pour but d'ouvrir une enquête sur la conduite qu'il a tenue pendant les derniers événements, et de mettre ainsi à l'aise, par son absence, les personnes appelées à témoigner. L'enquête commencée, Fuad-Pacha n'a pas tardé à acquérir les preuves de la culpabilité de Hourshid. Une semaine après, il le rappela de Latakié, et, sans le laisser débarquer, S. E. donna l'ordre au commandant de l'*Izmir* de le mener à Constantinople. Le même jour ont été arrêtés Vassi-Effendi, kéhaya de Hourshid-Pacha, et Ahmed-Effendi, *emlak mudiri*, accusés d'avoir entretenu des relations avec les chefs druzes.

« On a de plus mis aux fers le lieutenant-colonel Osman-Bey, qui, après avoir fait rendre les armes aux chrétiens, les a livrés aux Druzes à Hasbeya; Abdul-Selam-Bey, caïmakam militaire de Deïr-el-Kamar; Tahir-Effendi, caïmakam civil de la même ville; deux bimbachis qui y commandaient aussi. Les soldats qui se trouvaient à Hasbeya, Racheya et Deïr-el-Kamar ont été envoyés enchaînés à bord des vaisseaux turcs mouillés ici.

« Le vice-amiral Inglizli-Moustapha-Pacha a été nommé gouverneur provisoire à Beyrouth. Le 26 juillet, Fuad-Pacha annonçait cette nouvelle aux consuls par la circulaire suivante.

Beyrouth, le 26 juillet 1860.

Fuad-Pacha a l'honneur d'informer MM. les consuls des puissances amies résidant à Beyrouth que, ayant jugé nécessaire de suspendre de ses fonctions gouverneur général de Saïda, Hourshid-Pacha, il vient de confier l'administration intérimaire de cette province à l'amiral Moustapha Pacha, commandant en chef des forces navales de S. M. le Sultan dans la Méditerranée.

En portant cette décision à la connaissance de M. le consul général de..... le ministre des affaires étrangères, en mission extraordinaire en Syrie, a le ferme espoir que le gouverneur *ad interim*, par les qualités qui le distinguent, imprimera aux relations des autorités locales avec le consulat de..... la meilleure harmonie, et saura répondre à la confiance dont il vient d'être l'objet.

Fuad-Pacha saisit, etc.

Signé : Fuad.

« Fuad-Pacha a quitté Beyrouth hier pour Damas ; il a emmené avec lui deux bataillons de troupes et six pièces d'artillerie. Il a exprimé publiquement sa détermination d'agir avec la plus grande rigueur.

« Hier au soir est arrivé de Constantinople un vapeur portant des dépêches pressées pour le commissaire, en conséquence de la réception à la Porte de l'avis des événements de Damas. Un courrier a été expédié à Fuad-Pacha.

« Avant son départ, le plénipotentiaire a envoyé Franco-Effendi et l'évêque Tobia dans le Kasrawan pour tâcher d'amener une réconciliation entre les paysans et les cheikhs Kazen qui ont été expulsés du Liban.

« Je dois vous dire un mot de la mission de Fuad-Pacha ; elle est composée d'Abro-Effendi, directeur de la correspondance française au ministère des affaires étrangères, un des fonctionnaires les plus intelligents de la Porte ;

« Franco-Effendi, directeur du bureau du contentieux à la Sublime Porte, qui s'est élevé par son seul mérite à ce poste élevé ; il est originaire de Syrie et parle cinq ou six langues ;

« Danish-Effendi qui, malgré sa jeunesse, a su mériter la confiance de Fuad-Pacha ;

« Constant-Effendi et Arzuman-Effendi, secrétaires-traducteurs, qui ont déjà rempli avec honneur plusieurs missions.

« Les attachés turcs sont : le grand mufti Chirvan-Zade-Méhémet-Effendi, qui a une grande réputation d'activité, de probité et de savoir.

« Chevketi-Effendi, le premier secrétaire, dont on dit beaucoup de bien.

« Les aides de camp de Fuad sont : le lieutenant-colonel Hassan-Bey (Oreilly), le lieutenant-colonel Reouf-Bey, Mustapha-Effendi-Djemil-bey. Je ne les connais pas assez pour vous en parler, mais puisque Fuad-Pacha les a choisis, il faut qu'ils aient vraiment du mérite.

« Nous avons en rade une flotte formidable ; voici comment elle est composée :

« Ottomans. Vaisseaux de ligne : le *Fethié* et le *Shaadié*, à hélice et de quatre-vingt-dix canons ; frégate à hélice le *Geylan*, de quarante-quatre canons ; deux autres frégates de trente-trois et quatorze ; quatre corvettes de vingt et seize canons.

« Anglais. Le *Marlborough*, de cent trente canons, avec le vice-amiral Martin, arrivé le 24 ; deux autres de cent et quatre-vingt-dix canons, et une frégate.

« Français. Le vaisseau à hélice de cent canons, l'*Eylau*, portant le pavillon du contre-amiral Jehenne ; le *Donawerth*, de quatre-vingt-dix canons, et deux avisos. La frégate autrichienne *Radetzky* est attendue.

« Quatre canonnières à vapeur hellènes transportent constamment des émigrants en Grèce ou font le service des côtes. »

30 juillet.

« La tranquillité est parfaite. La confiance se rétablit de plus en plus. Les consuls conçoivent cependant quelques inquiétudes au sujet de l'arrivée de Fuad-Pacha à Damas. Des lettres de la Palestine et du reste de la Syrie que je viens de recevoir, donnent des nouvelles satisfaisantes.

« Un courrier est arrivé hier de Constantinople. On le dit porteur de la nouvelle de l'envoi de troupes européennes en Syrie. Nous ne savons rien d'officiel à ce sujet, mais tout fait penser qu'il y aura une intervention armée.

« Le colonel d'état-major d'Osmond est arrivé ce matin à onze heures (voie d'Alexandrie). On assure qu'il vient préparer le camp et des approvisionnements pour une armée de six mille hommes. »

30 juillet au soir.

« Le consul de France a réuni chez le doyen, M. Moore, consul d'Angleterre, tous les consuls en conférence, et il leur a annoncé la prochaine arrivée des troupes françaises dont le débarquement est, a-t-il dit, autorisé par la Sublime Porte; puis il s'est rendu chez Moustapha-Pacha à qui il a annoncé officiellement ce qui précède.

« Si je ne connaissais pas Fuad-Pacha, j'aurais craint qu'une nouvelle de ce genre ne le décourageât dans sa grande et terrible mission. Heureusement il saura, pour le bien général, refouler ses sentiments dans son cœur. »

1er août.

« Hier matin, Seïd-Pacha est arrivé de Constantinople par le vapeur des messageries, il est chargé de maintenir l'ordre et la tranquillité à Jérusalem.

« Je viens de recevoir une lettre d'Alep. Dans aucune classe de la population il ne se manifeste de velléité de désordres; toutes, au contraire, sont animées du désir de concourir au maintien de la tranquillité.

« La nouvelle qu'un corps expéditionnaire français vient en Syrie, est répandue sur tout le littoral. Je crains qu'au lieu de calmer l'animosité, cette intervention ne l'excite à tel point, qu'on ne saurait dès aujourd'hui prévoir les conséquences fâcheuses qui en résulteront.

« Ismaïl-Pacha (Kmety) est allé faire une tournée pour inspecter les troupes.

« Nous attendons les premiers actes de Fuad-Pacha. Les yeux de l'Europe sont tournés vers lui. Je suis persuadé qu'il ne faillira pas à sa tâche.

« Franco-Effendi, envoyé dans le Kasrawan, en est arrivé hier. Sa mission s'est bornée pour le moment à la distribution de secours destinés à soulager les pauvres. Une commission de prélats s'est formée dans la Montagne sous la présidence du patriarche. Les notables des villages environnants y ont été appelés. On a rédigé une supplique au sultan assurant que le Liban était prêt à se soumettre à la volonté du gouvernement, dans la question des cheikhs. Des copies en ont été envoyées dans les divers villages pour recevoir des signatures.

« Deux villages assez considérables ont adhéré à la requête des prélats; d'autres n'ont pas voulu signer, sous prétexte qu'ils ne s'étaient point révoltés contre les cheikhs, pour avoir aujourd'hui à faire leur soumission. Ils ont en conséquence proposé de présenter une requête dont la teneur fût conforme à leur situation. Cette solution n'a été acceptée ni par le patriarche ni par l'évêque Tobia.

« Ces deux prélats font étalage de fidélité au gouvernement.

« A Djouni, vingt mille piastres ont été remises à Joseph Caram. Il a été nommé président de la commission des secours pour cette partie de la Montagne.

« Hier, vers le soir, M. Medawar, drogman du consulat de France, s'est rendu chez Moustapha-Pacha pour lui annoncer que, suivant certains propos qui lui avaient été rapportés, un massacre devait avoir lieu dans la nuit.

« Des mesures de précaution ont été prises, mais rien n'est venu dans la soirée inquiéter le public. »

2 août.

« Les Druzes, du côté de Deïr-el-Kamar, sont dans une grande excitation; ils ont appris la nouvelle de l'expédition française, et ils tiennent de fréquents conciliabules, car ils s'attendent à une sévère punition. Ils sont prêts, me dit-on, à se retirer dans le Hauran au premier mouvement hostile.

« Ici le parti français, surtout les jésuites, travaille à amener une réconciliation entre Joussouf Karam et Béchir Ahmet. Le premier ne paraît pas disposé à l'accepter; mais il ne serait pas possible, l'acceptât-il, de maintenir le caïmakan à son poste.

« Nous venons d'apprendre officiellement, qu'en outre de l'envoi d'un corps d'armée, les cinq puissances nommeraient des commissaires extraordinaires qui viendraient rechercher l'origine et les causes des événements dont la Syrie a été le théâtre, apprécier l'étendue des désastres et prévenir le retour de semblables calamités.

« Ce matin, le comte Bentivoglio et le colonel d'Osmond se sont rendus chez Abro-Effendi, délégué de Fuad-Pacha, pour s'entendre avec lui sur le débarquement du sous-intendant militaire et de son personnel, composé d'un comptable et de vingt-huit ouvriers d'administration qui sont arrivés par le paquebot français, ainsi que de cinquante tonneaux à peu près de provisions.

« Le gouverneur intérimaire de la ville a fait venir au palais les principaux habitants et leur a annoncé que le sultan avait accepté le concours des Européens pour le rétablissement de la tranquillité.

« Les Turcs ne voient pas avec plaisir cette intervention, mais ils comprennent la nécessité où s'est trouvée la Porte de la subir, et ils se taisent.

« Joussouf-Karam est allé aujourd'hui chez Moustapha-Pacha. Il lui a dit qu'il s'était directement rendu chez le caïmakam maronite pour lui proposer de l'accompagner au sérail ; que Béchir-Ahmet avait refusé, et qu'il venait seul offrir ses services. Le gouverneur l'a chargé d'une mission auprès des malheureux qui s'étaient réfugiés à Beyrouth après les derniers événements. Joussouf s'est retiré très-content.

« Le lazaret a été converti en hospice. Plusieurs baraques ont été construites, et on en prépare d'autres. On y fait de larges distributions de tout ce qui est nécessaire. »

Damas, 4 août.

« Enfin, nous pouvons respirer. Fuad-Pacha est dans nos murs, et tout ce que j'ai vu jusqu'à présent me donne la certitude qu'une répression éclatante sera exercée sur les assassins et les pillards.

« Après être resté quelques jours dans une inaction apparente, pour se rendre compte de l'état de choses, il a commencé à agir le lundi 3 août. Dans la journée, il a fait procéder à l'arrestation de trois cent trente individus qui lui avaient été signalés comme les plus compromis dans les massacres, vols et viols, qui ont été perpétrés ici. A l'heure où je vous écris, le nombre des arrestations dépasse quatre cents.

« Une grande partie des effets et meubles dérobés, et les objets précieux cachés soigneusement, ont été retrouvés. Je crois savoir que les notables qui sont gravement compromis, et dont Fuad-Pacha se sert aujourd'hui pour la réussite de son plan, seront arrêtés demain ou après demain. Ces personnes, en ce moment, livrent elles-mêmes les coupables, croyant se mettre à couvert par ce feint empressement à servir l'État.

« Un conseil extraordinaire a été nommé, aussitôt les arrestations commencées ; il se réunira pour prononcer les sentences.

« La terreur est parmi les Turcs. Pendant toutes ces arrestations, la plus parfaite tranquillité a régné dans la ville. Les honnêtes gens qui avaient condamné les massacres, ont donné un grand appui moral à Fuad-Pacha par leur calme.

« Quant aux mutins qui auraient peut-être voulu faire de la résistance, ils ont été saisis d'une peur panique à la vue de l'attitude déterminée des officiers et soldats qui certes ne les auraient pas épargnés...

« On vient d'apprendre ici qu'un corps expéditionnaire de troupes françaises arrive en Syrie. L'émotion a été grande, mais les Turcs n'ont rien dit. Quant aux chrétiens, ils sont dans la joie. »

Voici les instructions que Fuad-Pacha faisait parvenir, le 4 août, aux autorités de Beyrouth, à l'annonce de l'arrivée prochaine des troupes françaises.

..... D'après ce qu'on m'écrit de Constantinople, l'arrivée prochaine d'un corps expéditionnaire anglo-français paraît décidée. Comme d'un côté, les troupes dont nous disposons sont plus que suffisantes pour maintenir la tranquillité publique et punir sévèrement les coupables, et que ces soldats sont animés d'un vrai patriotisme ; et que, d'un autre côté, nous sommes parvenus à arrêter tous les gens mal famés qui pourraient amener des perturbations, cette intervention me paraît inutile. Je désirerais d'autant plus qu'elle ne s'opérât pas que j'ai la ferme persuasion que le premier soldat qui arriverait dans l'intérieur d'une ville y ferait naître une émotion capable de détruire tous les bons résultats obtenus depuis mon arrivée dans ce pays... Dans tous les cas, l'entente ayant eu lieu entre la Porte et les puissances, nos autorités doivent, à l'arrivée des officiers et des détachements, leur faire un accueil bienveillant et cordial, les aider en tout ce qui concerne leur installation et leur approvisionnement. Ce qui serait à désirer dans l'intérêt de l'affaire même, c'est qu'ils ne s'avançassent pas dans l'intérieur du pays et qu'ils ne fissent rien sans m'en donner avis...

Voici maintenant la proclamation que le plénipotentiaire adressa aux troupes impériales pour leur annoncer l'arrivée du corps auxiliaire des troupes européennes.

Camarades !

Quelques troupes françaises et anglaises vont arriver dans cette contrée. Les puissances de l'Europe, dans leur constant désir de voir notre pays jouir de la tranquillité, ont voulu nous aider à réprimer les troubles qui ont eu lieu dans ce pays, et le gouvernement ottoman a accepté leur assistance, afin de montrer la confiance qu'il met en ses alliés.

Vous n'ignorez pas que ces troupes appartiennent à ces mêmes puissances qui, à une autre époque, nous ont prêté un si grand secours. Vous remplirez donc envers elles les devoirs de bons camarades. Vous êtes chez vous, et ces troupes seront vos hôtes : vous vous acquitterez donc des devoirs qu'impose l'hospitalité. Et elles verront comme vous savez servir les sentiments de justice de notre souverain et respecter la discipline et l'honneur militaires; elles verront que vous n'avez pas besoin d'être secondés ni encouragés pour punir les auteurs du crime commis sur les chrétiens, vos compatriotes au même titre que nous, et pour en tirer vengeance au nom de l'humanité !

Beyrouth, 8 août.

« Aujourd'hui la rumeur s'est répandue que les Druzes menacent encore les chrétiens de Hasbeya et de Racheya. J'espère qu'il n'y a là rien de fondé.

« Un vapeur ottoman est arrivé aujourd'hui de Constantinople, porteur de dépêches pressées pour le commissaire du Sultan. On assure qu'Ahmet et Hourshid-Pacha seront envoyés en Syrie pour être jugés sur les lieux mêmes de leur faute. On annonce aussi l'arrivée de nouvelles troupes turques.

« Les arrestations continuent à Damas ; hier elles montaient à six cents individus. »

Nous croyons utile de publier une lettre qu'Abro-Effendi écrivait le 13 août à S. E. Fuad-Pacha, et la réponse du commissaire impérial. C'est un chrétien qui parle :

J'ai reçu la dépêche que Votre Excellence a bien voulu m'écrire le 11 août, relative aux vivres des habitants de Deïr-el-Kamar. Par décision prise depuis le 6 août, leur ration de pain est supprimée dès aujourd'hui et une distribution d'argent leur est faite à raison de douze piastres par individu pour dix jours. Ils sont contents.

La charité aussi doit avoir ses bornes; elle ne doit pas être pratiquée de manière à encourager dans le pays la paresse et la mendicité. Je me suis donné toutes les peines du monde pour préparer une escorte de cinquante hommes et vingt tentes, afin de faire partir deux cents ouvriers pour la route de Damas : croirait-on qu'il m'a été impossible de faire partir ces deux cents individus ? Ils ont unanimement déclaré, à l'exception d'une dizaine, qu'ils étaient trop bien traités pour se décider à aller travailler sur la route. Il me parait indispensable d'employer la force à l'égard de ces gens plus robustes qu'ils ne l'ont jamais été...

Je reviens au point essentiel de la question. On parle dans le public d'un ralentissement d'action à Damas. On prétend même qu'il provient de ce que Votre Excellence n'est pas sûre de la troupe qu'elle commande. Le *Times* aussi publie un article de fond qui roule sur cette thèse et qui, tout en rendant hommage aux lumières et à l'énergie de Votre Excellence, se demande si les instruments qu'elle emploie obéiront aux mouvements de sa main. Les consuls de France et d'Angleterre m'ont paru alarmés de ces bruits quelque invraisemblables qu'ils soient. Je les ai rassurés en leur annonçant le départ, hier au soir, d'Ahmed-Agha et de sa suite, et leur ai dit que le retard apporté à l'exécution des coupables a peut-être un rapport avec l'arrivée de l'acteur principal du drame tragique de Damas.

S. ABRO.

Voici la réponse de Fuad-Pacha, elle est datée du 18 août 1860 :

J'ai reçu votre lettre datée du 15 août par laquelle vous m'entretenez d'une rumeur qui courait dans le public de Beyrouth à propos d'un soi-disant ralentissement d'action à Damas, ralentissement qu'on expliquerait en se plaisant à répandre le bruit que je ne suis pas sûr de mes troupes.

Il est superflu de répéter que les soldats qui sont avec moi sont tous dévoués et qu'ils verseront, s'il le faut, jusqu'à la dernière goutte de leur sang pour tirer vengeance de tout ce qu'on a fait contre les chrétiens et pour exécuter mes ordres. Tout Damas tremble à la vue des forces dont je dispose et devant les mesures énergiques que j'ai adoptées pour réprimer tout acte hostile aux chrétiens, et surtout parce qu'on a acquis la conviction que je n'épargnerai personne, et qu'au moindre signe de soulèvement, je brûlerai la ville.

J'espère que les personnes qui m'accusent d'hésiter à frapper les criminels auront assez de conscience pour ne pas demander leur condamnation sans une enquête sommaire, mais juste. Pour moi, les lois humanitaires et ma conscience me font un devoir de constater tout au moins superficiellement la culpabilité d'une personne avant de la frapper.

Quel est le tribunal qui, dans l'espace de sept à huit jours, aurait pu expédier le procès de plus de huit cents individus ? C'est cependant ce que le tribunal extraordinaire que j'ai nommé, a fait dans ce court laps de temps.

Dans ce procès extraordinaire, j'admets les simples déclarations des chrétiens comme preuves suffisantes pour établir la culpabilité des accusés.

Vous voyez bien que la main dont vous parlez frappe fort, tout en épargnant le peu d'innocents réclamés par des chrétiens qui attestent leur non-culpabilité.

Nos amis au moins devraient nous tenir compte de ce que nous avons fait et être un peu moins exigeants. Toutes les personnes qui aujourd'hui se récrient sur ma soi-disant lenteur seront les premières à reconnaître bientôt que j'ai agi avec la plus grande rapidité possible.

Quant à l'article du *Times* dont vous parlez, il n'y a pas à mettre un moment en doute qu'il ne soit dicté par un esprit de malveillance contre notre troupe.

Aussitôt l'arrivée de l'ex-gouverneur de Damas, que nous attendons ce soir, je commencerai son interrogatoire; après quoi, les exécutions se feront immédiatement.

Aujourd'hui les sentences de près de cinq cents individus ont été rendues; je vous en donnerai des nouvelles sous peu.

FUAD.

Les lettres qui précèdent n'ont pas besoin de commentaires. Elles font assez connaître l'homme à qui son souverain a confié la plus grave et la plus délicate mission qui se soit présentée dans tout un règne.

Nous venons de le voir, Ahmet-Pacha avait été envoyé en Syrie, pour répondre sur les lieux mêmes aux accusations portées contre lui. Arrivé à Beyrouth le 9, il fut immédiatement dirigé sur Damas, les fers aux pieds comme un criminel ordinaire.

Maintenant, examinons quelle a été la conduite de Fuad-Pacha.

Envoyé pour pacifier la Montagne, il apprit seulement à son passage à Chypre, la malheureuse affaire de Damas. Il se trouva en présence de deux questions qui, bien que de même nature, différaient l'une de l'autre par leur caractère local.

Il dut s'occuper de préférence de l'affaire de Damas, cette ville étant un grand centre de population et le théâtre d'un grand crime, pour lequel il fallait une répression exemplaire. Il dirigea donc toute son attention sur Damas, en prenant pourtant quelques mesures urgentes pour le maintien de l'ordre et de la tranquillité en Syrie.

La Montagne jouissait alors d'un calme momentané qui s'était produit à la suite d'une espèce de traité entre les chrétiens et les Druzes. Le commissaire ne l'avait pas reconnu, parce qu'une telle paix, après tant de malheurs, ne pouvait et ne devait pas être sérieuse, aux yeux de l'autorité souveraine. Il ne l'avait pas annulé, parce que, concentrant toutes ses forces sur Damas, il ne pouvait pas mener de front deux affaires aussi importantes[1].

Il quitta donc Beyrouth, quelques jours après son arrivée dans cette ville, et après avoir mis en jugement les fonctionnaires et les officiers accusés d'avoir manqué à leur devoir.

Aussitôt arrivé à Damas, il fit occuper militairement tous les

---

[1] Annexe n° 1 au procès-verbal de la neuvième séance.

quartiers de la ville et institua des commissions chargées d'opérer l'arrestation immédiate des assassins, des émeutiers, des pillards, etc. Ces commissions qui ont accompli cette tâche avec une célérité excessive, avaient fait écrouer dans les prisons d'État, le cinquième jour de leur institution, environ huit cents personnes, et avaient fait restituer une grande quantité d'objets pillés. Fuad-Pacha avait nommé d'office, pour l'instruction du procès des individus inculpés, un tribunal extraordinaire composé principalement de fonctionnaires faisant partie de sa mission. Les résultats des premiers travaux de ce tribunal se résument en cent onze coupables passés par les armes, cinquante-six pendus, cent quarante-cinq condamnés aux travaux forcés à perpétuité, cent quatre-vingt-trois condamnés à mort par contumace, et dont la sentence sera exécutée au fur et à mesure qu'ils seront saisis par les autorités civiles ou militaires, qui ont reçu des ordres spéciaux à cet effet. Le tribunal extraordinaire n'a pas un moment faibli; il a continué, il continue toujours ses travaux, en mettant en jugement les incriminés qui sont dénoncés par les chrétiens, et les personnes dont la culpabilité est mise à jour par l'interrogatoire des prisonniers. La sentence de neuf condamnés à mort, vingt-cinq aux travaux forcés, et cent cinq aux peines disciplinaires, a été prononcée et exécutée.

Le 15 août, le représentant du Sultan promulgua une ordonnance par laquelle il faisait sommation à tous les habitants des villes et des campagnes, sous peine d'encourir la peine de mort, d'avoir, dans le plus bref délai, à remettre aux autorités civiles et militaires, les hommes, femmes et enfants, même ayant embrassé l'islamisme, qui se trouveraient chez eux. Sur cette sévère proclamation, plus de cinq cents personnes qu'il a fait comparaître devant lui, qui se sont déclarées musulmanes, et dont un grand nombre persistaient à se maintenir dans cette religion, ont été rendues à leur culte primitif. Excepté un ou deux cas, tous ces individus étaient de la campagne; chassés et poursuivis par les Druzes, ils entraient dans les villages turcs, en se déclarant mahométans.

La justice, qui naturellement devait suivre son cours régulier, malgré le temps qu'elle absorbait, n'a pas fait négliger un moment au commissaire impérial les malheureux chrétiens qui ont si cruellement souffert, et il a fait de son mieux pour leur assurer, autant que possible, le bien-être, en attendant la réparation qui leur est dûe. Il a fait évacuer trois quartiers musulmans, et y a installé les chrétiens ; des maisons ont été réservées pour être affectées au service de tous les rites ; et, à Damas comme à Beyrouth, des comités de secours ont été organisés pour fournir des vivres et des secours en argent et en effets aux chrétiens. Fuad-Pacha a transformé l'école militaire de Damas en hôpital pour les femmes; quant aux hommes, leur admission à l'hôpital militaire a été décrété. Ordre a été donné aux médecins au service de l'Etat d'être toujours gratuitement à la disposition des chrétiens nécessiteux, et aux pharmaciens militaires de livrer des médicaments sans rien percevoir.

La ville de Damas, après avoir vu en un seul jour cent soixante-sept personnes exécutées, parmi lesquelles figuraient plusieurs notables qu'elle respectait et vénérait, a été frappée d'une punition qui l'a autant affectée que les exécutions dont elle avait eu le spectacle la veille : deux mille conscrits pour servir l'État lui furent demandés. Ces recrues ont été expédiées à Constantinople.

La tâche la plus difficile et à laquelle Fuad-Pacha a donné toute son attention, était de découvrir le complot qui a amené la catastrophe de Damas et les auteurs de ces funestes événements. Comme on avait, bien longtemps auparavant parlé dans la ville d'une émeute, et qu'on avait pris des mesures pour l'empêcher, on en pouvait induire l'existence d'un complot. En présence d'une accusation morale pesant sur les notables, et pour frapper dans sa source cette émeute qui a causé tant de mal à la ville de Damas, le plénipotentiaire ottoman a mis un soin tout particulier à obtenir des preuves établissant la préméditation. Dans toutes les instructions et dans tous les jugements, ce point a été l'objet d'une attention minutieuse.

Les membres du conseil de la ville, sans exception, et la plupart des notables du pays ont été arrêtés et mis en jugement, mais rien n'a établi leur participation à l'émeute. Les individus les plus influents, signalés comme pouvant y avoir trempé, ont subi un interrogatoire qui a duré plus de trois mois. Toutes les perquisitions ou enquêtes n'ont pu établir leur culpabilité, comme auteurs ou provocateurs des crimes de Damas. Cependant, comme ils n'avaient pas pris les mesures nécessaires pour empêcher les désordres, et qu'ils auraient pu peut-être, par leur influence, arrêter la frénésie de la populace, le plus considérable parmi eux, le cheikh Abdullah-el-Haleby, a été condamné à la réclusion perpétuelle dans une forteresse et sa famille bannie de la ville de Damas; Nassib-Pacha, Zadé Abdullah-Bey, Hassebi Zadé, Hahmed-Effendi et Admi Zadé Mohammet-Bey, tous à quinze ans de détention dans une citadelle; le mufti Tahir-Effendi et Kaze Zadé Eumer-Effendi, à dix ans de réclusion; Azmi Zadé Abdallah-Bey, son fils Ali-Bey, Ahmed Nakib-Effendi et Farrouck Zadé Abdu-Hadi-Effendi, à trois ans d'exil. Les biens des condamnés à la détention ont été séquestrés. Quant à des peines plus fortes, le tribunal extraordinaire n'a pu obtenir des preuves suffisantes pour les prononcer. Les condamnés à la réclusion sont envoyés à Chypre dans l'attente d'une aggravation de peine, s'il y a lieu. En même temps que le commissaire infligeait ce châtiment à la ville de Damas, il poursuivait l'instruction et le jugement des autorités militaires, compromises dans les événements de Syrie. Un conseil de guerre jugeait Ahmet-Agha, l'ex-muchir, et quelques officiers. Fuad-Pacha instituait un jury militaire, choisi parmi les officiers de toutes armes, depuis le grade de sous-lieutenant jusqu'à celui de colonel, pour prononcer en dernier ressort sur leur culpabilité. Ce jury les déclara coupables comme n'ayant pas fait leur devoir, et condamna l'ex-muchir, un colonel, deux lieutenants-colonels et deux majors à être fusillés, et deux majors à la dégradation et à la réclusion perpétuelle. Excepté un lieutenant-colonel et deux majors qui se trouvaient à Deïr-el-Kamar et à Beït-Eddin, et dont la confrontation avec les accusés de Beyrouth pouvait être nécessaire, tous furent exécutés publiquement devant la garnison de Damas, conformément aux règlements militaires.

Le rapport qu'on vient de lire résume la conduite du plénipotentiaire ottoman. Nous continuerons pourtant à mettre sous les yeux de nos lecteurs les correspondances de Beyrouth et de Damas qui nous sont parvenues à cette époque.

Beyrouth, 12 août.

« Ahmet-Pacha, l'ex-séraskier et gouverneur général de Damas, est retourné à Beyrouth le 8 courant. Il sera suivi de près par Hourshid-Pacha.

« Un ordre de Fuad-Pacha est arrivé au commandant de la garnison Ismaïl-Pacha (Kmety) d'envoyer un bataillon de troupes pour protéger les chrétiens de Hasbeya et de Racheya. Les troupes doivent attaquer les Druzes, s'ils leur voient prendre des dispositions menaçantes contre les chrétiens. Les Druzes sont dans l'anxiété. Ils ont eu une assemblée générale des cheikhs à Arkoub pour décider quelle ligne de conduite ils ont à tenir. Ils ont résolu de se retirer dans l'intérieur, si les troupes étrangères les attaquent et d'adresser des mémoires aux gouvernements turc et anglais contre tout injuste traitement.

« A Damas, Fuad-Pacha agit avec autant de vigueur que de célérité. Il n'a pas arrêté moins de huit cents individus. Un musulman qui avait tenté d'empoisonner un chrétien a été exécuté.

Beyrouth, 16 août.

« Ce matin est arrivé le général de Beaufort d'Hautpoul avec deux bataillons de troupes françaises.

« Ahmet-Pacha, dont je vous ai annoncé l'arrivée, a été envoyé à Damas avec divers autres officiers compromis.

« Le gouverneur de Saïda a été rappelé et des mesures excellentes ont été prises. Les commandants militaires détachés à Hasbeya et Racheya, par Hassan bey (Oreilly), ainsi que le bataillon stationné sur les limites des districts druzes et chrétiens ont reçu l'ordre écrit de faire feu sur les Druzes, s'il était nécessaire. »

Damas, 9 août.

« Les arrestations continuent; tous les Turcs tremblent et vont chercher chez les Européens de bons témoignages de leur conduite; leur ton est entièrement changé. Près de sept cent cinquante individus sont arrêtés, mais, dans les premiers jours, aucun notable n'avait été saisi. Ce n'est que depuis hier que Fuad-Pacha a fait main-basse sur plusieurs qui lui auraient été signalés comme coupables. »

Beyrouth, 21 août 1860.

« Depuis quatre jours le débarquement des troupes françaises se poursuit. Il y a jusqu'à présent quatre mille cinq cents hommes. Le corps expéditionnaire sera de six mille hommes dont mille de cavalerie.

« Cette intervention n'a pas fait plaisir aux Turcs indigènes et moins encore aux Druzes. On prête même à ceux-ci des propos assez belliqueux. Les chrétiens de leur côté se remuent un peu trop. Maintenant qu'ils voient le danger écarté pour eux et qu'ils se sentent encouragés par les sympathies de l'Europe, il s'opère chez eux une réaction qui pourrait avoir des conséquences fâcheuses. A mon point de vue, ils feraient beaucoup mieux d'être plus calmes et plus réservés dans leurs allures et leurs discours.

« Notre gouverneur provisoire a envoyé un officier supérieur et la musique d'un régiment pour recevoir les troupes françaises au débarquement.

« Hourchid-Pacha est de retour de Constantinople.

« Ahmet-Pacha Kaisserly, nouveau gouverneur de cette province, est arrivé avant-hier. On dit beaucoup de bien de ce fonctionnaire, mais je ne veux pas porter un jugement sur lui avant de l'avoir vu à l'œuvre. »

Beyrouth, 22 août.

« La poste arrivée ce matin de Damas nous a apporté la nouvelle que Fuad-Pacha a fait pendre cinquante-sept individus et fusiller cent dix autres appartenant à la police locale. La plus grande stupéfaction règne dans cette ville. »

Beyrouth, 26 août.

« Les arrestations continuent à Damas. Neuf autres exécutions ont eu lieu. Fuad-Pacha a fait saisir le cheikh Abdullah Halebi, que les Turcs considéraient comme saint, et son procès s'instruit. »

Damas, 20 août au soir.

« C'est une journée bien triste que celle d'aujourd'hui pour les musulmans de Damas. Cinquante-sept cadavres sont suspendus à des gibets dans plusieurs parties de la ville, et parmi les exécutés il y a des gens appartenant à la plus haute notabilité. Cent dix militaires ont été fusillés. Damas est frappée de terreur.

« L'interrogatoire d'Ahmet-Pacha a commencé avant-hier. Rien n'en a transpiré.

« Fuad-Pacha a fait évacuer une partie du quartier turc et y a fait installer les chrétiens qui étaient sans abri.

« Trois cents condamnés au bagne ont été acheminés sur Beyrouth pour être envoyés à Constantinople. Je doute que jamais plus terrible punition ait été infligée. L'exemple est foudroyant. Je présume que le pire est fait de la pénible et douloureuse mission dont Fuad-Pacha a été chargé, et qu'il n'y a plus qu'à glaner dans ce champ de justice.

« Le gouvernement turc avait promis qu'il se montrerait sévère, et vous voyez qu'il tient sa promesse. Fuad-Pacha, en acceptant la triste tâche d'aller en Syrie rendre une justice exemplaire, remplit son mandat dans toute son étendue. Bien que s'appuyant sur des troupes disciplinées et accoutumées au devoir, il n'a voulu négliger aucune précaution pour protéger les chrétiens contre toute manifestation hostile dans le cas où des fanatiques auraient la folie de tenter un coup de tête au milieu de la prostration générale des musulmans. Il a fait évacuer la ville à tous ceux qui n'y possédaient plus aucun moyen d'existence, et quant aux indigènes ou étrangers chrétiens à qui leurs intérêts ne permettaient point de s'éloigner de Damas, Fuad-Pacha les a réunis dans un des meilleurs quartiers, où ils demeurent en paix sous la surveillance directe de Son Excellence.

« Dans le nombre des condamnés envoyés au supplice, on apprendra en Europe qu'il s'en trouvait de très-marquants par leur position élevée, leur nom ou leur fortune : des officiers de l'armée, des primats du pays; enfin des cheikhs dont la personne, on le sait, est en vénération parmi les musulmans, ont été jugés avec la même impartialité que les derniers du peuple; et, reconnus passibles de la peine capitale, ils ont subi sans retard la punition qu'ils avaient encourue. En procédant ainsi avec une égale équité envers tous les coupables, la commission judiciaire de Damas a répondu victorieusement aux appréhensions manifestées par certains organes de la publicité en France, qui redoutaient que les victimes destinées à expier les sanglantes journées des 10 et 11 juillet ne fussent choisies dans la lie du peuple. »

20 août.

« Notre attente n'a pas été trompée. Fuad-Pacha, après avoir pris les allures d'un renard, agit en lion. Aujourd'hui nous avons été conviés au spectacle d'un châtiment horrible, mais nécessaire : soixante-trois coupables ont été pendus et cent dix fusillés. Des centaines de personnes, parmi lesquelles de fort marquantes, sont condamnées aux galères. Les arrestations continuent.

« Parmi ceux qui ont été fusillés, on compte trois des beys les plus influents. Mais ce qui, plus que ces terribles exécutions, a rempli les Turcs de stupéfaction et d'effroi, c'est l'arrestation des trois plus fameux cheikhs du pays.

« L'Europe verra que le Sultan, en promettant une prompte et éclatante justice, ne faillit point à sa parole. »

23 août.

« Aujourd'hui partent pour Beyrouth environ quatre cents personnes condamnées au bagne de Constantinople. On scelle les maisons de ceux qui sont condamnés à mort. Il paraît que ces propriétés sont confisquées au profit.

« On donne à chaque chrétien un pain et cinquante paras par jour, et aux enfants vingt-cinq paras. »

24 août.

« D'après l'ordre de Fuad-Pacha, il n'est pas permis aux chrétiens qui n'ont ni parents ni amis à Beyrouth, de partir pour cette ville. Il y avait plus de cinq cents personnes qui se préparaient à s'y rendre, mais cette mesure les a arrêtées.

« Une commission, composée de chrétiens, a été instituée pour veiller à l'exécution de cet ordre.

« L'autorité locale tient note exacte de tous les objets volés sur lesquels elle peut mettre la main. Elle délivre ceux dont les propriétaires se présentent, après avoir constaté que ces objets leur appartiennent réellement.

« Ali Ferhat-Bey, chef des trois cents bachi-bozouks rebelles, a été élargi, ayant été reconnu innocent, ainsi qu'une partie de ses gens.

« Le bazar, après la prière d'aujourd'hui, a été ouvert par les Turcs, qui ont un peu repris courage. Un tailleur chrétien étranger a aussi ouvert sa boutique. »

25 août.

« J'ai pu avoir une note des dépenses faites par l'autorité locale, dans l'espace de quatorze jours, pour les habitants chrétiens. La voici :

« En souliers.	P.	82,000
« En pain.	»	222,000
« En espèces.	«	224,000
« Divers.	«	210,000
« Ensemble :	P.	738,000 »

26 août.

« Un garçon âgé de dix-sept ans, qui, pour se soustraire au massacre des terribles journées, avait embrassé l'islamisme, revenait hier du quartier musulman à celui des chrétiens, lorsqu'il se vit poursuivi par deux Turcs qui lui lancèrent des pierres et le blessèrent. Je ne sais pas encore si ces deux individus ont été arrêtés.

« Quand le cheikh Missaïh Abdullah-Halebi a été arrêté, Fuad-Pacha lui demanda si dans son quartier il y avait des objets volés. Il jura qu'il n'y en avait point, ce qui n'empêcha point Fuad-Pacha de faire faire tout d'abord une visite domiciliaire chez lui, et l'on y trouva la couronne du patriarche grec.

« A la date d'hier, le nombre des coupables fusillés montait à cent dix-sept, et celui des pendus à soixante-six. Parmi les premiers on compte le *col-aghassi* (chef de bataillon) Chamdininoglou Ismaïl-Aga; le fils de Hassip-Bey, président du grand conseil, le colonel Ali-Bey; et parmi les pendus trois fils de Nessib-Pacha Zadé, Hassan-Bey, Moustapha-Bey et Aly-Bey; un fils du cheikh Sebaï, Saïd-Effendi, employé au grand *mehkémé*; Moustafa-Bey Harassi,

Babi-Touma-aghassi, chef de cent gardes irréguliers avec lesquels il s'est rué sur les chrétiens; Tahir-Aga, Sélim-Aga, etc., etc.

« Ce qui a beaucoup ému le pays, c'est l'arrestation des trois plus grands cheikhs de Damas, de l'un d'eux surtout, Abdullah Halébi, que tout le monde vénérait comme un saint. Les femmes des pendus se sont portées en foule devant sa maison, criant que, si leurs maris ont été coupables, c'est lui seul qui en est la cause, puisque c'est lui qui leur avait insinué de massacrer les chrétiens, en les assurant que tel était le commandement de Dieu et la loi des livres saints qu'il était chargé de leur expliquer. Abdullah Halébi est maintenant devant la commission présidée par Fuad-Pacha et composée de deux autres muchirs et de plusieurs militaires; elle doit bientôt prononcer sur son sort. Nul doute que le cheikh ne soit condamné. Parmi les inculpés qui se trouvent devant la même commission, on remarque les suivants : Ghazi-Effendi, *Sofi-moftessi* et membre du grand conseil; Hassip-Bey, une des personnes les plus notables, membre du grand conseil; son fils a été fusillé; Abdullatiff-Aga, *Babi-Sour-aghassi*, chef de cent irréguliers; Ali Ferhat, chef de trois cents irréguliers; le colonel Méhémed-Saïd-Bey; le caïmakam de Hasbeya, lieutenant-colonel Osman-Bey; le major de Hasbeya.

« Plus de trois cents individus ont été condamnés aux travaux forcés (de cinq à vingt-cinq ans), et deux cent cinquante autres aux travaux forcés à perpétuité. Déjà quatre cents de ces condamnés ont été dirigés sur Constantinople.

« Le procès d'Ahmet-Pacha se poursuit avec la plus grande impartialité. Il paraît que sa culpabilité n'est pas telle qu'on la disait dans le principe. Il a été prouvé qu'il avait donné l'ordre de faire feu sur les insurgés, mais que ses officiers ne lui ont pas obéi. Son aide-de-camp, qui a transmis des ordres que le pacha n'avait pas donnés, a été fusillé. Ahmet-Pacha voyant qu'il n'était pas obéi, et ne pouvant plus, par conséquent, compter sur la fidélité de son état-major, a préféré se retirer dans le château, non pour préserver sa personne, mais pour sauver le plus grand nombre de chrétiens possible. En effet, il paraissait étrange qu'un soldat comme Ahmet-Pacha, qui avait fait ses preuves sur le champ de bataille, eût reculé devant une poignée de factieux. J'espère la semaine prochaine être à même de vous dire le résultat du jugement.

« On vide en ce moment trois quartiers turcs pour faire loger les chrétiens. On alloue à ceux-ci du pain et cinquante paras par jour. Si je suis bien informé, Fuad-Pacha aurait évalué les pertes éprouvées par les chrétiens, en meubles et immeubles, à deux cent mille bourses (cent millions de piastres), et condamné la ville de Damas à rebâtir deux mille maisons pour les chrétiens, menaçant les habitants de faire venir les Français pour les mettre à la raison, si, dans deux jours, ils ne lui donnaient une réponse affirmative. Les principaux du pays, assure-t-on, ont consenti à souscrire à tout ce que le plénipotentiaire du sultan leur demanderait.

« Le 21, une partie de nos troupes a été envoyée au village de Minir et a procédé à plusieurs arrestations. Les habitants de ce village avaient massacré, pillé et saccagé les villages de Malulia et de Muava.

« Plusieurs chrétiens qui ont embrassé l'islamisme pour échapper au massacre, adressent des pétitions à Fuad-Pacha pour qu'il les retire des maisons où ils sont cachés. Déjà il en a fait sortir plusieurs, et tous les autres seront bientôt délivrés.

« Depuis six jours, les militaires se sont répandus dans tous les quartiers et procèdent à la conscription. Jusqu'à présent mille vingt personnes ont été arrêtées. On en prendra quatre mille sans distinction de rang ni de fortune. Aussi, depuis une semaine, Damas a l'air d'une ville déserte; les bazars sont fermés, à part quelques boutiques de bouchers, de bacals et de fourniers. On est à la recherche de plusieurs chefs de quartier qui ont disparu.

« On vient de me dire que les Français, aidés de huit mille hommes de troupes ottomanes attendus de Constantinople, attaqueront Ledja. Ledja est une position presque inexpugnable à l'entrée du Hauran; les principaux coupables, turcs, druzes et mutualis, qui ont commis le plus d'atrocités, s'y trouvent cachés. »

27 août.

« On vient d'arrêter de nouveau Ali Ferhat, ainsi que le grand négociant Rachit et le nommé Sélim. Quelques négociants juifs de Damas sont aussi sous les verroux. On dit qu'ils sont très-compromis dans les pillages, ainsi que dans les massacres de la ville. Le bazar n'a pas encore ouvert aujourd'hui.

« Les troupes impériales viennent de cerner toute la ville et ont l'ordre exprès de ne laisser sortir qui que ce soit des portes de Damas, rigoūreusement gardées. Dans beaucoup de quartiers, on inscrit les noms de nombre d'individus ; les uns disent qu'ils vont être enrôlés comme soldats, les autres qu'ils sont compromis et qu'ils doivent être jugés par la commission. On a vidé hier deux nouveaux quartiers pour y placer le reste des chrétiens qui sont encore campés sous des tentes dans le château ; deux ou trois cents de ceux-ci se rendent cependant aujourd'hui à Beyrouth. »

Voici la dépêche par laquelle Fuad-Pacha rapporte les exécutions à Son Altesse : Ali-Pacha.

Damas, le 20 août 1860 au soir.

Ce matin, cent soixante-sept des coupables, dont le jugement est clos, ont été exécutés publiquement. Cinquante-sept de ces condamnés ont été pendus aux endroits les plus populeux de la ville, et cent dix individus appartenant à la police locale ont été fusillés sur la place dite Djenk-Méidan. La ville est frappée de terreur. Aucun mouvement n'a été observé dans la ville durant les exécutions.

Demain, les coupables condamnés aux travaux forcés et à la détention seront, sous bonne escorte, dirigés sur Beyrouth pour être immédiatement embarqués pour Constantinople.

Parmi les coupables pendus il y a des frères, des fils et parents des plus grandes notabilités du pays. Aucun compte n'est tenu de leur rang ou dignité. Demain seront également arrêtés, jugés et punis tous les notables compromis.

Le procès de l'ex-gouverneur Ahmet-Agha et d'autres officiers se poursuit pardevant le conseil de guerre, dont les sentences recevront leur exécution dès qu'elles auront été prononcées.

Les coupables, qui ont pu s'évader après les massacres, sont aussi jugés par contumace. Ils subiront leur peine dès qu'ils seront saisis.

L'armée du Sultan agit avec la discipline la plus rigoureuse et la plus parfaite loyauté. La main de la justice est maîtresse absolue de la situation.

La tranquillité est parfaite sur tout le littoral de la Syrie. La sécurité est rétablie à Saïda et les environs.

Agréez, etc.

Signé : Fuad-Pacha.

Nous ferons connaître, dans les pièces justificatives, les noms de toutes les personnes condamnées, ainsi que le degré de culpabilité de chacun. Voici, pour le moment, le résumé de cette liste :

Personnes condamnées à mort comme ayant assassiné directement des chrétiens, et qui ont été pendues. . .	56
— Condamnées à mort pour avoir pris part à l'émeute, les armes à la main, et qui, en leur qualité de soldats auxiliaires, zaptiés et bachi-bozouks, ont été fusillées.	111
— Condamnées au bagne à perpétuité comme ayant pris part à l'émeute, les armes à la main, et qui ont été envoyées à Constantinople. . .	139
— Condamnées à l'exil, comme ayant pris part au pillage sans armes.	145
— Condamnées aux travaux forcés pour un temps déterminé et retenues à Damas pour être employées aux travaux des routes. . . .	186
— Condamnées à mort par contumace et qui seront exécutées au fur et à mesure qu'elles tomberont entre les mains de la justice. . .	83
Total. . .	720

Damas, 1ᵉʳ septembre.

« Aucun événement d'une importance capitale ne s'est accompli depuis ma dernière lettre. On continue à arrêter quelques criminels et à lever des conscrits. Depuis sept à huit ans, la ville de Damas n'a pas fourni sa quote part de troupes, et elle va acquitter en une fois son arriéré.

« Fuad-Pacha a reçu la visite de quelques chefs des tribus arabes du Hauran, dans la pensée apparemment d'user de leur pouvoir contre les Druzes, si la nécessité de les poursuivre jusque-là se présentait.

« Aussitôt que le procès d'Ahmet-Pacha sera terminé, le plénipotentiaire quittera Damas pour Beyrouth, afin de prendre les mesures nécessitées par la présence des troupes françaises. Il a reçu, il y a quelques jours, un envoyé du général de Beaufort, le colone Chanzy, qui lui a demandé de laisser quelques troupes s'avancer dans le Liban, pour réintégrer des réfugiés chrétiens dans leurs villages.

« Fuad-Pacha aurait prié le général de ne faire aucun mouvement jusqu'à ce qu'un plan fût combiné. Il pense que les chrétiens ne doivent pas encore rentrer chez eux.

« Je crois que le procès d'Ahmet-Pacha et des officiers impliqués dans les massacres de Hasbeya, Racheya et Damas, est terminé, et qu'ils auront à payer de leur vie leur incurie ou leur trahison.

« Les membres du grand medjliss sont tous arrêtés et mis en jugement.

« Fuad-Pacha se trouve grandement embarrassé en ce qui concerne le procès de ces accusés et de quelques autres notables. Il a voulu constituer un jury, mais il lui a été impossible de trouver cinq personnes de bonne volonté; aussi poursuit-il lui-même, avec quelques-uns de ses aides de camp, l'instruction préliminaire, avant d'envoyer les inculpés devant les cours martiales. »

Beyrouth, 3 septembre.

« Je vais aujourd'hui, après toutes les horreurs que je vous ai rapportées, attirer vos regards vers un sujet plus humain.

« Dès que les massacres de Damas et du Liban furent connus, la charité publique s'émut ici comme en Europe, et des souscriptions furent ouvertes pour venir au secours des malheureux. Les sœurs de Saint-Vincent de Paul, qui possèdent un magnifique établissement, le convertirent en hospice pour les blessés des divers rites chrétiens. Toutes les souffrances y reçurent du soulagement.

« Un comité anglo-américain s'est formé sous la présidence du consul général de Sa Majesté Britannique. Il est composé des personnes les plus marquantes de Beyrouth. Des souscriptions sont ouvertes partout par ses soins. Le gouvernement anglais y a participé pour une forte somme, et on annonce de Londres que plus de dix mille livres sont déjà versées.

« En France, en Grèce, en Allemagne, en Hollande, on vient largement au secours de tous les affligés. Des dames de notre société se sont mises à l'œuvre pour la distribution des effets envoyés de toutes les parties de l'Europe; elles sont infatigables pour faire le bien.

« La seule maison Lascaridi de Beyrouth a distribué plus de

cinquante mille piastres, tant en argent qu'en étoffes de tout genre. »

Voici la note des sommes distribuées aux chrétiens, victimes des derniers événements, par le gouvernement turc (annexe de la septième séance):

Payé, dans le mois d'août, aux réfugiés de Damas dont le nombre était 5,536. Piastres	323,015
Payé, dans le mois d'août, aux réfugiés de Deïr-el-Kamar, Hasbeya et Racheya dont le nombre était 4,944. . . . . . —	157,667
Moyenne des frais divers, y compris la dépense de l'hospice impérial contenant de 1,200 à 2,000 personnes. . . . . . —	209,251
Moyenne des sommes données aux chrétiens de Damas. . . —	600,000
Total. . . Piastres	1,289,933

Beyrouth, 8 septembre.

« Lord Dufferin est arrivé le 3 sur un vapeur turc. C'est, pour le moment, le seul des commissaires présents avec M. de Weckbecker, consul général d'Autriche, qui vient de recevoir sa nomination.

« Lord Dufferin est un jeune homme, mais il a de grandes connaissances, et sa fortune particulière le rend très-indépendant. Tout le monde a vu aussi avec plaisir la nomination de M. de Weckbecker. C'est un homme qui ne brille pas à première vue, mais il a des qualités solides. Il connaît parfaitement le pays, où il a résidé pendant ces dernières années en qualité de consul général.

« Le lendemain de son arrivée, lord Dufferin est parti pour Damas, accompagné d'une escorte de soldats turcs.

« Cinq cents conscrits de Damas, enrôlés par Fuad-Pacha, s'embarquent aujourd'hui sur un vaisseau de guerre qui fera voile pour Constantinople.

« Nos nouvelles de Damas vont jusqu'au 5. Aucune autre exécution n'avait eu lieu. Fuad-Pacha a arrêté les membres du medjliss. La sentence prononcée contre les militaires qui étaient à Hasbeya, à Racheya, va être exécutée bientôt; ils ont été condamnés à mort.

« L'émir Abd-el-Kader a reçu la décoration en diamant du Medjidié de première classe, et M. Sheffer, interprète de l'empereur, arrivé aujourd'hui, lui apporte les insignes du grand cordon de la Légion d'honneur.

« Le mémorandum suivant a été remis par Fuad-Pacha à lord Dufferin à la date du 8 septembre.

Le lendemain de l'arrivée de Son Excellence Fuad-Pacha, occupation de tous les quartiers de la ville par la troupe; formation de commissions militaires dans chaque quartier de la ville, pour arrêter les émeutiers, assassins, pillards, etc. Ces commissions sont parvenues à arrêter, après quatre ou cinq jours de travaux, huit cents personnes environ, qui ont été remises au tribunal extraordinaire, composé de fonctionnaires amenés de Constantinople. Les arrestations ont continué depuis ce jour-là. L'École militaire de la ville a été transformée en hôpital pour les femmes chrétiennes. Admission dans l'hôpital militaire de tous les chrétiens malades ou blessés; formation d'une commission chargée de distribuer des vivres, de l'argent et des effets aux chrétiens; arrestation de quatre individus qui ont massacré le père et les frères d'une jeune fille qui a été amenée à Damas avec les assassins de ses parents, et qui a déclaré avoir été violée par l'un d'eux et avoir été possédée, à tour de rôle, par ces malfaiteurs, qui ont été pendus. Sur la condamnation du tribunal extraordinaire chargé de juger les personnes incriminées, cent onze personnes ont été fusillées, cinquante-six pendues, cent quarante-cinq condamnées à l'exil, cent quatre-vingt-six condamnées aux travaux forcés et employées aux travaux de construction des routes, quatre-vingt-trois à mort par contumace. Parmi ceux qui ont été exécutés se trouvent dix-huit individus appartenant à des familles nobles, ou des gens marquant dans le pays. Le 15 août, ordonnance portée à la connaissance du public et mettant en demeure tous les habitants de la ville et de la campagne à remettre aux autorités locales les hommes, femmes et enfants même, ayant embrassé l'islamisme, qu'ils retiendraient chez eux. Toute personne contrevenant à cet ordre était déclarée coupable de recel et condamnée à mort. Tous les chrétiens, au nombre de cinq cents environ, qui avaient, de gré ou de force, embrassé l'islamisme, ont été mis en demeure de retourner à la religion de leurs pères. Trois quartiers musulmans ont été évacués et mis à la disposition des chrétiens, qui s'y sont installés ou s'y installent. Une maison a été mise à leur disposition pour servir de chapelle à tous les rites chrétiens.

Ordonnance condamnant la ville de Damas à fournir deux mille hommes à l'armée impériale. Prix de rachat, fixé à vingt mille piastres, de ceux qui se trouvent en dehors de deux mille conscrits et qui appartiennent à des familles nobles. Plus de mille hommes expédiés déjà à Beyrouth pour être dirigés vers Constantinople. Arrestations journalières pour la conscription. Emprisonnement des personnes accusées par des chrétiens.

Vendredi, 7 septembre, réunion, sous la présidence de Fuad-Pacha, du Conseil de guerre, qui a prononcé la dégradation et a condamné à être fusillés :

1° L'ex-muchir Ahmet-Agha;

2° Le lieutenant-colonel Ali-Bey, commandant, lors des événements, le quartier chrétien de Damas;

3° Le lieutenant-colonel Osman-Bey, commandant la garnison de Hasbeya;

4° Le chef de bataillon Mehemmet-Ali-Agha, commandant la garnison de Racheya.

En outre, le sous-commandant de la garnison de Hasbeya, Mehemmet-Ali-Agha, a été condamné à la dégradation et à la réclusion perpétuelle.

Officiers condamnés à mort et à la dégradation, et dont l'exécution de la sentence est ajournée, leur confrontation avec les accusés qui se trouvent à Beyrouth pouvant être nécessaire :

Abdul-Selam-Bey, lieutenant-colonel, commandant à Deïr-el-Kamar, condamné à être dégradé et fusillé ;

Id., id., pour le lieutenant-colonel commandant à Beït-Eddin, près de Deïr-el-Kamar.

Id., id., Hafuz-Agha, sous-commandant de Deïr-el-Kamar.

« Comme on vient de le voir, Ahmet-Pacha a été exécuté le 8. »

Nous avons lu dernièrement, dans une brochure qui traite des événements de la Syrie, que l'exécution de Ahmet-Pacha n'aurait pas eu lieu si l'Angleterre ne l'avait pas exigée ; l'auteur cite à ce sujet la dépêche que lord John Russell écrivait, le 15 septembre, à sir H. Bulwer, dans laquelle il recommandait particulièrement la punition des coupables haut placés, disant que, si satisfaction n'était pas donnée sur ce point, on en induirait que des *personnes possédant de grandes charges* à Constantinople pouvaient être soupçonnées d'avoir *été des instigateurs de l'attentat.*

Cette dépêche, écrite, comme nous l'avons vu, le 15 septembre, ne pouvait arriver à Constantinople que le 23, et dès le 8, c'est-à-dire quinze jours plus tôt, justice était faite de tous les coupables.

C'est ainsi qu'ont été rapportés dans les journaux tous les faits concernant cette malheureuse question de Syrie.

On a dit aussi que les exécutions s'étaient faites secrètement, et il y a en Europe des publicistes qui ont prétendu qu'Ahmet-Pacha n'avait jamais été fusillé.

Le *Times* publiait à cette époque une lettre de Damas, en date du 9 septembre, dont nous allons donner quelques extraits. Le 8, son correspondant, ayant appris que les coupables Ahmet-Pacha, Ali-Bey, Osman-Bey, et Mehemmet-Ali-Agha devaient être mis à mort dans le courant de la journée, fit demander à Fuad-Pacha la permission d'assister à cette exécution.

Vers trois heures, il reçut l'autorisation de se rendre au palais. Les exécutions allaient commencer, mais, retenu par un marchand

chrétien, il arriva un peu tard. Fuad-Pacha lui dit ces paroles :
« Vous arrivez à un moment où une triste scène se passe. »

Le correspondant regrette de n'avoir pu remplir un devoir pénible en assistant à l'exécution même, mais il est heureux que le hasard lui ait permis de rendre témoignage à la fermeté avec laquelle Fuad-Pacha a rempli sa tâche. Ahmet-Pacha était un ami personnel du commissaire, qui déclara que, si le gouverneur de Damas eût été son propre père, il n'eût pas hésité à exécuter la sentence prononcée contre lui. « Je ne vis jamais, dit le correspondant, de plus grande souffrance que celle qui était peinte sur le visage de Fuad-Pacha au moment où l'on fusillait son ancien ami. »

Le correspondant s'appesantit sur ce point, parce qu'il existe parmi les chrétiens indigènes et les Européens une tendance qui les porte à douter de tout ce que fait Fuad-Pacha. Il y en a qui vont jusqu'à dire qu'un malheureux a été fusillé à la place du coupable : c'est une insigne calomnie.

L'auteur de la lettre que nous citons doit plusieurs détails à la courtoisie du consul russe, M. Makief.

Il résulte des déclarations des témoins oculaires, qu'Ahmet-Pacha fut invité par un officier supérieur à s'habiller et à le suivre pour entendre prononcer sa sentence. Ayant jusqu'alors été en rapport avec des subalternes, il comprit qu'il était perdu et demanda la permission de dire ses prières. Dans la cour se trouvaient des détachements de toutes les armes composant la garnison, le drogman anglais et des agents français.

La condamnation fut prononcée, et Ahmet-Pacha dit quelques mots dont le sens était qu'il allait mourir pour un crime dont sa conscience l'acquittait; que s'il se trouvait parmi les soldats quelqu'un à qui il eût fait tort, il le priait de lui pardonner, et qu'il espérait que le Sultan n'oublierait pas ses pauvres enfants. Sa conduite fut très-digne, et il montra à ses derniers moments beaucoup de fermeté.

Des consuls se sont plaints au correspondant du *Times* de n'avoir pas été invités à assister à l'exécution; mais, dit-il, « s'ils le désiraient, ils n'avaient qu'à faire comme moi; la permission leur aurait été encore bien plus facilement accordée, ou bien ils auraient pu envoyer leur drogman, comme le consul anglais; ils ne doivent s'en prendre qu'à eux-mêmes. D'ailleurs, Fuad-Pacha n'était nullement tenu à inviter les consuls. Le gouverneur de Damas a été puni pour un crime militaire, pour avoir manqué à son devoir de soldat. Il était responsable seulement envers son souverain; du reste, si nous sommes bien informé, malgré toutes les facilités accordées à la production des témoignages, rien n'est venu prouver que Ahmet-Pacha eût favorisé les massacres autrement que par sa négligence. »

Le correspondant du *Times*, terminait ainsi sa lettre :

« Chez les chrétiens indigènes et européens, il y a malheureusement une résolution bien arrêtée de ne tenir aucun compte à Fuad-Pacha de ce qu'il peut faire, et d'interpréter en mauvaise part tous ses actes. On a commencé par réclamer à grands cris l'exécution d'Ahmet-Pacha, et par affirmer que Fuad-Pacha voulait le sauver. Un Européen m'a dit : « Tant que Ahmet-Pacha vivra, je ne croirai « pas à la sincérité du gouvernement turc. » Aujourd'hui le voilà mort. Eh bien, ce même Européen et beaucoup d'autres déclament contre la précipitation de Fuad-Pacha, et disent qu'il s'est trop hâté, pour écarter des preuves qui auraient démontré l'existence d'une vaste conspiration musulmane. Quoi que puisse faire l'envoyé du Sultan, ces gens-là ne seront jamais satisfaits. Je n'ai pas la prétention de me poser en défenseur de Fuad-Pacha, mais je voudrais demander à ses détracteurs si, en le discréditant systématiquement, ils ne favorisent pas le parti rétrograde de Constantinople. S'ils parviennent à exaspérer les fanatiques musulmans, quel bien pourra-t-il en résulter pour les chrétiens? A quoi bon tous ces mensonges. »

XXIV

Fuad-Pacha quitte Damas et arrive à Beyrouth où il s'entend avec le général de Beaufort-d'Hautpoul pour l'occupation du Liban. — Proclamation où le commissaire impérial enjoint aux chefs druzes d'avoir à se présenter dans les cinq jours. — Un tribunal extraordinaire est institué à Beyrouth pour juger les crimes commis dans la Montagne. — Fuad-Pacha part avec des troupes. — Notifications adressées aux Druzes. — Les troupes françaises occupent Déïr-el-Kamar. — Nouvelles alarmes à Damas. — Crimes isolés commis par les chrétiens sur les Druzes. — Fuad-Pacha et le général de Beaufort établissent leurs quartiers, le premier à Mokhtara, le second à Zahleh.

Damas, 15 septembre.

« Le jour même de l'exécution d'Ahmet-Pacha, Fuad-Pacha est monté à cheval et s'est dirigé avec une faible escorte sur Beyrouth. On dit que l'absence de S. Exc. ne sera que de courte durée, mais j'ai de bonnes raisons pour croire le contraire.

« Avant de partir, le commissaire impérial a fait appeler les chefs des diverses communautés chrétiennes, et leur a parlé ainsi : « Je sais que toutes vos églises ont été brûlées, choisissez donc les « endroits qui vous paraîtront les plus convenables pour remplir « vos devoirs religieux. Je sais aussi que vous avez besoin de beau- « coup d'objets d'église ; j'ai ordonné au gouverneur civil de vous « les procurer sans retard. Veuillez donc vous adresser à lui. De- « mandez, en outre, à S. Exc. tout ce que vous croirez nécessaire « à cet effet, et il vous le donnera. » Les primats ont vivement remercié Fuad-Pacha, et le jour même ils ont choisi diverses maisons, où, depuis lors, se rassemblent les chrétiens pour la prière.

« Les habitants du village Eschnaï, qui se trouve à peu de distance de Damas et qui est composé de maisons toutes chrétiennes, ont remis à Fuad-Pacha, une heure avant son départ, une pétition dans laquelle ils représentent à S. Exc. que le dimanche 8 juillet, veille des atrocités commises à Damas, le cheikh Abdullah-Halebi, dont je vous ai annoncé l'arrestation, s'était rendu dans leur village et invitait toute la population à se convertir à l'islamisme sous peine de perdre la vie. Neuf individus des plus peureux l'avaient suivi. Les pétitionnaires priaient Fuad-Pacha de permettre à ces neuf personnes de retourner à la religion de leurs pères. S. Exc. leur a promis d'accéder à leur demande, aussitôt qu'il sera de retour à Damas.

Abdullah-Halebi est mis en jugement depuis plusieurs jours. C'est un grand hypocrite qui était parvenu peu à peu à exercer une influence considérable sur l'esprit des populations qu'il trompait en se disant inspiré de Dieu.

« Chakir-Pacha, ancien président du conseil de guerre, a été démis de ses fonctions. Son successeur, Shukri-Pacha, n'est pas encore arrivé.

« Les négociants turcs et quelques grands du pays sont très-affligés de ce que le conseil de guerre leur a notifié par circulaire qu'ils devaient ou remettre leurs fils pour devenir soldats, ou les racheter moyennant 20,000 piastres par homme. Aussi, depuis quelques jours un grand nombre d'entre eux portent-ils au palais des sacs d'argent pour libérer leurs enfants.

« Notre gouverneur civil Mouammer-Pacha, ayant demandé sa démission, le gouvernement de la Porte vient de la lui accorder. On attend son successeur.

« Omer-Pacha d'Alep est parti avant-hier, avec l'escadron de cavalerie qu'il avait amené de cette ville, pour se rendre à Balbek, où l'ordre paraît avoir été quelque peu troublé.

« Vous ai-je annoncé que tous les membres de notre medjliss, cadi et mufti en tête, sont en prison depuis le 8 de ce mois, et que près de deux mille hommes enrôlés comme soldats sont déjà partis pour Beyrouth, d'où ils seront envoyés à Constantinople ?

« Notre commerce est nul. Tous nos bazars continuent à rester fermés.

« Dois-je vous rapporter des actes indignes commis par des Européens revêtus d'un caractère quasi-officiel ? Je le ferai, car je vous ai promis la vérité sur tout et sur tous. Pendant l'arrestation des coupables, plusieurs Turcs honorables ont été menacés de dénonciation s'ils ne payaient pas des sommes considérables. Cet indigne trafic a eu ses courtiers, et on cite plusieurs personnes qui ont ramassé quelques centaines de livres à ce métier. »

Beyrouth, 14 septembre.

« Fuad-Pacha est arrivé ici le 10, après avoir prononcé une sentence qui venge l'humanité et l'honneur de son gouvernement. Il s'est entendu avec le général de Beaufort : le général Kmety (Ismaïl-Pacha) ira occuper Deïr-el-Kamar et plusieurs autres positions des districts mixtes du Liban. Peu après, des détachements de troupes françaises suivront la même route.

« Le commissaire a publié la proclamation suivante, invitant tous les chefs druzes à se présenter dans l'espace de cinq jours.

Les ordres de Sa Majesté Impériale le Sultan ayant été donnés pour le jugement de ceux qui ont causé les déplorables événements du mont Liban et pour que justice fût faite, nous avons invité les princes des Druzes et des chrétiens, ainsi que tous les cheikhs habitant la Montagne, à se présenter devant la commission d'enquête établie à l'effet de connaître l'origine et le commencement des susdits méfaits, et les circonstances arrivées par la suite. En même temps que nous faisions cette invitation, nous avertissions ceux qui ne se seraient pas rendus à temps à notre appel, qu'ils seraient considérés comme coupables, parce qu'ils auraient prouvé, par leur refus d'obéissance, la vérité des charges portées contre eux, et qu'ils seraient condamnés et punis en conséquence.

Une partie des Druzes ne se sont pas rendus à notre invitation, les uns parce qu'ils sont compromis dans les événements, les autres parce que, comme chefs de leurs districts, ayant mission de maintenir l'ordre et la tranquillité, ils ont agi dans un sens tout contraire. Ils ont ainsi contrevenu aux injonctions impériales et au droit public. Ceux qui causent des désordres ou qui excitent les habitants à la révolte, au massacre, au pillage, tous ceux qui commettent des délits et des crimes contre les personnes, doivent naturellement être châtiés d'après les prescriptions de la loi. Et comme les chefs susmentionnés ont, par leur refus de se rendre à l'invitation que nous leur avons adressée, reconnu ainsi leur culpabilité, la commission spéciale extraordinaire et plénipotentiaire en Syrie a pris à leur égard les résolutions suivantes :

1° Les susdits chefs sont privés de leurs grades et titres ;

2° Ils sont démis de toutes les fonctions qu'ils remplissaient et ont perdu tout caractère officiel ;

3° Tous leurs biens et propriétés sont confisqués, et seront tenus au sequestre en attendant le décret impérial qui doit en disposer ;

4° Le conseil extraordinaire siégeant à Beyrouth prononcera sur chacun des absents selon son délit, sans hésitation ; lorsqu'un contumax sera pris par l'autorité, il subira la peine édictée contre lui. Toutefois, l'autorité accorde à ceux-ci le droit de se présenter devant elle et de se justifier, s'il y a lieu ;

5° Ceux qui n'ont rien à se reprocher peuvent vaquer librement à leurs affaires, sans rien craindre pour leur liberté, leur vie ou leurs biens. Ceux qui ont protégé et sauvé des chrétiens pendant les événements de la Montagne, recevront des marques d'estime et de considération, ainsi que des récompenses;

6° La caïmakamie des Druzes est divisée en quatre cercles, et dans chacun il y aura un nombre suffisant de troupes impériales pour le retour dans leurs foyers et l'installation des habitants chrétiens. Ces troupes veilleront au maintien de la tranquillité et du bon ordre, afin que tous les sujets de Sa Majesté Impériale puissent en jouir indistinctement.

Fait à Beyrouth, le 4 Rebi-ul-Ewel 1277 (19 septembre 1860).

« Plusieurs chefs druzes, parmi lesquels Béchir-Nakad, Hattar-Ahmed, se sont enfuis vers le Hauran.

« Fuad-Pacha a formé un tribunal extraordinaire pour prononcer sur les prévenus de la Montagne et lieux environnants.

« Il se compose de :

« Ahmet-Pacha, gouverneur général, président;

« Membres : Mustapha-Pacha, vice-amiral;

« Chirvan-Zadé-Mehemet-Effendi, membre de la mission de Fuad-Pacha;

« Abro-Effendi, chrétien, *idem*;

« Le mouvhassebedji de la province;

« Le colonel Hassan-Bey (Oreilly).

« Il était impossible de mieux choisir, disait l'autre jour lord Dufferin, qui est retourné à Beyrouth avec Fuad-Pacha.

«MM. Béclard et Novikow sont arrivés; on attend journellement le commissaire prussien. »

23 septembre.

« Hier, douze chefs druzes sont arrivés de leurs montagnes et ont été immédiatement arrêtés. Voici leurs noms :

« L'émir Mohammaned-Roslan, caïmakam des Druzes, l'émir Melhem-Roslan, Seïd-Bey et Selim-Bey-Djomblat, Assad-Amad, Kassim-Abou-Naked, Hussein-Talhouck, Jussef-Abdul-Melek, Tahir-Abdul-Melek, Kassan-Hassam-Eddim, Osman-Abou-Elwin, Kemal-Eddin-Kamdan.

« Ces individus ont de suite été dégradés et leurs biens mis sous sequestre.

« Fuad-Pacha s'est embarqué avant-hier soir, avec un millier d'hommes, pour Saïda. Les troupes qu'il amène avec lui devront prendre position, afin d'empêcher la fuite des Druzes. »

Avant de partir, le commissaire a publié la notification suivante :

Conformément à la volonté de Sa Majesté le Sultan, la justice devant être exercée par un jugement impartial à l'égard de ceux qui ont trempé dans les événements regrettables qui ont eu lieu dernièrement dans le mont Liban, une sommation générale a été adressée à tous les chefs des Druzes et chrétiens de la Montagne, afin qu'une enquête fût ouverte et un jugement porté sur la cause et les circonstances particulières qui ont amené cette guerre civile. Par cette sommation, il a été déclaré que ceux qui ne feraient pas acte de présence à Beyrouth, dans le délai fixé, seraient considérés comme ayant avoué et reconnu leur propre culpabilité, et qu'en conséquence ils seraient passibles des peines prévues par la loi.

Plusieurs chefs druzes ne se sont pas rendus à cet appel. Or quelques-uns d'entre eux sont accusés d'être auteurs ou provocateurs de soulèvements, quelques autres d'être coupables de crimes et délits civils; et la plupart de ces cheikhs sont déclarés accusés, par-devant l'autorité impériale et le droit civil, comme auteurs et provocateurs de soulèvements, comme coupables de crimes et délits civils, et aussi comme ayant méconnu tous les devoirs que leur imposait leur qualité de mokataadjis chargés de maintenir la tranquillité publique.

Tous ceux qui, dans les États du Sultan, excitent une population contre une autre et provoquent au meurtre, ainsi que ceux qui y participent par des crimes ou délits civils, étant passibles des peines portées dans le Code pénal, et les chefs druzes, ci-dessus mentionnés, s'étant constitués coupables d'eux-mêmes par leur refus de se rendre à l'appel qui leur a été fait, la mission plénipotentiaire et extraordinaire chargée de pacifier la Syrie arrête ce qui suit :

1° Les grades et les titres des chefs susdits sont abolis;

2° Leurs charges de mokataadjis et les autres fonctions officielles qu'ils remplissent sont supprimées;

3° Tous leurs biens, meubles et immeubles, sont sequestrés par l'État, jusqu'à ce qu'il en soit disposé plus tard, conformément aux ordres de Sa Majesté le Sultan;

4° Le degré de culpabilité des accusés et la peine dont ils sont passibles, seront établis et arrêtés par le tribunal extraordinaire déjà institué à Beyrouth, qui instruira le procès de ces individus et les condamnera par contumace. L'exécution des sentences ainsi prononcées aura lieu au fur et à mesure que les condamnés tomberont entre les mains de la justice; il est cependant réservé aux condamnés le droit de venir en personne se justifier devant ce tribunal;

5° Ceux qui ne sont accusés d'aucun crime ou délit civil ont leur vie et leurs biens garantis, et ceux qui auront protégé des chrétiens, lors des événements, seront dûment récompensés;

6° La caïmakamie druze est provisoirement divisée en quatre cercles; chacun de ces cercles est confié à un commandant de troupes suffisant à rétablir les réfugiés chrétiens dans leurs foyers, à maintenir leur sécurité et à administrer en général le territoire de cette caïmakamie.

Beyrouth, 24 septembre.

« J'ai des nouvelles précises sur les mouvements des troupes turques et françaises. De Saïda, les troupes turques, sous le commandement d'Ismaïl-Pacha, marchent avec la plus grande promptitude vers l'intérieur.

« Trois mille hommes de troupes françaises se portent dans la direction de Deïr-el-Kamar.

« Les réfugiés chrétiens seront invités à retourner chez eux et on commencera la pacification du Liban.

« Je vous transmets copie d'une notification de Fuad-Pacha, recommandant aux Druzes non compromis de rester dans leurs villages. J'apprends que toute cette nation est terrifiée. L'exécution d'Ahmet-Pacha a fait plus d'effet dans la Montagne que partout ailleurs.

« On dit que deux cents Druzes, cherchant à s'enfuir du côté de Hauran en forçant les lignes turques, ont été repoussés; plusieurs auraient même perdu la vie.

« Nos nouvelles de Damas vont jusqu'au 20.

« Elles portent que la veille, 19 du courant, neuf nouvelles exécutions avaient eu lieu; quatre de ces exécutions avaient frappé des Druzes, et cinq des musulmans. En outre, deux cent cinquante individus avaient encore été envoyés, le 20 au matin, en exil ou vers le bagne de Constantinople, par la voie de Beyrouth.

« Près de cinq mille chrétiens ont évacué la citadelle et sont placés dans les maisons données par Fuad-Pacha; deux mille hommes de troupes avaient été envoyés dans le Hauran.

NOTIFICATION.

Nous avons entendu qu'une portion de Druzes habitant les villages se sont effrayés, dans l'appréhension qu'ils allaient être punis, sans exception ni distinction de la part des autorités, et qu'ils pensent à quitter leurs maisons et à se disperser.

Il est vrai qu'en conséquence des événements du mont Liban, des punitions seront infligées à ceux qui ont causé ces désordres et sont accusés de participation personnelle aux crimes, et que ceux-ci seront punis, après jugement, en proportion de la grandeur de leur culpabilité; mais cette résolution ne doit pas engager les habitants à quitter leurs maisons, parce que rien de contraire à la justice n'arrivera à personne. Tous ceux qui se sont bien comportés durant les troubles et ont protégé les chrétiens qui étaient leurs voisins et servi le gouvernement et la cause de l'humanité, seront récompensés.

Par conséquent, ils doivent s'occuper de leurs affaires, se confiant en la justice du gouvernement ottoman.

3 Rebi-ul-Ewel 1277.

24 septembre.

« Fuad-Pacha, dans une proclamation, engage les chrétiens à retourner à Damas et dans le Liban. A Damas, il y a beaucoup de maisons turques prêtes à les recevoir; mais, en vue des dangers qu'ils appréhendent, ils montrent peu d'empressement à s'y rendre, bien que Son Excellence ait annoncé qu'elle suspendrait le service de soixante-sept paras par personne, que le gouvernement accordait ici, et qui s'est continué à Damas. Aux chrétiens du Liban, surtout à ceux de Deïr-el-Kamar, d'Hasbeya et de Racheya, le gouvernement promet aide et protection pour faire rebâtir leurs maisons, en fournissant des fonds.

« Il va se former un comité de secours mixte pour les fonds qui sont venus et ceux qu'on nous envoie encore d'Europe. Ces fonds seront surtout consacrés à aider les chrétiens à rebâtir les maisons incendiées en dehors des villes mentionnées plus haut.

« Les bâtiments de guerre autrichiens, sardes, hollandais et grecs ont quitté nos côtes pour retourner dans leurs ports respectifs. Selon toutes les probabilités et à cause de l'hiver, nous n'aurons bientôt plus sur rade et dans nos parages que des bâtiments de faibles dimensions.

« Le commissaire prussien, M. de Rehfues, est arrivé par le dernier vapeur. La commission est au complet et va s'assembler dans quelques jours. »

29 septembre.

« Le 26 courant, les commissaires se sont réunis chez M. Novikow.

« Deux colonnes de troupes françaises, de près de deux mille hommes chacune, sous le commandement du général de Beaufort-d'Hautpoul, ont quitté Beyrouth le 25 courant. Le 28, l'une d'elles entrait à Deïr-el-Kamar.

« Je regrette d'avoir à ajouter que des actes de grande cruauté ont été commis pendant la marche des troupes par certains chrétiens qui les accompagnaient.

« A Aïn-Enoub, un Druze de quatre-vingts ans, aveugle, a été massacré. Près du camp français, une femme de la même nation a été lapidée et une femme maronite lui a tranché la tête. Il est certain que plus de vingt-cinq Druzes ont été froidement assassinés, ces derniers jours, sous les yeux de l'armée française. On m'assure que le général de Beaufort a fait bâtonner plusieurs chrétiens qui ont commis des actes de barbarie et les a chassés. Ces meurtres s'expliquent, mais les militaires ne devraient pas les permettre.

« Le procès de Hourshid-Pacha, gouverneur de Beyrouth, de son kehaya et de quelques autres fonctionnaires qui se trouvent en prison, se poursuit avec une grande activité. D'après ce qui en a transpiré, on n'a pas pu, malgré la facilité donnée à l'accusation, prouver la complicité de ce pacha. Son principal moyen de défense consiste dans la production des ordres donnés à tous les gouverneurs de la province de ne pas s'immiscer dans l'administration intérieure de la Montagne, ordres dérivant de l'accord intervenu entre les cinq puissances et la Porte. »

Damas, 6 octobre.

« La tranquillité la plus parfaite règne, mais on éprouve quelque appréhension au sujet de nombreux rassemblements de Kurdes et de Druzes du côté de Hauran. Je crois que Mouammer-Pacha n'est pas à la hauteur de la situation.

« Un grand nombre de soldats sont malades à cause du changement de climat, mais l'esprit des troupes est excellent.

« Hier, des maisons musulmanes, habitées par des chrétiens, ont été marquées de croix; cela répandit l'alarme, et plusieurs se préparaient à partir. Khalid-Pacha, qui conduit les patrouilles une grande partie de la nuit, et les chefs des différents quartiers se sont assemblés pour chercher les auteurs de ces provocations.

« J'apprends que c'est un chrétien qui a marqué les maisons. Il donne pour raison qu'ayant entendu que les Turcs se soulèveraient de nouveau, il a voulu faire prendre à l'autorité de plus grandes précautions.

« Fuad-Pacha est attendu prochainement. »

Beyrouth, 17 octobre.

« Fuad-Pacha, en quittant Saïda, a marché à travers le Liban et la plaine de la Bekaâ. La majorité des Druzes s'est déterminée à rester dans les villages et à attendre le bon plaisir du gouvernement.

« En arrivant à Hasbeya, S. Exc. a tâché de faire prisonnier un corps considérable de réfugiés druzes et leurs adhérents, qui s'étaient cachés dans les montagnes de Djebel-el-Cheikh ; mais ses efforts furent infructueux. S'étant assuré que tous ces individus s'étaient portés de l'autre côté de la Montagne, Fuad-Pacha laissa des ordres, pour leur arrestation, au séraskier de Damas.

« Le commissaire est retourné à Mokhtara, où il a établi ses quartiers. Le général de Beaufort est à Zahleh.

« Des crimes isolés se commettent chaque jour contre des Druzes par les chrétiens. Lord Dufferin a communiqué les faits parvenus à sa connaissance à M. Béclard, et l'a prié d'inviter le général à mettre fin à ces atrocités, à punir leurs auteurs et à publier dans un ordre du jour que les Druzes qui resteraient désarmés dans leurs villages ne seraient pas molestés. M. Béclard a promis d'engager le général à prendre des mesures dans ce but.

« M. Noel Moore, chancelier du consulat britannique, a été envoyé à Mokhtara pour prier Fuad-Pacha de tâcher, de son côté, de prévenir ces assassinats. »

SIXIÈME PARTIE

XXV

Note des commissaires de l'Autriche, de la France, de la Grande-Bretagne, de la Prusse et de la Russie à Fuad-Pacha. — La première séance de la commission internationale a lieu le 5 octobre chez M. Béclard, commissaire français. — Questions agitées dans cette séance et dans la deuxième, tenue chez M. de Weckbecker, commissaire autrichien. — Communication de Fuad-Pacha, remise dans la troisième séance par son délégué, Abro-Effendi en réponse à divers points soulevés par les commissaires, et projets de règlement pour la caïmakamie druze. — Extraits des dépêches de M. Brant, consul britannique, sur les nouvelles alarmes de Damas. — Lettre de Fuad-Pacha sur cet objet, communiquée par Abro-Effendi dans la cinquième séance de la commission.

Beyrouth, 18 octobre.

« Les commissaires s'étant réunis le 26 septembre chez M. Novikow, ont rédigé la note suivante, qui a été adressée à Fuad-Pacha :

Beyrouth, le 26 septembre 1860.

Monsieur le Ministre,

Nous soussignés, commissaires de l'Autriche, de la France, de la Grande-Bretagne, de la Prusse et de la Russie, nous trouvant à Beyrouth, avons l'honneur d'en donner avis à Votre Excellence, afin qu'elle veuille bien prendre les dispositions nécessaires pour se mettre, aussitôt que possible, en rapport avec nous.

Une communication reçue de nos missions respectives à Constantinople nous a informés de la participation que Votre Excellence devait prendre à nos travaux, et de la qualité de président qui lui était dévolue toutes les fois qu'elle assisterait aux séances de la commission. Nous sommes prêts à nous rendre à la convocation qu'elle voudra bien nous adresser en ladite qualité, et nous nous félicitons d'une circonstance qui nous parait être la meilleure garantie du succès de l'œuvre à laquelle seront consacrés nos efforts communs.

Dans le cas où Votre Excellence ne pourrait pas se rendre à Beyrouth en ce moment, elle jugerait sans doute à propos de nous en instruire et de déléguer la personne qui serait chargée par elle de venir siéger avec nous aux conditions stipulées à Constantinople entre la Porte Ottomane et les représentants des puissances étrangères.

Nous soussignés, etc.

Signé : Weckbecker.
L. Béclard.
Dufferin and Claneboye.
Rehfues.
Novikow.

« Je doute que Fuad-Pacha puisse venir siéger immédiatement dans la commission. Il a délégué Abro-Effendi pour l'y représenter. La commission a tenu trois séances.

« La première a eu lieu le 5 octobre, chez M. Béclard. Vous savez que les instructions des commissaires se résument dans les trois points suivants :

« Premier.—Rechercher l'origine et les causes des événements dont la Syrie a été le théâtre ; déterminer la part de responsabilité des chefs de l'insurrection, ainsi que celle des agents de l'administration, et provoquer la punition des coupables ;

« Deuxième.—Apprécier l'étendue des désastres qui ont frappé les populations chrétiennes, et combiner les moyens propres à soulager et à indemniser les victimes ;

« Troisième. — Prévenir le retour de semblables calamités, et assurer l'ordre et la sécurité en Syrie, en indiquant les modifications qu'il convient d'apporter à l'organisation actuelle de la Montagne.

« Rien de très-particulier n'a eu lieu pendant cette séance, Abro-Effendi, délégué de Fuad-Pacha, n'ayant pas encore reçu les instructions dont il doit être muni.

« Le commissaire français et, après lui, plusieurs autres membres de la commission, présentent des observations sur le mode suivi par Fuad-Pacha pour l'évaluation et la réparation des dommages soufferts par les habitants des villages chrétiens.

« Il résulte des explications données par Abro-Effendi que six comités, composés d'hommes spéciaux, auxquels sont adjoints des gens de la Montagne, ont été chargés de se transporter sur les lieux, chacun dans une localité distincte, et de dresser un état des frais que doivent entraîner les réparations les plus urgentes. Ces comités du dehors sont placés sous le contrôle d'une commission centrale de secours, présidée par Abro-Effendi. Sur le vu de l'état dressé par les comités, les intéressés reçoivent la somme allouée comme strictement nécessaire pour rendre leurs maisons habitables, et l'emploi des fonds est l'objet d'une surveillance toute particulière. On ne s'occupe pas pour le moment des maisons des émirs, qui sont les plus coûteuses, et en échange desquelles les propriétaires reçoivent provisoirement, à Beyrouth, des logements, ainsi que des secours proportionnés à leurs besoins. Il ne s'agit également aujourd'hui que d'assurer aux habitants une assistance momentanée à l'aide des sommes fournies par S. M. le Sultan. Plus tard on s'occupera de la question des indemnités.

« Sur la demande de lord Dufferin, dont la motion subit diverses modifications, il est décidé que la commission se fera représenter par des délégués dans le sein des six comités dont il vient d'être fait mention. Le mode de cette délégation est indiqué dans un paragraphe additionnel, au troisième point ci-dessus.

« *Damas*. — La commission demande communication des dossiers relatifs à la procédure suivie contre les coupables ou accusés. Cette communication doit lui servir à se former une opinion sur la question de savoir s'il y a lieu d'exercer de nouvelles poursuites. La commission est d'avis que le désarmement général de la population de Damas est une mesure d'urgence que le gouvernement ne doit pas hésiter à prendre.

« *Beyrouth*. — La commission demande des éclaircissements sur la nature de l'enquête commencée contre Hourshid-Pacha et les autres autorités. Son droit d'intervention dans cette enquête est évident, la commission est disposée à l'exercer dès à présent, soit personnellement, soit par des délégués.

« Même demande en ce qui concerne l'enquête projetée ou commencée contre les Druzes.

« *Les Chrétiens*. — Il importe de les faire rentrer chez eux le plus tôt possible. Pour cela, il faut d'abord aviser à l'ensevelissement des cadavres et à la reconstruction des maisons, puis subvenir aux besoins des nécessiteux, et pourvoir à la sécurité de tous.

« L'administration locale ayant déjà chargé six comités distincts de procéder dans les différentes localités à l'évaluation des dommages, la commission est d'avis de désigner six personnes de son choix qui pourront être adjointes à chacun des six comités, ou se réunir entre elles de façon à former un comité distinct. Ces six personnes, déléguées par la commission, exerceront un contrôle direct sur les actes des comités auxquels elles seront adjointes.

« *Suppression provisoire de la caïmakamie druze.* — La commission a besoin de quelques explications sur cette mesure, dans le cas même où la nécessité en serait démontrée, attendu qu'aucun changement, même provisoire, dans l'organisation administrative du Liban ne saurait avoir lieu sans la participation ou l'acquiescement des grandes puissances[1].

« Dans la seconde séance tenue chez lord Dufferin et présidée par M. de Weckbecker, plusieurs des commissaires prennent successivement la parole au sujet d'un droit d'intervention que possède la commission, sans avoir pu obtenir encore la faculté de l'exercer pour ce qui regarde Hourshid-Pacha et autres personnes traduites devant le tribunal extraordinaire de Beyrouth.

« En ce qui concerne les témoignages qu'il importe de recueillir, M. de Weckbecker est d'avis que la commission ne pourrait faire comparaître directement devant elle, en l'absence de Fuad-Pacha, les personnes qui offriraient de fournir des renseignements; il pense qu'en agissant ainsi la commission outre-passerait son droit.

« Cette opinion est combattue par les commissaires de Prusse et de France.

« Abro-Effendi abonde dans le sens du commissaire autrichien. La commission doit éviter, dit-il, tout ce qui pourrait porter atteinte à l'autorité souveraine du Sultan et affaiblir son prestige. Le gouvernement fait tout ce qu'il peut : des actes de sévérité ont eu lieu à Damas; en ce moment, Fuad-Pacha est dans le Liban, occupé à punir les coupables et à soulager les chrétiens.

---

[1] Papiers anglais, page 172.

« La discussion s'engage sur l'opportunité d'un voyage à Mokhtara, afin d'entrer en rapport direct avec Fuad-Pacha. Cette idée est rejetée, mais tous les commissaires reconnaissent qu'il y a lieu pour eux de se rendre à Damas ; l'époque de ce voyage, tout en devant être prochaine, n'est pas définitivement arrêtée.

« Dans la troisième séance, Abro-Effendi a communiqué une pièce rédigée par Fuad-Pacha, en réponse aux questions agitées dans la première séance ; je vous la donne en entier, ainsi que les principales dispositions d'un règlement provisoire élaboré par le commissaire impérial pour la partie mixte du Liban, divisée en quatre cercles.

« Tous les membres de la commission prennent successivement la parole sur l'opinion émise par Fuad-Pacha dans sa réponse au deuxième point. Ils décident qu'ils entendent exercer leur droit dans toute sa plénitude, en assistant à l'enquête judiciaire partout où elle serait ouverte.

Damas. — On s'empressera de satisfaire à la demande de la commission concernant la communication des dossiers relatifs à la procédure suivie contre les coupables et les accusés. Fuad-Pacha donnera immédiatement ordre au tribunal extraordinaire, ainsi qu'au conseil de guerre qu'il avait institué d'office, qu'ils communiquent à la commission les dossiers de tous les procès.

Quant à l'avis de la commission sur le désarmement de la population de Damas, cette mesure a été arrêtée par l'autorité dans le but de rendre stable la tranquillité de cette ville ; mais d'autres mesures plus urgentes l'avaient obligée d'en ajourner exécution. Fuad-Pacha déclare que, aussitôt que les circonstances lui permettront de retourner encore à Damas et de prendre ses dispositions, il mettra immédiatement à exécution cette mesure, déjà arrêtée en principe.

Beyrouth. — Le tribunal extraordinaire nommé d'office par Fuad-Pacha, et qui siége à Beyrouth, sera chargé de donner à la commission tous les éclaircissements sur la nature de l'enquête commencée contre Hourshid-Pacha et les autres autorités. On n'hésite pas à reconnaître la participation de la commission à l'enquête, mais les instructions de la Porte, élaborées avec les représentants des puissances à Constantinople, établissent une distinction entre l'enquête générale et les procès qui s'ensuivront contre les accusés sujets du Sultan. L'intervention de la commission, personnellement ou par délégation dans l'enquête, en participant aux travaux du tribunal qui est appelé à juger les accusés et à condamner les coupables, changera les dispositions de ces instructions. Il faut conserver cette distinction entre l'enquête générale et la procédure de ceux qui seront accusés individuellement par suite de cette enquête même.

Fuad-Pacha est d'avis que la commission doit s'occuper d'abord d'une enquête générale sur les derniers événements du Liban, recueillir des informations sur la nature de la guerre civile qui a éclaté entre les chrétiens et les Druzes. Ce sera un procès entre les deux populations qui établira, en premier lieu la cause de ces événements, la culpabilité générale pour ainsi dire des Druzes, et celle des autorités qui n'ont pas fait leur devoir. Cette enquête générale mettra la commission à même de désigner à l'autorité d'autres individus qui ne sont pas encore entre les mains de la justice, et le tribunal extraordinaire établi à Beyrouth communiquera à la commission les dossiers de tous les procès, pour montrer comment il a rempli son mandat; elle servira aussi comme un point de départ dans la question des indemnités, en établissant la nature de ce grand conflit entre les deux peuplades de la Montagne. Les autorités locales, ainsi que le tribunal extraordinaire, seront appelés à donner, par l'entremise du délégué ottoman, toutes les informations, et à communiquer les pièces que la commission sera dans le cas de demander. La commission donnera son avis, par la même entremise du tribunal, sur les différents procès dont il s'occupera. Si la commission admet cette manière de procéder, le délégué ottoman s'empressera de mettre à exécution ces derniers points.

Les Chrétiens. — L'autorité s'occupe assidûment du rétablissement des chrétiens dans leurs foyers. Partout les cadavres ont été ensevelis; il n'en restait qu'à Deïr-el-Kamar, qui ont tous été aussi inhumés. L'autorité a pris les mesures nécessaires pour la reconstruction des maisons brûlées. On a déjà commencé à donner des secours aux habitants des villages qui se trouvent aux environs de Beyrouth. Fuad-Pacha a envoyé un commissaire *ad hoc* à Bekaâ, pour veiller à la reconstruction des maisons des villages situés sur le versant oriental de la Montagne et de la plaine, avec l'autorisation de faire couper, dans les villages musulmans et Druzes, le bois qui leur sera nécessaire; et, dans les districts de Djezzin et d'autres où on peut se procurer du bois, on procédera de la même manière. Quant à Deïr-el-Kamar, dépourvu de bois et obligé d'en faire venir de Beyrouth, un secours en argent a été assigné à ses habitants, comme à-compte sur les indemnités données pour la construction des maisons. Les grains qui appartenaient aux chefs druzes, et qui ont été trouvés dans le Bekaâ et dans la Montagne, seront destinés à nourrir les chrétiens qui se rétablissent dans leurs villages; deux petits convois ont déjà été envoyés à Deïr-el-Kamar et à Zahleh.

Fuad-Pacha s'occupe, en ce moment, de l'affaire de la restitution des objets pillés par les Druzes, pour recouvrer surtout des lits et des couvertures, qui sont d'une absolue nécessité aux chrétiens, et qui leur seront délivrés. Les commissions mobiles parcourent les villages druzes, et obtiennent, en petite quantité, des objets qui serviront à ce but.

La terreur a amené le calme dans la Montagne; mais, après une si grande agitation, il faut quelque temps pour y rendre la sécurité absolue. Les dispositions sont prises pour protéger les chrétiens qui rentrent chez eux, et pour empêcher les conflits partiels qui peuvent se produire entre les deux populations qui se trouvent aujourd'hui en présence, l'une accusatrice et l'autre accusée.

Les six comités institués par l'administration locale n'ont d'autre mission que de faire des évaluations sur les dépenses de construction des maisons, évaluations qui serviront de base aux secours qu'on doit donner aux chrétiens pour leur rétablissement.

L'estimation des dommages est une autre question, pour laquelle on doit établir une base et un principe; l'enquête générale servira, ainsi qu'il est dit plus haut, comme un point de départ pour l'estimation de ces dommages. Une fois que ce principe sera établi, la commission suggérera à l'autorité le meilleur moyen de procéder à l'évaluation des dommages. Fuad-Pacha croit que le meilleur mode de procéder aux estimations sera la nomination par l'autorité de commissions composées de jurés qui seront choisis par le conseil de la province, et où seront admis deux délégués de chaque district dont les habitants ont éprouvé des dommages. Un comité arbitre, qui sera nommé et choisi de la même manière, siégera à Beyrouth pour décider en dernier ressort sur les réclamations qui peuvent s'élever contre l'estimation des commissaires. Quant aux dommages éprouvés par des étrangers, des commissions *ad hoc* seront nommées, et dans lesquelles les consulats respectifs seront représentés par des délégués.

Suppression provisoire de la caïmakamie druze. — L'arrestation préventive du caïmakam des Druzes et de quelques-uns des mokataadjis, et la fuite des autres, qui sont déchus de leurs charges et droits, d'après l'arrêté promulgué par Fuad-Pacha, a laissé la montagne druze sans une administration régulière ; elle se trouve actuellement sous le régime militaire, en attendant la nouvelle organisation de la Montagne, qui se fera après entente avec les grandes puissances. On a dû, pour empêcher l'anarchie et pour créer une autorité qui pourra veiller à la sécurité du pays, et surtout aux besoins des chrétiens qui se réinstallent chez eux, établir une administration provisoire. Comme on ne pourrait, en ce moment, songer à nommer un caïmakam choisi parmi les Druzes, et sous-administrateur des mokataadjis, Fuad-Pacha a décidé de partager cette caïmakamie en quatre cercles, d'établir dans chacun une administration municipale, et de mettre à leur tête un mudir nommé par l'autorité ; et il était à la veille de communiquer ces dispositions provisoires, contenues dans un règlement dont le délégué ottoman est chargé de remettre une copie à la commission. Fuad-Pacha s'occupe, en ce moment, du choix des personnes qui seront nommées mudirs ; aussitôt qu'il aura choisi ces personnes, il mettra en exécution ce règlement.

Ce règlement est destiné à être mis en vigueur dans la caïmakamie druze, comme sauvegarde, dans les circonstances actuelles, des intérêts de l'empire et des sujets, jusqu'à ce que des dispositions générales, étudiées sous toutes leurs faces, aient été définitivement prises, à l'effet d'assurer une parfaite tranquillité, à l'ombre de la justice de Sa Majesté, à tous les sujets de la Sublime Porte qui habitent la montagne des Druzes.

Article 1ᵉʳ. La caïmakamie druze, à laquelle on a adjoint seulement Deïr-el-Kamar, a été divisée en quatre cercles :

Le premier se composant de Djebel-el-Rehan, du district de Djezzin et de celui d'El-Teffah, avec Djezzin pour chef-lieu ;

Le second, du Chouf-Haïty, du Chouf-Souweidjany, et du district d'El-Kharroub : chef-lieu Mokhtara ;

Le troisième, de l'Arkoub, du Djeurdet, du Ménassif : chef-lieu Deïr-el-Kamar ;

Le quatrième, du Chahha, du haut et du bas Garb : chef-lieu Abbeye.

Chacun de ces cercles contient les Mokataá dont les noms et le nombre de villages sont inscrits dans le registre arrêté du temps de Chékib-Effendi.

Art. 2. Chaque cercle aura un mudir nommé par l'autorité.

Art. 3. Il sera nommé auprès de chaque mudir cinq adjoints (mouawin), qui seront, sous la présidence de ce mudir, les membres du medjliss du cercle.

Art. 4. Cette caïmakamie renferme des habitants appartenant à quatre religions différentes : musulmans, chrétiens, mutualis et Druzes. Quand l'un des cercles renfermera des populations des quatre communautés, le nombre de l'une d'elles étant nécessairement supérieur aux autres, il sera choisi deux adjoints dans la communauté la plus nombreuse, et trois dans les autres, inférieures en nombre. Si dans l'un des cercles, il n'y a que trois communautés au lieu de quatre, trois adjoints seront choisis dans la plus nombreuse, et chacune des deux autres en fournira un. Le cercle se compose-t-il de deux communautés seulement, la plus nombreuse fournira trois adjoints, et l'autre deux. Si enfin le cercle ne renferme qu'une communauté, les cinq adjoints seront pris dans son sein.

Art. 5. L'élection des adjoints de chaque communauté se fera au moyen des cheikhs (doyens) des villages appartenant à ladite communauté; c'est-à-dire que les cheikhs des villages d'une même communauté se réuniront en conseil (medjliss), et éliront les adjoints chargés de représenter leur communauté. Ces adjoints pourront être aussi bien des habitants du chef-lieu que des gens des villages. Les personnes à élire devront être honnêtes, dignes de confiance, et surtout ne s'être mêlées, en aucune façon, soit aux derniers événements de la Montagne, soit à d'autres.

Art. 6. Le medjliss ou cercle, ainsi composé, aura pour mission de s'occuper des intérêts du pays, et il lui est accordé la faculté de juger les procès au même degré qu'un medjliss de caza (sous-district).

Art. 7. Suivant l'importance des communautés de chacun des villages du cercle, il y aura un cheikh pour chacune d'elles, et chaque cheikh aura à son tour deux mouktars (chefs de quartiers). Ces cheikhs et mouktars auront à s'occuper ensemble des intérêts de leur communauté, en arrangeant les affaires et les différends qui pourraient survenir entre leurs coreligionnaires.

Dans les villages dont la population est mixte, si une question d'un intérêt général pour le village venait à surgir, les cheikhs et les mouktars de ce village auraient à se réunir pour s'occuper de la vider à l'amiable.

Tous les cheikhs d'une communauté, ainsi que les mouktars, devront être choisis parmi les personnes qui ne se sont, en aucune manière, compromises ni dans les derniers événements, ni dans tout autre. Le mudir délivrera à chacun d'eux un teskéré (diplôme) de mémours (fonctionnaires).

Art. 8. Outre les troupes impériales qu'il est indispensable d'établir sur les points de la Montagne jugés convenables dans le but de maintenir la tranquillité générale, il sera employé dans chaque cercle, suivant le besoin, des soldats irréguliers qui seront au service des mudirs respectifs. La moitié au moins de ces soldats sera prise parmi les habitants du cercle; chaque communauté fournira son contingent en proportion de son importance.

« Ce qui suit est extrait des dépêches de M. Brant, consul de Sa Majesté Britannique à Damas. (*Papiers anglais*, pages 184-185.)

Damas, 8 octobre.

La panique continue... Le commandant militaire, Khalid-Pacha, a veillé toutes ces dernières nuits, et hier il a ordonné que des lanternes fussent suspendues de distance en distance. Il a ordonné que les portes séparant les différents quartiers fussent réparées, et les entrées de la ville soigneusement fermées et gardées. Les soldats ont reçu des balles, et on leur a ordonné, au premier symptôme de soulèvement, de faire feu. L'artillerie est prête pour l'action, et le colonel Gessler (un officier instructeur prussien au service turc) assure qu'aucun officier ne pouvait faire son devoir mieux que Khalid-Pacha.

La conduite d'Ibrahim-Bey-Karami, un employé chrétien laissé ici par Fuad-Pacha pour surveiller les affaires des chrétiens, mais qui prétend être le représentant de Son Excellence, est des plus répréhensibles; il devrait être immédiatement changé. Il ne veut pas être contrôlé par le vâli et délivre des prisonniers sous sa propre responsabilité. Il est connu qu'il reçoit de l'argent, et que sans argent justice ne peut être obtenue...

Damas, 11 octobre.

A SIR HENRI BULWER.

J'ai l'honneur de vous informer qu'hier, à deux heures du matin, une salve a annoncé l'arrivée de Fuad-Pacha. Son Excellence vient directement de Mokhtara, et surprend tout le monde...

Fuad-Pacha reconnaît que la panique existe, mais il constate aussi qu'elle n'est pas fondée; il suppose qu'elle est l'effet d'intrigues éveillant la peur chez le peuple.

Il soupçonne les chrétiens de marquer eux-mêmes des croix sur les portes; il ne croit pas que les musulmans de Damas se risqueraient à recommencer une émeute...

Il pense que Khalid-Pacha a exagéré la gravité des choses. Il ne le blâme pas; l'erreur, s'il y en a, ne provenait que d'une prudence excessive qui a pu ajouter aux alarmes.

Voici en outre la lettre que Fuad-Pacha a écrite lui-même à Abro-Effendi et qui se trouve annexée au procès-verbal de la cinquième séance.

Damas, le 13 octobre 1860.

Monsieur,

Ayant vu par une de vos lettres, par lesquelles vous m'avez rendu compte des séances de la commission, que M. Béclard, commissaire de Sa Majesté l'empereur des Français, avait donné lecture d'une lettre de M. Outrey, consul de France à Damas, à Son Excellence M. Thouvenel, sur la situation de la ville, j'ai dû demander à M. Outrey certaines explications sur des faits qu'il avait avancés et qui me parurent d'une très-grande importance, et il s'est empressé de faire des rectifications sur ce que je lui ai dit, d'après le résumé que vous m'avez fait.

1° Comme appréciations générales, il avait parlé de certaines émotions et de frayeurs qui s'étaient produites dernièrement dans la ville; il n'a pas eu l'intention de dire que la ville courait un danger et qu'on était à la veille d'un second massacre.

2° En parlant des notables du pays qui sont détenus, il avait dit seulement qu'ils paraissaient avoir des relations dans la ville ; et il n'a jamais voulu avancer qu'ils étaient en correspondance avec les bandes armées des Druzes dans le but de les attirer sur Damas et faire massacrer les chrétiens.

3° En parlant de Karâmi-Effendi, il avait voulu signaler la conduite de cet employé qui compromettait le tribunal extraordinaire ; mais il n'avait pas voulu former une accusation contre ce tribunal comme concessionnaire.

Pour le premier point, comme il s'agit d'une appréciation générale, je n'ai qu'à exprimer aussi mes impressions et ce que j'ai vu à mon arrivée ici. On avait répandu le bruit d'un prétendu rassemblement des Druzes, dans le but de marcher sur Damas. Ce bruit, et quelques signes de croix qu'on avait faits sur les portes des maisons occupées par les chrétiens, ont contribué à amener une certaine inquiétude dans la ville parmi ceux-ci. Les notables chrétiens n'hésitent pas à soupçonner aussi les leurs d'être les auteurs de cette alarme donnée à leur coreligionnaires.

Les autorités militaires se trouvaient entre deux alternatives : ou de ne rien faire pour ne pas accréditer ce bruit et d'être alors taxées d'inaction et d'insouciance, ou de montrer plus d'activité et de vigilance pour faire disparaître cette frayeur et être citées comme ayant elles-mêmes avoué l'existence d'un tel danger. Elles ont préféré la première alternative, et on exprime pour leur conduite une très-haute satisfaction, mais on la signale comme un témoignage sur la cause de cette alarme ; on ne peut pas nier l'existence de cette frayeur, mais il n'y avait aucun danger pour la ville. La population musulmane vit toujours sous l'impression de la terreur, et je puis même dire, sans lui faire grâce, qu'elle ressent aujourd'hui les remords de ce qu'elle a fait.

Pour le second point, après les explications données par M. Outrey, j'ai une seule chose à dire : c'est que j'avais confié la garde de ces détenus à la même autorité militaire pour laquelle on montre une si haute opinion. J'ai pris des informations, et je suis sûr que, sauf peut-être quelques petites fautes commises par les soldats qui les gardaient, ces gens, qui sont aujourd'hui plus sévèrement gardés, n'avaient aucune relation ni avec la ville ni avec le dehors.

Quant au troisième point, la conduite de Karâmi-Effendi avait failli compromettre non-seulement le tribunal extraordinaire, mais aussi celui dont il se disait le représentant. Vous connaissez Karâmi, qui est le fils du vieux Pédros Karâmi, secrétaire de l'émir Béchir ; il était dans le bureau des traducteurs, et, quelques mois avant les événements de la Syrie, il avait obtenu un congé pour aller vivre quelque temps à Saïda, sa ville natale. A mon arrivée à Beyrouth, je l'ai pris auprès de moi comme secrétaire interprète pour l'arabe.

A Damas, je l'avais mis dans la commission chargée de distribuer des secours aux chrétiens ; mais, voyant que sa conduite blessait les chrétiens qui étaient en rapport avec lui, je l'avais fait remplacer par Franco-Effendi. Laissé à Damas sur sa demande, pour cause de maladie, il s'est posé comme mon délégué auprès des consuls. Sa conduite m'avait été signalée par les autorités, et je la croyais bien loin de ce que je l'ai trouvée ; je lui avais donné l'ordre de retourner à Beyrouth, et je suis arrivé ici avant son départ.

Dénoncé comme concessionnaire, je l'ai fait arrêter immédiatement, et j'ai trouvé chez lui l'argent et les quelques objets qui pèsent à sa charge. Comme il se montrait aux yeux du public plus que le président du tribunal extraordinaire, c'est cette conduite incompréhensible qui avait failli compromettre ce tribunal, dont tous les membres sont des hommes d'une honnêteté et d'une probité bien connues.

Je suis entré dans tous ces détails pour faire disparaître des soupçons qui pouvaient planer sur les hommes auxquels j'avais donné ma confiance; c'est pour cette raison que je m'estime très-heureux d'avoir fait cette découverte, qui me donne l'occasion de montrer que la justice que je suis appelé à exercer peut atteindre les hommes qui se trouvent attachés même à ma mission.

Une de vos lettres me parle des chrétiens du Hauran, sur la situation desquels la commission a bien voulu appeler mon attention. J'ai reçu aussi une pétition de leur part, et une délégation est venue me voir aujourd'hui. — Impossible de donner une garantie à Ismaïl-Atrach, qui s'est conduit d'une manière atroce lors des événements de Hasbeya et de Racheya. J'ai dû chercher un autre moyen pour assurer l'état des chrétiens, dans le cas où nos colonnes attaqueraient les chefs druzes du Hauran, auxquels ceux du Liban se sont joints aujourd'hui. La famille des Amir, pour laquelle les chrétiens ont donné de très-bons témoignages, pouvant nous servir dans ce but, j'ai pris des dispositions pour les employer, en vue de créer un refuge chez eux pour les chrétiens du Hauran, qui sont très-peu nombreux, d'après mes informations.

Halim-Pacha est parti aujourd'hui pour Sassa, afin de former les colonnes de poursuite. J'ai pu rassembler dans ce but une masse de cavalerie irrégulière d'environ trois mille hommes. Ce général sera de retour jeudi; et, en le laissant ici, j'espère partir le soir même pour être vendredi ou samedi à Beyrouth.

Agréez, etc.

Signé : Fuad.

XXVI

Le cheikh Abdullah-Halebi est condamné à une détention perpétuelle. — Les Djomblat; Béchir et Saïd. — La commission prétend exercer une action collective dans les procès à juger par le tribunal extraordinaire de Beyrouth. — Pourquoi l'émigration des chrétiens continuait à Damas. — On accuse Fuad-Pacha de favoriser la fuite des Druzes. — Le commissaire impérial met à néant cette calomnie dans une lettre à Aali-Pacha. — Il préside les séances de la commission, des 26 et 30 octobre et des 2 et 10 novembre, et déclare qu'il est prêt à communiquer aux commissaires les rapports des tribunaux extraordinaires dont il convertit les conclusions en sentences définitives, en vertu de ses pleins pouvoirs; que le désarmement s'opère à Damas par son ordre; que, dans cette ville, trois quartiers musulmans ont été évacués pour y loger les chrétiens; que de nombreuses réquisitions ont été opérées sur les Druzes et les musulmans, etc. — Notes des sommes distribuées. — Question des indemnités. — Propositions et opinions diverses. — Fuad-Pacha est invité et s'engage à présenter un projet.

Damas, 20 octobre.

« Fuad-Pacha est toujours à Damas, et sa présence a mis fin à la panique parmi les chrétiens. Ceux-ci pourtant, malgré une grande amélioration dans leur condition, continuent à quitter Damas pour Beyrouth. Ils vendent tout ce qu'ils possèdent pour se procurer les moyens de louer des bêtes de somme servant à les transporter.

« L'agent consulaire de Grèce leur conseille d'émigrer, j'ignore dans quel but ; d'autres ne savent pas pourquoi ils quittent Damas, tellement la frayeur leur a fait perdre la tête.

« Aujourd'hui part pour Beyrouth un convoi de condamnés. Ce sont :

« Cheikh Abdullah-Halebi, condamné à une détention perpétuelle dans une citadelle. Sa famille et ses proches ont été bannis de la ville;

« Nassib-Pacha-Zadé-Abdallah-Bey, Hassebé-Zadi-Achmet-Effendi, Admè-Zadé-Mohammed-Bey, condamnés à quinze ans de détention dans une citadelle;

« Mufti-Tahir-Effendi et Khaze-Zadé-Eumer-Effendi, à dix ans de détention dans une citadelle;

« Azmi-Zadé-Abdallah-Bey, Ali-Bey son fils, Achmet-Effendi-Nakib, et Farrouk-Zadé-Abdoul-Hadé-Effendi, à trois ans d'exil.

« Ils sont accompagnés d'une garde de sûreté. On a accordé à deux d'entre eux des literies pour cause de vieillesse et de maladie.

« Les biens des condamnés sont séquestrés par l'État, en attendant les ordres du Sultan.

« Vous savez que la plupart comptent parmi les notables de la ville. Quelques-uns même étaient membres du grand Conseil. Ils avaient été arrêtés sous la prévention d'avoir stimulé ou dirigé la population musulmane, lors des derniers événements. Le tribunal n'a pu trouver des preuves réelles de leur culpabilité entraînant le maximum des peines.

« Plusieurs autres notables ont été condamnés au bannissement dans l'île de Chypre, pour ne pas avoir employé leur influence à arrêter l'émeute.

« Ces jugements ont produit la plus grande impression ici. Vous savez que le cheikh Abdullah-Halebi était regardé comme un saint que la justice ne pouvait pas atteindre. Cet exemple a plus agi sur les fanatiques de Damas que les centaines d'exécutions du mois dernier. »

Beyrouth, 1ᵉʳ novembre.

« La commission a enfin été autorisée par Fuad-Pacha à envoyer des délégués près du tribunal extraordinaire. Je crois savoir que leur mission est de prendre des notes sur tout ce qui se passera, et, dans le cas d'irrégularités, de faire au président une communication privée pour l'en avertir, mais ils ne devront aucunement se mêler des procès.

« Le public, ou plutôt quelques personnes distinguées, ont reçu l'autorisation d'assister aux séances.

« Dans celle où je me trouvais, a comparu Saïd-Djomblat, l'homme le plus riche et le plus influent parmi les Druzes.

« Je crois que vous serez curieux de connaître cet homme, qui a joué un grand rôle dans ce pays. Mais d'abord, je dois vous parler de son père, décoré du titre glorieux de Cheikh des cheikhs, mort misérablement dans les prisons de Saint-Jean-d'Acre, pour satisfaire la vengeance de son adversaire l'émir Béchir.

« L'émir Béchir-Djomblat, descendant d'une famille du Daghestan qui compte plusieurs pachas turcs, était, au commencement de ce siècle, en possession d'une fortune considérable.

« Courageux, austère dans ses mœurs, dit un auteur contemporain, vénéré de son peuple, Béchir-Djomblat était le compétiteur du fameux émir Béchir-Chéab.

« Un volume suffirait à peine pour retracer tous les détails de la lutte engagée entre ces deux hommes.

« Voulant abaisser le pouvoir d'Abdallah-Pacha d'Acre, Béchir-Chéab s'unit avec Béchir-Djomblat, mais ils furent vaincus tous les deux : le premier prit la fuite en Égypte, et le second se réfugia dans le Hauran, d'où les Arabes l'emmenèrent prisonnier à Saint-Jean-d'Acre, au mois de mars 1825.

« Il se trouvait dans les prisons de cette ville, lorsque Méhémet-Ali, qui avait réconcilié l'émir Béchir avec Abdallah-Pacha, demanda à ce dernier la tête du chef druze qui portait ombrage à son protégé.

« Béchir-Djomblat se montrait grave et digne dans son cachot. Deux de ses fils, Kassem et Sélim, l'avaient suivi à Saint-Jean-d'Acre, et occupaient une chambre voisine de la sienne. On lui avait permis d'avoir un domestique auprès de lui.

« Un jour, Osman-Aga, chef des prisons, entre dans le réduit du Cheikh des cheikhs, et, sans prononcer une seule parole, il plaça sous ses yeux un ordre d'Abdallah-Pacha, qui demandait sa tête. Conservant tout son calme à la vue de l'arrêt terrible, Béchir-Djomblat pria Osman-Aga d'éloigner le domestique. Ils restèrent tous les deux seuls. Voici le dialogue qui s'établit alors entre le condamné et le geôlier. Il m'a été répété par une personne qui le tient de la bouche d'Osman-Aga.

« Béchir-Djomblat. — Cette sentence s'étend-elle sur mes deux enfants?

« Osman-Aga. — Elle ne comprend que toi seul et le cheikh Amin-Oumad.

« Béchir-Djomblat. — C'est bien, peux-tu m'accorder encore une demi-heure de vie?

« Osman-Aga. — Oui.

« Béchir-Djomblat. — Je voudrais un narghilé.

« Osman-Aga. — Tu vas l'avoir.

« Le narghilé est apporté, et le condamné se met à humer tranquillement la feuille parfumée du toumbéki.

« Béchir-Djomblat. — Je voudrais voir mes deux enfants.

« Osman-Aga. — Je vais les chercher.

« Les deux enfants arrivent. Djomblat, continuant à fumer son narghilé, attache des regards pleins d'amour sur ses deux fils qui se tenaient debout devant lui, et leur demande s'ils se portent bien. Puis il les embrasse et leur fait signe de se retirer. Soudain il rappelle l'aîné de ses fils et lui dit à l'oreille un mot que personne n'entendit. Aucune espèce d'émotion ne se montra sur la figure de Djomblat pendant son suprême adieu à ses enfants. Il garda la même impassibilité lorsque Osman-Aga tira de sa poche le lacet enduit de savon, et qu'il appela les deux exécuteurs qui se tenaient à la porte.

« Béchir. — Je voudrais faire ma prière.

« Osman. — C'est un devoir.

« Le Druze fit sa prière comme la font les musulmans; puis, s'asseyant contre le mur : Me voilà prêt, dit-il.

« Les deux exécuteurs l'étranglèrent. »

« Béchir-Djomblat a laissé une fille et plusieurs fils dont trois sont encore vivants, Saïd, Naman et Sélim.

« Naman, qui est l'aîné, vit retiré à Beyrouth.

« Saïd est un homme de quarante ans, il est né en 1821. Sa taille est moyenne. Sa figure est belle, et on trouverait difficilement dans son regard la plus légère trace de cruauté. Son teint a cette blancheur mate qui dénote une mauvaise santé, les pommettes de ses joues sont saillantes et prennent une teinte rouge à chaque accès de toux.

« Son éducation a été celle d'un jeune homme très-riche, jusqu'à l'âge de douze ans où il a été obligé de quitter le Liban pour suivre ses frères à l'armée turque. — Les Djomblat et toute leur parenté s'étaient déclarés contre Ibrahim-Pacha, et, malgré les revers de l'armée turque, ils restèrent fidèles à la cause qu'ils avaient embrassée. Ils assistaient à la bataille de Homs, puis se rendirent auprès de Réchid-Pacha, à Konieh. En 1832, Naman, Ismaïl et Saïd se réfugièrent à Constantinople, où ils restèrent jusqu'en 1836. Là, Saïd continua ses études sous plusieurs professeurs distingués; puis, fatigué d'une longue inaction, il partit pour le Liban où il se soumit à l'émir Béchir qui l'envoya en Égypte.

« En 1838, nous le trouvons officier et décoré du titre de bey.

« Le dévouement de Saïd à la cause égyptienne n'avait pas de profondes racines. En 1840, il songea à reconquérir dans le Liban l'ancienne influence de sa famille. Naman-Ismaïl, resté à Constantinople, vint en Syrie avec l'armée ottomane. Déjà Saïd avait recruté des auxiliaires pour l'armée turque; quoique âgé de vingt ans à peine, il exerçait sur ses coreligionnaires une immense action.

« La Turquie triomphait, et les Djomblat voyaient l'ennemi de leur famille obligé de fouler la terre d'exil.

« Naman-Djomblat est nommé gouverneur du Chouf; c'est son frère Saïd qui dirige les affaires; en 1842, il lui succède, mais, ayant voulu faire de l'opposition au gouvernement, il est envoyé en prison à Beyrouth. En 1843, il est délivré par Essad-Pacha et va apaiser les tribus du Hauran.

« Saïd-Bey se trouva compromis dans les événements de 1844-1845.

Depuis cette époque, il vécut à Mokhtara, où il avait fait bâtir un palais, et s'occupait de l'amélioration de ses propriétés qui sont aussi belles et aussi riches que les plus magnifiques d'Europe.

« Saïd-Bey est marié à une femme de la famille Alam-el-Din, il a quatre enfants, deux filles et deux garçons. Il parle parfaitement le turc et l'arabe et il affecte les allures européennes.

« Ses richesses sont immenses, et il s'en sert pour faire des travaux d'art dans les montagnes et vivre en grand seigneur.

« Selon les Druzes, Saïd-Bey est le plus renommé de leurs Okkals; dans leur croyance de la métempsycose, ils pensent que l'âme qui est en lui a appartenu à quelque sage, à quelque puissant qui a été grand parmi les hommes.

« Saïd-Bey, et ses ennemis lui rendent cette justice, ne s'est jamais montré au milieu des massacres; mais n'a-t-il pas été la pensée qui a conduit la main. Dans le procès qui s'instruit, il y a eu plusieurs témoins à décharge, surtout parmi les Grecs catholiques et les Grecs orthodoxes. Tous les habitants chrétiens de Mokhtara sont en sa faveur; pour eux, Saïd n'a pu recommander que la guerre défensive.

« Saïd a présenté, hier, une masse de certificats par lesquels des prêtres et des évêques déclaraient que, loin d'être l'ennemi des chrétiens, il était leur protecteur. J'en ai entendu moi-même plusieurs faire de grands éloges de sa magnanimité, mais il me semble impossible que Saïd-Bey ne soit pas du moins coupable de n'avoir pas empêché, par son immense influence, sinon la lutte, du moins ses excès.

« Saïd-Bey est ouvertement protégé par l'Angleterre; pourra-t-elle le sauver?

« La commission internationale a tenu, le 1er octobre, sa quatrième séance. Il m'est très-difficile de vous donner un résumé de ses délibérations. Je crois que ces messieurs, qui font leurs premières armes en diplomatie, ne savent pas encore quelle voie ils doivent suivre pour atteindre leur but.

« Leur premier devoir était, il me semble, de rechercher les causes qui ont amené les sanglants événements du Liban. Jusqu'à ce jour, pas un mot n'a été dit sur cet objet. Est-ce qu'on ne voudrait pas rechercher ces causes?

« Pour moi les discussions de la commission sont, pour le moment du moins, assez oiseuses.

« Dans cette quatrième séance, on s'est beaucoup occupé de la commission de secours; puis, Abro-Effendi a donné des explications touchant Shukri-Pacha, qui a été acquitté à Damas par le même tribunal qui avait condamné Ahmet-Pacha.

« Hier a eu lieu la cinquième séance de la commission. On a discuté sur l'adjonction de délégués aux commissions de secours, puis on l'a ajournée jusqu'à plus ample informé. M. de Rehfues a fait remarquer que les personnes condamnées en dernier lieu à Damas, telles qu'Abdullah-Halebi et d'autres sont arrivés en grand appareil. Abro-Effendi répond qu'à l'égard de plusieurs, on n'a pu établir une culpabilité suffisante pour entraîner la peine de mort. D'autres n'ont été reconnus coupables que de n'avoir pas empêché les désordres; aussi les premiers sont-ils condamnés à une détention perpétuelle, et les seconds à l'exil ou à une détention à temps. Ils ont été éloignés de Beyrouth, afin de calmer les appréhensions des chrétiens.

« Un long débat s'est engagé à la fin de la séance.

« Il s'agissait de savoir comment les commissaires interviendraient dans les procès des accusés. M. de Rehfues proteste contre tous les jugements qui seraient rendus et exécutés avant que la commission n'eût pris connaissance des dossiers, et il a fait consigner sa protestation dans le procès-verbal. Tous les commissaires se sont rangés à son avis. Abro-Effendi, tout en réservant sur ce point l'opinion de Fuad-Pacha, soutient que cette intervention tend à priver les juges de leur indépendance.

« Pour moi, je me range à l'avis du délégué ottoman : il serait de toute impossibilité à un tribunal d'être indépendant en face d'une intervention qui a été formulée de la manière suivante par le président :

« La commission prétend exercer une action collective, quant à la
« recherche des causes et de l'origine des événements, ainsi qu'à la
« culpabilité des chefs de l'insurrection et des agents de l'autorité. »

Beyrouth, 1ᵉʳ novembre.

« Nous avons des nouvelles de Damas jusqu'au 20 courant. Les chrétiens continuent à quitter Damas en grand nombre. Maintenant que le gouvernement a payé les arriérés des secours, il leur est facile de se procurer des bêtes de somme. L'émigration des chrétiens proviendrait surtout de certains intrigants de Beyrouth qui écrivent à leurs concitoyens qu'on distribue ici de fortes sommes aux émigrants chrétiens, et qu'il ne leur faut faire aucune démarche pour les obtenir.

« Khalid-Pacha est parti pour commander les troupes qui se trouvent du côté du Hauran. Le muchir Halim-Pacha reste à Damas.

« Je vous ai déjà entretenu des efforts de Fuad-Pacha pour arrêter les Druzes qui s'étaient réfugiés près de Hasbeya. Ici on met tous les actes des Turcs en suspicion, et il n'est pas étonnant que la fuite de ces individus ait fait planer des soupçons sur le commissaire impérial; malheureusement, il existe chez tout le monde un grand esprit de dénigrement, et on ne veut tenir compte à aucune autorité de ce qu'elle fait pour le maintien de l'ordre et le rétablissement de la tranquillité. Je n'ai pas besoin de faire l'éloge de Fuad-Pacha; ses actes sont assez éloquents par eux-mêmes, et pourtant il est en butte à d'absurdes calomnies.

« Heureusement que des personnes haut placées ont de lui une juste idée. Je sais de source certaine que lord Dufferin, M. de Weckbecker se sont attachés à réfuter les assertions françaises.

« Maintenant, que Fuad-Pacha n'a pu réussir dans son premier plan, il a l'intention de laisser s'écouler quelque temps sans inquiéter les Druzes, et cela pour qu'ils rentrent dans leurs villages; alors, dans une seule nuit, on saisira tous ceux qui ont pris part aux massacres.

« L'émigration continue à Damas. Des caravanes nombreuses nous arrivent journellement. Si l'autorité ne prend pas d'énergiques moyens pour arrêter ce mouvement, dans un mois il ne restera plus de chrétiens à Damas.

« En revanche, la population du Liban retourne dans ses foyers. A Zahleh et à Deïr-el-Kamar on restaure les maisons avec la plus grande activité. Fuad-Pacha est retourné à Beyrouth pour prendre part aux travaux de la commission. »

L'incident que vient de rapporter notre correspondant avait fait beaucoup de bruit : les puissances crurent devoir s'en mêler. Le général Beaufort se plaignait hautement de ce que Fuad-Pacha, non-seulement n'avait pas accepté sa coopération, mais qu'il avait favorisé la fuite des Druzes. Cette accusation, lancée si légèrement, le commandant en chef du corps français a dû la regretter vivement plus tard, lorsqu'en une seule nuit plus de quinze cents Druzes des plus compromis furent arrêtés par les soins d'Omer-Pacha, caïmakam provisoire de la partie druze de la Montagne.

Voici, à ce sujet, la lettre que Fuad-Pacha écrivit à Son Altesse Aali-Pacha, et qui a été communiquée aux ambassades.

Le 2 janvier 1861.

J'ai remarqué avec un sentiment bien pénible, dans une des correspondances de nos ambassades, que Votre Altesse avait bien voulu me transmettre, une accusation assez grave contre les autorités militaires ottomanes au sujet de la première opération qu'elles ont faites dans la montagne druse. Le général de Beaufort s'est plaint à son gouvernement de ce que non-seulement je n'ai pas accepté franchement sa coopération, mais que j'ai favorisé la fuite des Druzes vers le Hauran.

Le commandant en chef du corps expéditionnaire français a un caractère trop loyal pour ne pas admettre que je lui ai donné toute la part qui a été convenue entre lui et moi dans toutes les opérations faites dans la Montagne. Je n'ai rien fait de contraire à cette entente ; j'ai accepté toute sa coopération dans les limites que la convention de Paris avait tracées, et que l'affaire elle-même pouvait admettre. Si j'ai rendu inutile la présence des troupes françaises à Damas, ce n'est pas un crime pour moi.

Quant à ce qu'avance M. de Beaufort au sujet de la retraite de quelques chefs druzes vers le Hauran, il semble nous accuser de leur faciliter les moyens d'échapper à la punition que j'ai été appelé à leur infliger. Ce que j'ai fait avant nos opérations par l'arrestation des chefs druzes les plus influents, et ce que je viens de faire dans ce moment-ci en arrêtant près de quinze cents individus dans trois jours, sans porter la moindre perturbation dans la Montagne, où les chrétiens se rétablissent peu à peu, donne un démenti éclatant à toutes ces assertions.

Ceci établi, je passe à l'examen des faits. Tout homme qui connaît ce pays et sa configuration topographique n'hésitera pas un moment à déclarer que, quelle que soit la vigilance qu'on puisse mettre, il est de toute impossibilité de couper la retraite aux individus et à de petites bandes qui, nourris dans ces montagnes, en connaissent tous les détours. Ils ont mille issues pour échapper, tout rocher leur sert de route ; tandis que, pour ceux qui les poursuivent, ils ne trouvent pas même des chemins pour aller d'un lieu à un autre. J'ai présidé en personne à ces opérations ; je me suis donné toutes les peines du monde, et je me suis même, je pourrais le dire, exposé à tous les dangers pour faire tomber entre mes mains les coupables qui cherchaient leur impunité dans leur fuite, et nous n'avons pu faire tomber dans nos filets qu'une centaine d'individus. Ce sont ces difficultés qui m'ont fait chercher d'autres moyens qui viennent d'obtenir une réussite complète. Je ne prétends pas avoir une grande compétence dans la tactique militaire, mais je puis m'appuyer sur une autorité que tout le monde doit reconnaître : c'est celle de Férik-Ismaïl-Pacha (général Kmety), qui m'a secondé en personne dans toutes ces opérations, et qui est prêt à répondre à tous les reproches qu'on pourra faire contre nos actes.

Veuillez agréer, etc.

Signé . Fuad.

Fuad-Pacha voulait arriver à un résultat. Le général de Beaufort demandait à ne pas rester inactif, et il se plaignait du commissaire impérial, alors que la force des choses seule causait cette inaction apparente.

Beyrouth, 12 novembre.

« En l'absence de faits de quelque importance, je vais vous donner le résumé des quatre dernières séances qui ont été tenues sous la présidence de Fuad-Pacha, les 26 et 30 octobre, et les 2 et 10 novembre.

« Le commissaire impérial a pris le premier la parole et a exprimé la satisfaction qu'il éprouvait en venant prendre part aux travaux de la commission. Dans l'accomplissement de la tâche à la fois honorable et pénible qui lui a été confiée par son gouvernement, il espère que le concours des commissaires ne lui fera jamais défaut. Quant à lui, il réunit dans sa personne un double caractère, celui de fonctionnaire investi d'attributions exceptionnelles et exécutives, en vertu des pleins pouvoirs qui lui ont été conférés par son souverain, et celui de membre de la commission qu'il a l'honneur de présider. La poursuite et le châtiment des coupables, d'une part ; en second lieu, les réparations dues aux victimes; enfin, les mesures à prendre pour prévenir le retour de pareilles calamités, tels sont les principaux points qu'il a en vue, et auxquels le gouvernement du Sultan est plus intéressé encore que l'Europe elle-même. Or, rien ne pourra l'empêcher de mener à bonne fin cette entreprise, en ce qui concerne particulièrement la punition des coupables, ni leur nombre, ni leur qualité ne seront un obstacle à la réalisation de l'œuvre vengeresse dont il est chargé.

« Fuad-Pacha entre ensuite dans quelques explications sur les actes accomplis par lui, tant à Damas que dans la Montagne : à Damas, où la justice a déjà frappé des criminels de tout rang; dans la Montagne, où il reste encore beaucoup à faire. Mu par un intérêt d'humanité, intérêt commun à toutes les puissances représentées dans le sein de la commission, le plénipotentiaire ottoman se flatte de n'être suspect d'aucune arrière-pensée, et de pouvoir, par conséquent, faire appel au bon vouloir de la commission. Il comblera les lacunes qui lui seront signalées; mais, tout en sollicitant les avis dont il a besoin, il désire que ces conseils soient exempts de tout esprit de censure. La censure engendre la discorde, tandis qu'une bienveillance réciproque ne peut que faciliter le résultat auquel tendent les efforts communs.

« Le commissaire d'Autriche, en réponse au discours de Fuad-Pacha, fait observer que, des deux qualités réunies dans la personne du plénipotentiaire ottoman, la commission ne doit se préoccuper que d'une seule, celle qui lui vaut l'avantage de le compter dans son sein comme collègue et comme président. Il reconnaît pleinement la communauté d'intérêts qui existe entre tous les commissaires, et il croit pouvoir promettre en leur nom le concours qui leur est demandé. Il ne doute pas non plus que justice ne se fasse, mais il pense que la justice proprement dite ne suffit pas. L'Europe attend autre chose du commissaire extraordinaire de la Sublime-Porte. Les pleins pouvoirs dont il est armé lui permettent de déployer une extrême sévérité, et de faire éclater ainsi l'indignation que les massacres de la Syrie ont dû causer à son gouvernement. Il importe également que les tribunaux soient animés d'un pareil esprit, surtout vis-à-vis des chefs druzes, qui sont tous coupables, les uns pour avoir agi, les autres pour avoir laissé faire.

« Fuad-Pacha, répliquant à M. de Weckbecker, rappelle qu'en fait de sévérité, il peut déjà citer des preuves. A Damas, en un seul jour, des centaines de condamnations ont été prononcées : un muchir a payé de sa tête les griefs qui lui étaient imputés. Il est donc tout à fait d'accord avec le préopinant. A son avis, ce n'est pas seulement parce que l'Europe les réclame, qu'il est tenu d'accorder les satisfactions, mais parce que son gouvernement le juge nécessaire, et qu'en cela il rencontre le sentiment général de l'Europe.

« Plusieurs interpellations sont adressées au sujet de criminels non arrêtés encore. Fuad-Pacha dit qu'à Damas comme dans les autres localités qu'il a visitées, il a tout fait pour provoquer les dénonciations des chrétiens; il ne cherche que la vérité, bien loin de vouloir soustraire qui que ce soit aux poursuites de la justice. Aussi s'empresse-t-il de recevoir de nouvelles informations.

« Le commissaire russe ayant demandé des éclaircissements sur l'acquittement de Chakir-Pacha, le plénipotentiaire répond qu'il a été acquitté, non par le tribunal de Beyrouth, mais par le conseil de guerre. Le jury militaire assermenté qui s'est prononcé sur la culpabilité ou sur l'innocence des prévenus, comptait dans son sein un officier prussien au service de la Porte. Tout s'est passé régulièrement. Non-seulement il a été reconnu que Chakir-Pacha avait fait son devoir, mais encore qu'il avait contribué à sauver un grand nombre de chrétiens.

« Le commissaire français interpelle le plénipotentiaire ottoman à propos des massacres de Saïda. Les poursuites exercées contre les auteurs des méfaits lui semblent insuffisantes.

« Fuad-Pacha répond qu'il n'a passé que deux jours à Saïda. Durant son séjour dans cette ville, il s'est entouré de toutes les informations possibles. M. Krantz, commandant du navire de guerre français la *Sentinelle*, M. Gaillardot, médecin français, le vice-consul d'Espagne, et d'autres ont été interrogés par lui et n'ont fourni que des renseignements vagues.

« Néanmoins plusieurs arrestations ont eu lieu, et bon nombre d'enrôlements forcés ont été opérés. Qu'on fasse des dénonciations, et les accusés seront poursuivis.

« M. Novikow revient sur la question de l'enquête judiciaire.

« Fuad-Pacha explique que les tribunaux extraordinaires institués par lui ne rendent pas de jugements proprement dits, mais se bornent à lui adresser des rapports dont les conclusions seraient sans effet, si elles n'étaient confirmées par lui. D'après les lois ottomanes, aucune sentence de mort ne peut être exécutée, si elle n'est revêtue de la sanction souveraine. C'est donc en vertu de ses pleins pouvoirs qu'il convertit en sentences définitives les conclusions des rapports qui lui sont soumis. Il ne se refuse pas à communiquer dorénavant les susdits rapports à la commission, qui pourra lui dire ce qu'elle en pense.

« Cette proposition est acceptée à l'unanimité.

« M. Béclard rappelle que, dans le mémorandum adressé au plénipotentiaire ottoman, dès le jour de la première réunion des commissaires, il était parlé du désarmement général de la population de Damas comme d'une mesure indispensable. Il y ajoute le vœu qu'une contribution spéciale soit imposée à la population musulmane au profit des chrétiens.

« Fuad-Pacha répond que le désarmement s'opère en ce moment même et par son ordre. Il s'est également occupé, au début de sa mission, de la question relative à l'impôt qu'il s'agit de faire peser sur Damas.

« La question à l'ordre du jour dans la séance du 10 octobre était celle du rétablissement des chrétiens dans leurs foyers. « Ce sujet, « dit Fuad-Pacha, se rattache étroitement à l'un des trois points dans « lesquels se résume la tâche assignée aux commissaires, savoir : « la répression, la réparation et l'organisation. Pour le rétablisse- « ment des chrétiens on a fait jusqu'à présent tout ce qu'il était « possible de faire avec des moyens bornés. »

« A Damas, trois quartiers musulmans ont été évacués pour y loger les chrétiens, jusque-là réfugiés dans la citadelle. Ce qu'on n'a pu retrouver des objets pillés, en fait de couvertures et autres objets de première nécessité, leur a été distribué non à titre de restitution, mais à titre de secours. Il a été, en outre, alloué à chaque chrétien une ration de pain et cinquante paras par jour. Ces distributions ont lieu sous la surveillance de divers comités composés de notables chrétiens. De là résulte une dépense de cinq à six cent mille piastres par mois. Les objets de literie n'ayant pas suffi, une réquisition faite parmi les musulmans a fourni deux ou trois mille matelas. Dans la Montagne, avant que la commission ne fût réunie à Beyrouth, des comités spéciaux parcouraient déjà les villages pour évaluer les dépenses de reconstruction, et, sur leur rapport, des àcomptes ont été répartis entre les ayants-droit. Depuis lors, la commission a demandé que ses délégués fussent admis à faire partie de ces comités, mais comme le travail d'évaluation tire à sa fin, la présence des délégués servira plutôt à assurer l'exécution des mesures arrêtées pour la reconstruction des villages. La grande difficulté consiste dans la question d'argent; le gouvernement fait tous ses efforts pour s'en procurer. Y compris les payements à effectuer sous peu de jours, la dépense s'élève déjà à environ quatre millions cinq cent mille piastres. Or cela ne suffit pas. Il importe de faire recouvrir une partie des maisons avant l'hiver. A cet effet, tous les villages druzes et musulmans ont été frappés de réquisitions pour des bois à fournir aux chrétiens. On a également séquestré au profit de ces derniers les mulets appartenant aux Druzes de la Bekaâ. Enfin l'ordre a été donné de partager entre les chrétiens une partie des denrées qui seront trouvées chez les Druzes, sauf à en tenir compte ultérieurement à ceux-ci.

« Après une légère discussion touchant les maisons des Druzes laissées vacantes et que le commissaire français propose d'assigner aux chrétiens, Fuad-Pacha revient sur la question du numéraire. La difficulté qu'il éprouve de se procurer des fonds paralyse ses bonnes intentions. Déjà les revenus des douanes de Syrie sont affectés au soulagement des besoins les plus urgents. Sur une somme de deux millions cinq cent mille piastres, reçue de Constantinople et destinée à l'entretien des troupes, Fuad-Pacha dit avoir retenu deux millions deux cent cinquante mille piastres pour la reconstruction des villages. Au surplus, il est en mesure de communiquer à la commission un état exact des sommes déjà distribuées aux chrétiens, tant en secours journaliers que pour les frais de bâtisse. Le total des dépenses ainsi effectuées s'élève à un million deux cent quatre-vingt-neuf mille neuf cent trente-trois piastres d'une part, et un million cinq cent trente-un mille trois cent quarante-quatre piastres de l'autre. Il reste à payer dans un bref délai environ deux millions trois cent cinquante mille piastres.

« Voici les deux notes en question :

NOTE DES SOMMES DISTRIBUÉES AUX CHRÉTIENS VICTIMES DES DERNIERS ÉVÉNEMENTS.

	Piastres.
Payé dans le mois d'août aux réfugiés de Damas, dont le nombre était de 5,556.	323,015
Payé dans le mois d'août aux réfugiés de Deïr-el-Kamar, Hasbeya et Rasheya, dont le nombre était de 4,944.	157,667
Moyenne des frais divers, y compris la dépense de l'hospice impérial, contenant de 1,200 à 2,000 personnes.	209,251
Moyenne des sommes données aux chrétiens de Damas.	600,000
Total.	1,289,933

NOTE DES SOMMES PAYÉES AUX HABITANTS DES VILLAGES SUIVANTS POUR LA RÉPARATION DE LEURS MAISONS.

	Piastres.	Paras.
Aux villageois de Kufri-Chima.	1,900	»
— de Batcha.	38,959	»
— de Rouma.	25,800	»
— de Chévit et dépendances.	53,880	»
— de Dirkhona et Karti-Hamza.	22,070	»
— de Ras-el-Harf.	47,960	»
— de Ketali.	39,940	»
— de Beabda.	99,713	»
— de Beït-el-Meri, sauf pour les maisons des émirs.	568,807	20
— de Vadi-Chahrour-Tahta, id.	143,506	»
— de Vadi-el-Fevka id.	55,685	»
— de Areya.	72,560	»
— de Ubedié.	76,520	»
— de Bremana et dépendances, à-compte.	309,775	»
— de Kadet et dépendances, id.	165,879	»
— de Deïr-el-Karf, id.	28,410	»
Total des sommes payées.	1,531,544	20

SOMMES A PAYER.

Aux villageois de Moualaka.	100,000	»
— de Zahleh et Metin.	1,000,000	»
— de Deïr-el-Kamar.	750,000	»
— de Djizin et dépendances.	300,000	»
— de Merdj-Aïoun.	200,000	»
Total des sommes à payer.	2,350,000	»
Total des sommes payées.	1,531,544	20
Total général.	3,181,544	20

« La séance s'est terminée par une délibération générale à laquelle prennent part tous les commissaires, et qui porte à la fois sur l'évaluation approximative des dommages soufferts par les chrétiens, tant à Damas que dans le Liban, sur les divers moyens dont le gouvernement pourrait user pour se procurer des fonds, et sur la nature du concours que les commissaires seraient en mesure de lui prêter.

« La conclusion de cet entretien est que, sans une somme considérable et immédiatement disponible, il est de toute impossibilité de prendre, en faveur des chrétiens, les mesures indiquées par les circonstances et rendues urgentes par l'approche de l'hiver.

« Fuad-Pacha exprime le désir que cette conclusion soit soumise par les commissaires à leurs gouvernements respectifs. Quant à lui, il s'engage à présenter dans une prochaine séance un aperçu des ressources de la province ainsi que des dépenses auxquelles il s'agit de faire face.

« La question des indemnités est mise à l'ordre du jour.

« Avant de commencer l'examen de cette question, le président rappelle à la commission le désir déjà exprimé que des délégués soient envoyés sur divers points de la Montagne afin de veiller à l'exécution des mesures prises par le gouvernement. Dans diverses localités, les habitants emploient à d'autres dépenses l'argent qui leur est distribué pour la reconstruction des villages.

« Il est décidé qu'on s'adressera au général de Beaufort, afin de se faire représenter par des officiers.

« La question des indemnités est traitée alors par M. de Rehfues; il faut, selon lui, qu'un impôt de cent millions soit levé sur Damas, Saïda et la montagne druze. Fuad-Pacha répond que Damas sera frappé d'une contribution extraordinaire, mais il doit attendre de Constantinople la réponse au rapport qu'il a adressé à ce sujet au gouvernement. Les biens des condamnés sont sous séquestre, mais le principe de la confiscation étant contraire à la législation ottomane, il a été obligé d'attendre la décision souveraine.

« Tous les commissaires appuient la motion de M. de Rehfues.

« Fuad-Pacha répète que sur le principe, il est d'accord avec les commissaires; il ne diffère que sur le mode d'exécution. Les biens des principaux notables de Damas sont déjà saisis, en vertu des jugements récemment prononcés contre eux. Tous les membres de l'ancien conseil ayant été envoyés en exil, un comité d'administration a été provisoirement formé, et se compose d'hommes sans influence, dont plusieurs ont rendu des services, ou sont étrangers à la ville. On ne pourrait donc pas se servir de ce comité, ni, à plus forte raison, rendre responsables ceux qui en font partie. Les riches, à leur tour, pourraient être contraints à payer, mais ils se déclareraient impuissants à faire payer les autres.

« Lord Dufferin dit que les chefs de quartier, connaissant les ressources de chacun, seraient à même de faire payer chaque famille suivant ses moyens.

« M. Novikow est d'avis que les commissions actuellement employées au désarmement pourraient aussi être chargées de la perception de l'impôt extraordinaire. Il voudrait, en outre, que la responsabilité fût partagée entre les notables de tous les quartiers. D'accord avec M. de Rehfues, il pense que la contribution dont serait frappée la ville de Damas, aurait pour effet de faire reparaître les objets volés et notamment le produit du pillage des couvents et des églises. Il ajoute que cette découverte pourrait être facilitée par les révélations des chefs druzes actuellement emprisonnés à Beyrouth.

« Fuad-Pacha renouvelle les objections de forme qu'il a déjà opposées aux divers membres de la commission. Quant aux objets volés, dit-il, on en a déjà retrouvé un certain nombre et plusieurs mosquées de Damas en sont remplies. Dans l'intervalle des deux séances, il se propose de consulter quelques-uns des anciens employés chrétiens de l'administration financière de la province, afin de déterminer le mode de perception auquel il devra s'arrêter, et le résultat de ses recherches sera communiqué par lui à la commission.

« Lord Dufferin présente une motion relative à la fixation du chiffre des indemnités. Pour arriver à une juste appréciation des pertes subies par les chrétiens, conformément au texte des instructions identiques, il propose à ses collègues d'établir un comité européen chargé de prononcer comme arbitre dans les réclamations présentées par les chrétiens à la Porte. Comme il est probable que ces réclamations seront exagérées, il pense qu'il serait dans l'intérêt du gouvernement turc de recourir à l'assistance d'un pareil corps dans le cas où les sentences rendues par lui ne contenteraient pas les intéressés. Il serait nécessaire que les membres composant cette commission fussent des hommes dont l'intégrité, le discernement et l'habitude des affaires offrissent une garantie suffisante à une décision non-seulement impartiale, mais intelligente.

« Cette proposition, admise en thèse générale par tous les commissaires, donne lieu à une longue discussion, quant aux détails qui s'y rattachent.

« Fuad-Pacha expose la combinaison suivante, comme devant, suivant lui, simplifier le travail d'évaluation. Un comité nommé par le gouvernement, mais dont une partie des membres auraient été désignés par les chrétiens, serait chargé d'examiner les demandes d'indemnité. Il admet en principe l'institution d'une commission d'arbitrage pour rendre une décision définitive, dans le cas où il y aurait un désaccord entre les membres du comité, ou entre le comité et le réclamant; mais il pense qu'avant de prendre une détermination sur le mode de participation de la commission à la question des indemnités, on doit consulter les instructions collectives des commissaires.

« Fuad-Pacha, invité par la commission à rédiger un projet relatif au mode de fixation des indemnités, s'engage à présenter ce projet dans la conférence suivante.

XXVII

M. Novikow, commissaire russe, propose que la commission se transporte à Damas; lord Dufferin regrette que les atrocités de Hasbeya, Racheya et Déir-el-Kamar soient encore impunies. — Réponse de Fuad-Pacha. — Tableaux concernant les revenus annuels des provinces de Damas et de Saïda. — Évaluation des victimes et des dommages de Damas et du Liban. — Fuad-Pacha propose à la commission une procédure sommaire à l'égard des Druzes inculpés. — Il demande les conseils des commissaires sur divers points relatifs à la répression. — Leur avis est qu'il faut établir trois catégories de coupables. — Il est décidé que les notables chrétiens seront invités dans chaque localité à faire devant leurs chefs spirituels et sous la foi du serment, des dépositions qui serviront de base aux mises en accusation. — Tableaux relatifs à un impôt extraordinaire à lever sur la ville, la banlieue et la province de Damas.

« Il m'est impossible de vous rapporter succinctement ce qui s'est passé à la neuvième séance. Aussi, je vous transmets *in ex-*

tenso, la plus grande partie du procès-verbal qui m'est communiqué.

« Le commissaire russe appelle l'attention de la commission sur l'état de Damas et des refugiés damascains. Cet état est loin d'être satisfaisant. Les mesures d'urgence décrétées en principe, telles que la levée, sur la ville de Damas, d'une contribution dont le montant serait affecté à la reconstruction des maisons chrétiennes et au payement d'un à-compte sur le montant des indemnités, restent en suspens. Le désarmement semble traîner en longueur, et les villages des environs qui ont pris une part active aux massacres de Damas, paraissent n'avoir pas été compris dans l'exécution de cette mesure. L'ensemble de ces faits n'est pas de nature à rétablir la confiance parmi les chrétiens : aussi le mouvement d'émigration, loin de se ralentir, augmente-t-il chaque jour. Les efforts persévérants de S. Exc. Fuad-Pacha ayant échoué jusqu'ici contre cette difficulté, il est du devoir de la commission de lui venir en aide. Mais elle ne saurait le faire utilement ni engager sa responsabilité à cet égard avant d'avoir vu de ses propres yeux l'état actuel des choses à Damas.

« Pour toutes ces raisons, M. Novikow croit devoir renouveler une motion déjà faite par le commissaire français, en proposant à la commission de se transporter pour quelques jours à Damas. Elle pourrait ainsi constater l'étendue des désastres qui ont frappé tant les nationaux étrangers que les chrétiens indigènes. Ce voyage permettrait également à la commission de visiter, chemin faisant, une bonne partie de la Montagne, de consulter, sur les lieux mêmes, les besoins et les vœux des populations, de réunir enfin les éléments qui lui sont nécessaires pour l'élaboration du travail relatif à la réorganisation du Liban.

« Avant de statuer sur la proposition de M. Novikow, lord Dufferin demande la permission d'adresser à S. Exc. Fuad-Pacha une interpellation dont le sujet se rattache à la question du voyage de la commission à Damas. Il faut que la commission se mette à considérer certain sujet bien pénible, avant de pouvoir détourner son attention du Liban. Il s'agit de la punition de ceux qui se sont rendus coupables des atrocités commises à Hasbeya, Raccheya et Deïr-el-Kamar.

« Il nous est pénible de penser, dit lord Dufferin, qu'après deux mois de séjour dans ce pays, nous nous trouvons encore occupés de la partie la plus pénible de notre tâche. Il tarde à la commission d'entrer en possession d'un devoir moins fâcheux, d'inaugurer une époque de conciliation et de paix. Mais il est inutile de songer à la conciliation, tant que des misérables, aux mains encore rouges du sang de leurs semblables, jouissent d'une immunité entière de toute punition. Pas un seul druze coupable des massacres des chrétiens, n'a encore subi la peine de mort.

« S. Exc. a expliqué ce délai par la nécessité d'assurer l'arrestation de ceux qui étaient les plus compromis ; cette observation était juste, mais une hésitation plus prolongée dans l'exécution d'une punition complète et définitive, est tellement contraire aux intérêts de la justice et de l'humanité, qu'il importe à la commission de prier S. Exc. de vouloir bien lui accorder une explication de ses intentions. Des circonstances auxquelles nous ne pouvons pas toucher, avaient destiné ces deux tribus à vivre ensemble. Ce délai, apporté à l'exécution des coupables, ne fait qu'envenimer la blessure, en maintenant d'un côté une haine inassouvie, et de l'autre la conscience d'une culpabilité dont l'expiation n'est pas encore accomplie. Il est de la dernière importance que cet état ne se prolonge pas davantage, mais en se chargeant d'une responsabilité si grave, où il s'agit d'une question de vie et de mort, le commissaire britannique ne voudrait pas être soupçonné de requérir une punition démesurée. Il désire surtout qu'on en vienne à poser certaines limites où la main vengeresse de la justice puisse s'arrêter. Dans cette vue, il admet une distinction entre les trois classes de criminels, aujourd'hui inculpés au tribunal de la chrétienté. De ces trois degrés de culpabilité, il faut assigner le premier rang aux officiers turcs qui avaient prêté la main aux atrocités qu'ils auraient dû prévenir. Après ceux-ci, viennent les musulmans de Damas qui, sans querelle, sans provocation, se sont rués sur leurs concitoyens inoffensifs, et les ont passés au fil de l'épée.

« Les crimes des Druzes semblent entrer dans une catégorie différente. Leurs excès, quoique horribles, provenaient d'une guerre provoquée par les chrétiens, et n'étaient que le fruit fatal des traditions de leur pays. En étudiant les rapports officiels des luttes sanglantes et meurtrières commises dans le Liban depuis vingt-cinq ans, on ne peut éviter la conviction que les préceptes de leur religion ont apporté, chez les chrétiens, bien peu d'adoucissement à ces usages barbares; et d'après sa connaissance personnelle du pays, dans une époque antérieure à ces désastres, le commissaire britannique peut affirmer que cette politique d'extermination que les Druzes ont adoptée n'était que le développement d'un principe qu'au commencement de la querelle leurs victimes les avaient menacés de leur appliquer. Dans ces circonstances, ce serait de l'injustice que de vouloir poser le type de la moralité européenne comme mesure de la culpabilité d'un corps de paysans ignorants, qui n'ont fait qu'obéir aveuglément aux mandats de leurs chefs. En Syrie, l'espèce de guerre légitime, de l'avis de toutes ces tribus, druze, chrétienne et arabe, ne peut trouver sa pareille que dans les livres de Moïse.

« Il faut donc faire la part de ces circonstances traditionnelles, tout en exécutant une justice ample et sévère pour pouvoir mettre un terme à la répétition de ces crimes.

« Fuad-Pacha, en réponse à l'interpellation de lord Dufferin, renouvelle d'abord l'assurance déjà donnée par lui, que la répression sera aussi rigoureuse, aussi exemplaire que possible. En ce qui concerne particulièrement les Druzes, il n'a négligé aucune des mesures que les circonstances lui indiquaient. Lors de son arrivée en Syrie, il a dû d'abord se rendre à Damas, où la situation des chrétiens réclamait impérieusement sa présence. De retour à Beyrouth, il a pu s'occuper de la Montagne, dont la pacification, résultant d'un prétendu traité entre les parties belligérantes, n'avait pas été reconnue par lui. Une proclamation adressée aux chefs druzes les a invités à venir rendre compte de leur conduite. Quatorze d'entre eux ont obéi à cette invitation. D'accord avec le commandant en chef du corps expéditionnaire français, il s'est ensuite décidé à parcourir militairement les districts mixtes. Cette opération avait un double but : elle se rattachait à l'œuvre de répression, mais elle était aussi destinée à favoriser le rétablissement des chrétiens dans leurs villages. C'eût été compromettre ce dernier résultat, que d'ouvrir des hostilités directes contre les Druzes. Des arrestations isolées eussent eu également pour effet de mettre en fuite la plupart des coupables, et, vu la configuration du terrain, il eût été bien difficile de former un cordon pour les cerner. Le plénipotentiaire ottoman a donc préféré d'une part, donner tous ses soins à la réintégration des chrétiens, et d'autre part, se réserver en temps opportun la possibilité de faire saisir simultanément, sur les divers points de la Montagne, tous les individus qui lui ont été ou lui seraient dénoncés. Il allait même, sans l'interpellation de lord Dufferin, annoncer à la commission que les Druzes ayant reparu dans leurs villages, le moment lui paraissait venu de mettre son projet à exécution. Fuad-Pacha ajoute que déjà il s'est entendu avec le général de Beaufort, et qu'il compte se rendre personnellement dans la Montagne pour présider aux arrestations. Retenu à Beyrouth par la nécessité de pourvoir au remplacement du commandant des troupes dans le Liban, il a dû retarder son départ de quelques jours, mais il aura bientôt le regret de se séparer momentanément de ses collègues.

« Quant aux fonctionnaires civils ou militaires qui ont manqué à leurs devoirs, tels que les commandants des garnisons de Hasbeya et de Racheya, ils ont été fusillés. Les autorités de Deïr-el-Kamar n'ont pas encore subi la peine de mort prononcée par le conseil de Damas, parce que leurs relations avec les Druzes devaient donner lieu à une instruction supplémentaire qui a fait ajourner leur exécution. De plus, Hourshid-Pacha, Vasfy-Effendi, Ahmed-Effendi, Tahir-Pacha et autres sont en prison, et leur procès est à peu près terminé. Outre les quatorze chefs druzes dont il a déjà été parlé, une soixantaine d'arrestations ont été opérées dans ces derniers temps. Cent soixante-dix individus environ se trouvent détenus à Beyrouth. Bientôt un certain nombre de jugements pourront être rendus, et le plénipotentiaire ottoman déploiera, à cette occasion, autant de sévérité qu'il l'a fait à Damas.

« Puisque cette question a été soulevée, ajoute Fuad-Pacha, il y a lieu pour la commission de lui donner son avis sur un point important. Bien que plus de mille condamnations aient été déjà prononcées à Damas, les dénonciations et les poursuites judiciaires n'ont pas cessé encore. Il résulte de cet état de choses une défiance et un antagonisme entre chrétiens et musulmans, qui empêchent le retour de la sécurité; mais, avec l'appui de la force militaire, le gouvernement peut répondre du maintien du bon ordre. Dans la Montagne la situation n'est pas la même. Si l'on parvient à y arrêter à la fois tous les individus contre lesquels il existe des dénonciations, et s'il est décidé que, dans un délai déterminé, pareilles dénonciations ne seront plus admises, on peut arriver bientôt au rétablissement de la tranquillité. C'est précisément à ce sujet qu'il croit devoir consulter ses collègues.

« La discussion roule ensuite sur le projet de voyage de la commission à Damas. M. Novikow croit que le meilleur moyen de rassurer les chrétiens de Damas et de les empêcher d'émigrer, ce serait que la commission se transportât momentanément au milieu d'eux.

« La motion de M. Novikow est mise en discussion et donne lieu à un échange d'avis différents. Tous les commissaires, sauf S. Exc. Fuad-Pacha et M. de Weckbecker, pensent que la présence de la commission à Damas est nécessaire et peut seule produire l'effet désiré; mais lord Dufferin préférerait qu'on s'y rendît plutôt individuellement qu'en corps, et M. Béclard, rappelant l'objection qui lui avait été faite dans le principe, voudrait qu'avant de partir pour Damas, la commission eût la satisfaction d'avoir obtenu quelques résultats sérieux.

« Le commissaire français donne lecture d'une supplique adressée à la commission, sous la date du 9 novembre, par les communautés chrétiennes de Damas, où elles se déclarent prêtes à retourner dans cette ville à certaines conditions, dont l'une serait la garantie des commissaires.

« Fuad-Pacha s'élève contre les prétentions des chrétiens d'obtenir une garantie que la commission ne peut leur donner, et qui indique, de leur part, une méfiance profonde à l'égard du gouvernement. Il se rend très-bien compte des sentiments inspirés aux chrétiens par leurs malheurs; mais il n'admet pas que ses actes puissent être mis en suspicion. Pour donner aux chrétiens la confiance qui leur manque, il prendra encore, s'il le faut, de nouvelles mesures, et à cet effet il accueillera toujours avec empressement les conseils de ses collègues. En outrepassant cette limite, la commission empiéterait sur les droits de son gouvernement.

« Si j'osais lever le coin du voile, je vous ferais clairement comprendre à la suite de quelles intrigues cette pétition a été signée par les communautés chrétiennes. Les employés consulaires ne sont pas étrangers à l'agitation, qui persiste surtout parmi la population grecque.

« Il est parfaitement connu que l'agent consulaire de Grèce a encouragé l'émigration de Damas autant par ses paroles que par son exemple. Il est singulièrement difficile de suivre le fil des intrigues chrétiennes dans ce pays; elles sont tramées avec beaucoup d'art. Je n'accuse pas ici M. Canaris, consul de Grèce à Beyrouth; c'est le plus honnête homme que je connaisse, et, quoique fils d'un des libérateurs de son pays, son patriotisme ne le poussera jamais à un acte contre lequel aurait à protester sa conscience. Je n'en dirai pas autant de l'agent consulaire de Damas, qui veut absolument se mettre en évidence. Et par malheur sa parenté avec le vénérable patriarche grec de Damas donne un certain poids à ses paroles, quoique je sois persuadé que le prélat se tient éloigné de toute machination. »

Beyrouth, 18 novembre.

« J'ai eu sous les yeux plusieurs tableaux concernant les revenus annuels des provinces de Damas et de Saïda. Je pense qu'ils ont été dressés par Fuad-Pacha, pour être remis à la commission internationale. Ce sont des documents précieux, et je m'empresse de vous en adresser une copie. Les revenus des douanes ne sont pas compris dans ces relevés.

TABLEAU 1. — Revenus annuels de la province de Damas.

	IMPÔT	IMPÔT POUR EXEMPTION DU SERVICE MILITAIRE	DROITS SUR LES TESKÉRÉS ET AUTRES	TAXES DIVERSES	DIMES	TOTAUX
	Piastres pa.	Piastres pa.	Piastres pa.	Piastres pa.	Piastres pa.	Piastres pa.
Perçu de la ville de Damas............	1,054,000 0	115,000 0	6,575 0	3,500,000 0	»	4,755,175 0
Perçu des quatre districts de Damas qui suivent :						
Merj Khûta...................	450,944 16	»	»	»	265,000 0	
Wâdi et Ajam.................	657,587 0	»	»	»	181,688 0	
Wâdi Barada..................	286,487 0	»	»	»	155,850 0	
Jebel Kalamôn.................	658,086 0	»	»	»	135,428 0	
Augmentation des dimes de ces quatre districts, depuis 1272, de 10 et de 25 pour cent.......	»	»	»	»	210,000 0	
	3,074,204 16	»	»	»	942,568 0	3,905,172 16
Perçu des départements et des districts de ladite province, dont les noms suivent :						
Homah.......................	2,587,955 9	78,750 0	»	410,600 0	2,500 0	
Homs........................	531,575 0	48,750 0	»	448,000 0	17,542 0	
Baalbek......................	1,104,125 0	67,500 0	»	81,500 0	52,522 0	
Ma'aret en Na'aman............	207,949 0	»	»	20,500 0	1,350 0	
Ajlûn........................	658,942 0	7,500 0	»	»	19,457 0	
Bekaâ.......................	264,597 0	86,350 0	»	60,000 0	1,154,592 0	
Hasbeya.....................	260,478 0	45,000 0	»	50,590 0	171,000 0	
Racheya.....................	175,555 0	52,500 0	»	27,310 0	»	
Hauran......................	1,142,069 0	18,750 0	»	»	111,715 0	
Jebel-el-Druz.................	150,220 0	11,250 0	»	»	28,470 »	
Hosn-el-Akrâd................	478,901 0	86,250 0	»	27,313 »	30,500 0	
Deneyra.....................	510,855 0	5,750 0	»	»	185,000 0	
Iki Kapûli....................	79,672 0	26,250 0	»	»	»	
	7,722,543 9	582,500 0	»	1,125,183 0	1,774,248 0	11,154,274 9
Total.............	»	»	»	»	»	19,832,619 25
Total donné dans l'original......	»	»	»	»	»	20,252,619 25

	TOTAL	
	Piastres	pa.
Report	20,252,619	25
Affermage du droit sur les moutons de l'année 1275	650,000	0
Revenus du district de Kharab de la même province	1,701,532	0
Total	22,604,151	25

	Bourses	pstrs.
Cette somme réduite en bourses présente	41,805	119
Y ajouter la somme payée par le Trésor impérial pour les fondations pieuses	900	0
	42,805	119

Perceptions en nature des susdits districts et départements.

	BLÉ	ORGE	MAÏS	SORTE DE GRAIN POUR LA NOURRITURE DU CHAMEAU	BEURRE	SOIE	MOUTON
	Ard. m.	Ard. m.	Ard. m.	Ard. m.	Okes dr.	Okes dr.	Têtes.
Du Sanjak de :							
Hamâh	8,120 13 1/2	4,140 16	127 16	»	5,960 0	72 0	»
Hauran	2,650 11	15,444 0	»	»	»	»	»
Homs	3,186 12	1,755 0	»	»	»	»	»
Jebel-el-Druz	51 12	872 12	»	»	»	»	1,500
Hosn-el-Akrâd	1,526 6	888 0	377 0	»	2,156 0	248 0	»
Ma'aret en Na'amân	2,745 6	1,572 0	»	»	575 0	»	»
Ajlun	699 9	1,411 21	»	447 0	4,902 0	»	»
Total	18,759 21 1/2	25,884 12	504 0	447 0	13,593 0	320 »	1,500
	Kilé.	Kilé.	Kilé.	Kilé.	Batman.	Batman.	
En mesure de Constantinople	112,558	155,307	3,024	2,682	6,086 1/2	160	

TABLEAU 2. Revenus annuels de la province de Saïda, répartis entre les sanjakas de Beyrouth, Tripoli, Ltakié, Naplouse, Akkia, et les caïmakamies druzes et chrétiennes :

	BIENS DE L'ÉTAT	TAXES DIVERSES	DÎMES	EXEMPTION DU SERVICE MILITAIRE	GÉDIK	TOTAL
	Piastres pa.	Piastres pa.	Piastres pa.	Piastres pa.	Piastres pa.	Piastres pa.
Perçu du Sanjak de :						
Beyrouth	1,776,510 11	997,279 0	46,987 22	279,489 31	158,969 20	
Tripoli	1,625,449 10	467,800 0	853,112 0	127,500 0	9,215 0	
Latakié	2,154,624 17	121,280 0	455,150 0	97,500 0	»	
Naplouse	1,914,451 39	130,117 20	»	14,105 23	»	
Akkia	1,780,853 26	501,000 0	110,486 0	105,000 0	»	
Caïmakamie druze	787,946 0	»	»	»	»	
— chrétienne	1,051,120 0	»	»	»	»	
	11,090,735 23	1,717,476 20	1,465,735 22	616,595 14	148,184 20	15,038,725 19

	Bourses.	Piastres.	Paras.
Ladite somme réduite en bourses représente	30,077	225	19
Y ajouter les revenus des districts Shemaych de 1275	456	164	9
Dito des districts de Haïfa et Sochet-Athlet	626	340	17
Total	31,154	755	5

Perceptions en nature de la province de Saïda.

	BLÉ	ORGE	MAÏS	GRAINS POUR LA NOURRITURE DES CHAMEAUX	SÉSAME	LENTILLES	BEURRE ET HUILE	COCONS DE COTON
	Kilés.	Kilés.	Kilés.	Kilés.	Kilés.	Kilés.	Okes dr.	Okes dr.
Sandjak de :								
Beyrouth	15,102 20	45,415 18	»	»	»	»	»	»
Tripoli	8,752 3	22,884 2	2,754 18	»	»	»	»	»
Latakié	4,642 6	6,996 0	»	»	»	»	»	»
Naplouse	10,725 12	18,575 41/2	1,044 0	1,558 18	53 3	81 12	6,687 30	4,741 1/2
Akkia	53,491 0	84,576	4,014 10	»	»	»	7,175 289	»

LA SYRIE. — 1840-1862.

« En outre de ces revenus, on peut calculer que les douanes de toutes ces localités donnent une recette annuelle de plus de douze millions.

« Je sais que ces tableaux ont été dressés avec beaucoup de soin; mais, eu égard aux difficultés qui se présentent pour toutes les statistiques, je ne vous les donne pourtant que comme approchant le plus de la vérité.

« Nous n'avons aucune nouvelle locale. Le pays est partout tranquille.

« Omer-Pacha, d'Alep, a été nommé commandant militaire de la Montagne et caïmakam provisoire du pays druze. Depuis son entrée en fonctions, nous n'avons entendu aucune plainte. C'est un de ces hommes qui prennent à cœur la tâche qui leur est confiée; du reste, vous connaissez sa belle conduite à Alep, pendant les événements de Damas. On m'assure qu'il est déjà très-populaire à Deïr-el-Kamar et à Mokhtara, et les officiers français, qui se trouvent dans la première de ces localités, n'ont qu'à se louer de leurs rapports avec lui. Il s'exprime passablement en français et parle très-bien l'arabe. Fuad-Pacha ne pouvait pas faire un meilleur choix.

« A Beyrouth, grâce au caractère conciliant d'Ahmet-Pacha, tout est en bon ordre. Les militaires français pèchent de temps à autre par certaines irrégularités qui, dans toute autre circonstance, eussent soulevé bien des récriminations; mais Ahmet-Pacha tâche d'accommoder toutes choses pour le mieux.

« Je viens de voir une note constatant les pertes de toute nature qu'a éprouvées Damas.

« D'après une évaluation émanant de personnes compétentes, quatre cent quatre-vingts Damascains ont perdu la vie dans les massacres de juillet, ainsi que huit cents réfugiés de Hasbeya, Racheya et Zahleh accourus dans cette ville.

« D'après M. Outrey, consul de France, les dommages s'élèvent à cent cinquante millions de piastres, soit trente millions de francs.

« Les victimes des dernières luttes du Liban seraient beaucoup plus nombreuses : quatre mille chrétiens auraient péri et mille Druzes, mutualis, etc. Quant aux dommages, il serait très-difficile de les calculer; mais ils sont loin d'être aussi considérables que ceux de Damas.

« Il y a loin de ces chiffres, comme vous le voyez, aux exagérations de la première heure. Maintenant l'on se compte, et l'on est étonné qu'à Damas surtout, le nombre des morts ne soit pas plus considérable. »

Beyrouth, 20 novembre.

« Voici le compte rendu des deux séances que la commission internationale a tenues les 14 et 17 novembre.

« Fuad-Pacha propose l'examen des derniers points relatifs à la répression et au châtiment des Druzes. Les arrestations vont commencer dans la Montagne. M. le commissaire extraordinaire de la Sublime Porte y présidera lui-même. Mais auparavant il croit devoir prendre l'avis de la commission sur le meilleur système de procédure à adopter, sur le nombre et la nature des peines qu'il infligera, sur les moyens qu'il y aura lieu d'employer pour arriver à la découverte des coupables. Chacun de ces points soulève des difficultés, et dans le sentiment qu'il a de la lourde responsabilité qui pèse sur lui, Fuad-Pacha demande à la commission de vouloir bien l'éclairer de ses conseils.

« Et d'abord quelle procédure devra-t-il adopter? il y en a deux qui s'offrent à lui : l'une sommaire et expéditive; l'autre régulière, méthodique et conforme aux lois régulières du pays. La première fournit de prompts résultats, mais elle ne donne pas le temps de peser les preuves, et ne permet pas toujours de proportionner exactement la peine au degré de culpabilité. La seconde a l'inconvénient, non moins grave dans les circonstances présentes, de trop suspendre le châtiment; peut-être à une situation exceptionnelle, faut-il une justice exceptionnelle. Fuad-Pacha hésite entre ces deux systèmes : s'il use de la procédure sommaire, on l'accusera, comme à Damas, de frapper aveuglément; s'il a recours aux formalités de la procédure régulière, on l'accusera de tomber dans l'excès contraire.

« M. le commissaire français pense que la procédure sommaire est la seule possible. C'est en voulant, dit-il, proportionner le nombre des châtiments à celui des assassinats et en versant froidement autant de sang que les Druzes en ont répandu, que le gouvernement turc s'exposerait au reproche de barbarie.

« Tous les autres commissaires se rangent à cet avis.

« Lord Dufferin trouve que le mode de procédure sommaire est en effet le seul que les circonstances permettent d'adopter; mais il croit devoir faire observer qu'une fois ce sacrifice accompli, les Druzes devront être protégés contre de nouvelles poursuites par une amnistie générale.

« Après quelques explications de lord Dufferin sur le mot amnistie, cette motion est adoptée.

« Fuad-Pacha pose cette question : Devra-t-il diriger sur Beyrouth et y réunir tous les Druzes qui seront arrêtés dans la Montagne, ou bien instituer une sorte de tribunal mobile qui jugera et fera exécuter les coupables sur le théâtre même de leurs crimes?

« M. Béclard et les autres commissaires sont d'avis que la justice doit être rendue sur les lieux pour que son effet soit plus prompt et plus sensible.

« S. Exc. Fuad-Pacha demande ensuite s'il devra établir dans la Montagne, comme à Damas, plusieurs catégories de peines, correspondantes à plusieurs catégories de coupables, et appliquer la mort, le bagne, la réclusion, l'exil, selon le degré apparent de culpabilité? Sur ce point encore, M. le commissaire extraordinaire de la Sublime Porte éprouve le besoin de recevoir les conseils de la commission. Il n'a ni le droit, ni l'envie d'abdiquer la responsabilité qui pèse sur lui, mais il sent combien elle est lourde, et c'est pour cela qu'il ne craint pas de déposer dans le sein de la commission tous ses doutes et toutes ses perplexités. Il a besoin aussi de fixer d'avance son opinion sur la nature et le poids des preuves qu'il admettra dans cette procédure expéditive. A Damas, dit-il, il a sommé les principaux habitants de lui désigner les coupables, et c'est sur la dénonciation, sur des témoignages non oculaires, qu'il s'est le plus souvent appuyé pour dresser ses listes. Il s'est même parfois contenté de la simple déposition d'un chrétien. Dans la Montagne, la situation est toute différente. La force armée ne saurait y exercer la même influence, et au milieu d'un peuple organisé, comme le sont les Druzes, en une sorte d'affiliation ou société secrète, on ne peut compter sur aucun renseignement, aucune dénonciation de Druze contre Druze. Il sera donc nécessaire d'avoir presque exclusivement recours aux dépositions des chrétiens; mais alors Fuad-Pacha en redoute le nombre, et, si on lui demande mille ou quinze cents têtes, s'il consent à les faire tomber, il craint de s'exposer à l'accusation d'être plus Druze que les Druzes eux-mêmes, et de répondre à un massacre par une boucherie.

« M. Novikow fait observer que ce n'est pas une vengence que le gouvernement doit exercer, mais bien prévenir le retour des mêmes crimes.

« Lord Dufferin saisit l'occasion qui s'offre à lui de rappeler que les Druzes n'ont exercé aucune violence contre les femmes.

« M. le commissaire français, résumant la pensée unanime de la commission, propose d'établir trois catégories de coupables, passibles de la peine de mort.

« 1° Les instigateurs ayant ou non pris part personnellement aux massacres;

« 2° Les chefs de bandes qui ont dirigé les assassins et les incendiaires;

« 3° Les individus dénoncés par la voix publique comme ayant commis le plus grand nombre de meurtres, ou comme ayant agi dans des circonstances qui aggravent leur culpabilité.

« Ces trois catégories de coupables, passibles de la même peine, étant admises, Fuad-Pacha demande s'il y aura d'autres degrés de culpabilité auxquels pourraient correspondre des peines de second et de troisième ordre.

« La commission est d'avis que cette satisfaction étant donnée à la justice, toutes poursuites devront cesser.

« La commission passe ensuite à l'examen d'une autre question, et il est décidé, sur la proposition de Fuad-Pacha, que les notables de chaque localité seront invités par lui à faire, devant leurs chefs spirituels et sous la foi du serment, les dépositions qui, sans être, dans la plupart des cas, des témoignages oculaires, serviront cependant de base aux mises en accusation.

« Avant de clore cette discussion, lord Dufferin demande, au nom de l'humanité, que, puisque l'on doit avoir recours au système de la procédure sommaire, on n'aggrave pas les souffrances des individus dont le sort peut être fixé promptement, en leur donnant, pour ainsi dire, à plusieurs reprises le coup de la mort.

« M. le commissaire français s'associe avec force au sentiment que vient d'exprimer lord Dufferin, et demande que les personnages druzes ou musulmans emprisonnés à Beyrouth, et dont le procès passe pour être terminé, ne soient pas tenus longtemps entre la vie et la mort.

« Fuad-Pacha répond qu'il lui tarde, à lui aussi, d'en terminer avec cette phase si pénible de sa mission ; mais qu'il a cependant dû surseoir au jugement ou à l'exécution des détenus de Beyrouth, parce que leur participation aux événements de la Montagne étant évidente, il se priverait, en agissant différemment, des informations qui lui seront très-utiles lorsqu'il se livrera à l'appréciation de ces mêmes événements.

« La question relative à la répression des Druzes étant examinée, M. Béclard, à la prière de ses collègues, donne lecture d'un rapport de M. Outrey et de deux tableaux y annexés, établissant, le premier, la répartition de l'impôt extraordinaire à lever sur la ville, la banlieue et la province de Damas, le second, la distribution du montant de cette contribution.

« Je vous envoie ces deux documents.

PREMIER TABLEAU.

D'ORDRE	SOURCE DES PRODUITS	TOTAUX PAR ARTICLES	TOTAUX GÉNÉRAUX	PAYABLE D'ICI AU COMMENCEMENT DES TRAVAUX SOIT EN MARS 1861	PAYABLE AU MOIS DE SEPTEMBRE 1861	PAYABLE EN MARS 1862	PAYABLE EN SEPTEMBRE 1862	PAYABLE EN MARS 1863
		Piastres.	Piastres.	Piastres.	Piastres.	Piastres.	Piastres.	Piastres.
1	Imposition forcée sur la ville de Damas, composée de 15,000 maisons musulmanes.							
	200 maisons à raison de 20,000 piastres	4,000,000						
	500 — 15,000 —	4,500,000						
	500 — 10,000 —	5,000,000						
	1,000 — 5,000 —	5,000,000						
	1,000 — 4,000 —	4,000,000						
	1,500 — 3,000 —	4,500,000						
	2,000 — 2,000 —	4,000,000						
	3,000 — 1,000 —	3,000,000						
	5,500 maisons pauvres affranchies de l'imposition	»	34,000,000	12,000,000	12,000,000	10,000,000	»	»
2	Imposition forcée sur les villages de la plaine de Damas à une moyenne de 30 m.	6,000,000	6,000,000	2,000,000	2,000,000	2,000,000	»	»
3	Bois de construction à prélever en nature sur les villages du district, 150,000 pieds d'arbres de toutes grosseurs au prix moyen de 75 p. . 11,250,000 piastres. Planches et bois divers . . . . 6,750,000 —	18,000,000	18,000,000	9,000,000	9,000,000	»	»	»
4	Imposition forcée sur le Hauran spéciale à la ville de Damas	8,000,000	8,000,000	4,000,000	2,000,000	2,000,000	»	»
5	Imposition extraordinaire sur toute la province de Damas à l'exception de cette ville et des villages de la plaine. La moitié de l'impôt en sus par année	50,000,000	50,000,000	10,000,000	»	»	»	10,000,000
6	Valeur des biens des condamnés estimés à la moitié du prix réel	10,000,000	10,000,000	»	5,000,000	10,000,000	5,000,000	»
7	Objets et vêtements fournis en nature sur les objets volés rapportés	2,500,000	2,500,000	2,500,000	»	»	»	»
8	Produit de la vente de quatre villages situés dans la plaine de Damas, et appartenant exclusivement au gouvernement. Ce sont El-Kefrein, Abâdeh, Jedeideh-el-Khas, et Harân-ci-'Awamîd, contenant 400 feddâns environ, au prix de 5,000	2,000,000	2,000,000	»	1,000,000	»	1,000,000	»
9	Produit de la vente de 2,500 feddâns dans la Bekaâ, au prix moyen de 3,000 piastres	7,500,000	7,500,000	»	3,750,000	»	3,750,000	»
10	Complément à fournir par la Sublime Porte	»	32,000,000	12,000,000	»	10,000,000	»	10,000,000
			150,000,000	51,500,000	34,750,000	34,000,000	9,750,000	20,000,000

DEUXIÈME TABLEAU.

NOMBRE DES MAISONS	OBJET DE L'INDEMNITÉ	INDEMNITÉ PAR CHAQUE MAISON	TOTAUX PAR ARTICLE	TOTAUX GÉNÉRAUX
		Piastres.	Piastres.	Piastres.
250	Pour les mobiliers pillés dans les maisons musulmanes louées aux Chrétiens....	10,000	2,500,000	
100	Maisons pillées et en partie brûlées, mais qui peuvent être réparées. Pour réparation et prix du mobilier..........	30,000	3,000,000	
250	Pour construction entière et mobilier....	35,000	8,750,000	
200	Id. id.	60,000	12,000,000	
150	Id. id.	100,000	15,000,000	
100	Id. id.	125,000	12,500,000	
60	Id. id.	150,000	9,000,000	
50	Id. id.	200,000	10,000,000	
50	Id. id.	275,000	13,750,000	
50	Id. id.	350,000	17,500,000	
25	Id. id.	450,000	11,250,000	
10	Id. id.	700,000	7,000,000	
5	Id. id.	1,000,000	5,000,000	
1,300				127,250,000
	Patriarcat grec, bâtisse et mobilier.....	»	5,000,000	
	Patriarcat melchite, bâtisse et mobilier...	»	3,000,000	
	Couvent de Terre-Sainte, bâtisse et mobilier.	»	2,200,000	
	Établissement des Lazaristes et des sœurs..	»	2,000,000	
	Eglise syrienne et couvent........	»	1,000,000	
	Eglise arménienne et couvent......	»	850,000	
	Eglise maronite et couvent......	»	750,000	
	Eglise des Capucins...........	»	150,000	
	Ornement de la chapelle des Arméniens latins	»	50,000	
				15,000,000
	Pour indemnités extraordinaires aux consulats et dépenses imprévues.......	»	7,750,000	
				7,750,000
	Total général.........	»	»	150,000,000

Dans la onzième séance, tenue le 14 novembre, l'ordre du jour appelant l'examen des questions relatives à la réparation des dommages, le principe d'une somme fixe approximative et déterminée à l'avance a été adopté. Pour ce qui regarde les établissements religieux, on vérifiera le dommage éprouvé pour les indemniser, non par catégories, mais par établissement.

XXVIII

La France manifeste l'intention de prolonger l'occupation militaire en Syrie. — La Sublime Porte repousse ce projet : dépêche d'Aali-Pacha à M. Musurus, ambassadeur du Sultan Londres. — Joseph Karam, caïmakam provisoire des chrétiens. — Incident des poudres et des armes envoyées, a-t-on prétendu, aux Druzes. — Les commissaires vont à Damas. — Dans les deux séances qui ont précédé leur départ, ils ont adopté un projet d'impôt extraordinaire sur la ville de Damas. — Dispositions essentielles dudit projet. — Impositions en nature frappées sur les Druzes. — Proposition de lord Dufferin pour la réorganisation de la Syrie. — Documents officiels y relatifs. — Articles formant la base de l'organisation future de la Syrie, présentés par Aali-Pacha.

On a vu, par ce qui précède, que la Syrie, pendant les deux derniers mois, avait été parfaitement tranquille, et que rien ne pouvait faire admettre comme utile la prolongation de l'occupation française.

Telle pourtant n'était pas l'opinion de M. Thouvenel, qui fit des ouvertures aux autres cabinets pour la prorogation de la convention du mois d'août.

Aali-Pacha ayant reçu communication de ce projet de la France, adressait, le 28 novembre, la dépêche qu'on va lire, à M. Musurus, ambassadeur de la Sublime Porte près de Sa Majesté Britannique.

Nous n'avons pas à nous appuyer sur les arguments d'Aali-Pacha. Tout le monde, à Beyrouth comme en Syrie, a pu voir que l'armée française dut se borner à faire des promenades militaires, et que les troupes ottomanes avaient suffi à la répression ainsi qu'au maintien, sur tous les points, de l'ordre et de la tranquillité. Sa présence avait rassuré les chrétiens, elle avait eu aussi pour résultat de tenir le pays dans une grande effervescence. Les chrétiens qui avaient souffert, relevaient orgueilleusement la tête, et, se sentant protégés, commettaient des assassinats sur les Druzes.

À nos yeux donc, l'occupation française n'était qu'un obstacle à la pacification de la Montagne ; elle prolongeait une époque de crise à laquelle il fallait mettre fin le plus tôt possible.

Voici la dépêche d'Aali-Pacha à M. Musurus.

Le 28 novembre 1860.

Monsieur l'ambassadeur,

J'ai eu l'honneur de recevoir votre dépêche du 8 novembre, par laquelle vous me rendez compte de l'entretien que vous avez eu avec lord John Russell sur l'éventualité d'une proposition ayant pour objet la prolongation de l'occupation française en Syrie au delà du terme fixé par la convention, et l'augmentation de l'effectif du corps expéditionnaire.

Il est inutile de vous dire, monsieur l'ambassadeur, combien la Sublime Porte est satisfaite de voir lord John Russell partager à cet égard l'opinion que vous avez émise au nom du gouvernement impérial. Cette conformité de vues produira son effet, nous n'en doutons pas, et préviendra plus d'une difficulté ultérieure dans cette malheureuse question de Syrie. La Sublime Porte n'a jamais considéré l'intervention européenne comme nécessaire ou utile; et, si elle y a adhéré, c'était uniquement par déférence pour ses alliés et pour donner une preuve nouvelle de sa confiance illimitée dans leurs dispositions à son égard. Mais si, à une époque où l'Europe voyait toute la Syrie en feu, cette mesure pouvait se justifier, aujourd'hui elle n'a plus sa raison d'être, après que le but poursuivi a été en grande partie atteint, et que les villes qui ont été le théâtre des plus tragiques événements ont été réduites sans coup férir, par le seul prestige de l'autorité du Sultan, représentée par Son Excellence Fuad-Pacha.

Il en résulte que l'intervention, perdant ainsi de jour en jour le caractère d'un secours accordé à la Sublime Porte, ne pourrait plus être, comme vous l'avez si bien fait remarquer à lord John Russell, qu'un embarras et un obstacle à la pacification de la Montagne et au rétablissement complet de l'ordre.

Les puissances ne peuvent manquer de s'en rendre compte; et l'appréciation de la question par le cabinet de Sa Majesté Britannique nous est un sûr garant qu'aucune suite ne sera donnée au projet d'une prolongation de l'occupation et d'une augmentation quelconque des forces françaises en Syrie.

Veuillez, monsieur l'ambassadeur, exprimer nos remerciments à Sa Seigneurie pour ses dispositions à l'égard de ce projet, et agréez, etc.

Signé : Aali.

Beyrouth, 21 novembre

« Joseph Caram, dont je vous ai souvent parlé, a été nommé caïmakam provisoire des chrétiens. L'émir Béchir-Ahmet est révoqué. Cette nomination a causé beaucoup de plaisir aux habitants de la Montagne; car Joussef-Bey est un homme fort instruit, parlant le français et aimé de tout le monde.

« Joseph Caram est investi de toute l'autorité et de toutes les prérogatives du caïmakam. C'est un grand coup pour certains émirs ou cheikhs que cette élévation. La position pourtant est fort difficile.

« Le nouveau caïmakam est né en 1825. Il a été formé par les lazaristes au collége d'Antoura; il sait l'arabe, le syriaque et le français. On le dit brave et doué d'une raison saine, d'un jugement droit. Sa famille, quoique ne comptant ni émirs ni cheikhs, régit depuis trois cents ans le district de Becharré, et Joussef remplissait la même charge depuis 1847.

« Joussef-Bey est parti pour Djouni, où il compte résider pour organiser les affaires de sa caïmakamie.

« Les Français, je vous l'ai déjà dit, ont établi un campement à Kabr-Elias (tombeau d'Elias, un chef des Maronites, mort au septième siècle). Ils s'y ennuient, la nostalgie les gagne, et ils n'ont plus guère qu'un désir, celui de retourner en France. Voici trois mois qu'ils sont ici, et ils n'ont pu rien faire. A qui la faute? J'en ai pourtant entendu plusieurs se plaindre hautement de la conduite des chrétiens. Ils ne valent pas, me disaient-ils, comme individus ni comme nation, la peine qu'on se donne pour eux.

« Dernièrement le bruit a couru qu'un convoi de dix chameaux chargés de poudres et d'armes avait été rencontré dans les environs de Saint-Jean-d'Acre, en destination des Druzes rebelles réfugiés dans le Hauran. Ce fait a été le sujet d'une interpellation que M. de Rehfues a adressée, dans la douzième séance, à Fuad-Pacha. Le 26 novembre, lord Dufferin a donné lecture d'une lettre de M. Rogers, consul de Sa Majesté Britannique à Caïffa, touchant ce fait, qui a préoccupé vivement l'opinion publique. Comme on le verra par la lettre suivante, les munitions dont il s'agit étaient destinées à l'armée ottomane, commandée par Halid-Pacha.

Beyrouth, le 24 novembre 1860.

Milord,

J'ai l'honneur d'accuser réception de la lettre de Votre Seigneurie en date d'aujourd'hui, et, en réponse, de vous informer que peu de temps avant mon départ de Caïffa, deux voyageurs anglais y arrivèrent, et que je fus informé par eux ainsi que par leur drogman Gabriel Schembri, Maltais, demeurant à Jérusalem, que le 1er de ce mois, dans le voisinage de Medjdel-Kroum, ils avaient rencontré une caravane de chameaux chargés, allant vers l'orient; que le susdit drogman avait demandé au moukre (qui était Druze par hasard) ce qu'il portait, mais il reçut une réponse peu satisfaisante, et puis il fit la même question à un soldat turc (mais je ne me rappelle plus s'il était de la troupe régulière ou de la troupe irrégulière) qui leur dit que les chameaux étaient chargés de munitions de guerre. Le drogman conçut des soupçons à la suite de ces circonstances.

Aussitôt que j'en trouvai l'occasion, je fis une enquête à Caïffa auprès de ceux qui avaient été dernièrement à Saint-Jean-d'Acre, et l'on m'assura que les susdites munitions avaient été envoyées à Damas. Là-dessus, je fus convaincu que le fait ne méritait plus d'investigation.

J'ai, etc.

Signé : E. T. ROGERS.

« Le public s'entretient beaucoup d'un projet qui aurait été présenté par un des commissaires pour la future réorganisation de la Syrie. Il s'agirait de créer une vice-royauté comme en Égypte, et de la donner à Fuad-Pacha, qui a été reconnu l'homme le plus capable de conduire cette affaire au gré de l'Europe. Ce projet rencontrerait beaucoup de partisans dans toutes les classes de la population; mais je pense que le gouvernement turc ne se décidera jamais à se laisser enlever un des plus beaux fleurons de sa couronne. D'autres veulent que la Syrie, en y comprenant la Palestine, devienne un gouvernement général donné au plénipotentiaire ottoman, qui nommerait, sous sa responsabilité, les gouverneurs des principales villes, telles qu'Alep, Beyrouth, Damas, Jérusalem. La Montagne serait divisée en plusieurs districts administrés par des chefs appartenant à la religion dominante.

« Cette dernière combinaison me paraît la meilleure. Il faudrait pourtant qu'à la tête d'un gouvernement aussi important se trouvât un homme de la valeur de Fuad-Pacha, car une main de fer comme la sienne est seule capable d'y maintenir l'ordre.

« Fuad-Pacha se prépare à partir pour la Montagne.

« Mouammer-Pacha a quitté Damas, où il est momentanément remplacé par le nouveau chef d'état-major, Shukri-Pacha. On attendait de jour en jour le nouveau gouverneur, Emin Mouhlis-Pacha.

« Le désarmement continue à Damas.

« Les troupes turques qui sont dans le voisinage de Hasbeya et de Rachcya se sont emparées de plusieurs Druzes. Ils ont été dirigés sur Mokhtara. »

Beyrouth, 2 décembre.

« Le mont Hermon, qui est comme la citadelle des Druzes, est cerné par un cordon de troupes turques, disposées en trois camps et occupant les positions de Katana au sud-est, Saasa au sud-ouest et Deïr-el-Kamar au nord. Ces forces militaires s'élèvent à sept mille trois cents hommes en infanterie et cavalerie.

« Des patrouilles circulent sans cesse; des Druzes inculpés dans les massacres sont arrêtés chaque jour, et une grande quantité d'objets pillés ont été découverts. Les commandants turcs sont désireux de remplir leur devoir en conscience.

« La grande majorité des Druzes est maintenant rentrée dans les villages. Ceux qui, à la première expédition de Fuad-Pacha et du général de Beaufort, s'étaient enfuis dans le Hauran, sont retournés chez eux à l'exception de quelques grands criminels.

« La sœur de Saïd-Bey-Djomblat, Naïfeh, a été arrêtée à Hasbeya et amenée ici. Elle est accusée d'avoir été l'instigatrice du massacre de ce bourg. Je sais pourtant par des réfugiés chrétiens d'Hasbeya que, pendant le massacre, elle a sauvé beaucoup de monde.

« La commission européenne a quitté Beyrouth le 29 pour se rendre à Damas.

« La cour de justice continue à siéger. Les Druzes inculpés ne paraissent pas pouvoir échapper à une condamnation capitale. Quant à Hourshid-Pacha, il est question pour lui de la détention perpétuelle dans une forteresse.

« Chaque bateau apporte de fortes sommes destinées au commissaire impérial. En huit jours, il est arrivé plus de quatre millions de piastres.

« Je reçois, par un courrier venu de Damas en dix heures, une lettre qui m'annonce l'arrivée dans cette ville des commissaires européens. Ils ont été parfaitement reçus par la population.

« Avant son départ, la commission a tenu ici deux autres séances.

« Dans celle du 21 novembre, M. le président a donné lecture d'un nouveau projet qui lui a été communiqué par un habitant chrétien de Damas, relativement à l'impôt extraordinaire dont cette ville doit être frappée. Ce nouveau projet repose sur les bases suivantes :

« On compte à Damas :

13,356 maisons musulmanes.
7,600 boutiques ou cafés.
58 bains publics.
73 moulins.
22 khans.
669 jardins.

« En imposant :

			Piastres.
1,000 piastres par maison,	on obtiendrait	13,356,000
750	—	par boutique,	—	5,700,000
10,000	—	par bain,	—	580,000
2,000	—	par moulin,	—	146,000
15,000	—	par khan,	—	330,000
2,000	—	par jardin,	—	1,338,000
« Ce qui produirait ensemble	. . . .	21,450,000

« En ajoutant à cette première somme une contribution de treize millions cinq cent cinquante mille piastres sur les riches, on arrive à un total de trente-cinq millions, chiffre proposé par le plénipotentiaire.

« Ce nouveau projet est adopté.

« Voici quelques dispositions essentielles du projet de Fuad-Pacha :

« Art. 4. Chaque individu payera pour la maison qu'il possède et qu'il habite lui-même, ainsi que pour la boutique ou le magasin qu'il possède et où il exerce un métier ou un commerce, une somme équivalente au double de la valeur locative de sa propriété.

« Art. 5. Chaque individu payera pour sa maison, magasin et boutique qu'il donne en location, le triple de la valeur locative inscrite dans le registre des impôts.

« Art. 6. Les propriétaires des bains, khans et jardins qu'ils exploitent eux-mêmes ou qu'ils afferment, payeront quatre fois autant que la valeur locative enregistrée au susdit livre.

« Art. 7. Ceux qui s'occupent dans une boutique ou magasin de quelque industrie, métier ou commerce, qu'ils soient propriétaires ou locataires auront à payer, comme impôt industriel, une somme équivalente au loyer d'un an de la propriété qu'ils occupent.

« Dans ce système l'impôt sur les maisons devra donner vingt-un millions de piastres ; l'impôt sur les maisons, boutiques et magasins loués, les khans, bains et jardins, quatre millions de piastres ; l'impôt sur les marchands et industriels ainsi qu'une somme complémentaire levée sur les riches réaliseront la contribution de trente-cinq millions.

« L'assiette et la répartition de l'impôt étant fixées, Fuad-Pacha exprime l'opinion que la perception ne pouvait s'en faire immédiatement.

« Une discussion s'élève à ce sujet. Les commissaires de France, de Prusse et de Russie veulent que cet impôt soit levé immédiatement. Les commissaires d'Autriche et d'Angleterre déclarent que leurs informations concordent avec celles de Fuad-Pacha.

« Avant la fin de la séance, M. Béclard appelle l'attention du commissaire extraordinaire de la Sublime Porte sur la misère des chrétiens de la Montagne qui retournent dans leurs villages. Il serait selon lui convenable d'imposer aux Druzes une contribution préalable, en nature, qui permettrait de distribuer aux chrétiens divers objets de première nécessité. On pourrait, dit-il, obliger chaque Druze à fournir : six mesures de blé ; trois mesures d'orge ; dix rottols de raisin sec ; trois matelas ; trois couvertures ; deux marmites, une bassine en cuivre ; un tapis en poil de chèvre ; une natte ; dix poutres, ou leur valeur à raison de 50 piastres.

« Ce système de restitution a été mis facilement et très-utilement en pratique par les officiers français, dans certaines localités occupées par des détachements du corps expéditionnaire.

« Fuad-Pacha répond que des contributions de ce genre ont déjà été effectuées par ses ordres dans la Montagne, et qu'il vient notamment de requérir quarante mille mesures de semences, prélevées sur les biens des chefs druzes, qu'il fera distribuer aux Maronites ; il a pris d'ailleurs d'autres mesures destinées à subvenir aux besoins les plus urgents des populations. Il exprime seulement la crainte que ces opérations ne soient entravées par l'ardeur des chrétiens, qui, dans plusieurs villages, ont eux-mêmes exercé de violentes représailles contre les Druzes, et pillé quelques-unes de leurs maisons.

« A la treizième séance, tenue le 26 novembre, Fuad-Pacha entretient la commission du projet d'arrêté qu'il va prendre pour encourager le retour des chrétiens dans la Montagne. Indépendamment de la restitution des objets pillés par les Druzes et du règlement ultérieur de l'indemnité totale due aux chrétiens, Fuad-Pacha établit par ce projet, et conformément à la pensée exprimée par M. Béclard dans la dernière séance, une imposition en nature à lever immédiatement sur les Druzes.

« Chaque Druze contribuable serait contraint à fournir une certaine quantité de denrées et d'objets de première nécessité équivalente à peu près à une somme de onze cents piastres par tête. En outre de cette contribution, on coupe des bois de construction appartenant aux Druzes, partout où l'on en trouve, et pour lesquels on donne, déjà depuis quelque temps, des quittances ou reçus que les propriétaires auront la faculté de présenter en déduction de leur contribution ultérieure.

« Des ordres signés seront remis aux officiers français pour faciliter et régulariser leur coopération à la mesure ci-dessus indiquée.

« La discussion sur le payement de l'impôt de Damas est reprise. Fuad-Pacha renouvelle ses déclarations de la précédente séance. Pour l'impôt extraordinaire, il ne cherche pas même une combinaison qui en puisse rendre le payement facile aux Damascains ; qu'il soit possible, voilà la seule question pour lui, et c'est le but qu'il veut atteindre en fixant des termes successifs pour l'exécution de cette mesure, dont il a la responsabilité.

« Lord Dufferin propose de lever un impôt de cinquante millions de piastres, la moitié sous trois mois et le reste en à-comptes mensuels de cinq millions. M. Béclard appuie cette motion.

« Le plénipotentiaire ottoman pense que les travaux préparatoires de classification prendront deux mois, et qu'à l'expiration de ce délai, il faudrait pouvoir disposer d'une somme de quarante millions de piastres pour donner aux chrétiens un premier à-compte suffisant. En supposant que Damas puisse donner dans trois mois quinze ou vingt millions, le gouvernement devra fournir une somme égale. Quant au chiffre de l'impôt et à la fixation définitive du délai, Fuad-Pacha hésite à prendre une détermination.

« Le projet de voyage à Damas par la commission est repris. Fuad-Pacha est d'avis qu'il est inopportun, et qu'à la veille du jour où il va frapper la ville d'un impôt extraordinaire, la présence des commissaires à Damas peut avoir le grave inconvénient de donner aux populations l'idée que le gouvernement du Sultan n'agit pas de son propre mouvement, mais qu'il cède, au contraire, à la pression des puissances étrangères. Le commissaire impérial déclare qu'il n'a aucun moyen de s'opposer à ce voyage, mais qu'il ne peut s'y associer ni l'approuver.

« M. de Weckbecker émet le vœu que Fuad-Pacha prenne immédiatement l'arrêté concernant l'imposition et le publie avant que la commission aille à Damas. De cette façon, l'inconvénient signalé par Son Excellence serait évité, et le plénipotentiaire ottoman n'aurait pas l'air de céder à l'impulsion de la commission.

« Fuad-Pacha fait observer que les commissaires allant à Damas, nommément dans le but de recueillir des informations par eux-mêmes et sur les lieux, relativement aux questions d'indemnité et de réparation des dommages éprouvés par les chrétiens, il résulterait nécessairement de ce voyage un ajournement indéfini du règlement de la question d'impôt et d'indemnité.

« Tous les commissaires étant d'avis que ce voyage est nécessaire, le projet en est adopté, sans qu'il soit rien décidé sur la durée de leur séjour à Damas. »

La proposition de faire de la Syrie une province à moitié indépendante de Constantinople, avait été faite pour la première fois par lord Dufferin, le 8 novembre. Nous allons donner quelques extraits de sa lettre à sir H. Bulwer :

« En premier lieu, dit-il, je rappellerai qu'il y a quelques années, la Syrie était considérée par la Porte comme un pachalik éloigné, duquel elle tirait des profits en l'affermant. Pour se rembourser de ses frais, chaque nouveau gouverneur inaugurait son administration par une foule d'exactions.

« Il importe d'abord que la tâche de gouverner la population syrienne soit confiée à un homme placé dans une position exempte des influences de Constantinople. Il doit être suffisamment affermi dans son gouvernement, pour pouvoir défier les intrigues de ses collègues de la capitale, et échapper à la tutelle tracassière des consuls européens de son pachalik. Ses appointements, assurés par les revenus de la province, devraient être suffisants pour l'affranchir de toute tentation. Le pouvoir lui doit être assuré pour plusieurs années, afin qu'il puisse s'intéresser au bien-être du peuple. Mais avant tout, le choix de ce chef devrait être fait par la Porte, de concert avec les cinq grandes puissances.

« En même temps que le futur administrateur de la province obtiendrait une indépendance partielle, la force militaire en Syrie devrait être organisée en dehors de l'armée impériale. De plus, il faudrait une police formée en dehors de l'élément indigène.

« Enfin, pour donner à l'homme que l'Europe rendrait responsable de la bonne gestion de cette province la liberté nécessaire à l'exercice d'un contrôle efficace sur toutes les branches de son administration, le même principe d'indépendance devrait être appliqué aux règlements du fisc. Le montant d'un tribut à payer à la Porte étant une fois réglé, tout autre arrangement affectant la prospérité financière du pachalik ne serait plus déterminé que par des considérations locales.

« En vue d'une pareille solution, tous les yeux se portent sur Fuad-Pacha.

« Quoique, certes, sa conduite depuis son arrivée dans ce pays puisse, sur quelques points, prêter à la critique, néanmoins, si nous tenons compte des difficultés de sa tâche, des exigences auxquelles il devait satisfaire, et du manque absolu d'employés dignes de confiance, il est impossible de nier qu'il n'ait déployé l'habileté et la prudence nécessaires dans une semblable position...

« Je vais maintenant examiner la constitution du Liban et la place qu'elle occupera dans le plan général... Je dirai que le plus simple et le plus pratique arrangement serait d'assimiler la Montagne au reste du pachalik, et de confier son administration au gouverneur de la province... »

Dans un entretien que lord Cowley, ambassadeur de Sa Majesté

Britannique à Paris, avait, le 20 décembre, avec M. Thouvenel[1], au sujet de ce plan, le ministre des affaires étrangères de France déclara qu'il avait lu avec beaucoup d'attention la proposition de lord Dufferin, et que ses idées s'accordaient en plusieurs points avec les siennes.

Mais il exprima des doutes sur la possibilité d'amener la Porte à abandonner elle-même les pouvoirs qu'on lui proposait de conférer au gouverneur de la Syrie.

Sir H. Bulwer[2] approuva ce plan avec quelques modifications portant principalement sur le tribut à payer à la Porte. Selon lui, les dépenses de ce gouvernement devaient être payées par les revenus, et la différence revenir à la Porte.

Le gouverneur général serait nommé pour cinq ans.

Le prince Gortschakoff, à qui le même plan fut communiqué, le trouva inapplicable. (Dépêche de sir S. Crampton, du 11 janvier.)

Enfin Aali-Pacha écrivait ce qui suit à M. Musurus, le 9 janvier :

Le projet de lord Dufferin, embrassant toute la Syrie, et la constituant en un État séparé, ne pourra être accepté par la Sublime Porte.

Vous savez que nous avons toujours maintenu le principe de n'admettre l'intervention de la commission européenne que dans l'organisation du mont Liban, et cela dans les limites des arrangements de 1845. Je vous enverrai sous peu notre plan concernant la future administration de la Syrie, plan dont on sera, nous n'en doutons pas, parfaitement satisfait. Vous verrez que ledit plan du gouvernement impérial, sans avoir les inconvénients ou plutôt les graves dangers de l'opinion émise par le commissaire britannique, permet les mêmes garanties à l'égard des chrétiens.

Aali-Pacha soumettait à l'appréciation du gouvernement anglais les raisons qui l'obligeaient à rejeter le plan de lord Dufferin ainsi que les articles contenant les bases du futur gouvernement de Syrie. Nous reproduisons ces deux pièces en entier :

Le 20 janvier 1861.

Mon expédition d'aujourd'hui vous apprendra les bases que la Sublime Porte vient d'adopter sur l'organisation future de la Syrie. Je joins ici, pour votre information, le projet de lord Dufferin, projet dont la simple lecture vous mettra à même de juger le mérite et la portée. Mon intention n'est pas de discuter un à un tous les articles du plan du commissaire britannique ; le principe qui semble l'avoir dicté ne pouvant pas être admis par la Sublime Porte, il serait tout à fait

---

[1] Dépêche du 21 décembre.
[2] Dépêche du 11 décembre.

inutile de s'étendre sur les détails. Tout ce que j'ai donc à vous dire, c'est que le plan en question ne tend à rien moins qu'à ériger une nouvelle principauté, *quasi* indépendante, soumise à la direction d'une commission européenne; en d'autres termes, à séparer la Syrie de la domination ottomane.

Vous concevrez facilement combien le gouvernement de Sa Majesté Impériale serait désolé, si par malheur le cabinet de Sa Majesté Britannique, après avoir pris en sérieuse considération la position désastreuse qu'une telle combinaison créerait et à l'ensemble de l'empire et à la Syrie elle-même, ne revenait pas sur sa première impression; le principe de l'intégrité de l'empire ottoman si énergiquement et, je puis le dire, si efficacement défendu par l'Angleterre, recevrait une nouvelle atteinte dans une de ses plus importantes parties.

Sans doute, les malheurs qui ont frappé les populations du mont Liban et de Damas sont immenses. Le cœur paternel de notre auguste souverain a été le premier à s'affliger des horreurs dont ces pays ont été le théâtre.

La Grande-Bretagne a eu aussi, il n'y a pas longtemps, des désastres pareils à déplorer et à réprimer dans ses possessions de l'Inde orientale. Personne n'a songé à accuser l'administration anglaise de négligence ou d'incapacité. Comme nous, elle a été surprise par les événements, et comme nous, elle a rempli son devoir en infligeant des punitions sévères aux auteurs des forfaits commis.

Si quelques-uns de nos agents ont pu manquer à leur devoir, le gouvernement a prouvé qu'il n'entendait pas tolérer de pareils manquements; et il leur a fait payer leur faute au prix de leur sang ou de leur existence politique.

Le gouvernement impérial eût mérité la réprobation du monde civilisé, l'Europe eût été en droit et en devoir de penser à substituer un autre état de choses, si la répression n'eût pas été aussi prompte que possible, si, par suite de la triste expérience que nous venons de faire, nous n'eussions pas préparé un mode d'administration capable d'empêcher le renouvellement des crimes passés et de garantir la sécurité et la prospérité future des habitants de la Syrie.

Je ne sache pas qu'il y ait un gouvernement qui ne veuille et qui ne fasse tout ce qui est dans les limites du possible pour maintenir la tranquillité dans son intérieur, et pour faire jouir ses sujets de toute sorte de sécurité. C'est le premier des devoirs de tout État régulier. La Sublime Porte apprécie l'importance de ce devoir, et elle s'efforce à le remplir fidèlement. Mais ce but ne peut être atteint qu'à condition d'avoir le libre exercice des droits sans lesquels toute autorité devient illusoire. Ainsi, avec l'introduction du nouveau système que nous avons arrêté, avec la pleine jouissance de cette liberté d'action inhérente et indispensable à l'indépendance de chaque gouvernement, la Sublime Porte n'hésiterait pas à déclarer, en face du monde entier, sa conviction intime de pouvoir, par l'aide de Dieu, maintenir l'ordre et la paix dans toute la Syrie; tandis qu'avec le mode proposé par lord Dufferin, il serait plus qu'insensé à la Sublime Porte d'assumer la moindre responsabilité à cet égard.

Nous savons que le désir de l'Angleterre et des autres grandes puissances n'est point d'amener un démembrement. Elles ne cherchent que le moyen d'élever une digue contre de nouvelles dévastations du torrent insurrectionnel. Nous ne demandons, et nous ne pouvons demander, non plus autre chose. Puisque c'est ainsi, pourquoi soulèverait-on des difficultés pour l'adoption des mesures qui, sans avoir les grands dangers que nous signalons plus haut, offriraient toutes es garanties désirables? Et pourquoi persisterait-on à préférer un plan dont la première conséquence serait de soustraire la Syrie à la souveraineté du Sultan? Non, nous sommes convaincus que lord John Russell, après avoir pris connaissance de notre projet, voudra bien en reconnaître la parfaite suffisance, et qu'il ne refusera pas d'accorder à nos observations sur les inconvénients de l'opinion de son commissaire, une attention bienveillante et amicale.

Vous devez vous rappeler que nous n'avons jamais reconnu la compétence de la commission européenne dans l'organisation de la Syrie proprement dite.

Nous avons toujours et formellement déclaré qu'en matière administrative, les délibérations de la commission ne devaient porter que sur les modifications à introduire dans l'organisation du mont Liban. Non-seulement notre déclaration réitérée n'a rencontré aucune objection, mais on nous a constamment répondu qu'il ne s'agissait que de réviser le système établi en 1845. Nous pouvons invoquer à ce sujet le témoignage de MM. les représentants à Constantinople, aussi bien que le texte des instructions identiques données à la commission.

En résumé, c'est un devoir impérieux et solennel que je remplis aujourd'hui, en vous invitant, au nom de la Sublime Porte, à soumettre à l'appréciation éclairée de Son Excellence le principal secrétaire d'État pour les affaires étrangères les raisons vitales qui nous obligent à ne pouvoir adhérer à aucun prix à la proposition de lord Dufferin, et à persister dans notre résolution, dont, comme je vous l'ai dit en commençant, mon office en date de ce jour vous donnera les détails.

Veuillez, etc.

Signé : Aali.

Constantinople, le 22 janvier 1860.

Monsieur l'ambassadeur,

J'ai l'honneur de vous envoyer, ci-joint, les articles qui forment la base de l'organisation future de la Syrie.

La Sublime Porte n'hésite pas à déclarer qu'avec un système de cette nature, elle sera parfaitement en état de rétablir et de maintenir l'ordre et la tranquillité dans toute la Syrie.

Nous espérons que cette résolution, qui ne tardera pas à recevoir son exécution, rencontrera l'approbation unanime de toutes les puissances.

Je n'ai pas besoin d'ajouter que la responsabilité d'accomplir une tâche si difficile ne peut s'assumer que par une liberté d'action proportionnée à la grandeur du devoir. Ce point important sera, nous n'en doutons pas, apprécié avec bienveillance et équité par les grands cabinets, qui ne cherchent que la solution satisfaisante de cette malheureuse question.

En communiquant à M. le ministre des affaires étrangères de Sa Majesté britannique la décision dont il s'agit, vous voudrez bien assurer Son Excellence que la Sublime Porte, pénétrée de la gravité des obligations qui lui incombent, et intéressée au suprême degré à voir la tranquillité régner dans une partie si importante de l'empire, ne négligera rien pour établir sur des bases solides et durables le système qu'elle vient d'adopter.

Vous êtes autorisé, monsieur l'ambassadeur, à remettre copie, etc.

Signé : Aali.

ARTICLES CONTENANT LES BASES DU FUTUR GOUVERNEMENT DE SYRIE (*traduction*).

1. L'effectif de l'armée impériale d'Arabie sera porté au maximum réglementaire, c'est-à-dire au chiffre de vingt-six mille hommes, et y sera maintenu.

2. Les revenus, autres que ceux des douanes, des provinces comprises dans la circonscription de ladite armée, seront affectés à son entretien; dans le cas où ces revenus ne seraient pas suffisants, on aurait recours aux revenus de même nature des autres provinces.

3. Le mode de compléter l'effectif de ladite armée, et le choix de conscrits destinés à cet effet, seront l'objet d'une discussion à part.

4. Un corps mobile de cavalerie, chargé d'empêcher les tribus nomades de dévaster le pays, sera organisé sur le pied de troupes régulières.

5. Le commandant en chef de ladite armée, qui aura aussi le commandement dudit corps mobile, sera chargé du maintien de la sécurité publique dans toute la circonscription de l'armée, et en aura la responsabilité.

6. Les agents de la police des villes et des bourgs seront également sous la juridiction du muchir de l'armée, mais employés sous les ordres des gouverneurs généraux. Ces agents seront recrutés des musulmans et des chrétiens indistinctement.

7. Les provinces de Damas et de Saïda seront gouvernées, chacune séparément, par un gouverneur général d'un caractère éprouvé et capable.

8. Il sera formé dans chacune de ces deux provinces un grand conseil mixte composé de membres appartenant aux différentes communautés existantes et ayant des attributions clairement définies.

9. Dans chacune de ces deux provinces, il sera également formée une cour criminelle mixte, et composée de membres capables et compétents.

10. Les conseils des sandjaks seront assimilés à ceux des provinces quant à leur forme et à leur organisation.

11. Chaque année, à une époque déterminée et fixe, on choisirait dans tous les sandjaks de la province une personne parmi les musulmans et une de chaque différente communauté chrétienne et juive, tous sujets de Sa Majesté Impériale le Sultan, lesquels seront envoyés au chef-lieu de la province. Là, ils devront être réunis au grand conseil de la province, qui formera, sous la présidence du gouverneur général, un conseil général dont chacun des membres aura à exposer et à étudier les besoins du pays par rapport à l'agriculture, au commerce, aux mesures de sûreté publique et à l'assiette des impôts, soit dans l'intérêt particulier de ses commettants, soit dans l'intérêt général de la province. La durée de ce conseil ne devra pas dépasser le terme de deux mois. Ceux des habitants d'un sandjak appartenant à une communauté quelconque, et dont le nombre n'atteindra pas le chiffre de mille âmes, n'auront pas le droit d'envoyer de délégué au conseil.

12. Les procès-verbaux des délibérations des conseils généraux seront immédiatement transmis à la Sublime Porte, qui, après un examen préalable, ordonnera la mise à exécution des mesures y indiquées.

13. Chaque année à l'époque de la réunion des conseils généraux indiqués dans l'article précédent, un haut dignitaire de la Sublime Porte sera envoyé en Syrie comme inspecteur général.

14. Le commandant général de la force armée sera autorisé à prendre d'urgence, et d'accord avec le gouverneur civil, toutes les mesures militaires que le maintien de l'ordre et la sécurité des habitants exigeraient.

15. S. Exc. Fuad-Pacha restera provisoirement, jusqu'à l'établissement de ces conseils et la mise à exécution des mesures ci-dessus énoncées.

XXIX

Intrigues ayant pour but la prolongation de l'occupation française. — Les commissaires reviennent de Damas à Beyrouth. — Fuad dépose sur le bureau de la commission les sentences de Hourshid-Pacha, de quarante-trois chefs druzes, etc. — Plus de huit cents Druzes ont été arrêtés. — Tableau indiquant les objets pillés restitués ou distribués par la commission de la Montagne. — Pétition druze contre les impositions en nature dont la perception rencontre des difficultés insurmontables. — Incident relatif à la punition de la garnison de Damas.

Beyrouth, 16 décembre.

« La convention relative à la Syrie porte que les troupes françaises l'évacueront après six mois d'occupation. A mesure que ce terme approche, la violence de langage des journaux hostiles à la Turquie augmente, et il n'est pas de mensonge qu'ils n'inventent, pas de calomnie qu'ils ne propagent pour émouvoir l'opinion publique et arriver par ce moyen à forcer la main aux gouvernements. A l'extérieur, ce travail ne connaît pas de bornes, et à l'intérieur la propagande dissolvante n'est pas moins active. Des émissaires bien connus cherchent, d'un côté, à exciter les Turcs et les Druzes, de l'autre, à alarmer les chrétiens, et à les persuader de se livrer à une émigration en masse qui deviendrait pour les meneurs un nouvel argument en faveur d'une occupation permanente. Quelle joie ce serait pour ces âmes charitables si, avant cette époque, le sang allait couler dans quelque coin de la Syrie, et, à défaut de sang, l'honneur du christianisme ne serait-il pas engagé à arrêter un exode chrétien?

« Pourtant la tranquillité est parfaite en Syrie. Toutes les précautions ont été prises pour que les chrétiens n'eussent point à souffrir pendant l'hiver. Un certain nombre de leurs maisons ont été reconstruites; et ceux qui sont à Beyrouth et sur le littoral, vivent peut-être mieux avec la subvention ou les secours qui leur sont accordés, qu'ils n'ont jamais vécu chez eux.

« La quinzième séance de la commission a été tenue aujourd'hui, c'est vous dire que les commissaires sont revenus de Damas depuis quelques jours.

« Fuad-Pacha a déposé sur le bureau de la commission, pour être soumises à son avis, les sentences prononcées par la cour de justice.

« Hourshid-Pacha a été condamné à la détention perpétuelle dans une forteresse.

« Tahir-Pacha, Ahmet-Effendi, Vafsi-Effendi devront subir la même peine; quarante-trois chefs druzes, parmi lesquels Saïd-Bey-Djomblat ont été condamnés à mort. De ces derniers trente-deux sont en fuite. Ils ont été jugés par contumace.

« Les dossiers de toutes ces affaires seront remis aux commissaires qui auront à donner leur avis.

« Enfin, le plan que se proposait Fuad-Pacha pour l'arrestation des Druzes a parfaitement réussi. Plus de huit cents ont été pris en trois jours et enfermés dans les prisons de Mokhtara. Plusieurs des condamnés par contumace sont parmi eux. C'est grâce à une tactique d'Omer-Pacha que cette importante capture a pu être faite en si peu de temps.

« Un tribunal extraordinaire va être institué à Mokhtara. Certes, dans cette masse d'hommes il y a des innocents; mais les listes sont dressées, et aucun des coupables n'échappera à la justice.

« Des personnes qui approchent lord Dufferin m'assurent que Sa Seigneurie, qui éprouvait une vive animosité contre les Druzes en arrivant en Syrie, a singulièrement changé de sentiment. Il s'exprime en termes fort hostiles à l'endroit des chrétiens, et surtout contre l'évêque Tobie, dont la funeste influence a fait répandre bien de sang.

« Je vous transmets aujourd'hui le tableau des objets pillés qui ont été restitués ou distribués par les soins de la commission de la Montagne.

Tableau des objets pillés, restitués ou distribués par les soins de la commission de la Montagne depuis le 20 rébi-ul-evel jusqu'au 30 djémazi-ul-evel 1277.

NOMS DES VILLAGES	NUMÉRAIRE	ARGENT	OR	DIAMANTS	CUIVRE	LITS	MATELAS	COUVERTURES	COUSSINS	PETITS TAPIS	TAPIS GROSSIERS	VÊTEMENTS	ÉTOFFES	DRAPS	ÉTOFFES DE DAMAS	OUTILS	SOIE BRUTE	SOIE TEINTE	SELLES	CEINTURES	ESMET
	Piastres.	Pièces	Pièces	Pièces	Pièces	Pièces	Pièces	Pièces	Pièces	Pièces	Pièces	Pièces	Pièces	Pièces	Pièces	Pièces	Okes dr.	Pièces	Pièces	Pièces	Pièces
hasser......	1,983	802	»	75	74	80	42	125	63	13	7	286	270	2	3	15	»	»	1	»	»
ma......	1,541	»	29	»	161	61	52	79	1	8	15	132	495	1	»	5	»	»	1	»	8
aikh-El-Chok....	800	»	»	»	32	15	9	34	2	4	2	6	49	»	»	3	»	»	5	»	»
csa......	»	»	»	»	35	17	2	41	7	2	3	6	31	»	»	5	»	»	1	»	»
Iran......	394 30	8	»	»	25	86	17	116	2	»	7	12	43	»	»	7	»	»	2	1	8
ir......	3,075 10	86	1	1	85	51	17	88	»	5	4	»	48	14	»	10	»	»	1	»	»
a......	3,019 10	102	»	»	66	63	64	125	15	15	5	8	50	»	»	7	» 50	»	1	2	»
arid-Djendel..	2,874	»	»	»	24	64	9	80	12	1	9	»	6	»	»	»	1 »	»	»	»	»
atour......	7,880 20	471	24	»	181	119	»	160	»	6	5	195	258	»	2 1/2	3	9 10	»	2	4	»
eran-El-Chok.	2,784 10	»	79	2	72	61	24	101	7	15	16	»	117	»	2	»	»	»	1	»	6
khtara......	»	2	3	1	»	2	»	5	2	3	»	5	»	»	»	»	»	»	»	»	»
lounié......	»	»	»	»	22	34	7	44	7	2	6	5	34	»	»	14	»	»	2	1	1
aribe......	»	2	»	»	15	30	19	58	»	2	5	10	18	»	»	»	»	»	5	»	»
didié......	»	104	»	»	»	2	»	5	»	»	»	8	8	»	»	»	»	»	»	»	»

« Les Druzes sont plongés dans la plus profonde consternation. Ils tremblent, car ils ne savent pas où on veut les réduire. D'après ce que vous avez vu par le compte rendu d'une des dernières séances de la commission, chaque Druze a été condamné à remettre aux chrétiens :

10 mids de blé.	Évalués à 200	piastres.
10 mids d'orge.	— 120	—
10 rottols raisins secs.	— 40	—
1 mid de pori (?).	— 20	—
3 matelas.	— 120	—
3 couvertures de lit.	— 105	—
3 coussins.	— 60	—
2 marmites.	— 100	—
1 chaudron.	— 150	—
2 tapis.	— 100	—
10 couffes.	— 50	—
	Total. . 1,065	piastres.

« Cette mesure, provoquée par la commission internationale, me semble impraticable, parce qu'en plusieurs endroits les Druzes ont perdu autant que les chrétiens. Ceux-ci ont été secourus par les divers comités, tandis qu'aucun des Druzes n'a reçu un centime.

« Beaucoup de leurs biens, surtout ceux qui appartenaient aux cheikhs, ont été séquestrés par le gouvernement, et les troupes françaises ont fait main-basse sur bon nombre de têtes de bétail.

« Comme il leur est impossible de communiquer avec Beyrouth ni aucune des grandes villes, ils ne pourront jamais se procurer la moitié de ce qui est exigé d'eux, ni emprunter l'argent nécessaire pour se libérer. Vous savez que c'est l'habitude des paysans de s'adresser aux négociants pour des emprunts payables en produits, la récolte faite.

« Voici la traduction d'une requête que les Druzes ont adressée au plénipotentiaire ottoman pour exciter sa compassion; ils ont fait aussi des démarches auprès des commissaires, mais j'ignore si elles aboutiront.

PÉTITION.

Nous soussignés, sujets de la Sublime Porte, habitant dans le district du Jûrd, dépendant de Deïr-el-Kamar, prions Dieu de conserver à jamais la vie de Sa Majesté impériale le Sultan, qui a daigné envoyer Votre Excellence pour rendre justice à ses sujets. (Nous?) avons grand espoir en vous d'acquérir la sûreté et la tranquillité désirée, parce que, grâce à Dieu, il n'y a pas eu de sang versé chez nous, pas une maison chrétienne brûlée; tandis que les chrétiens nous ont quittés, abandonnant leurs familles pour nous faire la guerre, nous avons sauvegardé leurs familles, leurs biens, sans qu'ils aient perdu une piastre.

Il y a eu les mauvais sujets qui ont quitté notre district pour aller piller ; à ceux-là, d'après les ordres, nous avons fait restituer le pillage.

Maintenant, nous venons d'avoir l'honneur de recevoir de nouveaux ordres de Votre Excellence, d'après lesquels tout Druze payant l'impôt doit fournir à la nation chrétienne dix mids d'orge, dix rottols de raisins secs, trois matelas, trois couvertures, trois coussins, trois pots de cuivre, deux marmites, deux tapis et couffes. Celui qui n'a pas ces objets doit donner la valeur, argent comptant, de mille soixante-cinq piastres.

En tout cas nous serons toujours obéissants aux ordres de Votre Excellence, non pas pour l'argent, mais pour verser notre sang : seulement nous ne pouvons pas satisfaire à cette demande, parce que nous n'avons rien. Créatures de Dieu, nous nous jetons à vos pieds, vous priant d'avoir compassion de nous. Prêts à quitter notre pays, nous remettrons tout ce que nous possédons, et, en chemise, nous irons habiter où la Sublime Porte nous l'ordonnera. Qu'on partage le versement de ce qu'on réclame de nous en divers termes désignés, ou bien les chrétiens prendront cent pour cent de la valeur de nos propriétés, et nous serons réduits à un état misérable... Nous avons l'espoir que Votre Excellence ne nous abandonnera pas dans notre détresse; nous n'avons d'autre refuge que la Porte.

Veuillez agréer, etc.

(*Signatures.*)

Beyrouth, 22 décembre.

« Je commence ma lettre par le résumé de la quatorzième séance de la commission, tenue le 11 décembre. Le commissaire impérial, après avoir déposé le tableau d'une partie des condamnations prononcées depuis son arrivée en Syrie, croit devoir appeler l'attention de la commission sur l'impôt en nature à prélever sur les Druzes. L'arrêté pris au sujet de cet impôt rencontre des difficultés d'exécution imprévues. Il a été constaté qu'un grand nombre de contribuables ne possédaient pas les objets que, aux termes de l'arrêté, ils devaient être contraints de livrer dans un délai de cinq jours qui va expirer. Les biens des Druzes les plus riches sont déjà mis sous le séquestre depuis longtemps. L'imposition devra donc peser presque exclusivement sur les fellahs, c'est-à-dire sur les villageois qui, pour la plupart, sont loin de pouvoir payer la somme de mille cent piastres, équivalent en argent de l'imposition en nature des objets et denrées qu'ils ne possèdent pas.

« Lord Dufferin est d'avis que l'arrêté pris par Fuad-Pacha a en effet besoin d'être révisé. M. le commissaire britannique se livre à divers calculs et communique à la commission divers renseignements qui la déterminent à remettre à samedi prochain l'examen définitif de la question.

« Le commissaire français soulève de nouveau la question de l'impôt sur Damas. Il croit, ainsi que tous ses collègues, dont il est l'interprète, qu'on pourrait prélever en cinq mois quarante millions de piastres à Damas et vingt-quatre millions sur les villages environnants.

« S. Exc. Fuad-Pacha adhère à ces chiffres, mais il ne croit pas pouvoir les réaliser en si peu de temps.

« M. de Weckbecker, d'accord sur ce point avec ses collègues, émet l'avis que les soldats qui faisaient partie de la garnison de Damas, lors des événements, devraient en être tous éloignés indistinctement.

« M. Béclard appuie énergiquement le vœu exprimé par M. le commissaire d'Autriche. Il rappelle en outre que la garnison de Damas étant alors d'au moins huit cents soldats, sans compter deux mille cinq cents hommes environ, dont se composaient les troupes irrégulières et le personnel de la police, on peut à bon droit s'étonner que, dans le grand nombre de chefs que comporte un tel effectif, le commissaire ottoman n'ait cru devoir en frapper qu'un seul. Tous les officiers sans exception, selon M. Béclard, devraient être mis en accusation. On a objecté l'absence d'ordre et l'insuffisance de troupes. Mais il y a des circonstances où un officier doit suppléer, par sa propre initiative, aux ordres qu'il n'a pas reçus.

« Fuad-Pacha déclare qu'il n'a pas cru devoir punir des officiers que leur commandant en chef, avant sa condamnation, a lui-même dégagés de toute responsabilité. MM. les commissaires trouveront cette déposition dans les dossiers qui leur seront prochainement remis.

« Avant la fin de la séance, il est décidé, sur la demande de M. Novikow, que l'indemnité à accorder aux établissements religieux indigènes de Damas, sera fixée après une enquête particulière, mais restera provisoirement en dehors de l'indemnité générale attribuée, en principe, aux chrétiens, et dans le chiffre total de laquelle elle sera ultérieurement comprise.

« Je vous transmets ci-inclus les extraits des dossiers de la procédure suivie contre les personnes qui ont commis des crimes pendant les événements de Damas. Les coupables sont divisés en trois catégories : ceux qui étaient fonctionnaires ottomans et notables; ceux qui ont subi leur peine le 8 septembre, et ceux qui ont été envoyés à Constantinople et mis au bagne à perpétuité. Ci-joint, en outre, les sentences ainsi que le tableau des individus condamnés tout dernièrement par le tribunal extraordinaire de Beyrouth. » (*Voir aux Annexes.*)

XXX

M. Béclard, commissaire français, demande l'opinion de ses collègues sur la prolongation de l'occupation militaire. — Manœuvres des communautés religieuses. — Arguments de Fuad-Pacha contre toute prorogation de la convention d'août. — Extrait d'un article du *Times*. — Débat relatif à l'application de la procédure sommaire aux principaux auteurs des massacres de Hasbeya, Racheya et Déïr-el-Kamar. — Lord Dufferin s'élève contre le chiffre énorme des Druzes que les chrétiens désignent pour la peine capitale sur les listes dressées sous la direction de leurs évêques. — Il constate que l'esprit de vengeance anime les uns et les autres. — Abro-Effendi confirme les appréciations du commissaire britannique. — Les commissaires russe et français prennent la défense des évêques. — Éclaircissements donnés par Fuad-Pacha sur le même objet. — L'idée d'un désarmement général est combattue par le plénipotentiaire ottoman. — Nouvelle interpellation du commissaire français touchant la pénalité, insuffisante selon lui, qui frappe les officiers ottomans et les cheikhs druzes. — Réponse de Fuad-Pacha. — Débat sur le droit d'ingérence des commissaires dans l'action des tribunaux.

Beyrouth, 28 décembre.

« M. Béclard a réuni ses collègues pour leur demander leur opinion sur la prolongation de l'occupation française en Syrie. Rien n'a pu être décidé, car un accord parfait est loin d'exister entre les commissaires.

« Le parti français trouve ici un appui considérable dans les nombreuses communautés religieuses qui correspondent entre elles d'un bout à l'autre du pays. Aussi, s'est-il formé une ligue puissante pour le maintien de l'intervention française. La fameuse lettre du P. Rousseau, insérée et blâmée par le *Constitutionnel*, est un des traits lancés par ce parti. Il n'est pas de jour où l'on ne répande les bruits les plus absurdes sur les intentions du gouvernement turc, et l'on s'inquiète peu si ces inventions sont en contradiction flagrante avec l'attitude du Divan et avec ses actes.

« Malheureusement pour Fuad-Pacha, les partisans de l'occupation peuvent évoquer de récentes calamités ; c'est un moyen dont ils usent et abusent. Mais, aux yeux de quiconque envisage l'avenir et cherche une solution, ces récriminations rétrospectives ne tendent qu'à ce seul but : égarer l'opinion. Autre chose : Fuad, dit-on, a laissé échapper les Druzes au lieu de les livrer à l'armée française ? J'estime, quant à moi, qu'il a épargné de sérieux embarras à cette armée et à ses chefs, et qu'il s'est ménagé, en même temps, une grande influence sur ces coupables fugitifs. Il serait temps, je pense, de renoncer à cette animosité, qui, surexcitée par l'esprit militaire, ne saurait rien produire de bon, quand il s'agit de régler l'avenir.

« Tout en faisant des concessions mitigées au P. Rousseau et à ceux qui parlent comme lui, je dis encore : Fût-il démontré que le départ des troupes françaises dût relever les espérances du fanatisme turc, soyez convaincu que la tranquillité ne sera pas troublée. On dit en jurisprudence : *Quære cui scelus prodest*, cherchez à qui le crime profite ; demandons-nous plutôt à qui de nouveaux crimes pourraient nuire le plus, si ce n'est à l'homme revêtu d'une haute dignité, investi d'un pouvoir souverain, mais responsable de tout et donnant en garantie sa fortune et son honneur.

« En attendant, Fuad-Pacha oppose aux récriminations et aux attaques des arguments qui ne sont pas exempts d'amertume, bien qu'exprimés avec la placidité orientale. Il dit que sous la protection de l'armée française, les Maronites ont exercé de violentes représailles ; il ajoute que si les chrétiens rentrent en assez grand nombre dans leurs villages, les Druzes fugitifs n'y reviennent pas, et que cette scission profonde, cette prolongation de l'exil rendent de jour en jour plus difficile la réconciliation des deux races; que cette réconciliation se serait faite cette fois comme après chacune des affreuses luttes précédentes; et qu'après l'exécution des plus coupables et la répartition de l'indemnité, il n'y aurait plus eu qu'à s'occuper d'empêcher le retour de ces malheurs.

« Il affirme encore que la population maronite, abusant de cette protection qui la couvre, se montre partout d'une exigence outrée, et qu'elle s'instruit à la révolte contre toute autorité future, ce qui ajoutera encore aux difficultés de l'avenir. Je ne serais pas étonné qu'il lui fût arrivé de conclure ainsi : Ou déclarez franchement votre intention de garder à tout jamais la Syrie, ou allez-vous-en tout de suite, et laissez-moi faire.

« Je viens de lire un article que le *Times* consacre aux affaires de la Syrie; j'y trouve des choses trop sensées pour que je ne veuille point les transcrire ici :

« L'occupation française, qui a pu être utile jusqu'à présent,
« n'est plus nécessaire. Nous ne saurions donc douter qu'à l'expira-
« tion du délai fixé par la convention, l'empereur des Français reti-
« rera ses troupes. Le gouvernement anglais et toutes les parties
« contractantes qui ont signé les traités de 1840 et de 1856 verraient
« avec regret qu'il y eût quelque hésitation sur ce point.

« La Syrie est maintenant parfaitement tranquille, et la force
« française, quoique assez considérable pour inspirer de l'inquié-
« tude, ne l'est pas assez pour agir indépendamment des autorités
« turques. Elle ne peut que faire ce qu'elle a été chargée de faire,
« c'est-à-dire appuyer le gouvernement du Sultan en Syrie, et dès
« que le représentant de la Porte déclare qu'il n'a plus besoin d'as-
« sistance, la mission de cette force est terminée..... La convention
« avec la Porte sera-t-elle honnêtement exécutée, et les troupes fran-
« çaises quitteront-elles la Syrie dans le délai de six mois? Il se peut
« que la défiance qu'éveille cette question soit injuste, et que l'Em-
« pereur, qui a ouvertement déclaré que ses troupes se borneraient
« à appuyer le commissaire du Sultan, exécute sa promesse et ne
« laisse point sur le sol turc un seul soldat français; mais c'est le fait
« d'une politique vacillante d'être suspectée même lorsqu'elle ne
« médite pas le mal. On dit à Paris que le cabinet anglais a fait une
« communication à ce sujet au gouvernement des Tuileries. Jusqu'à
« quel point cela est-il vrai? Nous n'en savons rien; mais le devoir

« de l'Angleterre, comme alliée de la France et de la Turquie dans la
« guerre de Crimée, et comme participant au traité qui a suivi cette
« guerre, est de demander des explications. Nous ne doutons point
« qu'il n'en soit donné de satisfaisantes, et que l'empereur des Fran-
« çais, respectant l'autorité de la Porte, n'ordonne l'évacuation de
« son territoire. »

« La quinzième séance de la commission a été consacrée à l'examen de l'impôt des Druzes. L'arrêté de Fuad-Pacha les frappe tous indistinctement. MM. les commissaires d'Autriche et d'Angleterre disent avoir reçu des informations d'après lesquelles il serait impossible à ce peuple de payer la contribution fixée. Fuad-Pacha exprime à ses collègues l'intention qu'il a de rendre un nouvel arrêté.

« Avant que la séance soit levée, M. le commissaire français interpelle Fuad-Pacha relativement à l'impôt extraordinaire dont la ville de Damas doit être frappée. Il désirerait savoir si la mesure a été décrétée conformément à l'avis unanime des membres de la Commission.

« Fuad-Pacha répond qu'il vient de recevoir une dépêche officielle par laquelle il est informé que son gouvernement se réserve de décider la manière dont les indemnités seront fixées et payées aux chrétiens, ainsi que la fixation des impôts à prélever pour les indemnités. Son Excellence ajoute qu'elle éprouve personnellement le besoin d'en finir au plus vite avec cette affaire, et qu'elle se propose d'expédier immédiatement des dépêches pressantes à Constantinople pour obtenir que la Sublime Porte hâte sa décision.

« Dans la seizième séance, lord Dufferin appelle l'attention de ses collègues sur la nécessité qu'il y aurait, selon lui, de prendre des précautions contre l'application de la procédure sommaire qu'ils ont recommandée à Fuad-Pacha, à l'égard des principaux auteurs des massacres de Hasbeya, Racheya et Deïr-el-Kamar. MM. les commissaires se rappelleront que, conformément à une entente arrêtée entre eux et le commissaire ottoman, les chefs religieux des différentes communautés chrétiennes furent invités à fournir à S. Exc. Fuad-Pacha des listes assermentées, contenant les noms des Druzes que leur haute responsabilité dans les événements, ou leur participation aux massacres dans des circonstances aggravantes, rendraient passibles de la peine de mort.

« En confiant aux prélats des communautés chrétiennes la grave tâche de cette dénonciation, on était en droit d'espérer qu'un juste discernement de leur part adoucirait l'animosité vindicative qui emporte trop naturellement, d'ailleurs, leurs troupeaux respectifs, et ramènerait aux proportions d'une justice chrétienne le nombre de ceux qui seraient désignés pour la peine capitale. Mais il paraît que l'on se trompait en espérant un tel résultat, vu que, sur les huit mille adultes dont se compose la population druze du Liban, quatre mille six cents têtes ont été demandées par ces personnages. Il est vrai que les représentations du commissaire ottoman les ont déterminés plus tard à réduire le nombre de leurs sanguinaires réquisitions. Il s'élève cependant encore au chiffre énorme de douze cents têtes. Lord Dufferin ne peut s'empêcher d'exprimer son indignation à l'égard d'une conduite dictée par un tel esprit de vengeance. Il y voit un nouvel indice du désir d'exterminer la nation druze, désir auquel il a été déjà plusieurs fois dans le cas de faire allusion, et qui est, à son avis, une des causes principales des derniers événements. Une circonstance, que le hasard lui a fait connaître et qu'il s'empresse de révéler à ses collègues, vient d'augmenter encore le sentiment pénible que lui inspire la démarche des prélats, et sa défiance à l'égard de la véracité des dénonciations fournies à S. Exc. Fuad-Pacha. Il paraît que, pendant la nuit du 26 courant, un habitant de Deïr-el-Kamar nommé Youssef-Ghalleh, accompagné d'un gendarme, se présenta à la maison d'un cheikh druze résidant à Beyrouth, nommé Sirhan, et accusant celui-ci du meurtre de son cousin à Deïr-el-Kamar le jour du massacre, manifesta l'intention de l'arrêter pour le conduire à la prison. Heureusement, un voisin chrétien se porta garant de l'innocence de l'accusé, et persuada le plaignant de différer l'arrestation. Le lendemain matin, cependant, Youssef-Ghalleh se présenta de nouveau pour procéder lui-même à l'arrestation. Mais le cheikh Sirhan fit appel à un négociant anglais et à plusieurs autres voisins chrétiens, avec lesquels il était en relations journalières pendant l'été, et prouva que, le jour du crime dont on l'accusait et pendant plusieurs semaines avant et après, il n'avait pas quitté Beyrouth. Confondu par de tels témoignages, l'habitant de Deïr-el-Kamar, tout en protestant contre l'intérêt que l'on témoignait à un Druze, déclara qu'il se désisterait de sa poursuite, pourvu qu'on lui donnât une certaine somme en guise de prix du sang. Il fut, d'autre part, obligé d'abandonner sa réclamation, quand il fut démontré, par la confrontation de l'accusé avec la femme du défunt, que ce prétendu coupable était innocent; néanmoins ce malheureux cheikh druze fut obligé de récompenser les gendarmes.

« Si un pareil outrage peut être impunément commis dans l'enceinte même de Beyrouth, et pour ainsi dire sous les yeux de Fuad-Pacha, quelles violences et quelles injustices ne doit-il pas se commettre dans les gorges de la Montagne, où aucune influence éclairée ne peut intervenir pour mettre un frein à la fureur vengeresse d'une population justement indignée sans doute, mais évidemment encouragée par ses chefs spirituels à maintenir dans toute sa rigueur l'ancien principe : sang pour sang !

« Ces réflexions depuis quelque temps occupent péniblement l'esprit du commissaire britannique, et afin de se prémunir d'avance contre l'accusation d'avoir en quoi que ce soit participé à l'effusion du sang innocent, lord Dufferin a l'honneur de soumettre à S. Exc. Fuad-Pacha et à la commission, les propositions suivantes :

« 1° Qu'aucun Druze ne sera traduit devant le tribunal militaire sans être accusé d'avoir assassiné de sang-froid un homme désarmé, une femme ou un enfant;

« 2° Que le serment de deux témoins oculaires soit exigé pour servir de base à toute condamnation capitale;

« 3° Qu'en réglant le chiffre des condamnés à mort, on aura égard au nombre des Druzes qui ont été assassinés par les chrétiens depuis l'arrivée de la commission en Syrie;

« 4° Que le nombre des peines capitales appliquées à la nation druze sera moindre que celui qu'on a trouvé suffisant à Damas.

« Abro-Effendi confirme à certains égards, par de nouveaux renseignements, les appréciations auxquelles vient de se livrer

M. le commissaire britannique, et constate à son tour que la conduite des prélats chrétiens ne paraît pas avoir été inspirée par ce sentiment de justice chrétienne qui devrait la caractériser, et qu'elle n'est point exempte de tout esprit de vengeance. Ils ont d'abord dénoncé quatre mille six cents personnes. M. le plénipotentiaire ottoman a dû leur faire remarquer qu'il s'agissait uniquement de condamnations à mort, et que le chiffre de leurs dénonciations n'était point en rapport avec la gravité de cette peine. Ils ont alors, sur l'invitation de Son Excellence, divisé leur liste en trois catégories, comprenant seulement dans la première les noms de ceux qui doivent être condamnés au dernier supplice. Cette première catégorie renferme encore, au grand étonnement du haut commissaire du Sultan, les noms de douze cents individus, parmi lesquels Son Excellence, après avoir communiqué les projets de sentences, se trouvera dans le cas de faire exécuter seulement les plus coupables.

« Le commissaire russe répond que les évêques, en présentant les susdites listes, n'ont fait que compléter strictement le mandat qui leur avait été confié.

« M. le commissaire d'Autriche désire que, dans l'acte de la répression, Fuad-Pacha, tout en se montrant justement sévère, évite autant que possible de répandre trop de sang.

« M. Béclard défend les évêques et proteste avec énergie contre l'accusation dirigée contre eux, et d'après laquelle ils ne se seraient pas montrés les dignes représentants du sentiment chrétien. Ils ont présenté une première liste générale, contenant les noms de quatre mille six cents Druzes, et puis une seconde liste contenant seulement les noms des mille deux cents principaux coupables. Ces chiffres préparatoires ne lient en aucune façon M. le plénipotentiaire ottoman. Il y a lieu seulement de remarquer qu'il trouvera probablement dans la seconde liste les organisateurs du complot, les chefs de bandes et les assassins sanguinaires, qui, aux termes de l'arrangement intervenu dans la séance du 14 novembre, sont seuls passibles de la peine de mort.

Beyrouth, 2 janvier 1861.

« La dix-septième séance a été tenue le 31 décembre.

« Fuad-Pacha annonce qu'il a fait procéder à de nombreuse

arrestations non-seulement parmi les Druzes, mais aussi parmi les musulmans sunnites et les mutualis. On a relâché tous ceux qui n'étaient pas inscrits sur les listes de dénonciation fournies par les chrétiens. Il va se rendre immédiatement à Mokhtara, où seront jugés ceux qui ont été arrêtés. Son Excellence entre dans de nouveaux détails à cet égard, et confirme ceux déjà donnés par Abro-Effendi dans la précédente séance. Une première liste générale, contenant quatre mille six cents noms, avait été dressée. Fuad-Pacha, eu égard au système de pénalité qu'il a résolu d'adopter, conformément au vœu de la commission, a cru devoir demander aux évêques une liste des principaux coupables. Les évêques ont alors dressé trois listes d'accusations, graduées selon le degré apparent de la culpabilité. La première de ces listes contient encore mille deux cents noms d'individus accusés comme organisateurs, chefs de bandes ou assassins sanguinaires; Fuad-Pacha cherchera parmi ceux-là les plus grands coupables qui, aux termes de l'arrangement intervenu entre la commission et le plénipotentiaire ottoman, sont tous également passibles de la peine de mort. Avant de procéder aux exécutions, Fuad-Pacha exprime l'intention où il est de communiquer à la commission la liste des condamnés et le texte des sentences.

« M. le commissaire britannique fait part à ses collègues des renseignements qui lui ont été fournis récemment, et d'après lesquels une centaine de Druzes environ auraient été assassinés par des chrétiens depuis l'apaisement de la guerre civile. Cette circonstance, selon lord Dufferin, mériterait d'être prise en considération pour déterminer le chiffre de ceux d'entre les Druzes qui devront subir la peine capitale.

« M. de Weckbecker faisant observer que l'esprit de vendetta règne dans le pays, M. Béclard insiste sur la nécessité de combattre cette tendance par une justice prompte et par le désarmement.

« Fuad-Pacha répond qu'en Syrie la mesure du désarmement général dépend de la réorganisation que le gouvernement impérial veut introduire dans tout l'empire. Cette mesure suppose, indépendamment d'une force armée régulière, l'institution d'une bonne gendarmerie, la suppression du corps des bachi-bozouks et la création de lignes d'observation sur les confins du désert, car on ne peut désarmer un groupe de population sans désarmer les populations voisines, ni désarmer celles-ci en les laissant exposées aux brigandages des tribus errantes. Il y a là un enchaînement qui rend l'exécution de la mesure très-difficile. Dans certaines contrées de la Palestine, le laboureur conduit sa charrue le fusil sur l'épaule. Comment désarmer cet homme sans lui offrir en compensation la garantie d'une police bien faite et d'un pouvoir public bien organisé? Il en est de même dans toute la Syrie.

« M. Béclard présente une liste de onze musulmans qui se sont noblement conduits pendant les événements, et qui mériteraient d'être récompensés par le Sultan. Cette liste est appuyée par tous les autres commissaires, qui se réservent toutefois de signaler à Fuad-Pacha, s'il y a lieu, le nom d'autres personnes qui se seraient également distinguées.

« M. le commissaire français renouvelle l'interpellation qu'il a adressée dans la dernière séance à Fuad-Pacha, par l'intermédiaire d'Abro-Effendi, relativement aux sentences rendues par le tribunal extraordinaire de Beyrouth contre les officiers ottomans et les cheikhs druzes. M. Béclard s'attache à bien préciser l'objet de cette interpellation. En ce qui concerne la répression des coupables, le rôle de la commission et celui du plénipotentiaire ottoman ne sauraient être confondus. La commission doit provoquer la punition des coupables. Il n'est fait mention dans les sentences d'aucun fait de nature à diminuer la responsabilité des officiers ottomans.

« Le plénipotentiaire ottoman répond que le tribunal extraordinaire de Beyrouth a été par lui mis à même de prononcer ces sentences avec une pleine et entière liberté. Fuad-Pacha s'est abstenu de peser, en quelque façon que ce fût, sur ses décisions. Il donnera à celles-ci force exécutoire par l'apposition de la signature, si elles sont conformes à la justice et à l'intérêt public, après avoir toutefois consulté la commission. Sans prendre la défense d'hommes qu'il a fait poursuivre comme criminels, il lui a paru que la différence des peines appliquées aux chefs druzes et aux officiers ottomans avait été, dans la pensée du tribunal, fondée sur une différence dans le degré de culpabilité et sur le texte même des lois.

Aux termes du code pénal, on ne peut frapper de mort que les auteurs ou les provocateurs de l'assassinat. Or les officiers ottomans jugés à Beyrouth ne sont ni les auteurs ni les provocateurs des massacres. Ce sont des fonctionnaires qui ont commis une faute très-grave, celle de ne pas travailler assez activement au maintien de l'ordre. Ils n'ont pas rempli leurs devoirs. Ils ont péché seulement par impuissance et par ineptie. Voilà pourquoi ils sont punis non point de la peine capitale, réservée aux auteurs et aux provocateurs, mais de la détention à perpétuité dans une forteresse.

« Diverses observations sont présentées par les commissaires français, russe, prussien et anglais, sur le peu de gravité de a peine infligée à des hommes qui doivent être regardés comme responsables des événements.

« Fuad-Pacha trouve en conscience que les officiers ottomans dont il s'agit sont assez sévèrement punis par la détention à perpétuité dans une forteresse. En présence des jugements qui leur appliquent la peine immédiatement inférieure à la peine de mort, il se rend difficilement compte des objections qui viennent de lui être faites par la commission. Dans le cours de ce procès, dit-il, on n'a point recherché en faveur des officiers des circonstances atténuantes. La peine que le tribunal propose de leur infliger est la plus élevée de toutes celles que la loi autorise, et avant de leur en infliger une plus rigoureuse encore, Fuad-Pacha avoue à la commission qu'il se trouverait dans la nécessité d'en référer à Constantinople.

« MM. les commissaires de France et de Russie se déclarent prêts à appuyer la motion de lord Dufferin, portant que les commissaires feraient bien de profiter de l'absence de Fuad-Pacha pour se livrer à l'étude des documents qui leur ont été communiqués; après quoi, ils transmettraient à Son Excellence une note contenant l'expression de leur opinion collective.

« M. de Weckbecker observe qu'il ne peut outre-passer le mandat qu'il a reçu de son gouvernement, et que, d'après les instructions qui lui ont été envoyées, il ne se croit pas autorisé à s'ingérer dans les jugements prononcés par les tribunaux ottomans. Il peut et doit provoquer la punition des coupables, mais non pas réclamer une aggravation de peine. Selon lui, si ce tribunal absout un coupable, la commission a le droit de demander la révision de la sentence ; mais si ce tribunal, après avoir reconnu la culpabilité, prononce la peine la plus sévère désignée par la loi, comme c'est précisément le cas dans les cinq sentences dont il s'agit, il lui semble que la commission doit se tenir satisfaite.

« Les trois commissaires de France, Prusse et Russie sont d'une opinion contraire, et prétendent réserver à la commission internationale le droit de provoquer une répression plus sévère ou ce qui leur paraît être la juste punition.

XXXI

Le commissaire français se plaint des lenteurs apportées à la répression des Druzes. — Abro-Effendi constate qu'elles doivent être attribuées au refus des chrétiens de venir déposer devant le tribunal de Mokhtara. — Le délégué de Fuad-Pacha demande à la commission un avis concluant sur les sentences prononcées par le tribunal de Mokhtara. — Déclarations des divers commissaires et résolutions collectives. — Dépêche de Fuad-Pacha relative à cette affaire. — Fuad-Pacha expose à la commission ce qu'il a fait ensuite de ces résolutions. — Lord Dufferin établit qu'au point de vue de la répression, les massacres de la Montagne ne sauraient être assimilés à ceux de Damas, attendu que dans le Liban les chrétiens ont provoqué les Druzes qui ont dû se défendre. — Réplique du commissaire français. — Fuad-Pacha déclare qu'il fera de nouvelles recherches pour augmenter, s'il est possible, le chiffre des condamdations à mort. — Explications du plénipotentiaire ottoman sur divers incidents qui se sont produits dans le Hauran.

Beyrouth, 20 janvier.

« Dans la dix-huitième séance, tenue le 9 janvier, MM. Béclard et Novikow ont été, sans le vouloir, les défenseurs des actes de Hourshid-Pacha. Ahmet-Pacha, ayant envoyé quelques troupes à Abadié, village situé dans les districts mixtes de la caïmakamie chrétienne, ces deux commissaires ont protesté formellement contre cette ingérance illégale des autorités turques dans les affaires de la Montagne, ingérance contraire aux conventions de 1845.

« M. Béclard, en voulant sauvegarder un droit singulièrement contestable dans l'état où se trouve actuellement la Syrie, donne raison à Hourshid-Pacha de ne pas avoir envoyé, l'année passée, des troupes dans la Montagne pour y réprimer les troubles et empêcher les massacres.

« Abro-Effendi a répondu qu'il n'était nullement dans l'intention de l'autorité ottomane de porter une atteinte aux règlements, mais qu'il est de son devoir de rassurer les populations, partout où il est besoin, par un déploiement de force militaire, et de fortifier l'autorité du caïmakam.

« Le débat a roulé ensuite sur l'arrestation des Druzes. M. le commissaire français regrette les lenteurs apportées à l'exécution des mesures de répression.

« Abro-Effendi répond que le refus des chrétiens de venir déposer devant le tribunal de Mokhtara, et fournir les preuves de la culpabilité ou au moins de l'identité des individus arrêtés sur leur dénonciation, n'est pas de nature à activer le résultat définitif des mesures prises par S. Exc. Fuad-Pacha.

« Lord Dufferin a la conviction intime que ce refus, dicté aux chrétiens par leurs évêques, a été calculé dans l'intention de provoquer de la part de Fuad-Pacha la condamnation en bloc des douze cents individus, désignés par eux dans une première liste comme coupables au premier chef.

« M. Novikow répond à lord Dufferin que les évêques, à l'intermédiaire desquels on a fait appel pour recueillir les dénonciations et les transmettre, une fois cette transmission accomplie, se sont trouvés obligés en conscience de ne pas aller plus loin. M. Béclard croit savoir que non-seulement ils n'ont pas détourné leurs coreligionnaires de se rendre à l'invitation de Fuad-Pacha, mais que plusieurs d'entre eux les y ont même fortement engagés. Si les chrétiens s'y sont refusés, c'est que le tribunal de Mokhtara leur a sans doute inspiré moins de confiance que celui de Beyrouth, et qu'ayant des doutes sur l'issue de cette procédure, ils ont voulu éviter de s'y compromettre.

« M. le commissaire français interpelle Abro-Effendi sur la dissolution du conseil provincial de Damas, opérée par Emin-Pacha, et l'exclusion de Salih-Agha-Mouhayeni, homme du plus honorable caractère, et qui, pendant le massacre, a fait beaucoup de bien aux chrétiens.

« Abro-Effendi ne possède aucune information sur les faits rapportés par M. Béclard, mais il conteste dès à présent à la commission le droit de critiquer l'autorité locale sur ses actes administratifs, tels que la nomination ou l'exclusion des membres d'un conseil, exclusivement placé sous sa dépendance. Il fait observer de plus qu'il ne connaît aucun système électoral en Turquie dans les opérations duquel des agents étrangers aient le droit d'exercer une ingérance quelconque.

« M. Béclard est seul à ne pas admettre qu'aucune restriction puisse être apportée au droit dont la commission est investie jusqu'à la réorganisation de la Syrie. Il a, dit-il, un droit de censure dont il croit devoir user dans cette circonstance.

« L'incident sur la présence des troupes ottomanes à Abadié, discuté dans la précédente séance, est repris dans celle du 15 janvier. Abro-Effendi conclut que la mission plénipotentiaire ne se croit pas dans l'obligation de demander l'avis de la commission toutes les fois qu'il faut agir pour le maintien de la tranquillité publique.

« Abro-Effendi répond à l'accusation portant que cinq cents Druzes des plus coupables avaient pu s'échapper. Tout le monde connaît, dit-il, la promptitude avec laquelle des masses de Druzes ont été saisis sans coup férir par les troupes du Sultan. Le 25 décembre, neuf cent quarante-neuf individus appartenant à la première et à la deuxième catégorie d'inculpés, ont été arrêtés dans deux cercles en l'espace de quelques heures. La commission sait aussi l'entente existant en cette circonstance entre Fuad-Pacha et le général de Beaufort, de même que pour l'établissement d'une ligne d'observation depuis Kabr-Elias jusqu'à Djoubdjenin. Le délégué ottoman fait remarquer que personne ne saurait prétendre qu'aucun Druze poursuivi par la justice ait échappé à l'action militaire, et que les arrestations en masse, difficiles dans une ville, sont infiniment plus difficiles sur une montagne comme le Liban. Il renouvelle donc ses protestations contre ce qui a été dit de la conduite tenue par les autorités ottomanes dans cette affaire, et le seul fait qu'il croie devoir constater, c'est que des Druzes en fuite, sept ont été arrêtés par la ligne d'observation du général, quatre-vingts par celle des troupes ottomanes établies au delà de Djoubdjenin, et et vingt par les détachements placés du côté du Hauran.

« D'après les dernières nouvelles qu'Abro-Effendi a reçues de

Mokhtara, la situation dans ce village est celle-ci : les chrétiens font preuve d'un mauvais vouloir, qui parait provenir d'une arrière-pensée. Ils s'obstinent à refuser leurs dépositions, en se bornant à déclarer qu'il n'y a pas de Druze qui ne soit coupable, et qu'ils n'ont d'autres dénonciations à faire que celles qui ressortent des listes présentées. Cités à différentes reprises devant le tribunal de la Montagne, ils se sont abstenus de faire des dépositions ou d'indiquer des témoins, soutenant que tout ce qu'ils avaient à dire se trouvait dans les listes. Les exhortations du plénipotentiaire pour les amener à éclairer la marche de la justice ont été inutiles. Les notables ont demandé l'autorisation de quitter Mokhtara, et, à l'heure qu'il est, ils doivent être de retour à Beyrouth. En présence de ce mauvais vouloir des chrétiens, il ne reste qu'à établir les différentes catégories des coupables druzes, en prenant pour base les données générales des listes, et les renseignements que le tribunal de Mokhtara pourra se procurer. Le plénipotentiaire du Sultan, loin de reculer devant une tâche si difficile, ne rentrera à Beyrouth qu'après avoir accompli sa mission. Un compte rendu de ses travaux parviendra au délégué ottoman. En attendant, il y a, parmi les prisonniers de Mokhtara, dix-huit individus compris dans la liste des chefs druzes de Beyrouth, six individus condamnés déjà par contumace par le tribunal extraordinaire de cette ville, et plus de deux cent cinquante qui figurent sur la liste des notables, comme instigateurs, chefs de bandes ou assassins.

« En terminant, Abro-Effendi exprime à la commission le vif plaisir avec lequel le plénipotentiaire du Sultan donnera, au nom de Sa Majesté Impériale, une marque de satisfaction à chacun des musulmans de Damas qui ont bien mérité du pays et de l'humanité, et qui ont été déjà signalés à son attention. Quant à Salih-Agha-Mouhayeni, le gouverneur général de Damas n'a rien écrit jusqu'ici à l'égard de ce vieillard, qui vient d'être recommandé vivement à la bienveillance d'Emin-Pacha.

Beyrouth, 30 janvier.

« Un pénible sujet a occupé la commission internationale dans sa séance du 24 janvier.

« Abro-Effendi expose que les ordres pressants qu'il a reçus de Fuad-Pacha dans la matinée l'ont obligé de proposer à la commission de se réunir ce jour-là pour recevoir communication des opérations du tribunal de Mokhtara. Les instructions du délégué lui commandent, en outre, de demander à la commission, séance tenante, un avis concluant sur la résolution finale que Son Excellence sent la nécessité de prendre dans un bref délai, afin que la répression n'éprouve plus de retard.

« Le délégué ottoman donne ensuite lecture de la dépêche de Fuad-Pacha. Vous la trouverez ci-après.

« Après lecture du cahier contenant la liste de deux cent quatre-vingt-dix accusés, déposée par Abro-Effendi, la discussion s'engage. M. de Weckbecker croit que trente à quarante condamnations à mort seraient un exemple suffisant.

M. Béclard dit qu'il ne lui appartient pas de partager la responsabilité du plénipotentiaire ottoman. Il pense aussi que le chiffre des condamnations capitales à Mokhtara ne doit pas dépasser les quatre-vingts condamnations de Damas.

M. de Rehfues ne croit pas que la commission doive partager en rien la responsabilité qui pèse sur Fuad-Pacha.

« M. Novikow, après avoir fait remarquer que la demande formée par Fuad-Pacha se réduit à une simple évaluation de chiffres, rappelle que la commission a déjà décliné précédemment toute décision de ce genre.

« M. le commissaire britannique serait d'avis que la commission ne fît rien qui fût de nature à engager Fuad-Pacha à frapper d'une peine quelconque un individu dont la culpabilité ne serait pas prouvée.

« Abro-Effendi déclare que le plénipotentiaire ottoman ne recule point devant la responsabilité qui lui incombe, et qu'il ne désire la faire partager à ses collègues que dans la mesure des lumières qu'ils pourront lui fournir pour éclairer sa marche. Il constate, en outre, que les débats, qui viennent de suivre sa communication, n'aboutissent à aucune opinion arrêtée qui puisse être utile au plénipotentiaire. Ce que le délégué ottoman réclame instamment, c'est un avis collectif sur l'objet de sa communication.

En conséquence de cette demande et après en avoir de nouveau délibéré, MM. les commissaires décident, séance tenante :

« Qu'au point de vue politique le nombre de vingt condamnations à mort proposées par le tribunal de Mokhtara n'est pas suffisant.

« Tout en adhérant à l'expression de cette pensée collective, lord Dufferin revient sur la nécessité où il se trouve de dégager sa responsabilité au point de vue judiciaire ; et il déclare que, dans sa pensée, la commission ne peut, en vue d'un résultat politique, inviter les juges à faire passer dans la première catégorie de coupables, des individus dont la culpabilité ne serait pas prouvée.

« Il est reconnu ensuite unanimement par la commission :

« Qu'il y aurait lieu d'appliquer une peine inférieure, telle que celle de la déportation, à ceux d'entre les deux cent quatre-vingt-dix individus compris dans la liste de Mokhtara, qui n'auront pas été condamnés à la peine de mort, et dont la culpabilité serait reconnue par le tribunal.

« Abro-Effendi promet de transmettre cet avis collectif au plénipotentiaire du Sultan, et ajoute qu'aucune charge sérieuse ne pesant sur les quatre cent neuf accusés de la deuxième catégorie, ils vont être immédiatement mis en liberté.

« Abro-Effendi ayant reçu l'ordre de diriger sur Mokhtara les chefs druzes dont le procès a été jugé à Beyrouth, demande à la commission si elle se trouve en mesure d'émettre un avis collectif sur les sentences du tribunal extraordinaire de cette ville. Pour assurer la simultanéité des exécutions, il faudra, dit-il, que ces détenus soient envoyés à la Montagne.

« La commission ayant répondu qu'elle ne se trouve pas encore en mesure d'émettre un avis sur les dossiers dont la traduction n'est pas achevée, et s'étant ainsi opposée à l'éloignement des prisonniers druzes de Beyrouth, le délégué ottoman s'empresse de faire remarquer qu'en présence de cette objection, le plénipotentiaire devra surseoir aux exécutions, si le principe de la simultanéité de la répression est maintenu.

« Des opinions diverses ayant été échangées à ce sujet, la commission croit devoir laisser au plénipotentiaire la latitude de procéder immédiatement aux exécutions des condamnés de Mokhtara ou d'y surseoir.

« Le délégué ottoman croit qu'un sursis lui paraît nécessaire en présence de la fermentation des esprits dans la Montagne, et les inconvénients qui résulteraient d'une double exécution.

« Voici la dépêche de Fuad-Pacha, dont il est question plus haut :

Mokhtara, 24 janvier 1861.

Monsieur,

A mon arrivée à Mokhtara, le tribunal extraordinaire que j'avais institué d'office avait déjà commencé ses travaux en procédant aux interrogatoires des Druzes et autres détenus, au nombre d'environ huit cents, écroués dans les prisons de ce chef-lieu.

La plupart des accusés s'étant renfermés obstinément dans une complète négation des faits qu'on leur imputait et ne voulant avouer leur présence durant les événements que dans des endroits où ils étaient allés se battre, sans fournir d'autres données sur leurs crimes ; l'interrogatoire auquel ils ont été soumis n'a pu amener aucun résultat sérieux. Pour éclairer plus positivement la conscience des juges et recueillir des renseignements précis et détaillés qui devaient amener une distinction entre les coupables et établir différentes catégories de sentences à rendre, je convoquai les membres chrétiens des conseils des districts et quelques notables pour les inviter à donner les renseignements requis par le tribunal, que la liste qu'ils m'avaient remise à Beyrouth présentait sous un caractère trop général, en ne portant les dénonciations qu'en masse, et en n'en fournissant pas suffisamment contre chaque individu. Lorsque le tribunal leur demanda de formuler leurs dénonciations sur chaque accusé, ils s'abstinrent de le faire, prétextant que les notables qui se trouvaient à Beyrouth étaient plus à même de satisfaire la conscience des juges. En conséquence, j'ai renouvelé à ces derniers l'invitation que je leur avais faite avant mon départ de Beyrouth de venir à Mokhtara. Après quelques jours d'hésitation qui ont retardé la marche du grand procès de la Montagne, ils arrivèrent ici. Avant leur comparution devant le tribunal, je les ai reçus moi-même, et je les ai engagés dans les termes les plus encourageants à faire leurs dépositions, en formulant des dénonciations et en fournissant les renseignements qu'ils pouvaient avoir sur les crimes des détenus qui figurent dans la liste qu'ils m'avaient présentée. Ils me répondirent qu'ils avaient déjà fait leurs dénonciations en masse dans la liste susmentionnée ; qu'ils n'avaient aucune réclamation à faire contre les particuliers, mais bien contre la masse des Druzes ; qu'ils se bornaient à soumettre à la justice le contenu de cette liste, et qu'ils refusaient de fournir d'autres explications. Interrogés par le tribunal sur le même sujet et invités à lui donner au moins les renseignements qu'ils avaient dû recueillir pour leur servir de base à dresser la susdite liste, ils lui tinrent le même langage et évitèrent par des réponses évasives de satisfaire aux demandes du tribunal, qui, voulant écarter tout malentendu, s'est vu obligé de leur adresser des questions par écrit, auxquelles ils ont répondu de la même manière. Ci-joint vous trouverez copie de ces demandes et réponses.

Dans l'espoir de leur faire entendre raison, je les ai réunis de nouveau chez moi, et j'ai tâché de leur donner l'assurance qu'il n'avaient pas à craindre, en faisant ces déclarations, de s'attirer quelque responsabilité vis-à-vis de ceux qui avaient quelques réclamations à faire, puisque nous ne les consultions pas à titre de représentants de la population, mais comme de simples particuliers dignes de confiance et capables de formuler des renseignements sur les accusés dont ils avaient présenté la liste, et que nous n'admettions pas de partie civile dans ces procès, attendu que la société était offensée par les crimes des Druzes, et que le gouvernement impérial se constituait lui-même partie réclamante. Je leur ai également déclaré que la liste susmentionnée ne présentant pas des données suffisantes sur les crimes des accusés, il était difficile d'établir d'une manière équitable les degrés de culpabilité, et partant, le degré de condamnation encourue par chaque individu; que les dénonciations en masse étant portées contre un nombre très-considérable d'individus, elles ne pouvaient pas être entièrement prises en considération, et que ce serait dépasser les bornes de la justice que de frapper d'une même peine les chefs et les subordonnés. Les têtes qui doivent tomber, leur ai-je dit, sont celles des hommes qui, par leur position sociale, ont exercé une funeste influence sur la masse, ou qui, par le nombre et l'atrocité de leurs crimes, ont blessé le plus l'humanité; que de cette manière le nombre des condamnations serait limité à un chiffre que la conscience publique du monde civilisé pût admettre, et que dépasser cette limite serait rendre la justice aussi cruelle que le crime même. Je leur ai aussi expliqué que les condamnations dont nous frapperons les Druzes seront d'une nature qui puisse leur servir d'exemple salutaire, mais qu'elles ne doivent et ne peuvent être faites dans un but d'extermination, et que les chrétiens, abandonnant toute idée de vengeance individuelle, doivent se pénétrer de ce sentiment, que dans les punitions nous ne cherchons que le bien de la société.

Les notables chrétiens ne parurent pas convaincus de ces paroles, et persistèrent dans leur refus; ils proposèrent seulement de recueillir des renseignements et les dénonciations individuelles des chrétiens contre les Druzes, si on leur donnait le temps matériel pour les obtenir. Cette proposition n'a pu être prise en considération, parce qu'elle changeait la forme du procès que j'avais adoptée d'accord avec la commission européenne, et menaçait de retarder à l'infini les jugements, que nous voulons rendre aussi sommairement que possible. N'ayant rien pu obtenir par la persuasion, et ayant à peu près perdu une semaine en pourparlers sans résultat, je leur ai accordé, sur leur demande, la permission de s'en retourner chez eux, pour ne pas être taxé de les retenir malgré eux ici pour obtenir des déclarations forcées.

Le tribunal extraordinaire, n'ayant donc pu avoir d'autres bases pour se guider dans ses jugements que la liste présentée par les notables chrétiens assermentés, suivant l'assurance que nous a donnée le clergé, ainsi que les déclarations que les Druzes ont faites par devant le tribunal extraordinaire de Beyrouth et quelques autres données, a dû se servir de ces trois éléments d'indication pour obtenir les degrés de culpabilité. Il a d'abord classé les détenus en deux catégories générales. La première porte tous ceux que, d'après ces trois indications, le tribunal présume être les plus coupables. La seconde renferme les noms des détenus qui sont accusés seulement par la liste des chrétiens ou arrêtés en dehors de ces listes, sans qu'il y ait d'autres preuves ou indications sur leur culpabilité.

Le tribunal extraordinaire de Mokhtara m'a remis, avec son rapport, un tableau indiquant pour chaque individu de la première catégorie son nom, le lieu de son domicile, s'il est notable, ainsi que l'accusation portée sur la liste des chrétiens, l'instruction sommaire de son procès et l'opinion du tribunal sur sa culpabilité. Pour faciliter la recherche des plus coupables, après avoir placé au premier rang des numéros les noms des individus qui, non-seulement par leur position, mais aussi par la force des indications, se trouvent sous une grande prévention, il en forme encore trois classes. D'après ces indications la première contient vingt individus; la deuxième cinquante-sept, et la troisième deux cent dix : la seconde est plus coupable que la troisième.

Voilà le résultat, quoique imparfait, mais consciencieux, des travaux de notre tribunal extraordinaire qui, entouré de tant de difficultés, n'a pu obtenir des renseignements pouvant donner des témoignages plus à charge et éclairer la justice. L'instruction qui lui a été donnée de mener sommairement les procès, le refus des chrétiens de faire des dépositions, la dénégation absolue des crimes par les accusés, et l'impossibilité d'admettre leurs coreligionnaires comme témoins à décharge, ont rendu la tâche de ce tribunal aussi difficile qu'ardue.

On peut désigner par son travail les individus qui doivent subir la peine capitale, si un nombre est fixé et si tous les inculpés qui se trouvent dans la première catégorie ne doivent pas la subir. Je sais d'avance qu'il répugne à tout le monde de dire qu'il faut exécuter un tel nombre d'individus. On a semblé croire que la justice elle-même pouvait en indiquer le chiffre; mais la nature de la chose même nous force, malgré nous, à prendre une décision pour mettre fin à une situation dont la prolongation est et serait pernicieuse à ceux au nom desquels nous voulons faire justice, et à ceux qui se trouvent sous le coup d'une accusation générale. Il faut donc se prononcer sur la condamnation d'une partie de ceux qui se trouvent, par l'ordre de leur degré de culpabilité, au premier rang des accusés. Si une motion, faite au sein de la commission européenne par M. le commissaire de S. M. Britannique, était adoptée, le chiffre des exécutions devrait être inférieur à celles de Damas. Comme, indépendamment des individus qui ont été fusillés à Damas, le nombre des exécutés appartenant à la classe civile est de cinquante-deux individus, dans la prévision que cette proportion serait acceptée par la commission, un nombre entre quarante et cinquante serait le chiffre de ceux que la justice doit frapper avec la plus grande sévérité. Onze Druzes jugés à Beyrouth, dont les procès-verbaux rogatoires ont été communiqués à la commission, ainsi que six autres condamnés dont les procès-verbaux rogatoires n'ont pu encore lui être soumis, forment un total de dix-sept personnes. En y ajoutant six individus condamnés par contumace qui sont tombés entre les mains de la justice, ce nombre arrive à vingt-trois condamnations, indépendamment des autres condamnés par contumace dont le nombre se trouve réduit aujourd'hui à vingt-sept par suite des six arrestations susmentionnées. En ajoutant à ce nombre les vingt individus qui sont indiqués dans la première classe de la première catégorie, le chiffre des condamnations arriverait à quarante-trois individus.

La mission impériale, ne voulant se montrer ni faible ni cruelle dans l'accomplissement de sa tâche, a cru devoir recourir à l'appui bienveillant de la commission pour s'éclairer par ses lumières. Elle prendra en considération ses observations pour diminuer ou pour augmenter le nombre des condamnés à mort, et toutes ses remarques sur leur culpabilité. Si l'énormité de leurs crimes exige d'un côté une très grande sévérité, de l'autre plus de cent cinquante Druzes assassinés par les chrétiens après les événements, et mille deux cents individus tués pendant la guerre civile, comme ils le soutiennent, doivent entrer dans la balance de la justice. Aussitôt que j'aurai l'avis de la commission, je sanctionnerai les rapports des tribunaux, et les condamnés de la Montagne, ainsi que ceux qui se trouvent à Beyrouth, seront dirigés, pour subir leurs condamnations, dans les différentes localités, théâtres de leurs crimes, ou dans les villages auxquels ils appartiennent, pour que leur triste fin serve d'exemple salutaire aux autres.

C'est immédiatement après ces exécutions que l'amnistie ou pour mieux dire la cessation des poursuites judiciaires sera promulguée, suivant l'entente qui a eu lieu au sein de la commission, pour les parties du pays dans lesquelles la justice a eu son cours.

Si la commission ne se trouve pas satisfaite du degré d'éclaircissements que le tribunal a obtenu et qu'elle désire voir une instruction plus détaillée, il faut élargir les détenus qui sont de la seconde catégorie, et diriger ceux de la première à Beyrouth pour les juger individuellement. La détention prolongée de huit cents individus dans une localité comme Mokhtara nous paraît de toute impossibilité sous tous les rapports.

En vous envoyant le tableau de la première catégorie avec une liste de tous ceux qui seront condamnés à la peine capitale, ainsi que la liste générale de la deuxième catégorie et le rapport du tribunal, je vous prie de les communiquer immédiatement à la commission, en lui donnant en même temps lecture de la présente, et de me faire savoir sans retard le résultat de ses délibérations.

Agréez, monsieur, les assurances de ma considération très-distinguée.

Signé : Fuad.

« Fuad-Pacha étant revenu le 18 janvier, après avoir reçu communication des résolutions prises par la commission dans sa séance du 24, réunit le lendemain les commissaires.

« Il expose qu'après avoir reçu leur avis collectif, il a fait élargir les détenus de la deuxième catégorie et n'a retenu en prison que les deux cent quatre-vingt-dix individus compris dans la première. Il a cru, en outre, devoir ajourner l'exécution des condamnations déjà prononcées, afin que toutes puissent être exécutées en même temps. Il est revenu, dit-il, pour s'entendre de nouveau avec la commission. Il pense qu'en réalité le chiffre de vingt condamnations capitales est de nature à remplir les vues de la commission. En effet, si l'on ajoute à ce chiffre les vingt-trois condamnations prononcées à Beyrouth, on arrive à un chiffre approchant de celui des condamnations de Damas que la commission ne veut pas dépasser.

« M. de Rehfues dit que la commission avait à donner son avis sur les sentences rendues à Mokhtara, et que dans cette ville seulement se trouvent les agents secondaires qui ont commis les assassinats.

« Lord Dufferin rappelle que la commission a été unanime à reconnaître avec lui que le chiffre des condamnations prononcées à Mokhtara ne devait pas dépasser celui des sentences exécutées à Damas. La raison, dit-il, en est évidente. A Damas, des meurtres n'avaient point été provoqués, tandis que, dans la Montagne, il devenait chaque jour plus clair que les Druzes ont été provoqués d'une manière arrêtée d'avance, et que presque partout, ce sont les chrétiens qui ont commencé l'attaque. Jusqu'à présent M. le commissaire britannique avait hésité à se prononcer sur ce dernier point d'une façon trop catégorique, mais il ne craint pas aujourd'hui d'affirmer que les Druzes ont pris les armes pour se défendre, et qu'à moins d'être des lâches, ils devaient le faire. Ceci posé et le châtiment des atrocités dont ils se sont malheureusement rendus coupables pendant la lutte étant admis en principe, il est évident que, dans sa mesure, ce châtiment ne doit pas être aussi rigoureux que celui des Damasquins, qui ont commis autant de meurtres et autant d'atrocités, sans y avoir été provoqués par les chrétiens. M. le commissaire britannique est d'avis que, dans la balance des deux répressions, il faut faire entrer en ligne de compte toutes les condamnations, aussi bien celles de Beyrouth que celles de Mokhtara. Il a toujours cru, et les réserves qu'il a faites à ce sujet sont là pour le prouver, que si le chiffre de vingt condamnations prononcées à Mokhtara ne semblait pas de nature à remplir l'objet qu'on se proposait, cependant il n'appartenait pas à la commission d'engager un tribunal à frapper de mort, dans un but purement politique, des individus dont la culpabilité ne serait pas démontrée.

« Si, en principe et ainsi qu'il a été admis, la répression des Druzes ne doit pas égaler celle infligée aux Damasquins, il semble maintenant à lord Dufferin que cette répression pourrait sans inconvénient être beaucoup moins rigoureuse, vu d'une part les souffrances endurées par la nation druze tout entière, et d'autre part, le grand nombre de meurtres isolés qui ont été commis par les chrétiens sur les Druzes depuis les événements. M. le commissaire britannique s'engage à communiquer à ses collègues une liste nominale de cent trente-six hommes, vingt-cinq femmes et quinze enfants tués, soixante-trois hommes et vingt-deux femmes blessés par les chrétiens. Il rappelle la lettre adressée par lui à Fuad-Pacha, lorsque arriva la première nouvelle de ces représailles, lettre dont il avait fait connaître le contenu au général commandant en chef du corps expéditionnaire, et dans laquelle il exprimait l'opinion que, si tout d'abord un exemple n'était pas fait et si la tendance des chrétiens à se rendre justice eux-mêmes n'était pas réprimée dès le début, ces assassinats se multiplieraient. C'est là malheureusement, ajoute lord Dufferin, ce qui est arrivé, et, dans un tel état de choses, eu égard aux circonstances qui ont précédé comme à celles qui ont suivi la lutte, il est difficile de reconnaître aux chrétiens le droit d'exiger que les Druzes soient frappés d'un châtiment très-rigoureux.

« Le commissaire français, en réponse au discours de lord Dufferin, fait observer que si le commissaire de S. M. Britannique a pu décliner à bon droit la responsabilité des assassinats commis par des chrétiens, cette responsabilité, Dieu merci, ne retombe sur aucun des autres membres de la commission. Ce n'est pas à eux, en effet, qu'on peut reprocher le retard apporté au châtiment des Druzes. Si des assassinats ont été commis, qu'on en recherche les auteurs, mais qu'on ne confonde pas quelques actes de vengeance, accomplis par des chrétiens égarés, pour qui la répression promise a été trop lente à venir, avec l'œuvre de justice que la commission poursuit de ses vœux.

« Quant aux condamnations de Mokhtara, il pense qu'elles sont insuffisantes.

« M. de Weckbecker rappelle que la question avait été posée dans les termes suivants :

« Vingt condamnations à mort sont-elles suffisantes au point de vue politique ? A cette question la commission a répondu à l'unanimité négativement. En faisant cette réponse, elle a dû nécessairement supposer que le tribunal de Mokhtara avait à sa disposition les moyens de constater le degré de culpabilité des prévenus placés sous sa juridiction.

« Fuad-Pacha revient à ce propos sur les difficultés de toutes sortes qui ont entravé et parfois même rendu complétement stériles les recherches de la justice. A défaut de preuves, il a fallu, dans la plupart des cas, se contenter d'une simple présomption de culpabilité. Si en théorie, il est facile de dire que vingt condamnations ne suffisent pas, il est difficile, dans la pratique, de recueillir des témoignages sur lesquels pourrait s'appuyer un plus grand nombre de condamnations.

« Fuad-Pacha met fin à cet entretien, en déclarant que le principe de la simultanéité des exécutions étant adopté, et la commission n'ayant pas encore donné son avis sur les condamnations proposées par le tribunal de Beyrouth, il s'écoulera encore quelque temps avant que la répression soit définitivement arrêtée. Il tâchera de mettre ce temps à profit pour recueillir de nouvelles indications sur la culpabilité des deux cent quatre-vingt-dix individus détenus à Mokhtara. Ces recherches lui permettront peut-être d'augmenter le chiffre des condamnations à mort, et alors, une fois l'avis de la commission relatif aux sentences du tribunal de Beyrouth, à lui transmis, il fera procéder simultanément et immédiatement aux exécutions.

« M. Béclard saisit l'occasion qui s'offre à lui pour demander à Fuad-Pacha s'il a enfin reçu de Constantinople des instructions relatives à l'indemnité des chrétiens de Damas, affaire déjà examinée depuis trois mois par la commission.

« Le commissaire ottoman répond qu'il n'a pas encore reçu de réponse aux demandes pressantes qu'il a adressées à ce sujet à son gouvernement, mais qu'il espère en recevoir prochainement.

« M. Béclard interpelle Fuad-Pacha relativement aux incidents de diverse nature qui se sont produits dernièrement dans les environs de Damas.

« Fuad-Pacha entre à ce sujet dans quelques développements, d'où il résulte que des Bédouins ont pillé un village du Hauran; que dans un autre village l'annonce de la perception d'un impôt a occasionné des troubles et la fuite des habitants; que les Druzes réfugiés dans le Hauran avaient offert de restituer les objets pillés qu'ils détiennent, pourvu qu'on leur accordât une amnistie en compensation; que le gouvernement n'a pas cru pouvoir amnistier des criminels condamnés par contumace à la peine de mort; que, s'ils ont échappé jusqu'à présent au glaive de la justice et trouvé un refuge dans le Hauran, cela tient uniquement à ce que l'autorité ne peut pas, vu le mauvais état de la saison, aller les y poursuivre, mais qu'en attendant que le moment soit venu de diriger contre eux les forces militaires nécessaires pour les réduire à l'obéissance, il use de ménagements à leur égard, afin d'empêcher qu'ils ne portent le désordre dans les contrées environnantes. »

XXXII

La prolongation de l'occupation française est discutée en Europe. — M. Thouvenel déclare à lord Cowley qu'il la considère comme nécessaire. — Le comte de Rechberg se prononce dans le sens contraire. — Dépêche de M. Thouvenel en date du 18 janvier sur cet objet. — Dépêche du 24 janvier où lord John Russell combat les vues du ministre des affaires étrangères de France. — Office du 16 janvier émanant du baron de Schleinitz, ministre des affaires étrangères de Prusse. — La Sublime-Porte se déclare contre toute prolongation de l'occupation étrangère dans son memorandum du 29 janvier. — Elle consent à la réunion d'une conférence à Paris. — Protocoles des séances de cette conférence, tenues le 19 février et le 15 mars. — Le terme de la convention du 5 septembre est prorogé de trois mois.

Comme on l'a vu dans le précédent chapitre, malgré la convention du 5 août, on discutait en Europe la nécessité d'une prolongation de l'occupation française. Cette occupation pourtant était non-seulement inutile, mais, selon lord Dufferin et le commissaire autrichien, la présence des troupes françaises en Syrie était funeste à l'autorité du Sultan [1].

Le 9 janvier, lord John Russell écrivait à lord Cowley et aux ambassadeurs près les cours de Vienne, de Berlin et de Saint-Pétersbourg, qu'il ne voyait pas de raisons qui nécessitassent la prolongation de l'occupation.

M. Thouvenel, dans une entrevue avec lord Cowley, le 10 janvier, assurait que dans son âme et conscience le retrait des troupes serait

[1] Papiers anglais, n° 278.

le signal d'un aussi grand massacre que celui pour lequel on demandait réparation.

C'était là bien mal juger l'état des choses.

Lord John Russell, désirant connaître quelles garanties la Porte donnerait aux puissances après le départ des troupes françaises, sir Henry Bulwer lui répondait le 8 janvier :

> J'ai eu une longue conversation avec Aali-Pacha sur ce sujet. Il dit que l'armée serait maintenue à vingt-cinq mille hommes de troupes régulières. Les revenus des quatre provinces d'Adana, Alep, Saïda et Damas seraient affectés à l'entretien de ces troupes. Il ajoute que la cavalerie irrégulière serait organisée, une forte police formée dans les villes et composée en partie d'éléments chrétiens.

Le comte de Rechberg, ministre des affaires étrangères d'Autriche, en réponse aux ouvertures que lui fit M. Fain, déclarait qu'il croyait désirable que l'occupation française cessât au terme fixé, si cela pouvait se faire sans danger.

Le baron de Schleinitz exprimait la même opinion.

En France, pourtant, on jugeait la question autrement. Voici quelques extraits de la dépêche que M. Thouvenel adressait le 18 janvier à l'ambassadeur de France à Londres :

> Les renseignements que nous possédons nous font craindre que le départ de nos troupes ne soit suivi de nouveaux désordres, s'il a lieu avant que les dispositions nécessaires pour garantir la sécurité des populations aient été adoptées.
>
> Devant des considérations de cette nature, tous les cabinets comprendront que nous attachions beaucoup de prix à dégager notre responsabilité. Si, d'une part, nous entendons demeurer fidèles aux stipulations arrêtées par la conférence, de l'autre nous ne voulons point que l'on puisse nous reprocher de n'avoir point signalé le danger que nous croyons entrevoir. Nous sommes donc amenés à demander aux puissances de faire connaître à cet égard leur pensée, en nous réservant simplement d'exprimer la nôtre dans les délibérations, comme signataires de la convention du 5 septembre, c'est-à-dire au même titre que les autres cabinets.
>
> Nous avons prouvé, par l'insistance que nous avons mise à presser les travaux de la Commission, combien nous désirions pouvoir évacuer la Syrie à la date stipulée, et, encore aujourd'hui, personne ne verrait avec une satisfaction plus sincère que les circonstances nous permissent de réaliser ce désir. Si les puissances décident qu'il y a lieu de proroger le terme de l'occupation, ayant accepté de fournir l'effectif du corps expéditionnaire, nous ne refuserions point, sans doute, de continuer les sacrifices que nous nous sommes imposés pour prêter au Sultan la coopération de nos troupes; mais, dans le cas où les puissances seraient d'avis qu'il convient de désigner l'une ou plusieurs d'entre elles pour participer à cette mission, nous serions prêts à accepter leur concours.

Il me semble, monsieur le comte, que le moyen le plus naturellement indiqué pour établir une entente sur ces divers points serait de convoquer la conférence. Si cette manière de voir obtient l'entier assentiment du cabinet de Londres, je vous prie de me le faire connaître le plus tôt possible, et je provoquerais la réunion des plénipotentiaires aussitôt que l'adhésion des différentes cours me serait parvenue.

Vous voudrez bien donner lecture et laisser à lord John Russell copie de cette dépêche, que j'adresse également aux représentants de l'Empereur à Berlin, Saint-Pétersbourg, Vienne et Constantinople.

Agréez, etc.

Signé : Thouvenel.

Lord John Russell répondait ainsi, le 24 janvier, à la précédente dépêche :

On doit se rappeler que la Syrie est une province de l'empire turc. Le Sultan est le souverain de cette contrée, et non les cinq puissances. La première question à faire est si le Sultan a besoin de troupes pour maintenir la tranquillité en Syrie. La suivante question est comment le Sultan se propose de pourvoir à la tranquillité et prévenir le retour des massacres du mois de juin ; et, si le Sultan s'engage de faire ceci et s'il montre qu'il a les moyens de le faire, la question de continuer à occuper la Syrie tombe d'elle-même...

La considération des mesures nécessaires pour la paix permanente de la Montagne est une question très-difficile, et il sera, comme le dit M. Thouvenel, difficile de déterminer le moment où les commissaires seront capables de communiquer aux cinq puissances le résultat de leurs travaux.

Vous verrez maintenant à quelle conclusion tendent mes arguments. Le gouvernement de Sa Majesté est tout à fait préparé, soit dans une conférence, soit autrement, à s'enquérir auprès des ministres du Sultan quand la Porte sera prête à devenir responsable pour la présente tranquillité de la Syrie, et si elle s'est pourvue de moyens suffisants pour ce but.

Le gouvernement de Sa Majesté n'est pas préparé à maintenir des troupes européennes en Syrie jusqu'à ce que des moyens soient trouvés de prévenir totalement pour l'avenir ces querelles sanguinaires entre deux tribus... Il lui importe peu que ces troupes appartiennent à la France ou à un autre pays. Le gouvernement de Sa Majesté ne veut pas devenir responsable pour la future administration d'une province du Sultan par l'entremise de troupes étrangères.

Le baron de Schleinitz, dans son office du 16 janvier, disait au comte Pourtalès :

Le gouvernement du roi est d'avis que la présence des troupes françaises en Syrie, puisqu'elle se fonde sur un arrangement intervenu entre les grandes puissances et la Sublime Porte, ne saurait être prolongée au delà du terme fixé par cet arrangement qu'en vertu d'un acte auquel tous les gouvernements signataires de la convention de septembre auraient donné leur adhésion.

Le 29 janvier, M. Musurus, dans un mémorandum adressé à lord

John Russell, demandait de la part d'Aali-Pacha l'opinion du cabinet britannique sur la réunion d'une conférence.

<small>Vous n'ignorez pas, disait Aali-Pacha, que ce que la Sublime Porte désire, c'est de voir l'occupation étrangère cesser à l'expiration du terme fixé, et que le gouvernement impérial se croit en état de maintenir tout seul la tranquillité de la Syrie et la sécurité de ses habitants.</small>

Lord John Russell répondait, le 29 janvier, que son gouvernement ne pouvait pas formuler d'opinion, mais que si la Turquie ne voulait pas la prolongation de l'occupation, elle devait déclarer qu'elle avait les moyens de prévenir le retour des massacres, et que jusqu'à ce que d'autres arrangements fussent pris, celui de 1845 resterait en vigueur pour le gouvernement de la Montagne.

La Porte consentit à la réunion d'une conférence à Paris. Ahmet Veffik-Effendi en informa officiellement M. Thouvenel, le 5 février.

Les instructions de lord Cowley portaient que le seul objet de cette conférence était la prise en considération de la convention du 5 septembre.

Voici les protocoles des deux conférences tenues, la première le 19 février et la seconde le 15 mars :

PROTOCOLE DE LA CONFÉRENCE DU 19 FÉVRIER.

Présents :
  Pour l'Autriche, M. le prince de Metternich ;
  Pour la France, M. Thouvenel ;
  Pour la Grande-Bretagne, M. le comte Cowley ;
  Pour la Prusse, M. le comte de Pourtalès ;
  Pour la Russie, M. le comte de Kisseleff ;
  Pour la Turquie, Veffik-Effendi.

Le plénipotentiaire de la France, en se référant à la communication de son gouvernement qui a provoqué la réunion de la conférence, rappelle et détermine l'objet soumis à son examen, et il invite le plénipotentiaire de la Turquie à faire connaître comment sa cour envisage la situation des choses en Syrie, et l'exécution de la clause de la convention du 5 septembre, qui fixe à six mois la durée du concours prêté par les troupes étrangères.

Le plénipotentiaire de la Turquie expose que son gouvernement s'est appliqué, dès l'origine, à remplir les devoirs que lui imposaient les événements dont la Syrie a été le théâtre, et qu'il s'est mis sans retard en mesure d'y pourvoir; qu'il est en état de maintenir la tranquillité, et que la convention peut recevoir son exécution sans danger pour la conservation de l'ordre. Il rend hommage, d'ailleurs, à l'attitude et à la conduite que les troupes françaises et leurs chefs ont tenues depuis leur débarquement.

Le plénipotentiaire de la France remercie le plénipotentiaire de la Turquie du témoignage qu'il rend à la conférence de la manière dont le corps expéditionnaire a rempli sa tâche, mais il croit devoir déclarer que les informations parvenues à son gouvernement le portent à penser que le départ des troupes françaises serait suivi de nouveaux troubles. Il donne lecture de la correspondance des agents français, d'où il résulte que les populations se préparent à de nouvelles luttes, et que l'autorité locale ne dispose pas de moyens suffisants pour les contenir. Rapprochant cette situation de l'esprit de la convention et des termes de l'article 5, il en conclut que le but que se proposaient les puissances ne se trouverait pas rempli, si les troupes françaises évacuaient la Syrie en ce moment. Dans son opinion, on mettrait fin à la garantie matérielle stipulée par la convention avant d'y avoir substitué la garantie morale que doit offrir l'organisation des pouvoirs publics, qui ne peuvent être constitués sans que la commission internationale ait terminé ses travaux, et l'on sait que la commission est loin de toucher au terme de son mandat. Il lui est donc impossible de partager la confiance que le plénipotentiaire de la Turquie place dans les dispositions transitoires adoptées par son gouvernement.

Le plénipotentiaire de la Turquie ne saurait consentir à faire dépendre l'exécution de la convention des mesures concernant le mode d'administration; il n'oublie nullement dans quel esprit l'acte du 5 septembre a été conclu, et il ne voit dans la présence des troupes françaises en Syrie qu'une manifestation des sympathies des puissances alliées de la Porte, mais il ajoute qu'il n'est pas moins constant, d'autre part, que la convention est formelle et qu'en ce qui regarde l'évacuation, elle stipule une date qu'on ne peut dépasser sans méconnaître la clause qui règle ce point essentiel; qu'au surplus, l'œuvre de la réorganisation de la Syrie revient exclusivement à son gouvernement; qu'on ne pourra y donner suite que quand la commission aura accompli son mandat, et que, jusque-là, il suffit, comme il l'affirme, que la Porte ait avisé aux moyens propres à assurer la sécurité. Il présume, du reste, que les commissaires ont terminé leurs investigations sur les lieux, et la conférence, selon lui, pourrait exprimer l'avis, afin de hâter le rétablissement d'un ordre de choses régulier en Syrie, que la commission, dont la présence ou le rappel ne saurait modifier l'état matériel du pays, fût invitée à se rendre à Constantinople, où elle rédigerait son rapport, dont les représentants des puissances prendraient connaissance sans retard et pourraient ainsi, en se concertant avec la Porte, avancer le moment de la pacification.

Le plénipotentiaire de la Russie, après avoir fait observer que les informations officielles parvenues à son gouvernement lui permettent de partager les appréciations de M. le plénipotentiaire de la France, ainsi que les conclusions qu'il en a déduites, relève que l'autorité n'est pas constituée en Syrie, et que, dans l'état de désordre où se trouve le pays, état qui n'offre pas les garanties désirables, les agents de la Porte sont certainement dans l'impossibilité de prévenir de nouveaux conflits. A son avis, l'évacuation ne devrait avoir lieu que lorsqu'il serait bien constaté qu'elle pourrait s'effectuer sans qu'il en résultât de nouveaux dommages pour les populations chrétiennes si cruellement éprouvées par les événements qui ont précédé et motivé l'intervention européenne.

Le plénipotentiaire de la France constate qu'il faut attribuer à des causes indépendantes de la volonté des commissaires européens les lenteurs qu'a subies la marche de leurs travaux, mais qu'il n'est pas moins vrai que leurs instructions, conformes à l'entente des puissances, leur prescrivent d'assurer la punition des coupables, d'aviser aux moyens d'indemniser les victimes, et d'élaborer un rapport sur l'organisation administrative du Liban; or, dit-il, jusqu'à présent il n'a été infligé aucun châtiment aux auteurs des massacres de la Montagne, aucune indemnité n'a été accordée aux chrétiens, et la commission n'est pas encore à même de présenter ses propositions de réorganisation. D'autre part, les chefs druzes retirés dans le Hauran se concertent avec les Arabes et les Mutualis pour résister ouvertement aux mesures de rigueur que l'on prendrait contre eux, et poussent l'audace jusqu'à venir piller les villages situés aux portes de Damas; les chrétiens, de leur côté, se disposent à repousser les agressions dont ils sont menacés, on s'arme partout, et la guerre civile, loin d'être apaisée, est de nouveau imminente. En présence de ces éventualités, la France décline la responsabilité des conséquences qu'entraînerait le départ prématuré du corps expéditionnaire.

Le plénipotentiaire de la Grande-Bretagne répond que si l'on se plaçait au point de vue du plénipotentirire de la France, la conférence devrait décider que l'occupation serait désormais permanente, et déclare que son gouvernement n'adhérerait pas à une semblable résolution, qui est d'ailleurs déclinée par le plénipotentiaire de la puissance territoriale. Il annonce que les renseignements parvenus à son gouvernement présentent la situation sous un jour qui le porte à considérer l'évacuation immédiate comme une mesure opportune et même nécessaire. Le commissaire de la Grande-Bretagne estime en effet que les agents du gouvernement ottoman disposent des forces nécessaires au maintien de la tranquillité, et que la présence des troupes étrangères, utile au début, entretient aujourd'hui des espérances et des craintes dont l'effet est de perpétuer des ressentiments qu'il importe de faire cesser. Il soutient qu'il n'existe aucune connexité entre les travaux de la commission et la durée de l'occupation; que le but de la convention est atteint; que ce but a été défini dans le préambule de cet acte, et consistait à « *arrêter l'effusion du sang par des mesures promptes et efficaces;* » que les dispositions concertées par les puissances ont réalisé l'objet unique qu'elles avaient en vue; que la convention peut donc et doit recevoir son exécution dans ses clauses finales. C'est désormais, pense-t-il, à la puissance souveraine qu'il appartient exclusivement de pourvoir à la sécurité en Syrie, et le plénipotentiaire de la Turquie déclarant, avec raison selon lui, que son gouvernement peut prévenir de nouveaux troubles, il n'y a nulle raison de retarder le départ des troupes, qui n'avaient d'autre mission que de concourir à mettre fin aux conflits sanglants qui avaient éclaté dans cette province.

Le plénipotentiaire de la France fait remarquer qu'il ne s'agit nullement de combiner une occupation permanente, et que le gouvernement français, pour son compte, ne consentirait, en aucun cas, à en accepter seul les charges; il reconnaît que s'il n'y a pas une connexité conventionnelle entre la mission des commissaires et celle du corps expéditionnaire, cette connexité, dans son opinion, existe par la force des choses, puisque l'on s'exposerait à de nouveaux malheurs si l'on mettait fin à la garantie effective qui résulte de la présence des troupes étrangères, avant d'avoir pris et appliqué les dispositions que comporte l'exercice régulier et efficace de toute autorité.

Le plénipotentiaire de la Grande-Bretagne exprime l'avis que l'on pourrait seconder la Turquie dans l'œuvre de pacification qui reste à remplir et témoigner aux populations l'intention des puissances de concourir, s'il y avait lieu, à la répression de nouveaux désordres, en décidant qu'on entretiendrait sur les côtes de Syrie une station combinée de leurs forces navales.

Le plénipotentiaire de l'Autriche fait observer que cette mesure ne pourrait s'effectuer avant le mois de mai, et qu'il pourrait surgir des conflits regrettables avant cette époque si le corps expéditionnaire quittait la Syrie à la date fixée par la convention.

Le plénipotentaire de la Prusse émet la même opinion.

Le plénipotentiaire de la Russie croit que la présence des bâtiments de guerre serait insuffisante pour garantir la sécurité des chrétiens qui, habitant le Liban et les grandes villes de l'intérieur, ne pourraient recevoir aucun secours des escadres, qui seraient forcées de borner leur protection aux villes du littoral.

Le plénipotentiaire de la Grande-Bretagne exprime la conviction que la présence des pavillons étrangers sur le littoral suffira par son influence morale pour contenir les mauvaises passions des habitants du Liban. Du reste, ajoute-t-il, rien ne serait plus facile que de débarquer une partie des équipages, s'il devenait nécessaire.

Le plénipotentiaire de la Turquie dit qu'en principe il ne pourrait admettre aucune distinction entre l'occupation par des troupes de terre et le débarquement des équipages. Il revient au surplus sur ses déclarations antérieures et persiste notamment à penser que l'état des choses en Syrie permet d'exécuter la convention; mais, connaissant les sentiments qui animent son gouvernement, il croit que l'on pourrait régler le départ des troupes de manière à ce que l'évacuation eût lieu sans exercer une influence fâcheuse sur les dispositions des esprits, en s'effectuant pendant un délai que la Porte utiliserait pour raffermir l'ordre. Il ne soumet à la conférence aucune proposition ; mais il est prêt à tenir compte, dans cette mesure, des appréciations des autres plénipotentiaires, et se croirait autorisé à transmettre à sa cour une ouverture tendant à prolonger l'occupation temporairement et jusqu'à une date déterminée d'avance.

Le plénipotentiaire de la France se plaît à reconnaître qu'une semblable suggestion tend à rapprocher les avis, mais il prévoit que l'on se trouvera, à l'expiration de ce délai, si l'on ne veut se préoccuper que d'une date, sans tenir compte des circonstances, en face des mêmes difficultés et des mêmes dissentiments. Il propose en conséquence de proroger l'occupation jusqu'au moment où la Porte pourra, avec les développements convenables, faire connaître à la conférence, qui serait, sur sa demande, convoquée à cet effet, l'ensemble des mesures prises pour garantir la tranquillité de la Syrie, et les plénipotentiaires décideraient alors, après avoir reçu cette communication, que l'évacuation aurait lieu. Il se fonde sur les appréciations du gouvernement britannique, qui a reconnu que, pour permettre aux puissances de se prononcer en parfaite connaissance de cause, la Porte devait les informer des dispositions adoptées pour conjurer de nouveaux conflits.

Le plénipotentiaire de la Grande-Bretagne fait observer que son gouvernement a acquis, postérieurement à cette communication, la conviction que la Porte s'était mise à même de maintenir l'ordre en Syrie. Il ajoute qu'il voit avec regret que, d'après les rapports des agents britanniques, de nombreux assassinats sont commis à l'heure qu'il est par les Maronites sur les Druzes. Puisque la présence de troupes étrangères n'a pas pour effet de prévenir ces crimes, c'est là une raison de plus, selon lui, pour mettre un terme à l'occupation. Autrement, c'est sur l'Europe, qui a envoyé cette expédition, que retomberait la responsabilité de l'impunité de ces actes.

Le plénipotentiaire de la France dit que les faits isolés signalés par M. le plénipotentiaire de la Grande-Bretagne ne sont pas parvenus à la connaissance du gouvernement français; que, dans tous les cas, au lieu d'y voir un motif de hâter l'évacuation, il pense qu'on devrait en conclure qu'il est essentiel de prolonger l'occupation.

Le plénipotentiaire de la Turquie déclare qu'il ne saurait accepter pour son gouvernement l'obligation de justifier des moyens nécessaires au maintien de la sécurité sur son propre territoire.

Le plénipotentiaire de la Russie propose de proroger l'évacuation de deux mois et de remettre toute résolution au terme de ce délai, époque à laquelle la conférence serait mieux édifiée sur la situation des choses en Syrie; selon lui, cet ajournement donnerait à la commission le temps de terminer ses travaux, et l'on trouverait vraisemblablement, dans le rapport des commissaires, les éléments d'une résolution qui réunirait l'assentiment de toutes les puissances. Il ne s'opposerait pas, au surplus, à la suggestion faite par M. le plénipotentiaire de la Turquie, s'il était entendu que, dans le cas où il surgirait de nouveaux incidents durant la prolongation de l'occupation, la conférence pourrait modifier sa résolution selon les circonstances.

Le plénipotentiaire de la Turquie fait savoir qu'il ne peut acquiescer à aucune proposition qui laisserait dépendre l'évacuation de faits éventuels, et, devant les termes explicites de la convention, il maintient qu'elle doit avoir lieu à une date certaine.

La conférence examine si l'on peut prévoir que, dans un délai déterminé, l'ordre moral sera suffisamment établi en Syrie pour qu'il soit possible, dès ce moment, de fixer à une date invariable le départ des troupes. A la suite de cette discussion, où se sont produits des avis contradictoires, le plénipotentiaire de la Turquie a admis qu'il pourrait transmettre à sa cour une proposition qui conduirait à signer une convention prolongeant, pour tout délai, le terme de l'occupation jusqu'au 1er mai prochain.

Les plénipotentiaires décident qu'ils en référeront à leurs cours respectives.

PROTOCOLE DE LA CONFÉRENCE DU 15 MARS.

Le protocole de la séance du 19 février est lu et adopté avec des amendements qui ne donnent lieu à aucune discussion.

Le plénipotentiaire de la France exprime le vœu que les plénipotentiaires fassent connaître l'avis de leurs gouvernements respectifs sur la suggestion qu'on était convenu de soumettre à leur appréciation.

Le plénipotentiaire de l'Autriche dit que depuis la dernière réunion de la conférence, il s'est écoulé un temps assez long pour qu'il lui semble désirable de fixer à trois mois le terme pendant lequel on prorogerait l'occupation européenne en Syrie; il lui semble que, pendant ce délai, la Porte pourrait prendre les mesures complémentaires que l'on jugerait opportunes pour dissiper toutes les inquiétudes, et préparer ainsi l'évacuation de manière à prévenir les conflits qui, selon certaines prévisions, menaceraient d'éclater après le départ des troupes étrangères.

Le plénipotentiaire de la France fait savoir qu'il a soumis à l'appréciation de son gouvernement la combinaison proposée à la conférence dans sa précédente réunion, et qu'elle ne lui a pas paru répondre aux éventualités dont il y a lieu de tenir compte; il reconnaît cependant que si l'occupation était prolongée pendant trois mois, on aurait du moins une plus grande latitude pour y aviser.

Le plénipotentiaire de la Grande-Bretagne déclare que son gouvernement n'a reçu aucune information qui puisse le porter à modifier la manière de voir dont il a fait part à la conférence; qu'il doit donc persister dans l'opinion qu'il a exprimée; mais que si les autres plénipotentiaires sont disposés à ajourner le départ des troupes étrangères, il est lui-même autorisé, dans un esprit de conciliation, à y donner son assentiment, pourvu que le délai n'excède pas le terme de trois mois, et que la Sublime Porte n'y fasse point d'objection.

Le plénipotentiaire de la Prusse est d'avis d'adopter cette prolongation; selon lui, la commission pourra terminer ses travaux durant cette période, et le départ des troupes coïncidant ainsi avec la nouvelle organisation de l'administration du Liban, on posséderait une garantie de plus pour le maintien de la tranquillité.

Le plénipotentiaire de la Russie adhère pour sa part à cette prolongation, qui, à son sens, répond à une mesure d'urgence recommandée aux grandes puissances par l'humanité aussi bien que par les intérêts généraux de l'Europe et de la Turquie. Elle permettra d'ailleurs de mener à bonne fin les mesures d'ordre et d'organisation nécessitées par la situation du Liban et conformes aux vœux de son gouvernement.

Le plénipotentiaire de la Turquie annonce qu'il a soumis à sa cour la suggestion consignée dans le protocole de la précédente réunion; que sa cour l'a chargé de maintenir les déclarations qu'il a faites en ce qui concerne les moyens dont elle dispose pour préserver la tranquillité en Syrie, comme pour ce qui touche l'organisation administrative et les travaux de la commission; que cependant, dans un sentiment de gratitude pour le concours que l'Europe lui a prêté, elle l'avait autorisé à consentir à une prolongation de l'occupation jusqu'au 30 mai; que l'esprit dans lequel sont conçues ces instructions lui permet d'acquiescer, puisque tous les plénipotentiaires y adhèrent, au terme de trois mois : si cette clause est combinée de manière à fixer exactement la date de l'évacuation.

Le plénipotentiaire de la Grande-Bretagne croit pouvoir, après avoir entendu les autres plénipotentiaires, proposer à la conférence une rédaction qui lui paraît conforme aux vues conciliantes des puissances, et il en donne lecture.

Cette rédaction est examinée par la conférence, qui, après en avoir discuté les termes, tombe d'accord sur le libellé de l'acte annexé au présent protocole, et qui reçoit la signature des plénipotentiaires.

Fait à Paris, le 15 mars 1861.

Annexe.

Leurs Majestés l'empereur d'Autriche, l'empereur des Français, la reine du royaume uni de la Grande-Bretagne et d'Irlande, le roi de Prusse, l'empereur de toutes les Russies et l'empereur des Ottomans, après les explications échangées entre leurs gouvernements respectifs, s'étant entendus pour modifier la convention conclue entre eux le 5 septembre dernier, les représentants de leurs dites Majestés sont tombés d'accord sur les articles suivants, qui seront textuellement convertis en une convention dont les instruments vont être aussitôt préparés pour être revêtus de leurs signatures :

Article 1er. — La durée de l'occupation européenne en Syrie sera prolongée jusqu'au 5 juin de la présente année, époque à laquelle il est entendu entre les hautes parties contractantes qu'elle aura atteint son terme et que l'évacuation aura été effectuée.

Art. 2. — Les stipulations contenues dans l'article 2 de la convention du 5 septembre 1860, en tant qu'elles n'ont point encore été exécutées, ou qu'elles ne sont pas modifiées par la présente convention, demeureront en vigueur pendant la période qui s'écoulera entre la date de la signature de cet acte et le 5 juin de l'année courante.

Art. 3. — La présente convention sera ratifiée, et les ratifications en seront échangées à Paris dans le délai de cinq semaines, ou plus tôt si faire se peut.

Les plénipotentiaires sont convenus de se réunir mardi prochain, 19, pour signer la convention.

Paris, le 15 mars 1861.

XXXIII

Lord Dufferin constate que les chrétiens exercent de cruelles représailles. — Listes des Druzes tués ou blessés depuis l'occupation. — On a accusé la Turquie d'avoir voulu ménager les Druzes. — Dépêches de lord Cowley et de lord John Russell, qui répondent à cette accusation. — L'idée de clémence prévaut inopinément dans la commission internationale. — Note des commissaires concernant les fonctionnaires et officiers ottomans. — Réponse de Fuad-Pacha. — Opinions divergentes des commissaires quant aux peines à infliger aux principaux chefs Duzes et agents ottomans. — Le plénipotentiaire ottoman déclare qu'il attendra les ordres de son gouvernement. — Débat sur le chiffre de l'indemnité à accorder aux chrétiens; Fuad-Pacha fera sur cet objet une enquête à Damas. — Il est décidé qu'un premier à-compte sera payé.

Il est triste, dit lord Dufferin dans sa dépêche du 19 janvier, à laquelle est jointe la liste suivante, il est triste de penser que les intentions de l'Europe à l'égard de la Syrie soient devenues le signal du retour de ces barbaries qu'elle était venue réprimer.

Liste des Druzes qui ont été tués ou blessés depuis l'occupation du mont Liban par l'armée française.

VILLAGES	TUÉS			BLESSÉS			TOTAL DES TUÉS	TOTAL DES BLESSÉS
	HOMMES	FEMMES	ENFANTS	HOMMES	FEMMES	ENFANTS		
Beisur	2	»	»	4	1	»	2	5
Ainab	3	»	»	1	3	»	3	4
Aïtal	3	»	»	2	»	»	3	2
B'shetfin	13	2	2	10	»	»	17	10
Kefr Fakud	17	1	»	11	»	»	18	11
Derkusbeh	11	1	1	3	»	»	13	3
Kefr Katia	8	»	»	»	»	»	8	»
Kefr Him	5	»	4	»	»	»	9	»
Dermik	5	»	»	»	»	»	5	»
Jahlieh	7	»	»	»	»	»	7	»
Deïr-el-Kamar	11	9	7	8	»	»	27	8
Kefr Metta	1	»	»	»	»	»	1	»
B'tei	»	»	»	1	»	»	»	1
Kefr Nabrakh	3	2	»	7	2	»	5	9
Bâruk	»	»	»	2	2	»	»	4
B'tulûn	4	2	1	3	10	»	7	13
Aïn Ozaï	2	»	»	»	»	»	2	»
Baklin	5	»	»	»	»	»	5	»
Aïn Bal	1	»	»	»	»	»	1	»
Kefr Him	1	»	»	»	»	»	1	»
Sinkhanie	»	»	»	2	»	»	»	2
Aïn Zibdeh	5	1	»	5	4	»	6	9
Deïr-el-Kamar	5	»	»	»	»	»	5	»
Derbabih	2	»	»	»	»	»	2	»
B'shumun	1	»	»	»	»	»	1	»
Serahmul	1	»	»	»	»	»	1	»
Baruk	7	5	»	»	»	»	12	»
Kefr Nabrukh	10	2	»	»	»	»	12	»
Derbabeh	5	»	»	4	»	»	5	4
	136	25	15	65	22	»	176	85

Il est, en outre, constaté par un rapport authentique que plus de mille Druzes ont péri dans les luttes de la Montagne.

La Turquie remplissait sa promesse. Cinquante-trois Druzes des plus coupables avaient été condamnés à mort.

L'Europe, représentée par les cinq commissaires, regardait ce nombre comme insuffisant et réclamait plus de têtes.

Les chrétiens, sous l'inspiration de leurs chefs spirituels, voulaient exterminer toute la race de leurs ennemis.

Mais voici que la commission fait soudain volte-face : elle ne demande plus ouvertement que la peine capitale soit infligée aux Druzes. Pour masquer ses exigences, elle s'obstine à dire que c'est

Hourchid-Pacha qui est le plus coupable, et que les chefs druzes doivent garder leur tête, s'il conserve la sienne.

Le secret de ce revirement se trouve dans les dépêches suivantes :

LORD COWLEY A LORD JOHN RUSSELL.

Milord,

M. Thouvenel a reçu une dépêche de M. Béclard, datée du 17 janvier, dans laquelle il lui rend compte d'une séance de la commission de Syrie concernant le résultat du jugement prononcé contre environ trois cents Druzes.

Il paraît que Fuad-Pacha a informé la commission que la sentence de mort a été prononcée contre vingt d'entre eux, et qu'il désirait savoir si la commission était satisfaite de ce nombre ; que la commission a répondu à l'unanimité que ce nombre n'est pas suffisant et a insisté pour l'exécution de quelques autres Druzes impliqués dans les massacres des villages chrétiens.

M. Thouvenel pense que cela ressemblait trop à une vengeance inutile, et il a par conséquent écrit à M. Béclard pour lui dire que ce n'est pas un holocauste qu'on voulait, mais l'exécution d'un ou deux des fauteurs ou chefs des Druzes, afin d'inspirer à tous une salutaire terreur.

COWLEY.

LORD JOHN RUSSELL A SIR HENRI BULWER.

Monsieur,

Je vous transmets, pour votre information, copie d'une dépêche de l'ambassadeur de Sa Majesté à Paris, rapportant ce que M. Thouvenel lui a dit au sujet du rapport de M. Béclard sur une séance de la commission de Syrie dont l'objet a été d'examiner le résultat du jugement des Druzes prononcé à Mokhtara et présenté par Fuad-Pacha.

J'ai informé lord Cowley que le gouvernement de Sa Majesté est d'accord avec l'opinion de M. Thouvenel pour reconnaître que l'exécution d'un ou deux des plus criminels parmi les chefs des Druzes suffirait à inspirer une salutaire terreur aux autres et remplir le but de la justice. J'ai aussi informé le comte Cowley que vous avez reçu des instructions pour faire connaître à lord Dufferin les sentiments du gouvernement de Sa Majesté sur cette matière.

Ces pièces se passent de commentaires. Et cependant en Syrie, en Europe, partout, le gouvernement turc a été furieusement attaqué pour n'avoir pas infligé un châtiment plus sévère aux Druzes. Et personne n'a élevé la voix pour dire que, si faute il y a, elle tombe sur les puissances européennes.

Suivons maintenant dans son œuvre et jusqu'au bout la commission internationale de Beyrouth. Dans sa vingt-deuxième séance, tenue le 27 février, elle s'occupa exclusivement des condamnations prononcées par le tribunal de Beyrouth et celui de Mokhtara.

Une note collective ayant été présentée par les commissaires de France, d'Angleterre, de Prusse et de Russie sur les pièces du procès des fonctionnaires ottomans et des cheikhs druzes, Fuad-Pacha répondit par un document important. Nous donnons plus loin ces pièces *in extenso*.

Quant à la note particulière de M. de Weckbecker, nous en avons parlé dans une autre partie de ce livre. A part deux chefs druzes, le commissaire autrichien ne trouvait coupable ni les autorités turques ni les autres Druzes.

Dans cette même séance, Fuad-Pacha ajoute qu'après de nouvelles investigations, il est arrivé à cinquante-huit condamnations capitales.

Les commissaires d'Angleterre, d'Autriche, de Prusse et de Russie s'associent alors à une proposition de M. Béclard tendant à commuer la peine des condamnés d'un ordre secondaire, mais seulement après que leur sentence aurait été proclamée avec solennité. Ce qu'il a en vue, dit-il, c'est d'éviter l'effusion du sang et de favoriser la réconciliation des Druzes avec les Maronites.

M. de Rehfues adhère à la proposition de M. Béclard, mais à une condition toutefois ; c'est que cette commutation de peine pour la masse des criminels de Mokhtara n'entraînera point de mesure analogue en faveur des cheikhs détenus à Beyrouth.

M. Béclard fait observer que, bien loin d'entraîner cette conséquence, elle l'exclut. On n'épargnerait les coupables d'ordre secondaire que parce que la responsabilité, et par conséquent la peine de premier ordre, pèserait sur les chefs. Ces deux idées sont si étroitement liées, à ses yeux, qu'elles ne peuvent être séparées.

M. le commissaire de Russie s'associe de grand cœur à l'idée de clémence qui a dicté la proposition de M. Béclard, avec cette réserve qu'elle ne puisse être prise par les uns comme un encouragement, ni par les autres comme un déni de justice. Il reconnaît la nécessité de confirmer les sentences des tribunaux contre quelques-uns des Druzes les plus coupables ; il voudrait seulement que l'on mît un discernement tout particulier dans leur désignation. M. le commissaire de France croit devoir provoquer la peine capitale à l'égard de la presque totalité des chefs druzes condamnés à Beyrouth, comme appartenant à la catégorie des chefs, et il réclame une commutation de peine pour les condamnés de Mokhtara, qu'il considère tous comme des assassins obscurs. Cette classification ne paraît pas entièrement exacte. Parmi les condamnés de Mokhtara il se trouve des membres de la famille Arian, une des plus considérables de l'Anti-Liban, et des chefs de bandes convaincus d'avoir pris part aux massacres. Par contre, sur les onze condamnés de Beyrouth, il y a des individus de la basse classe, et des chefs de second ordre qui sont seulement convaincus d'avoir parcouru le pays à la tête de leurs bandes les armes à la main, mais sans qu'il soit prouvé que ces bandes aient commis des meurtres. En conséquence M. le commissaire de Russie est d'avis que le principe de la peine de mort à Beyrouth, et celui de la commutation à Mokhtara, ne doivent être appliqués ni l'un ni l'autre rigoureusement. Il y aurait lieu peut-être, selon lui, de condamner à des peines graduées quelques détenus de Beyrouth, tels que Ellad Talhouk, Essad Amad, Cassim Neked et l'émir Cassim Roslan, et à exécuter la condamnation à mort contre ceux d'entre les détenus de Mokhtara qui, appartenant ou non à des familles influentes, seraient convaincus d'avoir conduit des bandes aux massacres. L'amendement proposé par M. le commissaire de Russie à la motion de M. Béclard ne soulevant aucune objection, paraît de nature à être adopté. Lord Dufferin fait observer toutefois que la clémence en faveur des condamnés de Mokhtara, convaincus pour la plupart d'assassinat, ne saurait servir à ses yeux de justification à une aggravation de peine contre une autre classe d'accusés dont la culpabilité doit être considérée isolément.

M. le commissaire d'Autriche appuie la proposition de M. Béclard, relativement aux condamnés de Mokhtara, mais en réservant expressément l'opinion qu'il a formulée dans sa note particulière touchant les onze accusés de Beyrouth. Il considère en général la clémence comme le moyen le plus propre à rétablir l'union entre deux peuples destinés à vivre l'un à côté de l'autre sur un même territoire.

Voici la note des commissaires :

Beyrouth, le 25 février 1861.

Les soussignés, après avoir pris connaissance des pièces du procès des fonctionnaires ottomans et des cheikhs druzes détenus à Beyrouth, croient devoir se borner à constater que, de ces pièces, il ne résulte aucune circonstance atténuante de nature à établir avec certitude que les fonctionnaires et officiers ottomans ne sont pas responsables en principe des événements qui ont ensanglanté la Montagne et amené le massacre de six mille chrétiens. Dans la pensée des quatre commissaires de France, de Grande-Bretagne, de Prusse et de Russie, cette responsabilité continue, ils ont regret à le dire, à peser sur les agents de l'autorité ottomane, au moins autant que sur les plus coupables des cheikhs druzes, et la différence des châtiments infligés aux uns et aux autres ne trouve pas, à leurs yeux, sa justification suffisante dans les pièces du procès soumises à leur examen.

En conséquence, les soussignés ont l'honneur d'inviter Son Excellence Fuad-Pacha à suppléer, par sa propre initiative et dans le légitime exercice des pleins pouvoirs dont il est muni, en consultant à la fois les inspirations de sa conscience et les nécessités aussi impérieuses qu'urgentes de la justice, à ce qu'il y a d'incomplet dans l'instruction et d'inéquitable dans les sentences du tribunal de Beyrouth, et à terminer le plus promptement possible cette œuvre de répression dont les lenteurs ont entravé depuis six mois le rétablissement de l'ordre dans le Liban.

Signé : L. Béclard.
Dufferin and Claneboye.
De Rehfues.
Noviḱow.

Voici maintenant la réponse de Fuad-Pacha :

Fuad-Pacha a pris en sérieuse considération la communication collective que MM. les commissaires de France, de la Grande-Bretagne, de Prusse et de Russie lui ont adressée au sujet du procès des fonctionnaires ottomans et des cheikhs druzes, dont les pièces de procédure leur avaient été communiquées. MM. les commissaires des quatre puissances, voyant une différence entre les peines auxquelles le tribunal extraordinaire de Beyrouth condamne les agents de l'autorité ottomane et les chefs druzes, et considérant que la responsabilité des premiers dans les événements de la Montagne est aussi grande que la culpabilité des derniers, constatent, dans leur opinion, la nécessité pour le plénipotentiaire du Sultan de suppléer, par son initiative et d'après l'inspiration de sa conscience et l'exigence de la justice, à ce qu'il y a d'incomplet dans l'instruction et d'inéquitable dans les sentences de ce tribunal.

Fuad-Pacha, appelé par les pouvoirs que le Sultan, son auguste maître, lui a confiés, à sanctionner les sentences que les tribunaux extraordinaires donneraient, conformément aux dispositions des lois existantes de l'empire, a cru de son devoir impérieux de laisser une liberté d'action aux tribunaux qu'il avait institués d'office ; et, se conformant aux attributions du pouvoir exécutif qu'il représente en Syrie, il s'était abstenu de se constituer soit en défenseur, soit en accusateur, à l'égard des individus que la justice poursuivait. Comme la communication de MM. les commissaires des quatre puissances invite aujourd'hui le plénipotentiaire ottoman à se mettre au-dessus d'un tribunal et à rendre un jugement suprême par sa propre initiative, il se trouve dans la nécessité d'exprimer ici les inspirations de sa conscience, d'après lesquelles il doit non pas faire appliquer une sentence, mais rendre, pour ainsi dire, un jugement en dernier ressort.

Il faudra d'abord établir la différence qu'il y a entre les crimes commis dans la ville de Damas et les événements qui ont ensanglanté la Montagne. Le premier est un soulèvement d'une partie de la population d'une ville contre une autre, sans cause et sans provocation. C'était un crime prévu explicitement par le Code de l'empire. Une peine sévère fut infligée à cette population, et ceux parmi les fonctionnaires qui n'ont pas su remplir leurs devoirs en protégeant les sujets de leur souverain, ont été frappés de la plus sévère punition.

Quant aux événements de la Montagne, ils diffèrent, de l'avis et de l'aveu de tout le monde, dans leur cause et dans leur forme, de ceux de la ville de Damas, quoique le caractère de ces événements ne soit pas légalement établi. Les atrocités commises contre les chrétiens et le torrent de sang humain qui a été versé, ont produit naturellement une telle émotion, que sous son empire on ne voit, pour ainsi dire, que le corps du délit, sans entrer dans la recherche des causes qui ont produit ces méfaits. Mais, pour bien éclairer la justice, il aurait fallu de prime abord, et avant d'entrer dans des procès individuels, décrire la nature et le caractère de ces événements. C'est sous cette inspiration que le plénipotentiaire ottoman avait énoncé, dès l'ouverture de la commission européenne, en répondant aux quatre points qui avaient été soumis à son examen, l'idée que la commission européenne doit, comme un tribunal, juger d'abord, non pas les individus dont le jugement appartient à leur autorité légitime, mais les événements dans leur cause et leur forme. Ce procès général et politique aurait fourni au jugement individuel des matières d'éclaircissement, si nécessaires pour le rendre aussi juste qu'impartial.

Le plénipotentiaire ottoman ayant été obligé de donner une autre direction à ce procès, c'est-à-dire d'ordonner des poursuites individuelles, le tribunal extraordinaire de Beyrouth n'a cherché que les individus auxquels les peines indiquées par les articles 56 et 57 du Code pénal pourraient être appliqués. D'après ces articles, les individus qui sont passibles de la peine capitale sont :

1° Ceux qui organisent et dirigent un complot dans le but de soulever une partie de la population de l'empire contre l'autre ;

2° Ceux qui exercent, dans une bande organisée pour un complot, un commandement ;

3° Ceux qui, faisant partie d'une bande armée, commettent des assassinats. Le tribunal extraordinaire, conformément au rôle qui lui a été assigné, n'a fait qu'instruire le procès des individus qui ont été accusés de ces trois degrés de crimes, sans entrer dans aucune considération politique. Dans cette procédure, il a constaté ces crimes sans pouvoir chercher dans leurs causes des circonstances atténuantes ou aggravantes, et il a donné sa sentence pour l'application des peines prévues par la loi.

Quant aux agents de l'autorité, aucun indice ne venant constater leur participation aux crimes de ceux qui ont été accusés comme gravement compromis dans ces événements, à trois degrés de culpabilité cités plus haut, le tribunal les a condamnés non pas comme coupables de ces mêmes crimes, mais pour avoir manqué aux devoirs qu'ils étaient tenus à remplir comme agents du gouvernement. C'est à une peine disciplinaire qu'on a dû les condamner, et cette condamnation a été prononcée dans toute la sévérité de la loi, par l'application de peines qui viennent immédiatement après la peine capitale, et qui comportent la mort civile. Telle est la différence qui existe entre les crimes que les Druzes ont commis et la culpabilité des agents de l'autorité; telle est la graduation des peines qui leur ont été appliquées.

Si l'on cherche aujourd'hui des circonstances atténuantes pour les uns ou des circonstances aggravantes pour les autres, il faudra faire ce procès des événements que le plénipotentiaire ottoman avait en son temps indiqué comme base de cette procédure extraordinaire; et, puisqu'on semble demander une aggravation de peine pour les agents de l'autorité ou une explication sur les circonstances atténuantes qui ont engagé le tribunal extraordinaire à leur appliquer une peine inférieure à celle qui a été appliquée aux chefs druzes, on devra remonter aux circonstances qui ont entouré la situation des fonctionnaires ottomans à l'époque où ils exerçaient leurs fonctions. On sait qu'aucun agent de l'autorité locale n'a été compromis dans les événements de la Montagne comme complice ni instigateur, et les accusations ne peuvent être portées que contre leurs actes comme agents du gouvernement. Aussi est-ce sous le point de vue de leur responsabilité que le degré de leur culpabilité doit être constaté. Dans ce cas, deux questions se présentent à l'esprit : avaient-ils tous les moyens de prévenir le mal? étaient-ils en mesure d'empêcher un conflit entre les deux parties?

Pour répondre à la première de ces deux questions, il faut se rendre compte de la situation politique dans laquelle se trouvait la Montagne. Les deux populations maronite et druze, placées sous un régime exceptionnel, étaient soustraites à l'action directe de l'autorité. Sa voix n'a été entendue nulle part, et une partie de la Montagne s'est mise en opposition directe non-seulement avec le gouvernement de Beyrouth, mais avec l'autorité même qui régit la montagne chrétienne. Une lettre d'un des chefs de cette partie de la Montagne, dont tout le monde connaît la teneur, prouve jusqu'à quel point l'autorité du gouvernement a été méconnue. Les Druzes, plus soumis en apparence, n'étaient pas en réalité moins désobéissants que les chrétiens. La Montagne, théâtre de crimes isolés qui restaient toujours impunis, était devenue le refuge non-seulement des malfaiteurs des autres parties de la province, mais même de ceux qui voulaient échapper aux procès ordinaires qu'on leur intentait. Les plaintes, trop souvent répétées, des agents étrangers, de dénis de justice qui se pratiquaient ici, prouvent d'une manière évidente la situation anormale dans laquelle se trouvait le pays. Les Maronites et les Druzes, se considérant comme appuyés, il est temps de le dire, par des influences étrangères, étaient en opposition plus ou moins manifeste contre l'autorité souveraine, qui n'avait aucun moyen d'empêcher les funestes conséquences de cette guerre sourde qui existait entre les deux populations, également mues par leur haine et leurs passions. Fallait-il donner des ordres ou des conseils? ni les uns ni les autres n'étaient écoutés. Fallait-il employer la force ou la punition? l'une et l'autre restaient sans effet. Le Kasrawan était devenu depuis longtemps le foyer de cette opposition et d'une grande agitation. L'autorité locale, ne pouvant agir de son chef, avait soumis à la Sublime Porte la nécessité d'exercer une intervention devenue urgente pour prévenir le mal qu'elle prévoyait; mais le gouvernement du Sultan, déjà en butte à tant de récriminations, a préféré plutôt tolérer cette insubordination que d'être taxé du grief de frapper les chrétiens. L'autorité locale, réduite donc au rôle de simple spectatrice, voyait, sans pouvoir et sans force, venir les événements, sans avoir les moyens, découlant de la liberté d'action, de les empêcher. Comme ministre des affaires étrangères, Fuad-Pacha croit remplir un devoir de loyauté en constatant ici que Hourchid-Pacha, en présence d'une situation si tendue et des grandes difficultés qui l'entouraient, et dont la responsabilité devait peser sur lui, a offert trois fois sa démission que la Sublime Porte n'a pas acceptée.

Après cet exposé sommaire de la situation dans laquelle se trouvait l'autorité locale, on doit convenir qu'il lui était impossible de prévenir un mal dont on veut faire peser sur elle toute la grande responsabilité : on n'est responsable que lorsqu'on a la liberté d'action pour remplir son devoir.

En passant à la question de savoir si l'autorité locale se trouvait en mesure d'empêcher un conflit entre les deux populations, il n'est pas à douter que cette même position qui a empêché l'autorité de prévenir le mal, n'ait paralysé aussi toute son action lorsque les deux parties adverses en sont venues aux mains. C'est à l'autorité locale qu'était dévolu incontestablement le devoir d'intervenir pour repousser les premiers agresseurs et protéger ceux qui étaient attaqués ; mais aurait-elle pu le faire dans la situation où elle se trouvait? Les faits seuls répondront à cette question, et c'est ici qu'on doit préciser le caractère et la nature des événements qui ont ensanglanté la Montagne.

Une enquête minutieuse peut prouver aujourd'hui que les Maronites et les Druzes ont été tour à tour agresseurs ou attaqués. Ce sont les Maronites qui se sont soulevés en masse contre les Druzes. Il sera prouvé peut-être que ce soulèvement des chrétiens ne s'est produit que par suite des vexations que les Druzes exerçaient sur eux, en commettant sur leurs coreligionnaires des crimes isolés. Le signal de la guerre est donné par les premiers. Une bande armée de chrétiens était venue la première passer de la caïmakamie chrétienne dans celle des Druzes. Ce fut le début de cette guerre civile qui a fini par tant de calamités. Les habitants chrétiens de Djezzin attaquèrent les premiers les villages des Druzes leurs voisins, mais, ayant subi une défaite, ils furent envahis par les Druzes, qui commirent les crimes dont ils sont accusés. A Hasbeya et à Racheya, les chrétiens commencèrent à attaquer les Druzes, et ils les chassèrent de leurs maisons. A Saïda même, Youssuf Moubéiz, un chef chrétien, est allé à la rencontre d'un chef druze, nommé Cassim Youssuf, pour se venger des crimes isolés commis par les Druzes sur les chrétiens.

Qu'aurait dû faire dans cette circonstance l'autorité locale? Si elle avait empêché les chrétiens de vive force, elle aurait été encore plus gravement accusée de partialité pour les Druzes, considérés aujourd'hui comme provocateurs par leurs vexations. Si, au contraire, elle avait commencé par châtier les Druzes, on aurait imputé à l'autorité de la partialité dans un autre sens, vu qu'on aurait considéré ces derniers comme attaqués par les chrétiens.

Cette situation était embarrassante non-seulement pour l'autorité locale, mais pour le gouvernement central même. La Porte, voulant toujours couvrir d'une égale protection ces deux populations et démontrer toute l'impartialité de sa politique, avait donné l'ordre à l'autorité locale de se placer entre les deux parties pour empêcher leur collision et les agressions de part et d'autre, mais en évitant toutefois tout ce qui pourrait donner lieu à une idée de partiale intervention, et c'est seulement lorsque le gouvernement du Sultan a été surpris par une perpétration d'atrocités sans exemple de la part des Druzes, qu'il s'est empressé de donner l'ordre de les châtier.

Voilà la position dans laquelle se trouvait l'autorité locale lorsque cette guerre éclata entre les deux populations, et il faut ajouter une circonstance qui n'est pas moins forte pour servir à la décharge des agents de cette autorité. Depuis deux ans, les embarras suscités de la part de la Serbie et du Monténégro en Bulgarie, en Bosnie et en Herzégovine, avaient attiré toute l'attention et toutes les forces du gouvernement vers ces provinces. Obligée de faire une concentration de troupes en Roumélie, la Sublime Porte a été, à son grand regret, forcée de dégarnir la plupart des provinces d'Asie, de sorte que, lorsque les événements éclatèrent, l'effectif de l'armée de la Syrie ne comptait pas plus de cinq mille hommes, et, dans la province de Saïda, il ne se trouvait pas plus de deux mille soldats. C'était cette force, disséminée sur une si grande étendue, qui était appelée à empêcher la guerre civile sur une montagne dont la configuration a toujours contribué à soutenir l'opposition directe de ses populations contre l'autorité.

Telles sont les considérations qui impliquent en faveur des agents de l'autorité des circonstances atténuant la peine qui est infligée aux coupables de crimes prévus par la loi. Une conduite plus habile et plus énergique de ces agents aurait pu diminuer les charges de leur responsabilité, mais elle n'aurait pas arrêté l'accomplissement de si grands malheurs. L'autorité n'avait ni assez de pouvoir pour les prévenir, ni assez de force pour s'y opposer. Les officiers qui se sont trouvés à Hasbeya, à Racheya, à Deïr-el-Kamar et à Beiteddin, n'ayant pas rempli leurs devoirs en défendant les chrétiens qui s'étaient réfugiés sous la protection de leurs armes, ont été jugés et condamnés comme coupables de trahison ; les deux premiers sont déjà exécutés, et les deux derniers subiront immédiatement leur peine.

Le plénipotentiaire ottoman étant désireux plus que personne de finir un moment plus tôt cette partie si pénible de sa tâche, espère qu'une entente qui ne manquera pas de s'établir entre les membres de la commission, le mettra à même d'achever l'œuvre de justice qui traîne depuis trop longtemps, contrairement à sa volonté.

Beyrouth, le 27 février 1861.

Le 28 février a été tenue la vingt-troisième séance.

Tous les commissaires, dit Fuad-Pacha, ont émis une opinion différente sur les condamnations prononcées. Tous veulent une révision des procès, et leurs avis touchant les chefs druzes surtout sont contradictoires.

Le tableau ci-dessous permet de bien saisir ces contradictions.

PRISONNIERS	OPINION DE M. BÉCLARD	OPINION DE LORD DUFFERIN	OPINION DE M. WECKBECKER	OPINION DE M. DE BEUFUES	OPINION DE M. NOVIKOW	SENTENCES
Hourchid-Pacha	La mort.	La mort.	Détention perpétuelle.	La mort.	La mort.	Détention perpétuelle.
Tahir-Pacha	Idem.	Idem.	Idem.	Idem.	Idem.	Idem.
Nouri-Bey	Idem.	Recommandé à la clémence.	Idem.	Idem.	Idem.	Idem.
Wasfi-Effendi	Idem.	Confirmation de la sentence.	Acquittement.	Idem.	Détention perpétuelle.	Emprisonnement temporaire et privation perpétuelle de son rang.
Ahmed-Effendi	Idem.	Idem.	Idem.	Détention perpétuelle.	Idem.	Idem.
Saïd-Bey-Djomblat	Idem.	Acquittement.	Idem.	La mort.	Recommandé à la clémence.	La mort.
Hussein-Talhouk	Recommandé à la clémence à cause de son grand âge.	Idem.	Idem.	Recommandé à la clémence.	Recommandé à la clémence.	Idem.
Assad-Talhouk	La mort.	Idem.	Idem.	La mort.	Décline son opinion.	Idem.
Kassim-Neked	Idem.	Idem.	Idem.	Idem.	La mort.	Idem.
Assad-Amad	Idem.	Idem.	Idem.	Idem.	Décline son opinion.	Idem.
Mir-Mohamed Kassim Roslan	Idem.	Idem.	Idem.	Idem.	Idem.	Idem.
Selim-Djomblat	Idem.	Recommandé à la clémence.	Idem.	Idem.	La mort.	Idem.
Jemel-el-Din-Hamadan	Idem.	Idem.	Décline son opinion.	Idem.	Décline son opinion.	Idem.
Mehied-Din-Shibli	Idem.	La mort.	La mort.	Idem.	La mort.	Idem.
Ali-Saïd	Recommandé à la clémence.	Recommandé à la clémence.	Révision.	Recommandé à la clémence.	Décline son opinion.	Idem.
Beshir-Meri	La mort.	La mort.	La mort.	La mort.	La mort.	Idem.

Il est clair, dit Fuad-Pacha, que ces opinions également respectables ne peuvent être en même temps satisfaites. En ce qui concerne les fonctionnaires ottomans et Hourchid-Pacha notamment, qui, d'après les renseignements de M. de Weckbecker, a fait appel au corps consulaire pour réclamer son intervention, nouvelle circonstance évidemment atténuante, Fuad-Pacha déclare que, suivant les inspirations de sa conscience, les accusés sont assez sévèrement punis par la détention perpétuelle, peine dont le retentissement de ce procès et son caractère pour ainsi dire diplomatique assurent la continuité. S'il dit qu'il a, contrairement à sa conscience, frappé de mort des fonctionnaires et des officiers, parce que les représentants des puissances étrangères demandaient leur tête, il assumerait à son tour une responsabilité telle, vis-à-vis de son gouvernement, qu'en aucun cas il ne pourrait prendre cette résolution. En conséquence le commissaire du Sultan ne voit d'autre moyen de trancher la question que de confirmer purement et simplement les sentences, et d'en référer, pour leur exécution, à Constantinople.

La divergence d'opinions qui existe entre les membres de la commission par rapport aux chefs druzes se reproduit de nouveau au sujet des fonctionnaires et des officiers, et un accord par voie de discussion paraissant absolument impossible, M. le commissaire d'Autriche propose la lecture des dossiers et l'échange des idées ou appréciations qu'elle suggérerait. Tout le monde accepte cet expédient. Fuad-Pacha propose aussi d'introduire auprès de la commission deux des membres du tribunal pour donner des explications sur les points douteux. Cette offre est également acceptée.

Dans la vingt-quatrième séance, tenue le 2 mars, Méhémet Rushdi-Effendi et Abro-Effendi, membres du tribunal extraordinaire, ayant été introduits, on procède à la lecture du dossier de Saïd-Bey-Djomblat.

A diverses reprises, pendant cette lecture, les commissaires font ressortir soit les lacunes qui se trouvent dans la procédure, soit les preuves qui leur semblent établir l'innocence ou la culpabilité de l'accusé.

Lord Dufferin et M. de Weckbecker disent que Saïd-Bey a fait des efforts pour empêcher la guerre, et, une première fois, il y a réussi. Il a sauvé plusieurs chrétiens qui déposent en sa faveur.

Les commissaires de France et de Prusse trouvent que Saïd-Bey est le principal instigateur de la lutte qui a ensanglanté le Liban.

Le commissaire de Russie dit que la seule circonstance atténuante en faveur de Saïd-Bey, c'est qu'il a sauvé la vie à de nombreux chrétiens. Quelque intéressés que fussent ses motifs, il n'en est pas moins vrai que des centaines de chrétiens ont échappé, grâce à lui, à une mort certaine.

Après avoir rendu cet hommage à la vérité, il entre dans des considérations où il s'attache à établir que Saïd-Bey est coupable, que la même responsabilité qui pèse sur le délégué du pouvoir ottoman, retombe aussi entièrement sur lui.

Fuad-Pacha constate avec regret que l'espèce de révision du procès à laquelle la commission vient de se livrer n'a abouti à aucun résultat, et que les deux opinions qui s'étaient produites ne sont pas moins contradictoires qu'auparavant.

Le plénipotentiaire expose que, dans l'état de la question, un tribunal ayant rendu régulièrement des sentences ou mazbatas, comme représentant du pouvoir exécutif, il n'a qu'à les confirmer tant pour les chefs druzes que pour les fonctionnaires et officiers ottomans. Mais, eu égard à la divergence d'opinion qui s'est manifestée dans le sein de la commission, il ajournera toute autre mesure ultérieure, jusqu'à ce qu'il ait reçu, sur l'ensemble de la question, les ordres de son gouvernement. C'est là, dit-il, la seule issue qui s'offre à lui pour résoudre cette difficulté. Toutefois, il réclame encore à ce sujet l'avis de la commission.

M. le commissaire de France déclare que, du moment où le plénipotentiaire ottoman ne croit pas devoir exécuter immédiatement les sentences du tribunal concernant les chefs druzes, il ne reste aux membres de la commission qu'à souscrire à la décision qui vient de leur être notifiée.

S. Exc. Fuad-Pacha ajoute que, confirmant tous les mazbatas rendus, elle va seulement donner suite à ceux qui sont relatifs aux détenus de Mokhtara condamnés à des peines de second ordre, et au sujet desquels aucune divergence d'opinion ne s'est produite.

Dans la vingt-cinquième séance, une discussion s'élève au sujet de nouvelles condamnations prononcées à Mokhtara. Lord Dufferin les croit contraires aux règles de la justice.

Fuad-Pacha répond que ces trente-huit nouvelles condamnations présentent un caractère exceptionnel, la commission, y compris lord Dufferin, ayant été elle-même d'avis que la justice à rendre contre les Druzes devait être sommaire, expéditive, militaire, comme les événements qui l'ont rendue nécessaire.

L'idée d'une sorte d'amnistie judiciaire en faveur de la nation druze est loin d'être abandonnée, mais elle ne peut lui être appliquée qu'après l'entier achèvement de l'œuvre de répression. Il a, toutefois, donné l'ordre à ses agents de ne plus procéder à aucune arrestation dans la Montagne, et il a menacé de frapper d'un châtiment exemplaire ceux d'entre les habitants qui chercheraient à se faire justice eux-mêmes par des représailles individuelles.

Le commissaire du Sultan fait ensuite part à la commission des instructions qu'il a reçues de Constantinople au sujet de l'indemnité due aux habitants chrétiens de Damas. La Porte a reconnu, comme la commission, que le principe d'une somme fixe et déterminée à l'avance, à répartir ensuite entre les ayants-droit, au prorata de leurs pertes, était le meilleur qu'on pût adopter. Mais, si la Porte est tombée d'accord avec la commission sur le principe, elle s'en éloigne dans l'application. Au lieu de cent cinquante millions de piastres que la commission proposait de répartir entre les chrétiens, la Porte serait d'avis, eu égard aux ressources dont elle croit pouvoir disposer, de s'en tenir au chiffre de soixante-quinze millions de piastres, dont le gouvernement du Sultan se constituerait le débiteur vis-à-vis des chrétiens, et qu'il leur payerait en six à-compte semestriels, c'est-à-dire dans le laps de trois années. Dans le plan arrêté à Constantinople, une imposition sur Damas et les environs serait le moyen employé pour faire face aux intérêts et à l'amortissement des sommes que le gouvernement avancera.

Un long débat s'engage sur cette question. Le chiffre de cent cinquante millions semble à tous les commissaires le seul admissible, parce qu'il est le résultat du calcul le plus modéré.

Fuad-Pacha, manquant d'informations suffisantes pour soutenir contradictoirement, soit auprès de son gouvernement, soit auprès de la commission, l'un ou l'autre des deux projets qui se trouvent en présence, va, dit-il, se rendre à Damas et y recueillir sur les lieux tous les renseignements dont il a besoin. Lors de son retour et même auparavant, s'il est nécessaire, il fera connaître à a commission le résultat de son enquête.

Sur la proposition de M. Béclard, appuyée unanimement par la commission, le plénipotentiaire ottoman s'engage à faire payer immédiatement, par la population musulmane de Damas, un premier à-compte de douze millions cinq cent mille piastres. Fuad-Pacha promet de dépasser même le chiffre de douze millions cinq cent mille piastres, s'il trouve que cela soit possible, et prie la commission de vouloir bien s'en remettre à lui sur ce dernier point.

Il est bien entendu d'ailleurs que, dans la pensée de la commission, ce payement d'un premier à-compte ne préjugera rien sur la fixation ultérieure et définitive du chiffre total de l'indemnité. Il est en outre convenu qu'une fois le chiffre fixé et le tableau de répartition établi, les chrétiens, devenant pour ainsi dire les créanciers du gouvernement, seront payés dans les délais de rigueur, et qu'il leur sera même loisible de transférer à des tiers, pour se procurer l'argent dont ils auraient besoin avant l'expiration de ces délais, les titres de créance dont ils seront munis.

MM. les commissaires des cinq puissances se proposent de mettre à profit l'absence de Fuad-Pacha, en préparant un projet de réorganisation du Liban, au sujet duquel ils devront ultérieurement s'entendre avec Son Excellence, avant de le transmettre à leurs cours respectives.

XXXIV

Affaire des listes dressées par les chrétiens dans un but de vengeance contre les Druzes. — Protestation des évêques adressée à la commission internationale. — Débats sur la question de la confiscation des biens des Druzes et sur celle des indemnités. — La tranquillité est rétablie dans la Montagne. — Extraits d'un rapport du général Kmety-Ismaïl-Pacha. — Crimes isolés commis par les chrétiens sur les Druzes. — Motion de lord Dufferin et questions posées par M. Béclard. — Abro-Effendi y répond par un mémorandum annexé aux protocoles de la dernière séance de la commission, tenue à Beyrouth le 4 mai.

Nous donnons ci-après le texte d'une communication adressée par l'évêque Tobie et trois autres prélats maronites à la commission européenne, en réponse à ce qui avait été dit, dans les seizième et dix-septième séances, au sujet des listes qu'ils avaient présentées à Fuad-Pacha. Mais nous croyons utile de faire précéder cette pièce de quelques observations.

On se rappelle que les dénonciations des chrétiens devaient seulement être admises pour le jugement de la cour martiale de Mokhtara. Fuad-Pacha pourtant en redoutait le nombre, et il disait : « Si on me demande mille à mille cinq cents têtes et que je consente à les faire tomber, je crains qu'on ne me trouve plus Druze que les Druzes eux-mêmes. »

On résolut alors de s'adresser aux évêques pour que les dénonciations fussent dans les limites raisonnables. De la lettre des prélats, il résulte clairement qu'ils eurent une entrevue avec le plénipotentiaire ottoman.

On n'a pas oublié les déclarations d'Abro-Effendi dans la seizième séance, et celles de Fuad-Pacha dans la suivante.

Les notables de chaque localité devaient faire, devant leurs chefs spirituels et sous la foi du serment, les dépositions qui serviraient de base aux mises en accusation.

Lorsqu'on considère l'immense influence exercée par les prélats sur leurs ouailles, l'on ne peut admettre l'assertion de l'évêque Tobie, qui veut retirer ses mains blanches de cette œuvre sanglante. Il est possible que la liste n'a pas été dressée par les évêques, mais elle a été faite par les notables, avec la connaissance et l'approbation des prélats.

Quand Fuad-Pacha a demandé la réduction de ces listes, il s'adressa aux évêques aussi bien qu'aux notables. Les listes ont été revues en leur présence, et ils prirent part à la discussion. Ce ne fut qu'après un débat de trois heures que le plénipotentiaire put obtenir non une réduction sur les quatre mille six cents accusés, mais une division de ce nombre en trois classes : mille trois cents individus étaient désignés pour la peine capitale.

Une personne présente et qui prit part à la discussion rapporte que, s'étant hasardée à faire une remontrance contre cet énorme total, elle vit l'évêque Tobie se tourner vers elle et s'écrier : « Retenez votre langue, vous gâteriez tout. »

Les prélats prétendent que les listes fournies à Fuad-Pacha ne l'étaient qu'à titre de renseignements propres à éclairer la justice. Mais l'obstination des chrétiens, après la remise des listes, à ne pas vouloir, sur le conseil de leurs chefs spirituels, témoigner devant la cour martiale de Mokhtara, rend cette assertion inadmissible.

Aucune de ces observations n'est applicable au clergé grec. Sa conduite en cette circonstance fut très-modérée et très-humaine. Et quoique les pertes éprouvées par les Grecs n'aient pas été moins grandes que celles des Maronites, ils n'ont fait qu'un petit nombre de dénonciations.

Quant au nombre de quatre mille six cents, qui, selon les prélats, est supposé le total des personnes impliquées, ils avancent qu'elles sont prises indistinctement parmi les musulmans, les mutualis et les Druzes non-seulement du Liban, mais encore du Hauran, et que, par conséquent, il est injuste de représenter ces listes comme établies sur un groupe de huit mille hommes. Cette assertion est fausse. Les listes fournies à Fuad-Pacha indiquent la nationalité des individus et le nom du village habité par chacun d'eux. Or, un examen sérieux donne ces résultats irréfutables : le total des inculpés est quatre mille neuf cent quarante-six et non quatre mille six cents. Sur ces quatre mille neuf cent quarante-six individus représentés comme un mélange de musulmans, mutualis et Druzes des deux Liban et du Hauran, six cent trente-deux sont mutualis ou musulmans et il n'y a que quatre Druzes du Hauran. Les quatre mille trois cent dix autres sont des Druzes du Liban.

Or, des statistiques fournies à la commission par les consulats de France et d'Autriche, il résulte que, dans le Liban proprement dit, il n'y a pas plus de cinq mille Druzes imposables ayant plus de quinze ans. En supposant donc que cette population adulte soit de six mille cinq cents, on arrive à constater que les têtes des deux tiers des Druzes étaient demandées, ou, ce qui revient au même, désignées au bourreau par les listes épiscopales.

Voici la lettre des évêques :

A MESSIEURS LES MEMBRES DE LA COMMISSION INTERNATIONALE EN SYRIE.

C'est avec affliction et douleur que nous avons lu, dans l'*Indépendance belge* du 11 février, l'article dont copie est ci-jointe. Si cet article calomniateur, appuyé sur les déclarations faites à la Chambre des communes par lord John Russell dans la séance du 8 février, ne concernait que nous, nous ne nous serions point souciés de le réfuter; mais il s'agit ici des populations chrétiennes que l'on cherche à représenter comme indignes des sympathies que leurs malheurs leur ont attirées de la part du gouvernement de Sa Majesté le Sultan et des grandes puissances européennes, venues si généreusement à leur secours. C'est donc un devoir pour nous de rétablir les faits, et ce qui nous encourage à l'accomplir, c'est que nous savons que nous n'en appelons point en vain aux souvenirs de Son Excellence Fuad-Pacha, à la loyauté de lord Dufferin, dont la pensée n'a pu être que mal interprétée, et aux sentiments de justice des représentants des puissances européennes.

Lorsque Son Excellence Fuad-Pacha a dû s'occuper de la répression des Druzes, il a réuni chez lui six évêques chrétiens et les a priés de lui faire connaître ceux des notables chrétiens, hommes consciencieux et au courant des événements, qui pourraient lui donner des indications sur les coupables. Les évêques firent observer que le caractère dont ils étaient revêtus leur interdisait de s'immiscer dans une question qui était du ressort exclusif de la justice. Fuad-Pacha reconnut la justesse de cette observation et s'empressa d'ajouter qu'il ne leur demandait pas de se substituer à la justice, mais de désigner seulement quelques personnes capables de le bien renseigner. Les évêques désignèrent alors seize chrétiens laïques choisis parmi les plus honorables qui furent chargés par Son Excellence de lui fournir les renseignements dont elle avait besoin et qui s'engagèrent par serment à ne dire que la vérité. Ces notables remirent quelques jours après à Son Excellence une liste nominative de quatre mille six cents Druzes, Musulmans et Mutualis habitant le Liban, l'Anti-Liban, et le Hauran, et pris parmi trente mille combattants et non pas seulement parmi huit mille Druzes, comme le prétend l'*Indépendance belge*, en indiquant la nature des crimes qui étaient reprochés à chacun des individus compris dans la liste. Son Excellence fit de nouveau appeler les évêques pour leur dire qu'elle savait fort bien que tous les Druzes étaient criminels, mais que le nombre désigné à la justice était trop considérable, et qu'il fallait se borner à désigner les plus coupables. Les évêques répondirent qu'ils n'avaient connaissance ni de la liste ni des individus qui y étaient portés, et que, vu leur caractère, il ne leur convenait point de se mêler de cette affaire. Mais les seize notables chrétiens, appelés de nouveau par Fuad-Pacha, répondirent que la liste qu'ils avaient remise sur son ordre n'était qu'un renseignement propre à éclairer la justice, et que bien certainement ni eux ni la population chrétienne ne songeaient à demander que la répression atteignît un aussi grand nombre de victimes. Toutefois, sur la demande de Son Excellence, ils réduisirent alors la liste à douze cents des plus compromis, laissant à la justice le soin d'établir leur culpabilité et au gouvernement celui de fixer l'étendue et le nombre des châtiments.

Les évêques n'ont point eu à se mêler de la répression, et les notables n'ont eu pour mission que de fournir, à titre de renseignements, les indications que Son Excellence avait elle-même demandées. Quant au document dont il a été parlé à la Chambre des communes, les évêques soussignés déclarent qu'ils n'ont jamais signé une pièce de cette nature et qu'on serait dans l'impossibilité d'en produire aucune.

Tels sont les faits; en les rappelant au souvenir de la commission, les évêques soussignés osent lui demander, au nom des chrétiens auxquels on cherche à enlever, par cette étrange calomnie, les sympathies du monde civilisé, de vouloir bien faire connaître cette déclaration à leurs gouvernements respectifs et de la livrer à la publicité, afin que l'intérêt dont les chrétiens de Syrie sont l'objet ne puisse être amoindri par la pensée qu'ils ont pu s'en montrer indignes.

Beyrouth, le 15 mars, 1861.

Signé : Tobia Aoun, évêque de Beyrouth.
Botros Bostani, évêque de Saint-Jean d'Acre.
Basilios Chabiat, évêque de Zahleh et Beca.
Matathios, évêque de Baalbec et dépendances.

Comme nous avons l'intention de donner à la fin de ce travail le règlement adopté à Constantinople pour l'administration du mont Liban par les ambassadeurs des cinq puissances, les commissaires ainsi que le ministre des affaires étrangères de la Sublime Porte, il nous semble inutile de faire connaître ici les discussions sur cet objet qui n'ont point abouti à Beyrouth, au sein de la commission internationale.

Un projet avait été rédigé et paraphé par les commissaires et soumis à l'approbation du plénipotentiaire ottoman. Tout en le signant, il n'approuvait pas le principe qui en formait la base.

Dans la vingt-sixième séance, la question de la confiscation des biens des Druzes a été soulevée; Fuad-Pacha répond que cette peine n'existant pas légalement, il n'a pas pu la prononcer lui-même sans en référer à son gouvernement.

Une dépêche de sir H. Bulwer constate qu'Aali-Pacha et le ministère ottoman avaient repoussé tout projet de confiscation.

Au reste, malgré les grandes richesses des chefs druzes, cette mesure n'aurait été qu'onéreuse pour le gouvernement. Il aurait fallu d'abord déduire de ces biens ceux possédés par les condamnés du chef de leurs femmes, et ensuite le total des dettes que ces individus avaient contractées ou prétendaient avoir contractées, et dont le trésor se serait trouvé débiteur. Comme il n'y a dans la Montagne, en matière de propriété, ni enregistrement, ni titres, ni actes d'aucune espèce, une grande partie de ces biens était réclamée par les parents des condamnés sans qu'il y eût moyen de prouver qu'ils n'en étaient pas les légitimes propriétaires.

Nous avons dit la valeur des dettes contractées ou qu'ils prétendaient avoir contractées. Ceci demande une explication. Dès qu'on apprit à Beyrouth et dans la Montagne que les biens des Druzes allaient être confisqués, des gens réputés honorables, presque tous sujets ou protégés européens, quelques drogmans, prétend-on même, se sont abouchés avec les chefs druzes, même dans leur prison, et se sont fait délivrer, moyennant un fort courtage, des obligations feintes. En cas de confiscation, ils devaient réclamer auprès du gouvernement et remettre aux familles des condamnés le produit des réclamations diminué, cela va sans dire, du courtage. Des fortunes ont été réalisées de cette manière.

La question relative aux indemnités de la Montagne ayant été abordée dans cette même séance, Fuad-Pacha a annoncé que six millions de piastres en argent avaient été distribués sur le total de vingt à vingt-deux millions, chiffre auquel s'élève approximativement la somme des indemnités concernant les biens immobiliers. Des réquisitions de bois ont été faites partout où il s'en pouvait faire. On en a affecté le produit à la reconstruction des maisons. On a distribué mille deux cents lits aux plus nécessiteux et envoyé deux cent mille dracmes (cinq cents okes) de graine de vers à soie dans les différentes parties de la Montagne. C'est donc environ de huit à neuf millions de piastres qui ont déjà été payées, plus du tiers de ces indemnités immobilières. Il sera difficile, a ajouté le plénipotentiaire, de décompter sur ces indemnités ce qui a déjà été payé contre reçu; mais il sera plus difficile encore d'évaluer l'étendue des pertes mobilières. Il est probable que dans certaines localités les habitants ont pu s'enfuir en emportant tout ou partie de leurs effets. Les moyens de vérification manquent presque entièrement, et les populations en abusent pour faire des réclamations tellement exagérées, qu'elles touchent à l'absurde. C'est ainsi que, pour ne parler que de celles émanant des sujets étrangers, la masse de cocons qu'ils prétendent avoir perdue équivaudrait, d'après leurs propres évaluations additionnelles, au maximum de ce que toute la Montagne peut en produire en deux années.

La Syrie était parfaitement tranquille. Nous pourrions invoquer le témoignage des consuls, des commissaires, des troupes françaises elles-mêmes. Nous sommes sûrs que personne ne nous démentirait.

La Montagne retrouvait le calme, et les paysans retournaient à leurs travaux. Nous parcourûmes à cette époque le Liban en tout sens, et partout nous n'avons recueilli que de bons renseignements touchant l'action, surtout de l'autorité turque, dans la Montagne druze.

Voici quelques extraits d'une dépêche que le général Kmety (Ismaïl-Pacha) adressait, sous la date du 21 mars, à Fuad-Pacha, à la suite d'une tournée. Ils permettent d'apprécier les bruits plus absurdes les uns que les autres qui couraient alors à Beyrouth sur l'insubordination des troupes ottomanes et leur *complet accord* avec les Druzes :

..... Quant aux bruits que les Druzes d'Abéya et de Keffr-Mettn achètent de la poudre, fondent des balles et préparent des cartouches, il n'en est absolument rien. J'ai vu presque tous les chrétiens d'Abéya réunis; il n'y avait qu'un nommé Habib-el-Haded qui dit avoir vu un Druze, nommé Kassim-Abou-Merchid, porter de la poudre dans un mouchoir.

A Keffr-Mettn, les chrétiens et les Druzes vivent en parfaite harmonie.

Soit à Abéya, soit à Keffr-Mettn, il y a des Druzes étrangers, mais seulement des Druzes de Deïr-el-Kamar, qui ont peur de retourner dans leurs anciennes habitations.

A Deïr-el-Kamar, les plaintes portées par les chrétiens touchent la question d'argent pour la réparation des maisons.

Je suis allé aussi à Beit-ed-Din voir M. le colonel d'Arricau, qui a eu la bonté de m'entretenir de plusieurs méfaits et des bruits inquiétants parvenus à sa connaissance. Malgré l'estime personnelle que j'ai pour cet officier supérieur distingué, je n'ai pu recueillir aucun fait de nature à inspirer des inquiétudes sérieuses quant à la sûreté des chrétiens. Il y a à Eb-Barouk un curé nommé Nicolas, qui porta à la connaissance de M. le colonel d'Arricau des rumeurs dénuées de fondement. Ainsi ce curé se plaignait devant le colonel de ce que notre yuzbachi (capitaine) à Eb-Barouk fraternise avec les Druzes en montrant de l'antipathie pour les chrétiens. Me rendant moi-même à Eb-Barouk, j'y ai trouvé une parfaite concorde entre les chrétiens et les Druzes, au point que cinq Druzes du village, revenus dernièrement du Hauran, sont allés, après s'être présentés à l'autorité turque, baiser la main du curé Nicolas. Sauf ce curé, il n'y a eu personne au village, ni chrétien, ni druze, qui ne se soit loué de la conduite équitable du yuzbachi. Ils m'ont même apporté un mazbata, en sa faveur, signé par les deux partis.

A Mokhtara, le général de brigade Omer-Pacha tient une conduite vraiment louable. Chaque difficulté portée à sa connaissance reçoit une solution conforme aux principes d'équité, de justice et de conciliation. S'il protège un parti, ce sont plutôt les chrétiens que les Druzes.

Au retour, j'ai touché aux villages de Keffra, Ain-Sahalté, Ain-Darah, Azunièh et Medj-el-Bana, où les habitants labourent tranquillement leurs champs.

Je crois de mon devoir de porter à la connaissance de Votre Excellence, qu'à Ain-Anoub, le curé Georgos, un sujet turc, hisse chaque dimanche sur sa maison un pavillon français que j'ai vu de mes yeux. Je l'ai interrogé là-dessus, et le curé m'a dit que le capitaine français, commandant la batterie d'artillerie, venue à Ain-Anoub à la suite de la colonne française, en marche vers Deïr-el-Kamar, lui a donné le conseil d'arborer le pavillon français, en lui en faisant cadeau. J'ai ordonné au curé de ne plus commettre cet abus qui ne peut être toléré par l'autorité supérieure turque ou française.

La plus grande partie de la séance du 29 avril, présidée par M. de Rehfues, en l'absence de Fuad-Pacha, a été remplie par un débat sur les crimes isolés qui continuent à se commettre contre les Druzes dans la Montagne.

La note suivante est rédigée et remise à Abro-Effendi, qui promet de la faire parvenir à Damas par le plus prochain courrier :

Les communications faites par M. le commissaire britannique à la séance du 29 avril 1861, tendant à prouver que l'état de choses dans la Montagne, eu égard à l'hostilité des chrétiens contre les Druzes, est tel que ces derniers ne croient pas pouvoir y circuler librement, par suite de ce que les populations chrétiennes, ne recevant pas les satisfactions qui leur ont été promises, sont portées à se faire justice elles-mêmes. La commission croit nécessaire d'appeler l'attention de Son Excellence le commissaire ottoman sur l'ensemble de la situation.

M. le commissaire français prie, en outre, le délégué ottoman de vouloir bien informer la commission : 1° des mesures qui ont été prises à Damas pour la levée d'un à-compte de l'impôt extraordinaire ; 2° du résultat de l'enquête sur les crimes commis à Saïda.

Nous trouvons comme annexe aux protocoles de la séance du 4 mai le mémorandum suivant, qui répond aux questions posées, ainsi qu'à la motion de lord Dufferin :

Quoique j'aie déclaré dans la précédente séance que Fuad-Pacha viendrait en personne répondre à la motion de lord Dufferin, amendée et adoptée par la commission, et qu'elle m'a prié de porter à sa connaissance, je me trouve dès aujourd'hui, suivant les instructions que je viens de recevoir, en mesure de répondre à cette motion, dont le but était d'attirer l'attention du plénipotentiaire du Sultan sur la situation actuelle de la Montagne. La commission doit savoir que Son Excellence n'a pas perdu un instant de vue cette situation, dès le moment même qu'elle s'est dessinée, et qu'elle n'a pas manqué de prendre les mesures propres à prévenir les maux que MM. les commissaires prévoient à leur tour. Les recommandations qu'implique la motion font assumer au commissaire du Sultan une responsabilité morale dont il ne veut se décharger en aucune façon. Ces recommandations donnent en même temps au plénipotentiaire le droit de se prononcer franchement sur cette situation et sur les causes qui l'ont produite. Mais, avant de présenter un aperçu succinct sur l'état général du pays, je crois que, pour le bien exposer, il faudrait remonter au début des mesures que Son Excellence a prises immédiatement après son arrivée en Syrie.

On sait avec quelle rigueur le premier point, celui qui, comme j'ai eu l'honneur de le dire dans la précédente séance, devait avoir la priorité sur les deux autres, a été exécuté à Damas, ce triste théâtre d'un grand crime, crime de lèse-humanité, qui a provoqué une sévère et immédiate punition. On sait aussi avec quelle énergie le plénipotentiaire s'est mis à l'œuvre à Damas pour donner cours à une terrible justice. De grands coups ont été portés et des peines afflictives et infamantes appliquées non-seulement aux auteurs de cet horrible drame, mais à tous ceux qui avaient manqué d'une manière grave à leurs devoirs. Le châtiment dont Damas a été frappée servit d'exemple salutaire à tout le pays, qui, sous la sensation que lui imprimait la force de la main de la justice souveraine, est rentré sans retard dans le cercle de ses devoirs. Ce fut le point de départ de la pacification et une des parties les plus difficiles de la tâche du commissaire du Sultan. Les pénibles travaux de la répression exercée sur la Montagne ont suivi de près ceux de Damas. Ces travaux, par leur nature compliquée et par les difficultés locales qu'ils offraient, ont réclamé beaucoup plus de temps qu'on n'en a mis à Damas. Leur clôture a eu lieu aussi promptement qu'il a été possible, et si, après l'exécution des condamnations inférieures à la peine de mort, celle de la peine capitale a tardé, la cause principale n'en réside point dans la mission impériale, mais ien, je crois devoir le répéter, dans les difficultés politiques qui ont surgi, et que MM. les commissaires connaissent parfaitement en conscience. Indépendamment de e que la vindicte publique a fait pour réprimer les crimes commis dans la Montagne, une punition morale n'a pas moins été infligée à tous les Druzes en général. Cette population, habituée à se conduire avec arrogance et surtout dans une sorte d'insubordination, s'est vue inopinément placée sous l'étreinte de la justice, grâce à de larges mesures militaires, et n'a pas osé faire la moindre résistance. Des milliers de Druzes, saisis et emprisonnés, furent soumis à toutes les péripéties d'un jugement sévère, et vécurent longtemps de la vie des prisonniers. De plus, les réquisitions faites à plusieurs reprises auprès des habitants des villages druzes, la déchéance de leurs chefs de tous les priviléges dont ils jouissaient, la séquestration de tous leurs biens dont les revenus ont été affectés à la subsistance des chrétiens, l'interruption de leurs communications avec les villes dont ils ont été jusqu'ici forcément exclus, tout cela dans son ensemble constitue des faits qui doivent être considérés comme autant de châtiments forts et exemplaires infligés à la masse des Druzes. Si un petit nombre a pu se soustraire provisoirement aux rigueurs de la justice, en se réfugiant dans le Hauran, ce petit nombre de Druzes est aujourd'hui cerné et bloqué par les troupes impériales dans différentes localités et tenu, sans pouvoir s'éloigner du Hauran, de vivre dans un isolement qui approche de l'état de misère.

Pour ce qui regarde le règlement des indemnités, tâche également épineuse, les travaux urgents de la répression et de la pacification du pays, et notamment l'embarras financier où se trouve le gouvernement impérial, ont rendu cette œuvre encore plus difficile. Malgré ces graves difficultés, le plénipotentiaire du Sultan a fait tout ce qu'il a pu pour réparer, au moins en partie, les pertes des chrétiens. Un assez grand nombre de villages ont été plus ou moins reconstruits; des vivres, des secours pécuniaires, du bétail, des semences, des ustensiles, des graines de vers à soie, ont été successivement distribués aux victimes des événements de l'année dernière.

Aujourd'hui que la répression touche à sa fin, pour ce qui concerne le plénipotentiaire du Sultan, toute l'attention de Son Excellence est occupée par les moyens qui doivent compléter la seconde partie de sa mission. A Damas, le prélèvement d'une contribution forcée, dont cette ville sera bientôt frappée, nous mettra à même de donner aux victimes de forts à-compte qui, j'ai raison de le croire, dépasseront bien les quinze millions de piastres. Pour la Montagne, l'évaluation des pertes mobilières ne tardera pas à être effectuée. Malgré toutes les difficultés qu'il y a de connaître exactement ces pertes, les chrétiens du Liban toucheront également de nouveaux à-compte.

Quant à la réorganisation de la Montagne, qui sera une œuvre commune, elle recevra une solution dès que le gouvernement impérial prendra une décision sur le projet de la commission, que Fuad-Pacha a soumis à la Sublime Porte avec ses propres observations, projet qu'il ne manquera pas de soutenir.

Je crois devoir constater ici que le plénipotentiaire de Sa Majesté Impériale s'est attaché à réaliser, en tout ce qui lui était particulièrement dévolu, les intentions du gouvernement de son auguste souverain, et à assurer le maintien du bon ordre dans le pays. Je puis dire, au nom de Son Excellence, que la sécurité et la tranquillité dont jouissent en général les provinces de la Syrie sont les premiers résultats des efforts des autorités locales, qui s'y sont vouées avec autant d'énergie que de vigueur. En relevant ce fait, Fuad-Pacha ne peut néanmoins s'empêcher de reconnaître que la situation morale de la Montagne est peu satisfaisante. Les chrétiens se laissent entraîner par des insinuations et de mauvais conseils, s'agitent et se livrent à des actes répréhensibles contre les Druzes. La passion de la vengeance, propre aux populations appartenant à toute religion dans cette contrée, éclate de la part des chrétiens avec d'autant moins de ménagement qu'ils croient que l'impunité leur est assurée. Ne considérant pas la mission de la justice publique comme suffisante pour satisfaire leurs propres ressentiments, ils s'autorisent à venger leurs griefs personnels. Ainsi, l'autorité est accusée de partialité lorsqu'elle veut arrêter la main de la vengeance, tandis que tous ses actes sont dictés par la plus stricte impartialité et qu'ils couvrent d'une égale protection les sujets du Sultan, chrétiens, Druzes ou autres, indistinctement. C'est ainsi encore qu'on accuse les troupes ottomanes de protéger les Druzes et de haïr les chrétiens, au moment où des recommandations réitérées et des ordres du jour successifs font suivre à nos soldats une conduite irréprochable et impartiale, en leur enjoignant de ne faire aucune distinction dans leur protection envers les Druzes et les chrétiens, et surtout de traiter ces derniers avec une certaine douceur et ménagement, en considération de leurs récents malheurs.

Le plénipotentiaire impérial déplore vivement que, lorsqu'il consacre constamment ses efforts à empêcher le désordre, des encouragements soient donnés aux chrétiens et qu'une fraction de cette population pousse la masse à méconnaître l'autorité souveraine et à renouveler ces actes de vengeance qui sont, comme ils l'ont été, la source des calamités dont nous travaillons aujourd'hui à effacer les traces et à empêcher la reproduction. Fuad-Pacha n'ignore pas que, pour relever le moral abattu des chrétiens, il faut leur donner de l'encouragement. Cet encouragement, il travaille à le leur donner, mais cela ne doit pas aller au point qu'une fois debout ils frappent ceux dont ils ont eu à se plaindre autrefois. En conséquence, dans le but de maintenir le bon ordre et d'empêcher tout conflit, la mission extraordinaire ne cesse de prendre les mesures nécessaires. Le gouvernement impérial ayant en dernier lieu envoyé des troupes pour renforcer les garnisons, une partie de ces troupes est mise à la disposition du commandant des forces de la Montagne. Le dernier soldat du Sultan, de même que ses officiers, sont prêts à verser la dernière goutte de leur sang plutôt que de laisser répandre le sang chrétien ; mais il faut, d'autre part, espérer que les chrétiens ne mettront pas l'autorité en demeure de les empêcher de vive force de pousser la vengeance au point de troubler le repos et la tranquillité du pays.

La mission extraordinaire ayant fait tout ce qui était en son pouvoir, il est juste que la commission prête aussi son concours moral et loyal au succès de ses efforts, qui ne tendent qu'à assurer le bien-être des populations de ce pays, but constamment poursuivi par la sollicitude de Sa Majesté le Sultan.

Avant de terminer, je crois devoir informer la commission que le lieutenant-colonel Hassan-Bey, envoyé en tournée d'inspection sur la Montagne, est déjà de retour à Damas. Le rapport de cet officier constate que la conduite des troupes ottomanes et des agents du gouvernement impérial est empreinte d'une juste impartialité, et que tous leurs efforts sont employés au maintien de la tranquillité, mais que, malheureusement, ils ne rencontrent pas partout ce concours loyal sur lequel ils ont droit de compter.

Signé : S. ABRO.

Beyrouth, le 6 mai 1861.

Cette séance, qui fut la dernière avant le départ de la commission pour Constantinople, n'offrit d'ailleurs aucun autre intérêt.

XXXV

Les négociants et industriels de Beyrouth signent une adresse pour la prolongation de l'occupation française qui devait cesser le 5 juin. — La France, mandataire de l'Europe, se retire ayant rempli sa tâche. — Proclamation de Fuad-Pacha aux troupes ottomanes. — Banquet offert par le commissaire du Sultan aux chefs du corps d'occupation. — Mort d'Abdul-Medjid, avénement d'Abdul-Aziz : ce double événement ne provoque aucun trouble en Syrie. — Daoud-Pacha est nommé gouverneur général de la Montagne. — Réglement pour l'administration du Liban.

La nouvelle venait d'arriver à Beyrouth que le corps expéditionnaire français devait enfin quitter la Syrie le 5 juin. Les négociants et industriels de Beyrouth rédigèrent une adresse pour la prolongation de l'occupation. On devait pourtant bien savoir en Europe quelle foi il faut accorder à des requêtes de ce genre, que la passion ou l'intrigue ont dictées. Nous trouvant à Beyrouth, voici ce que nous écrivions alors :

« L'opinion ou l'intérêt des étrangers doit être certainement pris en considération, mais non pas, dans les questions politiques et nationales, prévaloir sur l'intérêt des indigènes de diverses races et de diverses religions. »

Quelque temps auparavant, il avait été question d'une sorte de pamphlet auquel on était invité à apposer sa signature ; mais cette pièce, dont les idées et la rédaction laissaient trop à désirer, avait été plus tard remplacée par l'adresse dont nous parlons, faite pour les journaux d'Occident ; elle nous est en effet revenue, avec sa nouvelle rédaction, dans les organes lointains d'une publicité intéressée.

Cette adresse commence par « rendre hommage à la sagesse et à la haute prudence des cinq puissances qui ont déterminé l'envoi de forces navales et d'un corps d'armée à la présence desquels le pays est redevable de la sécurité dont il a joui jusqu'à présent. »

Nous n'examinons pas quelle est la part qui revient à chacun dans le rétablissement de l'ordre et de la sécurité. L'adresse la distribue avec une singulière partialité. La sécurité existe, et c'est ce que nous nous bornons à constater. Mais elle n'existe pas seulement à Beyrouth, elle existe dans l'intérieur, à Damas, à Saïda, à Saint-Jean-d'Acre aussi bien que dans les terres, partout aussi où les troupes de S. M. le Sultan ont été seules pour maintenir cette sécurité. Les agressions des indigènes de la Montagne pourraient être repoussées et anéanties, et l'efficacité de la défense contre ces deux races turbulentes du Liban est aujourd'hui démontrée.

L'adresse dit que « si l'intervention de l'Europe a produit une sécurité momentanée, en arrêtant les massacres, aucune mesure satisfaisante n'a été prise pour en effacer les traces et en conjurer le retour. »

Certes, on doit approuver, chez le rédacteur de cette pièce et chez ceux qui ont été invités à la signer, les sentiments de reconnaissance qu'ils professent pour les cinq puissances européennes; en leur qualité d'étrangers, ils ne pouvaient mieux faire que de prouver cette reconnaissance. Mais cette même qualité d'étrangers ne leur accordait pas le droit d'incriminer ou de méconnaître les louables efforts que le gouvernement du Sultan, par la main d'un plénipotentiaire éclairé et énergique, avait faits depuis son arrivée, qui avait précédé de plus d'un mois celle du corps auxiliaire français.

Si le gouvernement impérial n'a rien fait pour effacer les traces des derniers crimes et pour assurer l'ordre dans l'avenir, qu'est-ce donc alors que cent quatre-vingt-cinq individus condamnés et exécutés à Damas sans le concours de l'Europe;

Seize fonctionnaires ottomans, officiers ou notables, dont un muchir fusillé et les autres condamnés à la détention perpétuelle ou temporaire;

Cent quarante-six individus subissant leur peine au bagne;

Deux cent quarante, condamnés à passer leur vie dans une forteresse ;

Cinquante-trois Druzes condamnés à mort et non exécutés sur la demande des cours de France et d'Angleterre ;

Dix condamnés à mort par contumace, etc., etc.?

Si cette grande hécatombe expiatoire, les exils, les emprisonnements à perpétuité ou à temps ne sont pas une répression suffisante, que veulent donc les signataires de l'adresse? Faut-il que la ville de Damas soit rasée? que les Druzes soient tous juridiquement massacrés jusqu'au dernier?

On a bien vu, dans la Montagne seule, des chrétiens désigner en masse à la vengeance des bourreaux et des geôliers quatre mille six cents hommes. Jamais, depuis le sanguinaire Marat, de hideuse mémoire, tant de honte n'était venue attrister l'humanité! Mais ces chrétiens indigènes n'étaient pas des Européens, des négociants paisibles et éclairés. Comme hommage rendu à une civilisation européenne qu'ils outrageaient, parce qu'ils ne la connaissaient pas, on les a vus peu à peu venir se disculper tardivement de cette sacrilége demande de sang humain. La honte ne leur est venue qu'après coup.

Du reste, la pièce dont nous parlons ne témoigne d'aucun respect, d'aucune déférence pour la commission européenne elle-même.

« Dix mois se sont écoulés, dit le rédacteur, et les malheureuses victimes n'ont reçu que des promesses illusoires d'indemnité. La plus grande partie des coupables attend encore le châtiment que la justice exige. La question de la réorganisation ne paraît pas avoir été résolue. »

Nous avons vu ce qu'il fallait penser des châtiments et des répressions.

Pour ce qui est de l'indemnité, l'adresse a un semblant de raison; mais ne voit-on pas que, avec les embarras financiers du gouvernement, il lui est difficile, tout en faisant face aux nombreuses dépenses que la Syrie lui occasionne, de solder immédiatement les indemnités que ceux qui ont souffert attendent légitimement de lui? Ne faut-il pas, d'un autre côté, quand même le gouvernement serait en mesure de payer, éviter au moyen d'une enquête consciencieuse, que quelques pétitionnaires profitent d'une calamité publique pour se créer des pertes imaginaires?

L'adresse touche aux questions judiciaires, financières et diplomatiques avec une légèreté qui va jusqu'à la naïveté dans son inconséquence. C'est à l'Europe, en définitive, et non au gouvernement ottoman, que revient le reproche de la non-réorganisation du Liban au gré du rédacteur de ce maladroit document.

C'est à l'Europe aussi que revient le reproche de l'impunité des Druzes.

Mais achevons jusqu'au bout l'analyse de l'adresse. En voici le couronnement:

« On ne saurait donc se dissimuler que la situation de la Syrie
« est plus critique qu'elle ne l'était au lendemain des événe-
« ments. »

La passion et la haine sont les sources de l'exagération et de la partialité; ce qu'elles produisent en porte le cachet manifeste, et ne saurait dès lors inspirer ni confiance ni crédit.

Pour tous, il est impossible d'admettre que la mission du plénipotentiaire ottoman, secondée par une armée qui a prouvé son dévouement et son énergie, ait été sans fruit pour l'avenir.

Pour tous, il est impossible d'admettre que la présence du corps auxiliaire français n'ait absolument servi qu'à rendre « plus critique la situation de la Syrie. »

De la part des négociants européens, le document dont nous parlons est plus qu'une faute, c'est de l'ingratitude : ingratitude envers le gouvernement ottoman, qui a donné de si hautes preuves de sa justice et de sa sollicitude pour tous; ingratitude envers l'armée française, qui a donné un appui moral à Fuad-Pacha; ingratitude envers l'Europe, qui veille avec un soin si jaloux sur ces contrées.

On a beaucoup parlé d'autres massacres possibles, plus effroyables encore. Nous ne pensons pas qu'ils puissent, le cas échéant, être la conséquence du départ de l'armée française. Celle-ci n'a pris aucune part directe à la répression des derniers désordres, et rien dans l'histoire de l'occupation militaire n'autorise à supposer que, parce qu'elle aura cessé, les garanties qui assurent le maintien de la paix seront amoindries. C'est Fuad-Pacha qui, à la tête d'une armée de vingt mille Turcs, a réprimé les désordres, et les principaux coupables ont été fusillés à Damas avant l'intervention effective de l'Europe. De plus, le corps d'armée turc a été augmenté en prévision du départ des Français. Il convient aussi de remarquer que l'état de la Syrie n'est plus aujourd'hui ce qu'il était avant les troubles. Alors cette province était dégarnie de troupes, par suite des craintes qu'avait amicalement exprimées le prince Gortschakoff; il appréhendait qu'une révolte ne fût à la veille d'éclater sur le Danube. Les pachas turcs de Beyrouth et de Damas étaient des officiers incapables d'inspirer aucune confiance à l'Europe. Cet état de choses est changé. Il n'est point de fonctionnaire européen qui, pour l'intelligence et l'énergie, puisse l'emporter sur Fuad-Pacha. C'est le témoignage que lui rendent même ses ennemis.

Les journaux d'Occident ajoutèrent un nouveau conte aux *Mille et une Nuits*, mais c'était une histoire singulièrement lugubre. Il ne s'agissait de rien moins que du massacre de tous les chrétiens en masse, ou tout au moins de leur émigration.

Et nous nous disions : que ces terreurs tiennent un chrétien de l'Hedjaz ou des Indes, qui ne connaît Beyrouth que de nom, cela peut au besoin se concevoir encore; mais que des individus qui voient de près les choses avancent de semblables énormités, voilà qui passe le vraisemblable! Où sont donc ces chrétiens qui se préparent à partir? où sont surtout ces Européens? Tout au contraire, chacun reprend son assiette et nul ne songe à s'en aller.

En vérité, c'est en vain que nous voudrions partager les angoisses poignantes de quelques journaux d'Europe qui redisent complaisamment les alarmes fantastiques exprimées par des pétitions sur le sort des chrétiens.

L'ordre étant donné aux commissaires, quelques jours après, le 4 mai, de se rendre à Constantinople; ils s'embarquèrent, en conséquence, pour la capitale où ils devaient, de concert avec les ambassadeurs des puissances et la Sublime Porte, aviser à la réorganisation de la Montagne.

Le départ des commissaires précéda de peu celui des troupes françaises, fixé, comme on le sait, au 5 juin. Nous ne commenterons pas la dépêche qu'écrivait alors, à ce sujet, M. Thouvenel. La France, en Syrie, était la mandataire de l'Europe. Elle avait rempli sa tâche et se retirait.

Le 20 mai, paraissait en vue de Beyrouth le vaisseau amiral la *Bretagne*, suivi de près d'une escadre formidable. Dès le lendemain, une partie du matériel et quelques hommes étaient embarqués sur le *Cacique*. A cette occasion, S. Ex. Fuad-Pacha adressa à l'armée de Syrie une proclamation où il lui disait en substance :

« La volonté et les ordres de notre empereur ont été bien compris par vous. Le courage et la bravoure que vous avez déployés ont rétabli l'ordre et la tranquillité. Tout l'univers voit en vous les protecteurs des opprimés, les ennemis des oppresseurs; aux uns, vous donnez votre appui; aux autres, vous infligez un châtiment mérité.

« Le mauvais état des choses dans cette contrée a indigné tout le monde, et l'empereur des Français, l'allié et l'ami sincère de notre souverain, a envoyé ici des troupes pour vous aider à rétablir la tranquillité. Mais vous avez montré que votre zèle et votre courage suffisaient à cette tâche, et il a été décidé que ces troupes seraient retirées.

« Je compte donc qu'en toute occasion vous montrerez que vous êtes les soldats d'un empereur qui a pour ses sujets un amour de père, et que vous n'oublierez pas que vous êtes les membres d'une nation dont les principes sont basés sur la justice et l'humanité. »

Le 1er juin, un bataillon de chasseurs à pied prenait passage à bord du *Vauban*; et, le 5, l'armée entière, sauf quelques malades et l'intendance, partait pour la France.

Nous reproduisons plusieurs lettres écrites par nous à cette époque :

Beyrouth, 5 juin.

« Samedi dernier, le commissaire impérial a offert un banquet aux chefs du corps d'occupation. A l'entrée de la salle, magnifiquement ornée, et en face de Fuad-Pacha et du général de Beaufort d'Hautpoul, on lisait : *La Turquie reconnaissante à l'armée française.*

« Le premier toast a été porté par le plénipotentiaire ottoman à S. M. l'empereur Napoléon III et à sa brave armée, ainsi qu'aux officiers qui la commandent, pour le concours qu'ils ont prêté à la Turquie. Le général de Beaufort d'Hautpoul s'est alors levé et a dit :
« Je remercie Son Excellence le plénipotentiaire impérial d'avoir
« proposé la santé de S. M. l'Empereur et d'avoir aussi reconnu
« avec franchise la valeur du concours et de l'assistance qu'il a re-
« çus par la présence de nos troupes. Quand je partis de France, mes-
« sieurs, l'Empereur lui-même m'a dit que je devais agir en parfait
« accord avec les troupes du Sultan, son auguste allié. Vous savez
« tous que les ordres de Sa Majesté Impériale ont été exécutés. Nous
« aurions voulu voir plus d'améliorations réalisées dans l'état de ce
« malheureux pays, que, nous le disons franchement, nous regrettons
« beaucoup de quitter avant qu'il ait reçu cette organisation que le
« Sultan, dans sa sagesse, lui donnera, et à laquelle il a droit. Quant
« à Son Excellence Fuad-Pacha, je me plais à déclarer que nos rela-
« tions ont toujours été parfaites.

« Je bois à la santé de S. M. I. le sultan Abd-ul-Medjid ! »

« La musique du 3e chasseurs ottomans a joué alors les deux airs nationaux français et turc : *Partant pour la Syrie*, et la marche du Sultan, puis le commissaire impérial a remercié le commandant en chef de l'armée française pour le toast qu'il avait porté à Sa Majesté Impériale. « Je me plais à reconnaître, a dit Son Excellence, que
« nos rapports avec M. le général ont été parfaits. Je le remercie
« pour le concours que j'ai toujours trouvé en lui, et je bois à sa
« santé. »

« Le général a ensuite proposé un toast au plénipotentiaire otto-man.

« A la suite d'une querelle de deux vieilles femmes, l'une druze, l'autre maronite, une rixe a éclaté dans la Montagne entre plusieurs personnes de ces deux religions. Heureusement les armes dont on s'est servi n'étaient que des bâtons.

« Des appréhensions s'étant manifestées dans la Montagne et à Deïr-el-Kamar, appréhensions excitées par des malintentionnés, Fuad-Pacha, accompagné du major Fraser, attaché à lord Dufferin, est parti pour Deïr-el-Kamar. Depuis lors, cette agitation s'est calmée.

« M. le comte Bentivoglio, gérant du consulat général de France, est parti aussi mardi matin pour Deïr-el-Kamar.

« Fuad-Pacha sera de retour demain soir dans notre ville.

« Le mouvement de notre port n'a pas discontinué. Dimanche au soir sont arrivés les vaisseaux le *Donawerth* et le *Saint-Louis*, le premier monté par le contre-amiral Chopart, commandant de la troisième division de l'escadre française de la Méditerranée, et deux frégates de la même nation; trois frégates russes, dont l'une, le *Général-Amiral*, portant le pavillon du contre-amiral Chestakoff; la frégate à vapeur ottomane le *Taïf*, à bord de laquelle flotte le pavillon du vice-amiral Mustapha-Pacha. Hier mouillait en rade le vaisseau anglais le *Saint-Jean-d'Acre*. Deux autres vaisseaux du même pavillon, dont le *Marlborough*, de 131 canons, sont attendus aujourd'hui.

« L'embarquement des troupes continue : à peine reste-t-il 1,000 hommes du 13e de ligne, et 500 à 600 appartenant à d'autres corps. On dit que ce soir ils seront tous embarqués et qu'ils quitteront immédiatement Beyrouth.

« Les appréhensions constamment excitées parmi nous s'évanouissent à mesure que les soldats français quittent notre ville. Aussi, la tranquillité la plus parfaite règne-t-elle ici. »

16 juin.

« Le calme est absolu, tant ici que dans l'intérieur et sur le littoral. Fuad-Pacha vient de faire une tournée dans le district de Zahleh, et il se propose de repartir pour l'intérieur.

« Les troupes françaises sont parties. Le général de Beaufort d'Hautpoul s'embarque demain sur le bateau à vapeur des Messageries impériales, l'*Euphrate*.

« Comme il y a encore quelques comptes à liquider, l'intendance et les payeurs de l'armée resteront deux ou trois jours de plus.

« Nous avons sur rade cinq vaisseaux de ligne français avec les deux amiraux, Le Barbier de Tinan et Pâris; trois vaisseaux de ligne anglais, deux frégates et deux avisos avec le contre-amiral Mundy; quatre frégates et un aviso russes avec le contre-amiral Chestakoff, et un vaisseau turc avec la frégate le *Taïf*, sous les ordres du vice-amiral Mustapha-Pacha. »

9 juillet.

« Jamais notre ville n'a été aussi animée que durant la semaine qui vient de s'écouler. Le 29 juin, nous apprenions avec douleur que le sultan Abdul-Medjid était atteint d'une maladie mortelle; et, le lendemain, le télégraphe de Damas nous donnait la nouvelle qu'un courrier, arrivé de Diarbékir en quatre jours, annonçait la mort de Sa Majesté Impériale et l'avénement au trône d'Abdul-Aziz. Le 1er juillet au matin, tous les navires de guerre se sont pavoisés, et à neuf heures les batteries de terre ont fait un premier salut, qui a été répété par les flottes. Des crieurs publics ont, d'autre part, annoncé cet événement à la population, et des courriers ont été expédiés de tous côtés.

« Mercredi dernier, le vapeur autrichien nous a apporté l'avis officiel de l'avénement du nouveau souverain et les firmans qui confirment Fuad-Pacha et Ahmet-Pacha dans leurs postes respectifs.

« Le lendemain, ces firmans ont été lus, avec une grande pompe, en présence de tous les fonctionnaires et d'une foule immense. Ce jour-là la ville de Beyrouth s'est transformée : les boutiques du bazar étaient converties en autant de petits salons, et les maisons, tant européennes que turques, ornées avec goût. Partout on lisait le nom du nouveau souverain. Sur la place des Canons on avait élevé deux pyramides portant pour inscription : *Vive le sultan Abdul-Aziz! Vive Fuad-Pacha!* Le soir, il y eut grande illumination des édifices publics, des maisons et des boutiques.

« Sur la place des Canons et sur la terrasse d'une bâtisse qui servait de prison aux troupes françaises, deux immenses tentes avaient été dressées, l'une pour les fonctionnaires ottomans et MM. les consuls, l'autre pour les dames de la colonie européenne. A huit heures et demie, a commencé le défilé des corporations, portant divers drapeaux et accompagnées de musique; puis, il y a eu des feux d'artifice. Fuad-Pacha et Ahmet-Pacha ne se sont retirés, vers les onze heures, que pour aller faire le tour de la ville.

« Plus de soixante mille personnes de toutes religions ont été sur pied presque toute la nuit, *et nulle part on n'a eu à déplorer le moindre désordre.*

« Hier, plusieurs exemplaires du hatt impérial adressé par le nouvel empereur à son vizir ont été distribués en ville. Turcs et chrétiens, en le lisant, adressaient au ciel les vœux les plus ardents pour la prospérité du règne et la longue vie du Sultan.

Par le vapeur de l'Amirauté, le *Kars* (ancien *Baroness Tecco*) sont arrivés ici, vendredi soir, Son Excellence Daoud-Pacha, le nouveau gouverneur de la Montagne, et Abro-Effendi, délégué par Fuad-Pacha à Constantinople lors du départ des commissaires européens pour cette capitale. Le lendemain, Daoud-Pacha a débarqué au bruit d'une salve de dix-sept coups de canon, et s'est rendu chez le commissaire impérial.

« MM. de Rehfues, Béclard et Novikow, commissaires de Prusse, de France et de Russie, sont aussi arrivés à cette même occasion.

« La santé de lord Dufferin, gravement altérée par les fatigues de son séjour en Syrie, ne lui permettant pas de revenir ici, il vient d'être remplacé par le colonel Fraser.

« Hourshid-Pacha, ex-gouverneur de Beyrouth, condamné, comme on sait, à une détention perpétuelle, sera embarqué ce soir sur une corvette de l'État qui le conduira à Rhodes, où il sera enfermé dans la forteresse de cette île.

« Sur le même navire seront aussi embarqués Tahir-Pacha, Ahmet-Effendi, Vasfi-Effendi et Noury-Bey, les trois premiers pour Chypre et le dernier pour Métélin.

« Je viens de faire une tournée à Deïr-el-Kamar et à Mokhtara, où commande Omer-Pacha. Je puis vous certifier que la tranquillité la plus parfaite règne dans ces parties de la Montagne, qui ont le plus souffert l'année dernière. Je n'ai pas besoin de vous répéter que cette tranquillité est due au zèle et à l'intelligence de l'ex-commandant de la garnison d'Alep.

« Deïr-el-Kamar, où il n'était pas resté une seule maison debout, renaît de ses cendres : trois cents maisons y ont été bâties pendant l'occupation des troupes françaises, et quatre cents autres sont en voie de construction depuis leur départ. Dans cette dernière tâche, Omer-Pacha est aidé par son neveu le major Shaïn-Bey, qui déploie beaucoup d'activité. »

20 juillet.

« Jeudi passé, à dix heures du matin, a eu lieu, sur la place des Pins, la lecture des règlements pour la nouvelle administration du Liban, ainsi que celle du firman qui nomme Daoud-Pacha gouverneur général de la Montagne. Étaient présents à cette solennité : Leurs Excellences Fuad-Pacha, commissaire extraordinaire de la Porte, Ahmet-Pacha, gouverneur de la province de Saïda ; toutes les autorités civiles et militaires, les cinq commissaires et les consuls européens, en grande tenue. Le même jour, Daoud-Pacha, accompagné d'une nombreuse suite, est parti pour Deïr-el-Kamar, lieu de sa résidence.

« Ci-inclus vous trouverez la traduction textuelle des règlements du mont Liban.

« Les quarante-trois chefs druzes détenus à Mokhtara ont été embarqués sur la corvette à hélice l'*Ismir*, qui doit les transporter dans les divers endroits où ils subiront leur peine. Cette peine, comme vous savez, est la détention perpétuelle.

« Le fameux brigand Ismaïl-Atrach vient de mourir.

« En finissant, je n'ai pas besoin de répéter que la Syrie continue à jouir de la plus parfaite tranquillité. »

RÈGLEMENTS POUR L'ADMINISTRATION DU LIBAN.

Article 1er. — Le Liban sera administré par un gouverneur chrétien nommé par la Sublime Porte et relevant d'elle directement. Ce fonctionnaire, amovible, sera investi de toutes les attributions du pouvoir exécutif, veillera au maintien de l'ordre et de la sécurité publique dans toute l'étendue de la Montagne, percevra les impôts, nommera, sous sa responsabilité, en vertu du pouvoir qu'il recevra de Sa Majesté impériale le Sultan, les agents administratifs ; il instituera les juges, convoquera et présidera le *medjliss* administratif central, et approuvera l'exécution de toutes les sentences légalement rendues par les tribunaux, sauf les réserves prévues par l'article 9. Chacun des éléments constitutifs de la population de la Montagne sera représenté auprès du gouverneur par un *vékil* nommé par les chefs et notables de chaque communauté.

Art. 2. — Il y aura pour toute la Montagne un medjliss administratif central composé de douze membres, deux Maronites, deux Druzes, deux Grecs catholiques, deux Grecs orthodoxes, deux Mutualis, deux Musulmans, chargé de répartir l'impôt, contrôler la gestion des revenus et des dépenses, et de donner un avis consultatif sur toutes les questions qui lui seront posées par le gouverneur.

Art. 3. — La Montagne sera divisée en six arrondissements administratifs, savoir :

1° Le Koura, y compris la partie inférieure et les autres fractions du territoire avoisinant dont la population appartient au rite grec orthodoxe, moins la ville de Kulmoon, située sur la côte et à peu près exclusivement habitée par des musulmans ;
2° La partie septentrionale du Liban, sauf le Koura jusqu'au Nahr-el-Kelb ;
3° Zahleh et son territoire ;
4° Le Méten, y compris le Sahel chrétien et les territoires de Kata et de Solima ;
5° Le territoire situé au sud de la route de Damas à Beyrouth jusqu'à Djezzin ;
6° Le Djezzin et le Teffah.

Il y aura dans chacun de ces arrondissements un agent administratif nommé par le gouverneur et choisi dans le rite dominant soit par le chiffre de la population, soit par l'importance de ses propriétés.

Art. 4. — Il y aura dans chaque arrondissement un medjliss administratif local composé de trois à six membres représentant les divers éléments de la population et les intérêts de la propriété foncière dans l'arrondissement ; ce medjliss local, présidé et convoqué annuellement par le chef de l'arrondissement, devra résoudre en premier ressort toutes les affaires de contention administratives, entendre les réclamations des habitants, fournir les renseignements statistiques nécessaires à la répartition de l'impôt dans l'arrondissement, et donner son avis consultatif sur toutes les questions d'utilité locale.

Art. 5. — Les arrondissements administratifs seront subdivisés en cantons dont le territoire, à peu près réglé sur celui des anciens *aklims*, ne renfermera, autant que possible, que des groupes homogènes de population, et ses cantons en communes qui se composeront chacune d'au moins cinq cents habitants. A la tête de chaque canton il y aura un agent nommé par le gouverneur sur la proposition du chef de l'arrondissement, et à la tête de chaque commune un cheikh choisi par les habitants et nommé par le gouverneur. Dans les communes mixtes, chaque élément consultatif de la population aura un cheikh particulier dont l'autorité ne s'exercera que sur ses coreligionnaires.

Art. 6. — Égalité de tous devant la loi, abolition de tous les priviléges féodaux, et notamment de ceux qui appartenaient aux mokatadjis.

Art. 7. — Il y aura dans chaque canton un juge de paix pour chaque rite. Dans chaque arrondissement, un medjliss judiciaire de première instance, composé de trois à six membres représentant les divers éléments de la population, et au siége du gouvernement un medjliss judiciaire supérieur, composé de douze membres, dont deux appartenant à chacune des sept communautés désignées dans l'article 2, et auquel on adjoindra un représentant des cultes protestant et israélite, toutes les fois qu'un membre de ces communautés aura des intérêts engagés dans le procès. La présidence des medjliss judiciaires sera exercée trimestriellement et à tour de rôle par chacun de leurs membres.

Art. 8. — Les juges de paix jugeront sans appel jusqu'à concurrence de cinq cents piastres : les affaires au-dessus de cinq cents piastres seront de la compétence des medjliss judiciaires de première instance. Les affaires mixtes, c'est-à-dire entre particuliers n'appartenant pas au même rite, quelle que soit la valeur engagée dans le procès, seront immédiatement portées devant le medjliss de première instance, à moins que les parties ne soient d'accord pour reconnaître la compétence du juge de paix du défendeur. En principe, toute affaire sera jugée par la totalité des membres du medjliss. Néanmoins, quand toutes les parties engagées dans le procès appartiendront au même rite, elles auront le droit de récuser le juge appartenant à un rite différent ; mais, dans ce cas même, les juges récusés devront assister au jugement.

Art. 9. — En matière criminelle, il y aura trois degrés de juridiction : les contraventions seront jugées par les juges de paix, les délits par le medjliss de première instance, et les crimes par le medjliss judiciaire supérieur, dont les sentences ne pourront être mises à exécution qu'après l'accomplissement des formalités en usage dans le reste de l'empire.

Art. 10. — Tout procès en matière commerciale sera porté devant le Tribunal de commerce de Beyrouth, et tout procès, même en matière civile, entre un sujet ou protégé d'une puissance étrangère et un habitant de la Montagne, sera soumis à la juridiction de ce même tribunal.

Art. 11. — Tous les membres du medjliss judiciaire et administratif, sans exception, ainsi que les juges de paix, seront choisis et désignés, après une entente avec les notables, par les chefs de leur communauté respective, et institués par le gouvernement. Le personnel des medjliss administratifs sera renouvelé par moitié tous les ans, et les membres sortants pourront être réélus.

Art. 12. — Tous les juges seront rétribués. Si, après enquête, il est prouvé que l'un d'entre eux a prévariqué ou s'est rendu, par un fait quelconque, indigne de ses fonctions, il devra être révoqué, et sera, en outre, passible d'une peine proportionnée à la faute qu'il aura commise.

Art. 13. — Les audiences de tous les medjliss judiciaires seront publiques, et il en sera rédigé procès-verbal par un greffier institué *ad hoc*. Ce greffier sera, en outre, chargé de tenir un registre de tous les contrats portant aliénation de biens immobiliers, lesquels contrats ne seront valables qu'après avoir été soumis à la formalité de l'enregistrement.

Art. 14. — Les habitants du Liban qui auraient commis un crime ou délit dans un autre sandjak seront justiciables des autorités de ce sandjak ; de même que les habitants des autres arrondissements qui auraient commis un crime ou délit dans la circonscription du Liban seront justiciables des tribunaux de la Montagne. En conséquence, les individus indigènes, ou non indigènes, qui se seraient rendus coupables d'un crime ou délit dans le Liban, et qui se seraient évadés dans un autre sandjak, seront, sur la demande de l'autorité de la Montagne, arrêtés par celle du sandjak où ils se trouvent et remis à l'administration du Liban. De même, les indigènes de la Montagne ou les habitants d'autres départements qui auraient commis un crime ou délit dans un sandjak quelconque et autre que le Liban, et qui s'y seront réfugiés, seront sans retard arrêtés par l'autorité de la Montagne, sur la demande de celle du sandjak intéressé, et seront remis à cette dernière autorité. Les agents de l'autorité qui auraient apporté une négligence ou des retards non justifiés dans l'exécution des ordres relatifs au renvoi des coupables devant les tribunaux compétents, seront, comme ceux qui chercheraient à dérober ces coupables aux poursuites de la police, punis conformément aux lois. Enfin, les rapports de l'administration du Liban avec l'administration respective des autres sandjaks seront exactement les mêmes que les relations qui existent et qui seront entretenues entre tous les autres sandjaks de l'empire.

Art. 15. — En temps ordinaire, le maintien de l'ordre et l'exécution des lois seront exclusivement assurés par le gouverneur, au moyen d'un corps de police mixte recruté par la voie des engagements volontaires et composé à raison de sept hommes par mille habitants. L'exécution par garnisaires devant être abolie et devant être remplacée par d'autres modes de contrainte, telles que la saisie et l'emprisonnement, il sera interdit aux agents de police, sous les peines les plus sévères, d'exiger des habitants aucune rétribution, soit en argent, soit en nature. Ils devront porter un uniforme ou quelque signe extérieur de leurs fonctions, et, dans l'exécution d'un ordre quelconque de l'autorité, on emploiera, autant que possible, des agents appartenant à la nation ou au rite de l'individu que cette mesure concernera. Jusqu'à ce que la police locale ait été reconnue par le gouvernement en état de faire face à tous les devoirs qui lui sont imposés en temps ordinaire, les routes de Beyrouth à Damas et de Saïda à Tripoli seront occupées par les troupes impériales ; ces troupes seront sous les ordres du gouverneur de la Montagne. En cas extraordinaire et de nécessité, et après avoir pris l'avis du medjlis administratif central, le gouverneur pourra requérir auprès des autorités militaires de la Syrie l'assistance des troupes régulières. L'officier qui commandera ces troupes en personne devra se concerter pour les mesures à prendre avec le gouvernement de la Montagne, et, tout en conservant son droit d'initiative et d'appréciation pour toutes les questions purement militaires, telles que les questions de stratégie et de discipline, il sera subordonné au gouverneur de la Montagne durant le temps de son séjour dans le Liban; et agira sous la responsabilité de ce dernier. Les troupes se retireront de la Montagne aussitôt que le gouverneur aura officiellement déclaré à leur commandant que le but pour lequel elles ont été appelées a été atteint.

Art. 16. — La Sublime Porte ottomane se réservant le droit de lever, par l'intermédiaire du gouverneur du Liban, trois mille cinq cents bourses qui constituent aujourd'hui l'impôt de la Montagne, impôt qui pourra être augmenté jusqu'à la somme de sept mille bourses lorsque les circonstances le permettront, il est bien entendu que le produit de ces impôts sera affecté, avant tout, aux frais d'administration de la Montagne et à ses dépenses d'utilité publique; le surplus seulement, s'il y a lieu, entrera dans les caisses de l'État.

Si les frais généraux strictement nécessaires à la marche régulière de l'administration dépassaient le produit des impôts, la Sublime Porte aurait à pourvoir à ces excédants de la dépense. Mais il est bien entendu que, pour les travaux publics et autres dépenses extraordinaires, la Sublime Porte n'en serait responsable qu'autant qu'elle les aurait préalablement approuvés.

Art. 17. — Il sera procédé le plus tôt possible au recensement de la population par communes et par rites, et à la levée du cadastre de toutes les terres cultivées.

Arrêté et convenu à Péra, le 9 juin 1861.

Signé : Aali. H. L. Bulwer. Lavalette. Prokesch-Osten. Goltz. Labanoff.

Protocole adopté par la Porte et les représentants des cinq grandes puissances, à la suite de l'entente à laquelle a donné lieu, de leur part, l'examen du projet de règlement élaboré par une commission internationale pour la réorganisation du Liban. Ce projet de règlement, daté du 1ᵉʳ mai 1861, ayant été, après modifications introduites d'un commun accord, converti en règlement définitif, sera promulgué, sous la forme de firman, par Sa Majesté impériale le Sultan, et communiqué officiellement aux représentants des cinq grandes puissances.

L'article 1ᵉʳ a donné lieu à la déclaration suivante, faite par Son Altesse Aali-Pacha et acceptée par les cinq représentants :

« Le gouverneur chrétien chargé de l'administration du Liban sera choisi par la Porte, dont il relèvera directement. Il aura le titre de muchir, et résidera habituellement à Deïr-el-Kamar, qui se trouve replacée sous son autorité directe. Investi de l'autorité pour trois ans, il sera néanmoins amovible, mais sa révocation ne pourra être prononcée qu'à la suite d'un jugement. Trois mois avant l'expiration de son mandat, la Porte, avant d'aviser, provoquera une nouvelle entente avec les représentants des grandes puissances. »

Il a été entendu également que le pouvoir conféré par la Porte à ce fonctionnaire, de nommer sous sa responsabilité les agents administratifs, lui serait conféré une fois pour toutes, au moment où il serait lui-même investi de l'autorité, et non pas à propos de chaque nomination.

Relativement à l'article 10, qui a trait aux procès entre les sujets ou protégés d'une puissance étrangère, d'une part, et les habitants de la Montagne, d'autre part, il a été convenu qu'une commission mixte siégeant à Beyrouth serait chargée de vérifier et de réviser les titres de protection.

Afin de maintenir la sécurité et la liberté de la grande route de Beyrouth à Damas en tout temps, la Sublime Porte établira un blokhaus sur le point de la susdite route qui lui paraîtra le plus convenable.

Le gouverneur du Liban pourra procéder au désarmement de la Montagne lorsqu'il jugera les circonstances et le moment favorables.

Péra, le 9 juin 1861.

Signé : AALI.
H. L. BULWER.
LAVALETTE.
PROKESCH-OSTEN.
GOLTZ.
LABANOFF.

APPENDICE

La question des indemnités restait à régler. La commission internationale en avait fixé le chiffre à 150 millions pour les chrétiens de Damas seulement. Le commissaire impérial, trouvant cette somme fort exagérée, avait jugé nécessaire de procéder lui-même à une enquête sur les pertes réellement éprouvées. En attendant que le chiffre pût être définitivement fixé, deux commissions furent instituées à Beyrouth, à l'effet de vérifier les demandes des sujets européens. Les consulats désignèrent trois délégués pour y siéger et trois autres furent choisis par l'autorité. L'une de ces commissions fut présidée par Abro Effendi, et l'autre par le mufti Chiervan-Zadé-Mehemet-Ruchdi.

Quant au mode de répartition des indemnités, la commission européenne avait proposé qu'elles fussent réparties d'une manière sommaire et par catégories. Le plénipotentiaire ottoman ne jugeant pas ce procédé praticable, en proposa un autre, savoir : A tout individu ayant éprouvé un dommage à Damas ou dans la Montagne, serait adressé un pli contenant le règlement concernant les indemnités ainsi qu'une obligation du gouvernement pour la somme accordée comme restitution équivalente au dommage éprouvé. En cas d'acceptation, il signerait une autre feuille jointe à l'obligation et la ferait parvenir à l'autorité ; dans le cas contraire, il s'adresserait à la commission compétente qui aurait à statuer sur la réclamation.

La Sublime Porte, d'accord avec les ambassadeurs des puissances, adopta le projet de Fuad Pacha. La question des indemnités fut réglée par l'arrêté suivant, qui fut approuvé par la commission internationale, et qui reçut immédiatement son exécution.

ARRÊTÉ.

Comme il est du désir et de la volonté de la Sublime Porte de faire réparer les malheurs éprouvés par les chrétiens de Damas en les indemnisant de leurs pertes immobilières et mobilières, et comme il était nécessaire qu'une enquête fût faite pour arriver à une juste et équitable appréciation de ces pertes, la mission impériale a fait procéder à une enquête générale qui a fourni une évaluation approximative de ces pertes. Le chiffre assigné à chaque individu comme indemnité a été porté à sa connaissance, et faculté lui a été laissée d'admettre ou de rejeter la somme qui lui était allouée, et ce, dans le désir d'éviter toute atteinte aux intérêts des ayants droit, vu que l'estimation faite d'une manière générale et approximative ne pouvait pas être exempte d'erreur ou de préjudice.

Considérant que, quoique des personnes aient accepté de leur plein gré la somme qui leur a été assignée, d'autres s'étant montrées non satisfaites ou de l'évaluation mobilière ou de celle immobilière ou de toutes les deux; considérant que le gouvernement impérial ne permettra aucune lésion des intérêts des réclamants; considérant que la séparation du règlement des indemnités immobilières de celles mobilières pourra donner plus de facilité et de célérité à la constatation des pertes éprouvées et à la fixation des indemnités; vu que les pertes immobilières devront être établies après l'examen des lieux incendiés, et que l'estimation des pertes mobilières doit être faite par d'autres moyens, la mission impériale arrête ce qui suit, pour le règlement des deux genres de réclamations en séparant l'un de l'autre.

Chapitre I.

Mode de réclamation des indemnités en général.

Art. 1. Les réclamations de tous ceux qui ont accepté leurs indemnités, tant mobilières qu'immobilières, sont mises hors de cause. Il est laissé encore à la faculté de chacun d'accepter les deux genres d'indemnités allouées à la suite de la première estimation, de même que chaque individu aura la faculté de séparer les deux réclamations en acceptant la première évaluation de ses pertes immobilières et de demander l'examen de celles mobilières, ou d'accepter l'évaluation de ses pertes mobilières en demandant la révision de celles immobilières. Ceux qui n'accepteront pas toutes les deux estimations, c'est-à-dire, tant l'indemnité mobilière que celle immobilière de la première enquête, demanderont l'examen séparé de ces deux natures de pertes conformément aux principes ci-dessous établis.

Art. 2. Chaque individu dans l'espace d'une semaine, à dater de la promulgation de cet arrêté, sera tenu de faire connaître la décision qu'il aura prise sur les différents modes d'acceptation ou de non-acceptation indiqués dans l'article précédent. Ces décisions seront communiquées de la manière suivante : chaque individu écrira au bas du bordereau dont il est porteur, soit l'acceptation des évaluations mobilières et immobilières, soit seulement son acceptation de la perte mobilière ou immobilière, ou bien sa demande de révision des deux genres d'indemnités.

Ces indications seront revêtues des cachets des ayants droit, et les bordereaux seront remis aux présidents des Comités de secours qui siégent à Damas, Beyrouth et Tripoli.

Ces bordereaux seront transmis immédiatement à la mission du Sultan, et il sera délivré à chacun des signataires un titre pour l'espèce d'indemnité qu'il aura acceptée, dans lequel le mode des payements sera indiqué d'après la décision qui sera prise.

Quant aux indemnités non acceptées pour les pertes immobilières, leur examen se fera conformément au règlement arrêté à cet effet. Pour les pertes mobilières à réviser, elles seront réglées conformément aux principes établis à ce sujet, et d'après les décisions prises pour chacune de ces deux espèces d'indemnités, les titres des sommes allouées seront donnés aux intéressés.

Art. 3. Chaque individu, en consignant dans son bordereau la nature de sa demande, doit indiquer aussi si pendant les événements de Damas il avait perdu un membre de sa famille, en relatant son âge et son état.

Art. 4. Les propriétaires qui n'ont pas reçu des bordereaux pour leurs pertes immobilières pour cause de leur non-enregistrement dans le livre des impôts, aussi bien que les individus dont on n'a pas évalué les dommages qu'ils ont éprouvés, leur domicile n'étant pas connu, sont tenus à faire connaître, sans perte de temps, à l'autorité, par l'intermédiaire des susdits Comités de secours, leurs biens-fonds et leur domicile, en ayant soin d'indiquer dans quel quartier et dans quelle rue ils se trouvent situés.

Chapitre II.

Règlement des indemnités immobilières.

Art. 5. On formera quatre commissions dont chacune sera composée de deux délégués : l'un nommé par l'autorité et l'autre par les chrétiens. En outre, il y aura dans chaque commission quatre architectes, dont deux nommés par l'autorité et les deux autres par les ayants-droit.

Les Chrétiens de toutes les communautés choisiront à cet effet, par l'intermédiaire de leurs chefs spirituels et les notables de chaque rite, à la majorité des voix, un délégué pour chaque commission et deux architectes.

Art. 6. Les délégués et les architectes désignés, soit par l'autorité, soit par les chrétiens, prêteront serment d'agir suivant les règles de l'honneur et de la plus stricte équité, et partant qu'ils ne porteront préjudice ni aux intérêts du gouvernement ni à ceux des particuliers.

Art. 7. Les membres de ces commissions seront rétribués, pour leurs travaux, par le gouvernement impérial.

Art. 8. Le quartier chrétien sera divisé en quatre cercles dans chacun desquels siégera une commission. Les réclamations qui seront adressées pour les pertes immobilières seront envoyées, au fur et à mesure qu'elles parviendront à l'autorité, à une de ces commissions, dans le cercle de laquelle se trouvera la propriété dont les dommages seront évalués.

Ces cercles seront formés suivant le tableau distinctif des quartiers, séparément imprimé.

Art. 9. La valeur des immeubles, en cas de vente de la propriété, sera prise comme base de son évaluation. Les indemnités accordées pour reconstruire ou réparer un immeuble devront être suffisantes pour lui donner sa valeur primitive.

Art. 10. Chaque commission se transportera sur l'emplacement de l'immeuble incendié ou démoli qu'elle aura à évaluer et faisant partie de son cercle; là, elle opérera son mesurage, verra sa position, et prendra, si elle le juge nécessaire, des renseignements sur son ancien état et sa valeur.

Elle délibérera sur la somme nécessaire à ces reconstructions ou réparations, et remettra à l'autorité un registre, signé par tous les membres, contenant le devis des dépenses à faire.

Art. 11. Les expertises seront faites par les architectes; les délégués seront présents pour veiller à ce qu'ils n'agissent pas injustement et donner leur avis sur l'ensemble de l'évaluation. Ces commissions ayant un mandat arbitral, leurs décisions seront définitives.

Art. 12. Le gouvernement impérial ayant fait déblayer une partie du quartier chrétien fera continuer ce travail à ses frais. L'autorité fera reconstruire ou réparer les conduits d'eau qui ont été détruits ou endommagés par suite des événements, et ce, exclusivement dans le quartier chrétien. Quant aux conduits d'eau particuliers à chaque maison, qui auront été détruits ou endommagés, ils seront compris dans l'évaluation des pertes immobilières de chaque propriété.

Art. 13. Pour les immeubles qui n'ont pas été incendiés ou complétement détruits, le gouvernement ayant pris à sa charge leur réparation, ces propriétés se trouvent en dehors des dispositions du présent arrêté.

CHAPITRE III.

Règlements des indemnités mobilières.

Art. 14. Une commission spéciale sera nommée pour examiner et régler les réclamations concernant les indemnités des pertes mobilières. Cette commission sera composée de vingt-deux membres, savoir : onze nommés par le gouvernement et onze choisis par les chrétiens. Sur les onze délégués du gouvernement, six seront musulmans, et l'un d'eux, en qualité de président, dirigera les délibérations; les cinq autres seront pris parmi les chrétiens employés du gouvernement; sur les onze délégués des chrétiens, trois seront choisis par les Grecs orthodoxes, trois par les Grecs catholiques, un par les Latins, un par les Maronites, un par les Syriaques, un par les Arméniens et un par les Arméniens catholiques. A cet effet, les notables de chaque rite se réuniront chez leur chef spirituel et choisiront leurs délégués. Il est entendu que chaque rite n'est pas obligé de choisir son représentant dans son sein même; il sera libre de désigner un individu jouissant de sa confiance et appartenant à un autre rite. Chacune des communautés protestante et jacobite choisira aussi un délégué qui ne siégera dans la commission que lorsque les réclamations des individus appartenant à ces rites seront traitées. Alors les deux membres de la commission des deux rites de la minorité ne prendront pas part aux délibérations.

Art. 15. Les membres de cette commission prêteront serment qu'ils agiront loyalement et avec droiture, et qu'ils éviteront de léser les intérêts des deux parties.

Art. 16. Les réclamants pour pertes mobilières seront divisés en deux catégories. La première comprendra tous les ouvriers appartenant aux différentes corporations, et qui, sans posséder un capital, vivaient du salaire de leur travail journalier; la seconde toutes les personnes qui sont en dehors de la première catégorie. Les individus appartenant à la première catégorie seront divisés en plusieurs classes. Une moyenne sera prise pour les indemniser. Tandis qu'on assignera à chaque individu de la seconde catégorie, après examen, le montant de ses pertes individuelles. La commission s'occupera en conséquence : 1° de la classification des ouvriers salariés et de la moyenne d'indemnité à accorder à chaque individu, suivant la classe dans laquelle il sera placé; 2° les pertes mobilières seront l'objet d'un examen particulier, pour pouvoir arriver à une appréciation. En outre, cette commission sera chargée d'établir le degré de bienfaisance dont les familles éprouvées par le malheur de la perte d'un de leurs membres devront être l'objet.

Art. 17. Aussitôt que cette commission sera formée et réunie, elle s'occupera, en premier lieu de l'appréciation des indemnités qui seront dues aux classes prolétaires. Après avoir pris des informations auprès des chefs des corporations et des personnes compétentes, la commission procédera au tirage des individus appartenant à divers métiers qui, n'ayant pas de capital, vivaient du produit de leur salaire. Ce travail une fois terminé, on divisera ces ouvriers en plusieurs classes, en prenant en considération le salaire qu'ils gagnaient, et on établira une moyenne d'indemnité pour la perte des meubles que les individus appartenant à chaque classe auraient dû posséder d'après l'importance de leur gain. Outre les lumières que les membres de cette commission apporteront à cet examen, ainsi que le témoignage des hommes compétents qu'elle demandera, la commission, pour arriver à une juste appréciation, pourra, si elle le juge nécessaire, examiner les effets et les meubles qui se trouvent dans les maisons des individus de la même classe qui n'ont pas été éprouvés, elle pourra aussi examiner les registres des tribunaux où se trouvent les inventaires des successions des individus décédés de la même position sociale que les réclamants sus-énoncés.

Lorsque la moyenne d'indemnité sera arrêtée pour les personnes de chaque classe, une liste des individus de chacune d'elle sera dressée et envoyée à la mission impériale annexée à un mazbata désignant la moyenne d'indemnité allouée à chaque classe; la mission du Sultan délivrera à chaque individu porté sur cette liste un titre pour la somme d'indemnité à laquelle il aura droit. Il est bien entendu que les réclamants qui sont classés dans ces différentes catégories recevront, indépendamment de leurs indemnités mobilières, celles qui leur auront été allouées pour la réparation ou reconstruction de leurs biens-fonds.

Art. 18. La commission des indemnités mobilières, en procédant à la classification et à l'appréciation des pertes des ouvriers salariés, s'occupera en même temps de vérifier le degré du malheur éprouvé par une famille par la privation d'un de ses membres, et la somme qui devra lui être allouée pour la compenser de cette perte. Les familles qui seront dans ce cas seront divisées en trois classes : 1° celles qui, ayant perdu leur chef, sont privées de tout appui ; 2° celles qui possèdent leur chef, mais qui cependant ont perdu un membre qui les assistait ; 3° celles qui, n'étant pas dans les deux premières catégories, ont perdu pourtant un de leurs membres.

Les compensations qui seront assignées aux familles pour ces différents malheurs leur seront accordées indépendamment de leurs pertes mobilières et immobilières, et seront portées dans la liste générale avec la désignation de leur catégorie. Lorsque les titres d'indemnités pour les pertes mobilières seront prêts, les montants de ces compensations seront ajoutés, et leur payement se fera ensemble.

Art. 19. Toutes les indemnités non acceptées, et pour lesquelles les réclamations restent ouvertes, abstraction faite des ouvriers salariés appartenant à différentes classes qui recevront une moyenne d'indemnité, seront aussi soumises à cette commission spéciale d'enquête, et le sort désignera l'ordre dans lequel aura lieu l'examen des réclamations, d'abord par rite, puis par individu.

Art. 20. La commission invitera par série tous les réclamants à se présenter devant elle. Ceux qui se trouvent à Damas présenteront en personne la liste de ce qu'ils prétendent, et ceux qui se trouvent absents la feront remettre par un mandataire muni de leur procuration. Ces listes serviront de base à l'examen des réclamations ; mais, comme il sera impossible d'établir la quantité et la qualité de chaque objet pour lequel on demande une indemnité, et que la position sociale du réclamant parmi ses égaux pourra être prise comme base d'appréciation, la commission requerra, outre les lumières que doivent apporter ses propres membres, le témoignage des gens qu'elle pourra citer elle-même ou que les réclamants pourront présenter. Les dépositions des comparants devront concerner l'état social du réclamant, s'il avait autant de meubles et autres effets qu'il porte sur sa liste et qu'il prétend avoir perdus, s'il avait tout perdu, et s'il n'avait pas sauvé une partie ou le total de ces objets et meubles.

Art. 21. Les réclamations des pertes essuyées autres que des meubles et appartenant à des objets de commerce seront examinées séparément. On aura recours au témoignage des personnes que la commission pourra citer elle-même, ou que les réclamants présenteront. Ces témoignages doivent prouver si le réclamant avait des objets de commerce dans les lieux incendiés ou pillés, s'il n'avait pas sauvé le tout ou une partie de ces objets, et la valeur de la perte qu'il a essuyée. Quant aux réclamations des pertes des papiers ou effets de commerce, elles seront examinées d'après les règles générales du commerce, et sur le témoignage des hommes qui auraient pu connaitre les affaires commerciales du réclamant.

Art. 22. Au fur et à mesure que les indemnités des pertes mobilières des réclamants de la seconde catégorie seront réglées, conformément aux principes indiqués dans les articles précédents, la commission délivrera à chaque réclamant un mazbata, en vertu duquel il recevra un titre pour la somme qui lui aura été allouée.

Art. 23. La commission, une fois constituée, procédera avant tout au règlement des réclamations présentées par ses propres membres, à moins que ceux-ci n'aient accepté, avant d'être élus, l'indemnité primitivement offerte. Le membre réclamant ne siégera pas au sein de la commission tant que durera l'examen de sa propre affaire, et l'un des délégués du gouvernement, désigné par la voix du sort, cessera également de siéger pendant le même laps de temps. Aucun membre de la commission ne peut se charger de la procuration individuelle de n'importe quel réclamant.

Art. 24. Si la commission trouve pendant ses délibérations quelque moyen pouvant accélérer et faciliter la conclusion des affaires sans s'écarter aucunement des principes énoncés dans le présent arrêté, elle devra le soumettre à la considération de la mission impériale.

Art. 25. Les séances de la commission seront publiques.

Avant de finir, et pour accomplir jusqu'au bout notre tâche, qui est de rechercher et de dire toute la vérité sur les événements de Syrie, il convient de toucher ici quelques mots d'un incident qui marqua les derniers mois de 1861 et dont les journaux d'Occident, systématiquement hostiles à la Turquie, s'emparèrent avidement, faisant flèche de tout bois contre le gouvernement ottoman. Nous voulons parler de l'arrestation de Joseph Karam. Quand la nouvelle leur en arriva, ce furent des clameurs effroyables, et l'on eût dit vraiment que toute la chrétienté était en péril. Le *Monde* allait jusqu'à faire tomber Joseph Karam dans un piége que lui avaient perfidement dressé Fuad-Pacha et son complice Daoud-Pacha. La presse libérale ne se montra pas moins consternée que les journaux cléricaux, et peu s'en fallut qu'on ne réclamât une autre intervention armée de l'Europe en Syrie.

La cause d'un si terrible événement, — car il est bon de remonter jusqu'à la cause, — ne pouvait cependant pas être imputée à la Sublime Porte. La nomination de l'émir Medjid comme gouverneur du Kasrawan, fort mal accueillie par la montagne chrétienne, avait eu pour effet de la diviser en deux partis hostiles, dont l'un avait à sa tête Joseph Karam, et qui étaient près d'en venir aux mains, quand l'autorité supérieure intervint pour prévenir la guerre civile. Or qu'était-ce que l'émir Medjid et sous quelles influences avait-il été nommé? Une correspondance adressée de Beyrouth à l'*Impartial de Smyrne* nous l'apprend, et nous montre aussi que sur les six mudirs nommés en conséquence des nouveaux règlements du Liban, il y a cinq chrétiens, et qu'en outre trois appartiennent à la famille des Shehab, les protégés de la France :

« L'émir Medjid appartient à la famille des Shehab ; il est le petit-fils du célèbre émir Béchir. Quelque temps avant les derniers événements du Liban, il professait la religion musulmane, qu'il avait embrassée pendant son séjour à Constantinople. Sa conversion au catholicisme est due à l'évêque Tobie, qui voulut en faire le chef du parti maronite. Pendant l'occupation française, l'émir Medjid s'attacha au général de Beaufort d'Hautpoul, qui, assure-t-on, le recommanda particulièrement à l'Empereur. Dans la combinaison française pour la réorganisation du Liban, l'émir Medjid devait être le gouverneur général du Liban. Aujourd'hui, ce seigneur est tout à fait maronite et Français; mais ne vous trompez pas : demain il sera Druze ou Turc, selon que les circonstances le commanderont; car, en fait de religion et de parti, il suit les idées de son oncle, l'émir Béchir, qui avait fait bâtir dans son palais de Bet-Ed-Din une mosquée et une chapelle, et qui passait, en outre, pour un des plus savants *okkals* parmi les Druzes.

« Les deux Kouras et les districts au-dessus de Tripoli ont reçu pour gouverneur l'émir Haran Shehab, qui appartient à la religion grecque orientale. Ces districts sont presque exclusivement habités par des gens appartenant à ce rite.

« Dans la ville et le district de Zahleh, dont la population est presque toute grecque catholique, on a nommé l'émir Abdallah Mourad, qui appartient à cette Église.

« L'émir Khalil, maronite, de la famille Belhama, et cousin du dernier caïmakam de la montagne chrétienne, Béchir-Ahmed, gouvernera les districts mixtes du Méten. La population de ces villages est moitié maronite; le reste se compose de Druzes et de Grecs orthodoxes.

« Dans les districts unis des deux Arkoubs, le Zourd et les deux Gharbs, qu'on appelle communément la montagne des Druzes, on a nommé l'émir Melhem, Druze de la famille princière des Roslan, et parent des deux précédents caïmakams. L'émir Melhem est peut-être le seul Druze qui n'ait pas été compromis dans les derniers événements : c'est un homme juste, actif et zélé pour le bien public. Les chrétiens même qui habitent ce district ont été très-satisfaits de ce choix.

« Dans la sixième circonscription, le Djezzin jusqu'aux portes de Sayda, on a placé un autre membre de la famille Shehab, l'émir Kéïss, maronite.

« Ainsi, sur dix mudirs, il y en a cinq chrétiens et un Druze. Des premiers, trois appartiennent à la famille Shehab, et l'un d'eux est celui que la France destinait à occuper la place donnée à Daoud-Pacha. »

Quant aux faits mêmes qui amenèrent l'arrestation de Joseph Karam, nous ne croyons pouvoir mieux faire que d'en reproduire le récit d'après le *Moniteur* français, qu'on ne suspectera pas de partialité malveillante envers cette *victime* de la barbarie musulmane :

« Voici dans quelles circonstances a eu lieu à Beyrouth l'arrestation de Joseph Karam.

« Le nouveau gouverneur du Liban, à peine installé, s'était occupé, avec le concours de la commission européenne, d'appliquer dans la Montagne l'organisation qui a été arrêtée à Constantinople entre les représentants des grandes puissances et la Turquie. L'un des premiers soins de Daoud-Pacha fut de désigner les mudirs qui doivent administrer les districts. Il s'empressa d'offrir cette fonction à Joseph Karam pour le district de Djezzin, qui faisait partie autrefois de la caïmakamie druse, mais il essuya un refus motivé par le désappointement qu'avait éprouvé Joseph Karam de n'être pas placé à la tête du district du Kasrawan, dont il est originaire.

« Si Joseph Karam s'était contenté de ce refus, l'on n'aurait pu que lui reprocher de trop céder à ses susceptibilités personnelles en refusant son concours à l'organisation de son pays. Mais il n'en a pas été ainsi. Retiré à Eden, dans le Kasrawan, Joseph Karam s'appliqua à rendre impossible l'administration de l'émir Medjid, catholique de la famille Shehab, nommé par le gouverneur général. Les populations refusaient l'impôt, les gendarmes du mudir étaient arrêtés, enfin des désordres graves avaient éclaté dans le district voisin du Koura, et l'on ne douta pas à Beyrouth que ce ne fût à l'instigation de Joseph Karam.

« Daoud-Pacha se rendit alors dans le Kasrawan pour essayer de faire respecter l'autorité de son mudir. Il eut une entrevue avec Joseph Karam, qui s'avança jusqu'auprès de Batroun, avec une escorte de cinq cents partisans, dont cinquante seulement pénétrèrent avec lui dans la ville. Daoud-Pacha avait poussé la déférence jusqu'à éloigner momentanément de Batroun l'émir Medjid Shehab. Dans cette rencontre, qui n'amena aucun résultat, Karam se posa de sa propre autorité comme le délégué des populations du Kasrawan.

« En présence d'une telle situation, si l'on ne voulait pas renoncer à appliquer la nouvelle organisation, il fallait ou éloigner Joseph Karam du Kasrawan, ou réduire le district par la force. Mais Daoud ne dispose d'aucune force armée ; il eût donc été nécessaire d'appeler les troupes turques. La convention autorise à la vérité cette éventualité ; mais qui oserait conseiller d'y recourir avant d'avoir épuisé tous les autres moyens?

« C'est alors qu'à la demande du gouverneur du Liban, Fuad-Pacha appela à Beyrouth Joseph Karam, qui s'empressa de s'y rendre, et promit au commissaire du Sultan de ne pas s'éloigner et de s'abstenir de toute correspondance avec son pays.

« Les commissaires européens approuvèrent unanimement ce qui s'était fait, et convinrent de s'abstenir de toute relation personnelle avec Karam jusqu'à nouvel ordre.

« Daoud-Pacha se mit alors à parcourir les districts du Nord, dont les notables et le frère même de Joseph Karam s'empressèrent de faire leur soumission, sans qu'il fût besoin de recourir à la force. La perception des impôts commençait à s'effectuer régulièrement, lorsque, dans le canton de Bescherrey, des agents provocateurs réussirent à détourner les habitants de leur devoir. En annonçant à Fuad-Pacha qu'il allait se rendre sur les lieux, le gouverneur du Liban assurait que Joseph Karam n'était pas étranger à ce mouvement, et priait le commissaire du Sultan de s'assurer provisoirement de sa personne.

« C'est à la suite de cette communication que Joseph Karam a été incarcéré dans la caserne de Beyrouth, qui y sert de prison d'État. »

Bientôt après il fut conduit à Constantinople, où il retrouva sa liberté.

Nous voici à la fin de notre tâche. Avons-nous atteint le but que nous nous étions proposé? Ce simple exposé des faits, exempt de tout artifice, où nous n'avons employé pour toutes armes que des preuves irrécusables et l'accent de la sincérité, pourra-t-il renverser l'étrange et monstrueux échafaudage de mensonges et de calomnies que l'Occident a érigé à propos des événements de Syrie? Nous n'espérons pas convaincre les esprits systématiquement prévenus. Pour ceux-là, toute calomnie est un bon argument, tout mensonge est la vérité même ; et en accumulant dix fois plus de preuves, nous n'eussions encore rien prouvé pour eux. Mais il est des esprits impartiaux, des hommes de bon sens qui n'ont point voué à la Turquie et à son gouvernement, à toute la race ottomane, cette haine aveugle et impie que condamnent à la fois la raison, la conscience, tous les devoirs et tous les sentiments humains. Pour ceux-là, nous le croyons, notre livre sera utile, car il leur montre la vérité sans ornements, mais toute la vérité.

ANNEXES

I

CONDAMNATIONS A MORT.

Ont été condamnés à la peine capitale comme coupables de crimes commis à Damas (*Extrait du dossier de procédure*) :

1. Hassan-bey, petit-fils de Youssouf-Pacha, du quartier Médinet-El-Chaham, assassin.
2. Hussein, fils de Cassim-El-Tabl, de Damas, assassin et pillard.
3. Ahmed, fils de Mussi, des hommes de Refaï-Agha, du quartier Chagor, zaptié, pillard.
4. Hassan-Ben-Haïder, fils de Djilhadji, de Damas, vernisseur de profession, pillard et instigateur de troubles.
5. Mehemed, fils de Mustapha-El-Haddad, soldat irrégulier de Mohalni-agha, du quartier Canavat, soldat irrégulier, pillard et assassin.
6. Mehemed, fils de Hussein-El-Seman, de Damas, marchand, instigateur de troubles.
7. Selim, fils de Kohhal, Druze du quartier Akiba, marchand, instigateur de troubles.
8. Mehemed, fils de Remih-El-Seman, de Damas, instigateur de troubles et meurtrier.
9. Cassim, fils de Seytari, de Damas, du quartier Arab-Mahallessi, tchaouche de Hagiar-Cherif, incendiaire et pillard.
10. Salih, fils de Mustapha-Fettel, de Damas, zaptié, pillard.
11. Hassan, fils de Chukri, de Damas, zaptié, pillard.
12. Ismaïl, fils de Derviche, de Damas, droguiste, meurtrier et pillard.
13. Halil, fils de Cavidour-Niat, du quartier Camerié, zaptié, instigateur de désordres.
14. Mouhieddin, fils de Tinavi, de Damas, baigneur, instigateur de troubles.
15. Mustapha-bey, fils d'Akif-bey, du quartier Médinet-El-Chaham, premier porte-étendard de l'armée d'Arabie, assassin et pillard.
16. Bekir, fils de Mustapha-Ellaham, originaire d'Alep, domicilié à Damas, meurtrier, incendiaire et pillard.
17. Hagi-Abdalla, originaire de Moussoul, domicilié à Damas, zaptié, pillard.

ANNEXES.

18. Mehemed-Elkara, fils de Kevir, de Damas, ancien zaptié, pillard, meurtrier et chef d'émeute.
19. Mehemed, fils d'Elcheik, de Damas, soldat irrégulier, pillard.
20. Hassan, fils de Mustapha-Hevazi, habitant de Tobria, domicilié à Salhié, soldat irrégulier, pillard.
21. Iassin, fils d'Ali-Orfeli, originaire d'Orfa, domicilié à Salhié, soldat irrégulier, pillard.
22. Hagi-Mehemed, fils de Bekir, de Damas, zaptié, pillard.
23. Ali, fils de Magrebi, de Damas, pillard et coupable d'avoir fait des blessures.
24. Mustapha, fils d'Arkous, du quartier Bab-Touma, marchand de rafraîchissements, meurtrier et pillard.
25. Mahmoud, fils de Mehemed-el-Cabati, de Damas, zaptié, pillard.
26. Mehemed-Elakout, de Damas, petit marchand, pillard.
27. Bedr, fils de Hassan de Mardin, originaire de Mardin, domicilié à Salhié, soldat irrégulier, pillard.
28. Suleiman, fils d'Ibrahim de Diarbekir, originaire de Diarbekir, domicilié à Salhié, soldat irrégulier, pillard.
29. Hassan Saïdi, de Damas, marchand de tabac, meurtrier et pillard.
30. Mehemed, fils d'Abou-Calioun, de Damas, meurtrier.
31. Ismaïl, fils de Chemdin-agha, originaire d'Ikrad, capitaine au 2ᵉ régiment de l'armée d'Arabistan, pillard.
32. Douassi, fils de Mustapha-Kerim, du quartier Ikrad à Salhié, soldat irrégulier, pillard.
33. Selim-el-Daye, de Damas, sans métier, pillard.
34. Ali, fils de Mehemed-Amir, originaire d'un village de Damas, établi dans le quartier Bab-Touma, militaire, pillard.
35. Mustapha, fils de Haloun, de Damas, menuisier, pillard et assassin.
36. Djumaa, de Damas, zaptié de la direction des contrats, pillard.
37. Mehemed, fils de Hassan, originaire d'Antioche, établi dans le quartier Souk-Sarougé, zaptié, pillard.
38. Ahmed, fils d'Ibrahim, de Damas, soldat irrégulier, pillard.
39. Mehemed, fils d'Ali, de Damas, zaptié, pillard.
40. Cassim, fils de Rabet, de Damas, zaptié, pillard.
41. Mahmoud, fils du limonadier, de Damas, soldat irrégulier, meurtrier et pillard.
42. Saïd, fils de Mustapha-Zemzem, de Damas, zaptié, pillard.
43. Ahmed, fils de Diram de Diarbekir, originaire de Diarbekir, établi à Damas, soldat irrégulier, pillard.
44. Saïd, fils de Chukri, de Damas, jardinier, pillard.
45. Mehemed, fils de Hadjage, originaire d'Égypte, domicilié dans le quartier Canavat, barbier, instigateur de désordres.
46. Cara-Ali, de Damas, sans profession, pillard.
47. Avas, fils de Mohammed, domicilié à Damas, chamelier, pillard.
48. Rachid, chef du quartier Canavat, de Damas, instigateur de désordres.
49. Lazkieli-Essad, fils d'Ahmed, originaire de Latakié, militaire en retraite, pillard et meurtrier.
50. Cherbetgi-Omer, de Damas, limonadier, assassin.

ANNEXES.

51. Ibrahim-Bey, fils d'Akif-Bey zadé, de Damas, sans profession, incendiaire et pillard.
52. Selim, fils de Chéïk-el-Haras, de Damas, sans métier, pillard.
53. Hassan-el-Benhi, de Damas, sans profession, instigateur de désordres.
54. Selim, fils de Chohab, du quartier Chagor à Damas, épicier, pillard.
55. Faris-Calfa, fils d'Ali-Mansour, de Damas, zaptié, pillard.
56. Hassan-el-Karié, de Damas, pillard.
57. Abdou, fils de Diurbekirli-Hassan, originaire de Diarbékir, établi à Damas, soldat irrégulier, pillard.
58. Abdullah, fils de Mehemmed-Ghassiré, de Damas, zaptié de Mihani-Sélim instigateur de désordres et pillard.
59. Mehemmed, fils de Djantez-Ahmed, de Bab-Touma, zaptié, pillard.
60. Mehemed, fils de Tchakar, de Damas, jardinier, meurtrier.
61. Halid, fils de Diarbekirli-Békir, originaire de Diarbékir, domicilié à Damas, soldat irrégulier, pillard.
62. Mohammed, fils de Saïd-Avrin, de Damas, soldat irrégulier, pillard.
63. Hélal, fils de Suloïman-El-Cham, de Damas, sans profession, pillard et meurtrier.
64. Mohammed-Tehi, de Damas, zaptié, pillard.
65. Ali-Homsy, de Damas, sans profession, pillard et instigateur de désordres.
66. Anber, fils d'Abdullah-el-Abid, de Damas, soldat irrégulier, pillard.
67. Havasli-Zadé-Mohammed-El-Din, de Damas, zaptié, pillard.
68. Hamza, fils du Druze Hadadé, établi au village Deïr-Djina, à trois heures de Damas, cultivateur, pillard.
69. Mahmoud, fils de Rassis, de Damas, négociant, provocateur de troubles.
70. Raghib, fils de Mahmoud-Rékiab, de Damas, négociant, meurtrier.
71. Dib, fils de Réchid-el-Séman, de Damas, épicier, meurtrier et instigateur de troubles.
72. Eumer, fils de Eumer Halebi, originaire d'Alep, établi à Damas, marchand d'étoffes, pillard et instigateur de troubles.
73. Abdulgani, fils d'Ahmed-Hasna, établi à Damas, soldat irrégulier, pillard.
74. Mohammed-Khamis, fils de Mouhieddin-El-Khamis, de Damas, sans profession, pillard et instigateur de troubles.
75. Eumer, fils d'Orfali-Ahmed, originaire d'Orfa, établi à Damas, soldat irrégulier, pillard.
76. Abou-Keïas-Abdullàh, de Damas, sans profession, pillard.
77. Dondermadji-Djivad, de Damas, limonadier, pillard.
78. Hussein, fils d'Alaf, de Damas, marchand de légumes, pillard et incendiaire.
79. Mustapha-Félide-Tato, de Damas, cultivateur, pillard et instigateur de troubles.
80. Mouhieddin-Satermiche, de Damas, sans profession, instigateur de troubles et pillard.
81. Youssouf, fils de Seïd-Hussein, de Damas, fendeur de bois, pillard et meurtrier.
82. Mohammed, fils de Mustapha-Djaferi, de Damas, sans profession, pillard.
83. Ahmed, fils de Senbo, établi à Damas, pillard.

84. Abdou, fils de Keleche, de Damas, zaptié, meurtrier et pillard.
85. Meno, fils de Muhinna, établi à Damas, médecin oculiste, meurtrier et pillard.
86. Mohammed, fils de Salih-Ben-Djevher, établi à Damas, sans profession, pillard et instigateur de troubles.
87. Mahmoud, fils de Saraïdar, établi à Damas, sans profession, pillard et instigateur de troubles.
88. Osman-El-Leham, fils de Mohiavi, de Damas, boucher, meurtrier.
89. Reslan-Efteris, originaire du village Akzeis de la province de Damas, et établi à Damas, meurtrier et pillard.
90. Hamadi, fils d'Abdullah, de Damas, zaptié, pillard.
91. Kermo, fils de Kutaï, de Damas, zaptié, pillard.
92. Mohammed-Kiab, établi à Damas, marchand de soie, meurtrier et incendiaire.
93. Saïd-Side, fils d'Ibrahim, établi à Damas, sans métier, meurtrier et pillard.
94. Rustem fils, originaire de la Perse, établi à Damas, soldat irrégulier, pillard et instigateur de troubles.
95. Ahmed, fils de Sunhelan, établi à Damas, sans profession, meurtrier et pillard.
96. Mohammed, fils de Chemaï, de Damas, zaptié, pillard.
97. Mehemmed-Hamis, originaire de Homs, établi à Damas, zaptié, pillard.
98. Ahmed, fils de Hussein-Ali-Dib, de Damas, zaptié, pillard.
99. Ismaïl, fils de Mohammed-Eyoub, originaire de Suleimanié, établi à Damas, soldat irrégulier, pillard.
100. Mouhieddin, fils de Taïbé, de Damas, sans aucune profession, instigateur de troubles et pillard.
101. Eyoubi-Salih-Effendi, de Damas, pillard.
102. Havasli-Zadé-Mustapha, de Damas, employé de la police, pillard.
103. Mohammed, fils de Hussein-Chemah, établi à Damas, zaptié, pillard.
104. Mohammed-Ali, fils de Mustapha, de Damas, marchand de tabac, pillard.
105. Halid, fils de Mouhieddin-el-Tinavi, de Damas, instigateur d'émeutes.
106. Eumer-el-Temetin, de Damas, épicier, assassin et pillard.
107. Mohammed-Ibn-el-Felahé, de Damas, zaptié, pillard et incendiaire.
108. Hamza, fils de Durzi-Hassan-Kehal-Kuftanin, d'origine druze, domicilié à Damas, meurtrier.
109. Havasli-Zadé-Rechid-Agha, de Damas, zaptié, pillard.
110. Mehemmed-Chehadé-Calburli, fils d'Abdullah, de Damas, soldat irrégulier, meurtrier et pillard.
111. Abdulrahman, fils de Khazné-Klatibi, du quartier Bab-El-Bérid, négociant, meurtrier et pillard.
112. Mustapha, fils de Cheikh-el-Aka, de Damas, teinturier, pillard et instigateur d'émeutes.
113. Mohammed, fils de Bakbé, de Damas, zaptié, pillard.
114. Talhem, fils de Rihan, de Damas, chamelier, pillard.
115. Hassan, fils d'El-Tari, de Damas, sans profession, pillard.
116. Mohammed, fils de Halak, de Damas, barbier, pillard.
117. Mohammed, fils d'Abou-Ali, de Damas, marchand de chapelets, instigateur de troubles et pillard.

ANNEXES. 397

118. Suleïman Coutaïs, de Damas, sans profession, instigateur de troubles et et pillard.
119. Saïd, fils de Bekdache, de Damas, chamelier, meurtrier, instigateur de troubles et pillard.
120. Hassan, fils de Durzi-Davoud, d'origine druze, établi à Damas, meurtrier et pillard.
121. Abdou, fils de Diarbekirli-Mahmoud, originaire de Diarbekir, domicilié à Damas, soldat irrégulier, pillard.
122. Kefer-Soussati-Moussa, fils d'Ibrahim, de Damas, pillard.
123. Ibrahim, fils d'Essad, de Damas, zaptié, pillard.
124. Mohammed, fils d'Abouzein-El-Houri, de Damas, zaptié, pillard et instigateur de troubles.
125. Salih, fils d'Abdullah-Cherif-Eyoub, originaire de Khachena, domicilié à Damas, soldat irrégulier, pillard.
126. Mohammed, fils de Fares-El-Hariati, de Damas, zaptié, pillard.
127. Hussein, fils d'El-Assi, de Damas, marchand de pain, pillard.
128. Ali, fils de Mohammed, de Damas, soldat irrégulier, pillard.
129. Hassan, fils de Mohammed, de Damas, soldat irrégulier, pillard.
130. Reslan, fils d'Abou-Dib, établi à Damas, zaptié, pillard.
131. Redjeb, fils de Kharouka, de Damas, zaptié, pillard.
132. Ahmed, fils de Réchid, de Damas, soldat irrégulier, pillard.
133. Hassan, fils d'Abdullah-Abid, nègre établi à Damas, soldat irrégulier, pillard.
134. Abdullah, fils de Laghi, établi à Damas, zaptié, pillard.
135. Mohammed, fils d'Aïnbatli-Ali, originaire d'Aïnbatli, domicilié à Damas, zaptié, pillard.
136. Saïd, fils de Semsi, de Damas, zaptié, pillard.
137. Abdullah, fils d'Abdulrahman-Nablous, originaire d'Ikrad, domicilié à Damas, soldat irrégulier, instigateur de désordres et pillard.
138. Mouham, fils d'Ahmed-Chahrom, de Damas, boucher, meurtrier et incendiaire.
139. Abdulrahman, fils de Doba, de Damas, zaptié, pillard.
140. Mustapha, fils d'El-Hamis, de Damas, zaptié, pillard.
141. Sélim, fils d'El-Messadra, de Damas, zaptié, instigateur de troubles et pillard.
142. Mohammed, fils d'Ali El-Kefa, de Damas, zaptié, pillard.
143. Salih, fils de Mohammed-Nichvati-Fener, de Damas, zaptié, pillard.
144. Mohammed, fils d'Ahmed-Arnaout, de Damas, zaptié, meurtrier et pillard.
145. Mohammed, fils de Mohammed-el-Hanati, de Damas, zaptié, pillard.
146. Faris-Alvan-Haleboui, de Damas, négociant, pillard.
147. Rechid, fils de Mohammed-Rebat, de Damas, zaptié, pillard.
148. Mohammed-Tarablous, originaire d'Albanie, établi à Damas, zaptié, pillard.
149. Mohammed, fils de Hamza, originaire de Suleïmanié, établi à Damas, soldat irrégulier, pillard.
150. Turkmanli-Ahmed, fils d'Ibrahim, originaire de Has, de la tribu des Turkomans, établi à Damas, zaptié, pillard.
151. Cheikh Mohammed-Coutna, établi à Damas, sans profession, instigateur et chef des émeutiers.
152. Saïd, fils de Cheikh-el-Sebaghi, de Damas, marchand de chaussures, meurtrier et pillard.

ANNEXES.

153. Aghchanali-Ali, fils de Moula-Osman-Eyoubi, de Damas, soldat irrégulier, pillard.
154. Ibrahim, fils d'Abdullah, de Damas, jardinier; meurtrier.
155. Rechid, fils de Haris, de Damas, sans profession, meurtrier, pillard, incendiaire et instigateur d'émeutes.
156. Hassan, fils de Diarbekirli-Halil, originaire de Diarbekir, établi à Damas, soldat irrégulier, pillard.
157. Hussein-Baroudi, de Damas, sans profession, pillard et meurtrier.
158. Mohammed, fils d'El-Tabah, de Damas, zaptié, pillard.
159. Diab-Agha, de Damas, jardinier, pillard, meurtrier et instigateur d'émeutes.
160. Ahmed, fils de Babenoud, de Damas, zaptié, pillard.
161. Mahmoud, fils de Rekiab, de Damas, négociant, meurtrier.
162. Mohammel-el-Misri, fils d'Ali, originaire d'Égypte, domicilié à Damas, agriculteur, meurtrier.
163. Faris-el-Adjil, fils d'Abdullah, de Damas, graveur, pillard et instigateur de troubles.
164. Hassan-Nechvati, fils d'Osman, de Damas, meurtrier.
165. Abdullah Nacache, de Damas; meurtrier.
166. Saïd-el-Halak, de Damas, barbier, meurtrier et pillard.
167. Ibrahim, fils d'El-Cheka, de Damas, pillard et incendiaire.
168. Selim, fils de Hafiz, de Damas, zaptié, pillard.
169. Hadji-Ali, Druze de Hasbeya, originaire d'Alep et Druze de nation, domicilié à Hasbeya, meurtrier.
170. Yessim-Halak, originaire d'Alep, domicilié à Damas, meurtrier.
171. Mohammed, fils du Druze Minha, domicilié à Racheya, meurtrier.
172. Mehemmed-el-Alebi, Druze, domicilié à Racheya, meurtrier.
173. Mohammed, fils de Semoun, artilleur déserteur, originaire du village Berzé, dans la province de Damas, violateur de filles.
174. Mustapha-Abou-Rachid, de Damas, meurtrier.
175. Ahmed-El-Lak, de Damas, cavass du consulat de Prusse, meurtrier.
176. Mohammed, fils de Hamza, ou autrement Mouhieddin, de Damas, cavass du consulat de Prusse, meurtrier.
177. Serour-Solak, fils de Rustem, de Damas, pillard et meurtrier.
178. Havlali-Serour, domicilié à Navla, village de la province de Damas, violateur de filles.
179. Navlali-Mubarek, domicilié à Navla, village de la province de Damas, meurtrier.
180. Kefer-Mechkeli-Mohammed, domicilié à Kefer-Mechké, village dépendant de Damas, meurtrier.
181. Kefer-Mechkeli-Ali, domicilié à Kefer-Mechklé, village dépendant de Damas, meurtrier.

II

CONDAMNATIONS AU BAGNE A PERPÉTUITÉ.

Ont été condamnés à cette peine pour participation aux pillages de Damas :

1. Abou-Ali-El-Seman, de Damas, épicier.
2. Abdou, fils de Dondurmadji, de Damas, limonadier.
3. Mohammed, fils d'Ahmed-Ziver, de Damas, maquignon.
4. Ahmed, fils d'Ali-Kebartin, de Damas, marchand de produits chimiques.
5. Eumer, fils de Hadji Vehbi, de Damas, agriculteur.
6. Osman, fils de Chakir-Mubeiz, de Damas, étameur.
7. Hadji Halil, fils d'Ahmed-Saï, de Damas, sans profession.
8. Abdul Kader, fils d'Ahmed-Mansour, de Damas, cordonnier.
9. Abdullah, fils de Mohammed-Kialikon, de Damas, sans profession.
10. Hassan, fils d'Abdulnefi-Moukhlat, de Damas, marchand de légumes salés.
11. Mohammed, fils de Youssouf, de Damas, marchand de lin.
12. Salih, fils de Bahsali-Mohammed-Chakir, de Damas, marchand de tabac.
13. Cassim, fils d'Ahmed, originaire de Saïda, établi à Damas, droguiste.
14. Mohammed Nour, fils de Hussein, de Damas, fabricant de caisses.
15. Hassan Agha, fils de Zelzelé, de Damas, limonadier.
16. Hamza, fils de Nichevati, de Damas, limonadier.
17. Mohammed-el-Edjan, de Damas, sans profession.
18. Abdul-Kader, fils d'Abdul-Hachevé, de Damas, sans profession.
19. Ismaïl, fils de Mahmoud-Derviche, de Damas.
20. Moussa, fils de Hamoud, de Damas, confiseur.
21. Mohammed, fils d'Ahmed, de Damas, sans profession.
22. Mohamed, fils d'Ahmed Berekiat, marchand de biscuit.
23. Mohammed, fils de Hassan-el-Atari, de Damas, sans profession.
24. Hassan, fils de Mustapha-Zehreddin, de Damas, sans profession.
25. Ali, fils de Hussein-el-Marouf, de Damas, sans profession.
26. Mohammed, fils d'El-Djehial, de Damas, droguiste.
27. Abdhullaha Afghani, originaire d'Afgham, domicilié à Damas, fabricant d'outils.
28. Mehemmed, fils d'Ello, de Damas, sans profession.
29. Amassiali-Goumrikdji-Arif, originaire d'Amassia, établi à Damas, employé à la douane.
30. Feïzi-Hamoui, originaire de Hama, établi à Damas.
31. Selim, fils de Moussa-el-Tian, de Damas, maçon.
32. Ahmed-el-Seman, de Damas, épicier.
33. Mohammed, fils d'El-Rikiab, de Damas, sans profession.
34. Abdullah-Hamessi, originaire de Hamessi, domicilié à Damas.
35. Saïd, fils d'Ahmed Riban, de Damas.
36. Reslan, fils de Seïd-Daver, de Damas.
37. Salih, fils d'El-Kalfa, de Damas.

38. Hadji-Mehemmed, fils de Halid, de Damas.
39. Mohammed, fils d'El-Kalabat, de Damas, sans profession.
40. Mahmoud Calabet Temrié, de Damas, pâtissier.
41. Hussein-Abou-Meri, de Damas, barbier.
42. Mohammed Veridi-Ibn-Abdullah, de Damas, sans profession.
43. Ibrahim-el-Fihem, fils d'Abdullah, de Damas.
44. Mahmoud, fils d'Abou-Nedjim-Misri, de Damas.
45. Cassim, fils de Halil-Deir-Atani, de Damas, marchand de légumes.
46. Ali-el-Dagli, fils d'Abdullah, de Damas.
47. Mohammed, fils d'Abdul-Khanak, de Damas, savetier.
48. Mohammed, fils de Kakisani, de Damas.
49. Abdul-Artouzié, fils de Hussein, de Damas, marchand de raisins.
50. Yehous, fils d'Elfas, de Damas.
51. Ahmed-Mesri, originaire d'Égypte, établi à Damas.
52. Halid, fils de Cheik-el-Houras, de Damas.
53. Saïd, fils d'Abdullah, de Damas.
54. Hassan-el-Mahzar, fils d'Abdullah, de Damas, exclu du service militaire.
55. Halid, fils d'Eboulal, de Damas, imprimeur sur toile.
56. Ibrahim-el-Halak, fils d'Abdullah, de Damas.
57. Hassan, fils d'Amouri Halak, de Damas, cuisinier.
58. Ahmed-el-Aris, fils d'Abdul-Kader, de Damas.
59. Ahmed, fils d'El-Kehal, de Damas, médecin oculiste.
60. Abdulzak, fils de Salih-el-Bertakouche, de Damas.
61. Hassan, fils d'Ali-Mesri, originaire d'Égypte, établi à Damas.
62. Hadji-Selim, fils de Tekrouri, originaire de Tekrour, établi à Damas.
63. Ahmed, fils d'Abdulbari, originaire d'Égypte, établi à Damas.
64. Mohammed-el-Halebi, originaire d'Alep, domicilié à Damas.
65. Mohammed, fils de Harb-el-Hamoui, originaire de Hama, domicilié à Damas.
66. Ghaïnem, fils de Mohammed Choumat, de Damas, employé au café Dervicha.
67. Salih, fils d'El-Halebi, de Damas.
68. Mohammed, fils d'El-Chal, de Damas.
69. Moukbel, fils d'Ader, natif du village de Tedmir, dépendant de Damas, et domicilié au quartier Meydan-Fokani.
70. Talah, fils de Deïri, de Damas.
71. Salim-el-Deïri, de Damas.
72. Ramadan-el-Deïri, de Damas.
73. Hassan, ben-Hazir-Deïri, de Damas.
74. Abdullah Meloukhié, de Damas.
75. Mohammed-el-Diri, de Damas.
76. Ahmed Hemam, de Damas.
77. Mutevelli Youssouf-el-Khavati, de Damas.
78. Mohammed Ayou, de Damas.
79. Ahmed Ebou-Djib, de Damas.
80. Ali Salem, de Damas.
81. Ghaïnem-ben-Bouzié, de Damas.
82. Hassan-ben-Mohammed-Hatmi, de Damas.
83. Salih-ben-Ismaïl-el-Hevari, de Damas.

ANNEXES.

84. Ahmed-ben-Mohammed-Aïs, de Damas.
85. Aboud–ben-Cheik-Ismaïl, de Damas.
86. Essad-ben-Eumer-Effendi-el-Baghdalli, de Damas.
87. Saïd-ben-Eumer, originaire de Bagdad, domicilié à Damas.
88. Mohammed-el-Kior-ben-Salih-el-Arkous, de Damas.
89. Ahmed ben-Khodja, de Damas.
90. Youssouf-ben-Saïd, de Damas, marchand de noisettes.
91. Mohammed-ben-Aïd, de Damas, cordonnier.
92. Avas-ben-Leham, de Damas, marchand de légumes.
93. Hassan-el–Mesri Aveïs, de Damas.
94. Abdullah–el-Sehar-ben-Mustapha, de Damas, confiseur.
95. Mouhieddin-el-Dja-ben-Abdullah, de Damas, confiseur.
96. Hamadé-Karinta-Ghourdi-ben-Abdullah, de Damas.
97. Youssouf-el-Edelbi-ben-Abdullah, de Damas.
98. Hassan-ben-Salahi, de Damas, commis au Mahkemé de Bezourié.
99. Abdul-Melik-el-Rihavi-ben-Abdullah, de Damas.
100. Mohammed-ben-Souiter, de Damas.
101. Abou-Cassim-ben-Abdullah, de Damas, zaptié.
102. Youssouf-Fezou-ben-Abdullah, de Damas.
103. Taleb-ben-Mourad-el-Khibaz, de Damas.
104. Ahmed-ben-Hassan-Doumani, de Damas.
105. Emin–ben-Diab, de Damas.
106. Ali-ben–Djedé, de Damas.
107. Abdullah-ben-Ahmed-Halvani, de Damas.
108. Abdulrahim-el-Sumkeri, de Damas.
109. Abdou-ben-Helal, de Damas.
110. Selim-ben-Sevkié, de Damas.
111. Missirli-Saïs-Derviche, de Damas.
112. Mahmoud–Meïssi, originaire d'Égypte, établi à Damas, maître de café.
113. Salih-Djanbeni, de Damas.
114. Eumer-ben-Bekir-el-Hames, de Damas.
115. Mohammed-Ramadan-Tinavi, de Damas.
116. Mohammed-Satermech, de Damas.
117. Mohammed–Mesri, de Damas, maître de café.
118. Mohammed-ben-Nablous, de Damas.
119. Hussein-ben-Farsi-el-Akar, de Damas.
120. Ahmed-ben-Abdul-Kader-el-Beitar, de Damas, maître d'un khan.
121. Cheikh-Mahmoud-el-Atan, de Damas.
122. Muhtevi-Youssuf, de Damas.
123. Mohammed-ben-Rékuki, de Damas.
124. Kadour–Halvani, de Damas.
125. Mohammed-Assaf, de Damas.
126. Zendji-Cheik-Mohammed, de Damas.
127. Cheikh-Hamza-ben-cheik-Abdulghani-Nabloussi, de Damas.
128. Reslan-el-Hindi, de Damas.
129. Khadir-ben-Ali-Melligi, de Damas.
130. Tchavouche-ben-Moussa, originaire de Diarbekir, établi à Damas.

131. Reschid-ben-Salih-Cheik-el-Haré, de Damas.
132. Tahir-ben-Hussein-Ebou-Arkoub, de Damas.
133. Ahmed-ben–Ali-Deirvand, de Damas.
134. Mohammed-Abou-Zeidhevari, de Damas.
135. Tahir-ben-Bekir, de Damas.
136. Ali-ben-Halid, de Damas, soldat irrégulier.
137. Mohammed-ben-Salih-Mansour, de Damas.
138. Ibrahim-ben-Salih-Tarabichi, de Damas.
139. Khalifa-ben-Hussein, d'origine druze et du village Mir dans le district de Hasbeya.
140. Ahmed-ben-Mohammed-Hevan, de Damas.
141. Mahmoud-ben-Habab, de Damas.
142. Mahmoud-ben-Hussein, de Damas.
143. Hussein-ben-Bekir-Meydani, de Damas.
144. Cheikh-Hassan-Mubeiz-ben-Bekir-el-Tenban, de Damas.
145. Mohammed-Chimali, originaire et habitant du village de Douma.
146. Cheikh-Vedjihi-ben-Abdulghani, de Damas.

III

EXTRAIT DES SENTENCES DES FONCTIONNAIRES OTTOMANS ET DES NOTABLES DE DAMAS

Ont été condamnés :

A mort :

1. Ahmed-Pacha, muchir de l'armée impériale d'Arabistan et gouverneur de Damas.
2. Osman-Bey, lieutenant-colonel et commandant de la garnison de Hasbeya.
3. Mehemed-Agha, major et commandant de garnison à Racheya.
4. Ali-Bey, colonel et commandant de la garnison du quartier chrétien.
5. Abdul-Selam, lieutenant-colonel et commandant de la garnison de Deïr-el-Kamar.
6. Ali-Agha, major et commandant de la garnison de Bet-ed-din.

A la détention perpétuelle dans une forteresse :

7. Mehemed-Ali-Agha, major et second commandant à Hasbeya.
8. Abdullah-el-Halebi, chef des ulémas de Damas.
9. Nasouh-Pacha-Zadé-Abdallah-Bey, membre du grand conseil de Damas.

A l'exclusion du service militaire :

10. Hafiz-Agha, major et second commandant à Deïr-el-Kamar.

A une détention de quinze ans dans une forteresse :

11. Hasbi-Zadé-Ahmed-Effendi, membre du grand conseil de Damas.
12. Azam-Zadé-Mehemed-Bey, membre du grand conseil de Damas.

A une détention de dix ans dans une forteresse :

13. Tahir-Effendi, mufti de Damas.

14. Izzi-Zadé-Omer-Effendi, membre du grand conseil de Damas et mufti des Chafi.

Ces condamnés de diverses catégories ont été envoyés à la Famagouste.

A un exil de trois années :

15. Azam-Zadé-Abdullah-Bey, membre du grand conseil de Damas.
16. Abbullah-Bey-Zadé-Ali-Bey, membre du grand conseil de Damas.
17. Caroufi-Zadé-Abdul-Hadi-Effendi, membre du grand conseil de Damas.
18. Abdul-Kader, membre du grand conseil de Damas.
19. Ahmed-Effendi, caïmakam de Nekib-El-Echraf.

Ils subissent leur peine à Chio, à Cos, à Ténédos ou à Rhodes.

IV

CONDAMNATIONS DES INCULPÉS DANS LES ÉVÉNEMENTS DE LA MONTAGNE

Ont été condamnés à la détention perpétuelle dans une forteresse :

1. Hourshid-Pacha, gouverneur général de Sayda, vizir en activité de service.
2. Tahir-Pacha, commandant militaire de Beyrouth, général de division de l'armée impériale.
3. Nouri-Bey, colonel de l'armée régulière.

A l'exclusion perpétuelle des fonctions publiques et à une détention provisoire dans une forteresse :

4. Ali-Vasfi, kéhaya de Hourshid Pacha.
5. Ahmed-Salih, contrôleur de Beyrouth et chargé des affaires des Druzes et des chrétiens.

A mort :

6. Saïd-Bey-Djomblât, fermier des Moukatas de Chouk et Jezzin et autres, auteur et instigateur des troubles de la Montagne, et chef des séditieux ; a eu des intelligences avec tous les Druzes, et fut le promoteur des troubles.
7. Hussein-Talhouck, mokâtaadji (fermier) de Gharb-el-Zokain, chef des séditieux ; a dirigé les séditieux dans les troubles de Baabda et de Hadeth.
8. As'ad-Talhouck, mokâtaadji de Garb-el-Zokain, chef des séditieux ; a dirigé les séditieux dans les troubles de Baabda et de Hadeth.
9. Kâsim-Neked, mokâtaadji de Shekar, chef des séditieux ; a dirigé les malfaiteurs dans les premiers désordres de Deïr-el-Kamar.
10. Asa'ad-Amâd, un des mokâtaadjis d'Arkûb, chef des séditieux, a dirigé les séditieux pendant les troubles de Zahleh.
11. Emir-Mohammed-Kâsim-Roslan, Druze notable, chef de séditieux.
12. Selim-Djomblât, un des chefs druzes, chef de malfaiteurs.
13. Jémel-ed-din-Hamadân, un des cheikhs druzes, chef de malfaiteurs.
14. Mahi-ed-din-Shibli, trésorier de Béshir-Neked, meurtrier.
15. Ali-Saïd, Druze de basse classe, émeutier renommé.

16. Béshîr-Méri, Druze notable, meurtrier.
17. Beshîr-Bey-Nassif-Abu-Naked, un des chefs druzes, chef de séditieux.
18. Khattâr-Amâd, un des chefs druzes, chef de séditieux.
19. Beshir-Bey-Amâd, chef druze, chef de séditieux.
20. Cheikh-Kenj-el-Amâd, chef druze, chef de séditieux.
21. Melhem-Bey-Amâd, chef druze, chef de séditieux.
22. Cheikh-Mahmoud-Talhouck, chef druze, chef de séditieux.
23. Cheikh-Nâsif-Talhouck, chef druze, chef de séditieux.
24. Cheikh-Mahmoud-Elaid, chef druze, chef de séditieux.
25. Cheikh-Hamad-Mansûr, chef druze, chef de séditieux.
26. Cheikh-Mansoûr-Kadi, chef druze, chef de séditieux.
27. Solimàn-Bey-Hamâdi, chef druze, chef de séditieux.
28. Mahmûd-Hamâdi, chef druze, chef de séditieux.
29. Kuwader-Hamâdi, chef druze, chef de séditieux.
30. Melhem-Hamâdi, chef druze, chef de séditieux.
31. Kâssim-Yûssef-Hamâdi, chef druze, chef de séditieux.
32. Mustafa-Dweik, chef druze, chef de séditieux.
33. Kâssim-Marûf-Abd-el-Samid, Druze notable, chef de séditieux.
34. Rafi-Abu-Dijis-Abd-el-Samid, Druze notable, chef de séditieux.
35. Kâssim-Beshîr-Abu-Shakra, Druze notable, chef de séditieux.
36. Yûsef-Hasan-Abd-el-Samid, Druze notable, chef de séditieux.
37. Khottâr-Ibn-Kâssim-Abu-Shakra, Druze notable, chef de séditieux.
38. Ismaîl-el-Astrash, grand chef druze, chef de séditieux.
39. Hezibeh-Henîdeh, grand chef druze, chef de séditieux.
40. Hamûd el-Fakr, grand chef druze, chef de séditieux.
41. Kabân-Amar, grand chef druze, chef de séditieux.
42. Hamûd-Azam, chef druze, chef de séditieux.
43. Solimân-el-Alas, chef druze, chef de séditieux.
44. Dijis-Amer, chef druze, chef de séditieux.
45. Kanadi-Azam, chef druze, chef de séditieux.
46. Yûsef-Sârû, chef druze, chef de séditieux.
47. Waked-el-Hamdân, chef druze, chef de séditieux.
48. Ghaabân-Abu-Shakra, chef druze, chef de séditieux.

V

DRUZES CONDAMNÉS A UNE DÉTENTION OU A UN EXIL TEMPORAIRE

A douze ans dans une forteresse :

1. Osman-Abou-Alvan, du village Barouk.
2. Cheikh-Naman-Amad, du village Kefer-Bezeh.
3. Zein-Eddin-Ibn-Abdullah, du village Baaklin.
4. Youssouf-Zeki, du village Starcha.
5. Farès-Terdjoum, du village Kehtounié.

ANNEXES.

6. Youssouf-Seloum, du village Baaderau.
7. Mahmoud-Derviche, du village Kefer-Bezeh.
8. Hamoud-Farès, du village Deïr-Koucha.
9. Zein-Eddin-Ibn-Zeidan, de Haïné.
10. Hamid-Chaban, du village Sahtaya.
11. Mahmoud-Nofat-Ibn-Hussein, du village Kéfir.

A six ans dans une forteresse :

12. Hussein-Nofal, du village Kéfir.
13. Selim-Bey-Arian-Ibn-Ali, de Racheya.
14. Mahmoud-Abou-Saab-El-Ghazini, de Baaklin.
15. Mahmoud-Cherouf, de Baaklin.
16. Nedjim-Kablan, de Batma.
17. Cassim-Vehbé-Abou-Nassir-Eddin, de Batma.
18. Hamid-Farès-Amir, de Batma.
19. Hamdan-Youssouf, de Aïnbal.
20. Suleyman-Jelaï-Eddin, de Baaklin.
21. Hamed-Abou-Abdul-Kerim, de Halvat.
22. Djenblat-Mahmoud, de Barouk.
23. Vehbé-Chérouf, de Batma.
24. Selman-Nedjim-Bou-Adjrem, de Baaklin.

A un exil temporaire :

25. Mehemed-Aïssémi-Ibn-Selman, de Kefir.
26. Hamoud-Bérik, de Mujdel-Chems.
27. Hussein-Abou-Gaïdé, de Hasbeya.
28. Assaf-Tetveri, de Muhita.
29. Nasr-Eddin-Ben-Saab, de Racheya.
30. Hussein-Bérik, de Mujdel-Chems.
31. Hamid-Selman, de Mujdel-Chems.
32. Selman-Salih, de Mujdel-Chems.
33. Hussein-Chahin-Ibn-Youssouf, de Mujdel-Chems.
34. Hussein-Mahmoud, de Mujdel-Chems.
35. Hassan-Youssouf, de Mujdel-Chems.
36. Hussein-Abou-Nedjim, d'Aïn-Djerfé.
37. Abdullah-Ibn-Ali-Garam, de Djarmak.
38. Selman-Mehemed-Chems-el-Halebi, de Kéfir.
39. Hamoud-Youssouf, de Hasbeya.
40. Mahmoud-Selman, de Racheya.
41. Younes-Bou-Abd-Ibn-Mohammed, de Bergas.
42. Mahmoud-Baghi-Ibn-Nusr-Eddin, de Racheya.
43. Hassan-Seyur, de Racheya.
44. Mohammed-Abd-el-Hallak-Hermouche, de Semkanié.
45. Mahmoud-Bou-Farès-Serhal-Hermouche, de Semkanié.
46. Mohammed-Yuzbek, de Haribé.
47. Zazaï-Arïan, de Racheya.
48. Hanif-Melak, de Haret-el-Djendel.

49. Suleyman-Chahin, de Amatour.
50. Ismaïl Verd, de Niha.
51. Cassim-Arïan, de Racheya.
52. Ahmed Verd, de Racheya.
53. Ahmed-Bou-Hamzé, de Haribé.
54. Naaman-Refaa, de Batir.
55. Mohammed-Ismaïl-Keïvan, de Batir.
56. Mahmoud-Caïssi, de Hasbeya.
57. Meri-Mahrez, de Haribé.
58. Abou-Ali-Abou-Hussein, de Haret-el-Djendel.
59. Hamid-Bou-Daher, de Haret-el-Djendel.
60. Cassim-el-Arabi, de Mezraa.
61. Mahmoud-el-Musseifi, de Kéfir-Bezeh.
62. Ali-Serhal, de Kéfir-Bezeh.
63. Hussein-Farès-Hatem, de Baaderan.
64. Nedjim-Selman, d'Aïnbal.
65. Mahmoud-Farès, de Baaderan.
66. Hamoud-Youssouf, de Baaderan.
67. Youssouf-Mahir, d'Aïnkenié.
68. Mohammed-Chahin, d'Aïnkenié.
69. Ali-el-Hakim, d'Aïnkenié.
70. Mohammed-Allam-Eddin, d'Aïnkenié.
71. Hussein-Ali, d'Aïnkenié.
72. Emin-Saad-Abd-el-Samed, d'Amatour.
73. Ismaïl-Bou-Ali, de Haribé.
74. Youssouf-Hussein, de Batir.
75. Mahmoud-Djabbour, de Batir.
76. Hassan-Mahmer, de Batir.
77. Ismaïl-Mohammed, de Batir.
78. Cassim-Djabr, de Batir.
79. Mehmed-Cassim-Daher, de Batir.
80. Emin-Hassan-Eddin, de Zimé.
81. Ferhad-Ibn-Talaï, de Batma.
82. Ibrahim-Gelili-Ibn-Mustapha, de Catana.
83. Selman-Gelili-Ibn-Ali, de Catana.
84. Selam-Ibn-Selam, d'Echrefié.
85. Rezak-Ibn-Hamid, de Haïta.
86. Ali-Ibn-Ahmed-Bitar, de Racheya.
87. Mustapha-ben-Assad, de Racheya.
88. Youssouf-Ibn-Abdullah, de Calougha.
89. Naaman-Ibn-Ali, d'Aïn-el-Fehar.
90. Djeiri-el-Kadman, de Racheya.
91. Ismaïl-Ibn-Ahmed-Madjid, de Keferkoun.
92. Mansour-Ibn-Hussein-Arabi, de Keferkoun.
93. Cassim-Ibn-Tarhazani, de Hasbeya.
94. Halil-Hamdan, de Batir.
95. Mahmoud-Hamid, de Batma.

ANNEXES.

96. Assaf-Chahin, d'Amatour.
97. Rafi-Mansour, d'Amatour.
98. Hussein-Djaber, de Kehlounié.
99. Abdallah-Sandié, de Gharifé.
100. Cassim-Chibli, de Bechi.
102. Hamoud-Hatib, d'Aïn-Ata.
103. Assaf-Hatib, de Caridissi.
104. Messoud-Abou-Nour, de Terouné.
105. Mohammed-Béchir, de Kehlounié.
106. Suleïman-Nassar, de Kehlounié.
107. Hattar-Nassir-Eddin, de Kehlounié.
108. Youssouf-Behar-Eddin, de Kehlounié.
109. Seïf-Eddin-Hamza, de Kehlounié.
110. Hussein-Farès, de Kehlounié.
111. Cassim-Farès, de Kehlounié.
112. Farès-Assaf, de Kehlounié.
113. Chibli-Abou-Hussein-Hamoud, de Mezraa.
114. Hamid-Tafi, de Mokhtara.
115. Ali-Ahmed, de Kehlounié.
116. Farès-Cheref-Eddin, de Mezras.
117. Hattar-Hamid, de Batma.
118. Abdallah-Mohammed-Bitar, de Batma.
119. Hamd-Allamé, de Mezraa.
120. Youssouf-Mahmoud, de Mezraa.
121. Ali-Cassim, de Mezraa.
122. Selman-Ismaïl-Hussein, de Mezraa.
123. Djehjah-Zeidan, de Merchi.
124. Nassir-Eddin-Abou-Ali, de Baaderan.
125. Hamid-Djenblat, d'Amatour.
126. Bechir-Abou-Chehlé, de Merchi.
127. Cassim-Hussein, de Merchi,
128. Numan-Abou-Semrà, de Merchi.
129. Ali-Bechir-Dibsi, de Merchi.
130. Ismaïl-Djabour, de Batir.
131. Nedjim-Berdjas, de Mezraa.
132. Cassim-Derviche-Bou-Ganem, de Kerfir-Bezeh.
133. Selman-el-Halebi, de Baaderan.
134. Cassim-Allam-Eddin, de Niha.
135. Suleiman-Nedjim, de Niha.
136. Hussein-Hamid, de Niha.
137. Cassim-Dergam, de Niha.
138. Youssouf-Messoud, de Niha.
139. Youssouf-Talikaïs, de Niha.
140. Mahmoud-Cheref-Eddin, de Niha.
141. Hassan-Ibn-Ali-Cheref-Eddin, de Kefir-Bezeh.
142. Hussein-Abou-Hussein, de Bechtakin.
143. Hussein-Youssouf-Adnan, de Bechtakin.

ANNEXES.

144. Youssouf-Feyas, de Bechtakin.
145. Hattar-Halil, de Bechtakin.
146. Youssouf-Hamoue, de Djhalié.
147. Cassim-Hussein-Afrit, de Dirkoucha.
148. Hattar-Younès, de Aïnkenié.
149. Chahin-Nedjim, de Haribé.
150. Ali-Feradj, de Haribé.
151. Bechir-Daher-Melak, de Haret-el-Djendel.
152. Serhal-Cassim-Amar, de Haret-el-Djendel.
153. Kablan-Kendj, de Haret-el-Djendel.
154. Hussein-Mahmoud, d'Amatour.
155. Abou–Saadé-Murad, d'Amatour.
156. Ali–Ismaïl, d'Amatour.
157. Youssouf-Selim, de Djeba.
158. Kendj-Selim, de Djeba.
159. Daher-Admed-el-Betloun, de Djeba.
160. Djehjah-Hamid-Abou-Ghacham, de Djeba.
161. Hassan-Djemal-Eddin, de Djeba.
162. Farès-Vehbé, de Aïnkenié.
163. Messoud-Chahin, de Aïnkenié.
164. Hussein-Selman, de Aïnkenié.
165. Hassan-Mahmoud-Zein-Eddin, de Haribé.
166. Suleïman-Selm-Tali, de Haret-el-Djendel.
167. Mustapha-Nassif, de Haret-el-Djendel.
168. Mohammed-Bou-Ali, de Kehlounié.
169. Selman–Hamer, de Mezraa.
170. Ali-Amid-Zoueni, de Niha.
171. Cassim-Hussein, de Aïnbal.
172. Hamzé-Tamer-Halavi, de Barouk.
173. Selman-Youssouf-Hassan-Djemal-Eddin, de Barouk.
174. Mahmoud-Aboud, de Barouk.
175. Suleïman-Youssouf–Assaf, de Barouk.
176. Mahmoud-Ismaïl, de Bettoun.
177. Selman-Assad, de Bettoun.
178. Youssouf-Mansour, de Kefir–Bezeh.
179. Abbas-Hamid, de Kefir-Bezeh.
180. Cheref-Eddin-Abou-Matar, de Bechtakin.
181. Hassan–Hamid, de Bechtakin.
182. Saïd-Sandid, de Garifé.
183. Suleïman–ben-Tali, de Darbet-el-Souda.
184. Ali-ben-Hamid, de Darbet-el-Souda.
185. Suleïman-ben-Farès, de Darbet-el-Souda.
186. Ismaïl-ben-Hussein, de Darbet–el-Souda.
187. Mohammed–ben-Meri, de Darbet-el-Souda.
188. Assaad-Chéil, d'Aïn-Chakra.
189. Hassan-ben-Akl-Saab, d'Arta.
190. Cassim-ben-Hussein-Nasser, de Hazr.

191. Hussein-ben-Mouala, de Hazr.
192. Mohammed-ben-Cassim, de Hiet.
193. Ibrahim-ben-Yahia-Sekiker, de Djedidé-Artouz.
194. Abou-Hassan-Mohammed-Ibn-Mohammed, du village Behin, dépendant du Hauran.

A un exil d'un an :

195. Vehbé-Taï, de Kenissé.
196. Youssouf-Djehjah, de Djedidé-el-Chouf.
197. Cassim-Abdul-Rahman-bou-Hamza, de Haribé.
198. Youssouf-Kaïs-el-Cadi, de Hasbeya.
199. Farès-Arian, de Racheya.
200. Hussein-Hattar, de Muhita.
201. Chems-Eddin-Aboud.
202. Youssouf-Beha-Eddin, de Batma.
203. Abdullah-Suleïman-Djudié, de Haret-el-Djendel.
204. Abou-Hussein-Melak, de Niha.
205. Mahmoud-Bou-Ismaïl, de Baaklin.
206. Suleïman-Abou-Hussein, de Baaklin.
207. Ahmed-Hamoud-Ibrahim, de Baaklin.
208. Hassan-Abou-Abbas, de Baaklin.
209. Béchir-Chems, de Garifé.
210. Suleïman-Hussein, de Mezraa.
211. Hussein-Abou-Gos, de Kevkebé-Abou-Arab.
212. Munedjid-Daher-Chouvéi-chouvéi, de Baaklin.
213. Saïd-Abd-el-Samed, de Baaklin.
214. Nedjim-Bou-Kiamil, de Baaklin.
215. Rafi-Hassoun-Hadr, de Baaklin.
216. Abou-Ali-Salih, de Djeba.
217. Nassif-Ismaïl, de Mezraa.
218. Mohammed-Ala-Eddin, de Mezraa.
219. Saad-Farès, de Mezraa.
220. Selman-Ismaïl, de Mezraa.
221. Gadban-Hamié, de Mezraa.
222. Selman-Daher-Dibsi, de Merchi.
223. Béchir-Mahmoud-Dibsi, de Merchi.
224. Ali-Mahmoud, de Merchi.
225. Selman-Mohammed, de Merchi.
226. Hussein-Cablan, de Baaderan.
227. Mehmed-Sendjad, de Garifé.
228. Feredj-Abou-Cassim, de Garifé.
229. Ali-Nasr-Eddin, de Batir.
230. Cassim-Hamdan, de Méassir.
231. Hamid-Youssouf, de Méassir.
232. Djemal-Eddin-Gaïs, de Niha.
233. Assaf-Ahmed, de Niha.
234. Ali-Farès, de Niha.

235. Ali-Assaf, de Niha.
236. Cassim-Béchir-Ferhad, de Niha.
237. Ali-Mohammed, de Batir.
238. Hassan-Kenaan, de Aïnkenié.
239. Selman-Mahmoud, de Aïnkenié.
240. Hamid-Bedran, de Aïnkenié.
241. Meri-Hassan, de Aïnkenié.
242. Bassim-Suleïman, de Aïnkenié.
243. Hassan-Saleh, de Kehlounié.
244. Ibrahim-Hanad, de Bechtakin.
245. Hussein-Mahmoud, de Bechtakin.
246. Bou-Ali-Bar-el-Chehib, de Bechtakin.
247. Mohammed-Fahr-Eddin, de Dirkoucha.
248. Abou-Hussein-Farès, de Haribé.
249. Yaghi, de Balbek.

VI

JUGEMENTS DU TRIBUNAL EXTRAORDINAIRE DE BEYROUTH CONTRE LES PRINCIPAUX INCULPÉS DANS LES ÉVÉNEMENTS DE LA MONTAGNE

LORD DUFFERIN A SIR H. BULWER.

Beyrouth, le 30 décembre 1860.

Monsieur,

J'ai l'honneur de transmettre à Votre Excellence les traductions des copies des jugements et des sentences qui ont été soumis à l'approbation de S. Exc. Fuad-Pacha, par le tribunal extraordinaire de Beyrouth, institué pour juger les employés turcs ainsi que les chefs druzes que l'on considère à bon droit comme coupables d'avoir causé ou aggravé les faits déplorables qui ont eu lieu dernièrement dans la Montagne.

Selon l'arrangement conclu entre son S. Exc. Fuad-Pacha et la commission européenne, les susdits jugements n'ont aucune force ni autorité jusqu'à ce qu'ils soient examinés, approuvés ou révisés par Son Excellence et la commission. En examinant les sentences proposées par la cour, on remarque que tous les prisonniers druzes sont condamnés à mort et tous les employés turcs à la prison. Un résultat si contraire à l'attente publique et aux demandes *primâ facie* de la justice ne saurait être accepté sans un sévère examen des circonstances qui l'ont produit.

La commission a donc fait savoir à S. Exc. Fuad-Pacha que, comme quelqu'un doit être responsable des faits qui sont arrivés dans la Montagne, et comme le poids de cette responsabilité, à moins de preuves contraires, doit peser sur les magistrats turcs et sur les officiers chargés de maintenir l'ordre, il est de toute nécessité que l'on nous fasse connaître les considérations qui ont pu autoriser, dans le châtiment des coupables, un partage si étrange.

Le commissaire turc a répondu à ces représentations en mettant à notre disposition les minutes du procès de Hourshid-Pacha, Tahir-Pacha et autres.

Aussitôt que nous aurons examiné ces documents, la commission sera à même de se prononcer sur les circonstances probables qui ont déterminé le degré de culpabilité de chaque inculpé turc.

Les mêmes considérations qui nous défendent d'acquiescer aux jugements des employés turcs nous forcent à examiner avec le plus grand soin les considérants sur lesquels sont basées les sentences prononcées contre les chefs druzes. Nos délégués ayant heureusement assisté aux procès de ces derniers, cette partie de l'investigation sera plus satisfaisante qu'elle n'aurait pu l'être sans leur présence. Une quinzaine de jours s'écouleront probablement avant que nous puissions terminer nos investigations sur ce sujet pénible et douloureux.

J'ai l'honneur d'être, etc.

Signé : Dufferin de Claneboye.

JUGEMENTS ÉMANÉS DU TRIBUNAL EXTRAORDINAIRE DE BEYROUTH CONTRE LES PRINCIPAUX INCULPÉS DANS LES RÉCENTES ÉMEUTES DE LA MONTAGNE.

N° 1. — *Sentence concernant Hourshid-Pacha.*

En soumettant à l'attention de Votre Excellence les notes ci-incluses, contenant, dans leurs plus petits détails, les témoignages produits pendant le procès de Hourshid-Pacha, ex-gouverneur général de Saïda, devant la commission extraordinaire de Beyrouth, relativement aux récents événements du mont Liban, nous avons l'honneur de rapporter ce qui suit :

Les accusations portées contre Hourshid-Pacha sont : que lors des assassinats individuels qui eurent lieu entre les Maronites et les Druzes, quatre ou cinq cents chrétiens du Kasrawan s'assemblèrent au commencement du mois zil-kaadeh, et marchèrent sur un endroit nommé Ant-Eliàs, avec l'intention d'attaquer les Druzes; que Hourshid-Pacha, en ayant eu connaissance, au lieu de prendre les mesures nécessaires pour disperser ce corps, et de cette façon réprimer les désordres dans leur origine, se borna à envoyer le commandant militaire Tahir-Pacha, avec un détachement de troupes, à un endroit appelé Hazmié, et les rejoignit lui-même le jour après; que dans la soirée de ce même jour, le village de Beït-Miri et les hameaux environnants furent incendiés par les Druzes; que le troisième jour, Hadeth et Bâabda et les villages contigus furent pillés et brûlés et les chrétiens qui s'y trouvaient furent tués; que Hourshid-Pacha fut témoin de ces faits et en eut connaissance au moment où ils arrivèrent. Mais, au lieu de marcher contre les Druzes, de les disperser et de s'emparer de leurs chefs, de les arrêter et de les punir, il les laissa libres d'agir comme bon leur semblait; que de même sur la Montagne aucunes troupes ne furent employées contre les Druzes dans les endroits où il y avait des désordres, malgré le mazbata du grand medjlis de Beyrouth, qui autorisait cette façon d'agir; que, de plus, de tous côtés on avait des preuves d'un prochain soulèvement; et comme c'était le premier devoir d'adopter des mesures efficaces pour la protection des diverses localités et surtout de Deïr-el-Kamar, Hourshid-Pacha négligea ce devoir.

Dans sa défense, Hourshid-Pacha déclare avoir envoyé un agent pour disperser les chrétiens du Kasrawan, ainsi que des troupes à l'endroit Hazmié, qui sépare le territoire des parties belligérantes; et que de cette façon il empêcha les chrétiens de passer la frontière et les protégea contre l'invasion; que, prenant en considération d'un côté le petit nombre de troupes à sa disposition, et de l'autre la grande force numérique des Druzes, il ne pouvait, sans exposer Beyrouth et d'autres endroits à des soulèvements et à des désordres qui auraient eu pour résultat une catastrophe générale, marcher contre les Druzes dont les bandes portaient le feu et le fer sur tous les points de la Montagne, et, en même temps, veiller à la sûreté de Beyrouth et des autres localités.

Cette justification de Hourshid-Pacha n'a pas été considérée comme suffisante pour l'acquitter de la faute commise d'avoir négligé d'étouffer les désordres à leur début; mais il ne paraît pas avoir cherché à les causer, et il semblerait même qu'il a essayé, quoique imparfaitement, de faire son devoir.

Devant ces circonstances, nous sommes d'avis qu'une sentence de mort ne saurait être légalement prononcée contre Hourshid-Pacha, et que son châtiment devrait être d'un degré moindre que la peine capitale.

Ainsi, en nous soumettant au bon plaisir et au jugement supérieur de Votre Excellence, nous le condamnons à la prison perpétuelle dans une forteresse, ce qui équivaut à la peine des galères à vie, infligée par le code pénal.

(Suivent les signatures du président et des membres de la commission extraordinaire.)

N° 2. — *Sentence concernant Tahir-Pacha.*

En soumettant à l'attention de Votre Excellence les notes ci-incluses du procès de Tahir-Pacha, ex-commandant militaire à Beyrouth, nous avons l'honneur de rapporter ce qui suit :

Les accusations portées contre Tahir-Pacha sont : qu'au commencement de la guerre civile, il fut expédié à Hazmié avec un détachement de troupes et un mazbata du grand medjlis de Beyrouth, l'autorisant à attaquer celle des deux parties belligérantes qui se refuserait à obéir aux ordres du gouvernement, qu'aussitôt après son arrivée, les chrétiens du Kasrawan, portant des drapeaux et autres emblèmes de guerre, passèrent en dehors de son camp, se portant sur les villages de Bâabda et de Hadeth; qu'en s'en apercevant, il était de son devoir de les disperser et de les obliger à retourner sur leurs pas, et, en cas de résistance, en vertu du mazbata qu'il avait entre les mains, il devait les repousser en se servant de la force armée; qu'il était aussi tenu d'agir de même contre les Druzes, lorsqu'ils attaquèrent les villages, mais qu'il faillit à son devoir; que, lorsqu'il fut expédié par Hourshid-Pacha, ex-vali, à Deïr-el-Kamar, pour la protection et la sécurité de la ville, il opéra une espèce de réconciliation entre les chrétiens et les Druzes, et alors, assurant le vali que Deïr-el-Kamar jouissait d'une parfaite sécurité, il demanda la permission de retourner, et il partit; qu'à son retour, les autorités consulaires étrangères ayant représenté officiellement que la ville devait être attaquée, il leur donna les assurances les plus positives du contraire; que, deux jours plus tard, la ville fut prise d'assaut, et que des atrocités furent commises, des maisons incendiées, des propriétés pillées et des personnes massacrées; qu'ainsi Tahir-Pacha ne dispersa pas la réunion de chrétiens dont il est fait mention plus haut, ni ne prit aucune mesure suffisante pour la sécurité permanente de Deïr-el-Kamar, mais retourna au camp, se fiant aux assurances trompeuses des Druzes.

Dans sa défense, Tahir-Pacha déclare qu'il est vrai que, lorsque le gouvernement s'aperçut que des désordres étaient à craindre, on lui mit entre les mains une force de six cents soldats réguliers, c'est-à-dire trois cents carabiniers et trois cents soldats d'infanterie et le mazbata en question; qu'on l'envoya à Hazmié; que, le jour de son arrivée, on vit environ deux cents Maronites passer en dehors du camp; des troupes furent immédiatement envoyées pour les arrêter, et, à la demande qui leur fut faite sur le lieu de leur destination, quelques personnages qui les accompagnaient et qui appartenaient à l'émir Bechir-Ahmed, le caïmakam chrétien, prétendaient qu'ils étaient des environs et retournaient chez eux; et, de plus, comme ils étaient chrétiens et que les villages chrétiens d'Hadeth et de Bàabda étaient peu éloignés, il (Tahir-Pacha) ne crut pas à propos de les disperser et de les obliger à s'en retourner; que, quant à son expédition à Deïr-el-Kamar, il avait, aussitôt arrivé, fait appeler séparément les principaux chrétiens et les mokataadjis druzes, savoir : Saïd-Bey-Djomblat et les représentants de Kâsim-Abou-Neked, de Ali-Hâmadi et de Béchir-Abou-Neked, qu'il leur avait conseillé de mettre de côté toute animosité et de terminer à l'amiable tous leurs différends; que, sur cela, ils se réconcilièrent, et pour le prouver ils s'embrassèrent; et que, d'après les apparences, tout sentiment d'inimitié avait cessé d'exister entre eux. Les Druzes s'engagèrent à ne rien entreprendre contre Deïr-el-Kamar, et, des deux côtés, la parole fut donnée de ne se faire réciproquement aucun mal. Il reçut des chrétiens un engagement écrit à cet effet, et, quoiqu'il demandât la même garantie à Saïd-Bey et aux autres représentants druzes, ceux-ci s'y refusèrent, alléguant l'absence des autres mokataadjis; mais ils prononcèrent un serment dans le même sens; que lui, Tahir-Pacha, ajoutant foi aux engagements pris des deux côtés, et croyant qu'une sécurité parfaite avait été établie à Deïr-el-Kamar, obtint la permission de Hourshid-Pacha de retourner au camp et quitta Deïr-el-Kamar; sur la foi des susdits engagements, il donna l'assurance aux consuls étrangers que rien de fâcheux n'arriverait à la ville; qu'il avait reçu des ordres du commandant en chef à Damas d'agir de concert avec Hourshid-Pacha en toutes choses ayant rapport à la Montagne; qu'il n'agit pas contre les Druzes, lorsqu'ils attaquèrent les villages de Bàabda et de Hadeth, dans le voisinage de son camp, à cause du petit nombre de troupes à sa disposition et à défaut de tout ordre de Hourshid-Pacha.

Quoique Tahir-Pacha soit accusé d'avoir permis aux chrétiens du Kasrawan de se réunir et de passer devant le camp sans examiner le but de ce mouvement qui, à l'époque des troubles récents, fut le premier mouvement insurrectionnel; qu'il soit accusé d'avoir négligé de protéger Hadeth, Bàabda et autres localités dans le voisinage de son camp, de ne pas en avoir bougé pendant les désordres qui eurent lieu ensuite, de s'être fié aux promesses de quelques chefs druzes et d'avoir quitté Deïr-el-Kamar pour retourner au camp; cependant sa position subordonnée aux ordres d'un supérieur, et comme il n'a pas assisté personnellement aux massacres de Deïr-el-Kamar et qu'il a donné des ordres explicites au commandant militaire de défendre la place, ce sont là des circonstances atténuantes. Nous sommes donc d'avis, tout en nous référant au jugement supérieur et au bon plaisir de Votre Excellence, que la peine de mort ne saurait être légalement prononcée contre

Tahir-Pacha, que cette peine devrait être écartée et celle qui la suit, être infligée : savoir, la prison perpétuelle dans une forteresse.

(Suivent les signatures du président et des autres membres de la commission extraordinaire).

N° 3. — *Sentence portée sur Suleïman-Nouri-Bey (colonel)*.

Les notes de toutes les dépositions faites devant la commission extraordinaire de Beyrouth, pendant le procès du colonel Nouri-Bey, relativement aux événements récents de la Montagne, ont été soumises à Votre Excellence. Les accusations portées contre Nouri-Bey sont que, lorsque le gouvernement eu appris que Zahleh, ville de plusieurs milliers de maisons, était menacée du sort qui en avait atteint d'autres et serait attaquée et pillée par les Druzes, on donna à Nouri-Bey un bouyourouldi de quatre cents hommes de troupe régulière avec une pièce de campagne, et on l'expédia à Zableh avec ordre, dans le cas d'une attaque des Druzes contre la ville, de leur conseiller d'abord de se retirer, et s'il ne pouvait réussir à se faire écouter d'eux, de les repousser de force et de protéger la place. Mais, dix-huit ou vingt heures après l'arrivée de Nouri-Bey dans un endroit nommé Mehul, situé à deux lieues et demie de Zahleh, cette ville fut attaquée et pillée et un grand nombre de ses habitants massacrés par les Druzes rassemblés dans la Bekâa, à Kabr-Elias et en d'autres parties du Hauran et du mont Liban. Que tandis que c'était le devoir essentiel de Nouri-Bey de marcher contre les Druzes, avant ou pendant l'attaque, et de mettre à exécution les instructions du bouyourouldi dont il était porteur, il négligea ce devoir. Dans sa défense, il allégua que le jour de son arrivée à Mekseh, environ deux heures avant le lever du soleil, il fit appeler cinquante ou soixante chefs druzes et cheikhs de moindre importance ; il leur fit part du bouyourouldi qu'il tenait et leur donna les conseils prescrits. Ils répondirent tous : « Nous avons entendu et nous obéirons. » Et ils se retirèrent, en s'engageant de leur côté à ne pas attaquer la population de Zahleh, à moins que les chrétiens de cette ville ne les attaquassent ; que le matin du jour suivant, il ordonna au secrétaire du régiment, Ali-Effendi, de se rendre à Zahleh pour faire savoir aux habitants que lui, Nouri-Bey, était arrivé avec des troupes pour les protéger et pour défendre la ville ; mais que les avant-postes de Zahleh, établis près de Maalaka, ne permirent pas audit secrétaire de passer outre, le traitèrent avec mépris et le forcèrent à se retirer ; ce qu'il fit. A peine avait-il atteint le quartier général, que la population de Zahleh et les Druzes commencèrent à se battre. L'intention de Nouri-Bey était de se porter avec ses troupes sur les lieux, afin de disperser les combattants et de tomber ensuite sur les Druzes ; mais, en comparant sa petite troupe à la force numérique des Druzes, et voyant que Druzes et chrétiens se trouvaient entremêlés, il crut impossible de mettre son projet à exécution et, par conséquent, il ne put exécuter ses ordres dans toute leur étendue.

Quoique le fait de s'être fié aux paroles des insurgés druzes laisse Nouri-Bey sous le poids d'une accusation, cependant le refus et le traitement méprisant qu'il éprouva de la population de Zahleh, lorsqu'il lui fit savoir qu'il était chargé de la protéger, et l'impossibilité de pouvoir entrer dans Zahleh, la lutte s'étant déjà engagée, cela sont des circonstances atténuantes. Nous sommes donc d'avis, en nous en remettant toutefois au jugement supérieur et au bon plaisir de Votre Excellence, que la peine de mort ne saurait être légalement infligée à Nouri-Bey, et qu'il serait convenable de le condamner à la punition qui, après celle-ci, est la plus forte ; à savoir, une détention à vie dans une forteresse.

(Suivent les signatures, etc.)

N° 4. — *Sentence concernant Vasfi-Effendi et Ahmed-Effendi.*

Les notes de l'interrogatoire et du procès de Vasfi-Effendi, Kehaya de Hourshid-Pacha, vaâli de Saïda ; et de Ahmed-Effendi, contrôleur des domaines à Beyrouth et agent des Druzes et des chrétiens auprès du gouvernement local, etc.

Ces personnes sont accusées de toutes parts d'avoir combiné de concert et d'avoir commis plusieurs actes répréhensibles; et d'avoir contribué, par le soutien moral qu'ils accordèrent aux Druzes, à faire éclater la récente explosion dans la Montagne.

Pour leur défense, ils ont établi que leur entente avait un caractère privé, qu'ils ne se mêlèrent dans aucune affaire qui ne fût en dehors de leur position officielle, et qu'ils restèrent étrangers à tout ce qui était réellement du domaine du gouvernement; et ils nièrent absolument tout ce qui avait été rapporté contre eux.

Bien qu'aucune accusation personnelle ni spécifiée n'ait été produite contre ces individus, cependant toutes les personnes du pays et les autorités étrangères déclarent que leur concert et leur accord n'étaient pas d'un genre ordinaire, mais avaient trait à la chose publique ; qu'ils ont pris part à l'action et aux mesures de l'administration et se sont mêlés d'une façon répréhensible à des affaires qui n'étaient pas de leur légitime compétence. Quoiqu'on n'ait pu prouver contre ces individus aucun délit qui soit prévu par la loi, cependant les accusations générales et les indications qui leur sont défavorables sont telles, que nous sommes d'avis, nous en remettant toutefois au jugement supérieur et au bon plaisir de Votre Excellence, qu'il conviendrait de leur infliger la punition qui vient après la peine de mort et l'emprisonnement à vie dans une forteresse, savoir, une détention temporaire dans une forteresse, et qu'ils soient privés pour toujours de leur rang et de leurs emplois.

(Suivent les signatures, etc.)

N° 5. — *Sentence concernant Saïd-Bey-Djomblât.*

Les notes du procès de Saïd-Bey-Djomblât devant la commission extraordinaire de Beyrouth, etc.

Il a été prouvé que Saïd-Bey-Djomblât, qui est le mokataadji de la province de Shuf-Jezzin et des autres mokatas, et qui, comme le chef suprême de tous les chefs druzes et des mokataadjis, est le plus influent et le plus respecté parmi eux, écrivit, au commencement du mouvement, une lettre rassurante aux chrétiens de la mokata de Jezzin, leur promettant qu'il ne leur serait fait aucun mal; cependant cet endroit fut plus tard attaqué, pillé, incendié, et un grand nombre des habitants massacrés; qu'après avoir donné à Tahir-Pacha des assurances et sa parole que Deïr-el-Kamar ne souffrirait rien de la part des Druzes, cette ville fut néanmoins attaquée et toute espèce d'horreurs y furent commises; que Ismaïl-el-Atrach avec d'autres chefs druzes du Hauran adressèrent d'abord à Saïd-Bey une lettre sous forme de mazbata, lui faisant savoir qu'ils étaient venus pour attaquer Zahleh, lui demandant son approbation et le priant de leur faire connaître son désir à ce sujet; après quoi, ils marchèrent sur Zahleh, qu'ils pillèrent et incendièrent, et ensuite massacrèrent une partie de sa population; qu'après avoir fait cela, Ismaïl-el-Atrach avec un grand nombre de Druzes se rendirent directement à Mokhtara, à la résidence de Saïd-Bey, qui, après les avoir reçus avec distinction, revêtit Ismaïl-el-Atrach et ses compagnons de vêtements d'honneur et leur fit des cadeaux; que, sous prétexte de conduire sa sœur de Hasbeya, il envoya Ali-Hamâdi avec un grand nombre de Druzes et sa suite; qu'à l'arrivée de Ali-Hamâdi et ses gens, ils commirent les faits bien connus de Hasbeya. De plus, il paraît, d'après les dépositions verbales et écrites de beaucoup d'officiers, de soldats et de chrétiens, que Saïd-Bey témoigna sa satisfaction à Suliman-Zem-ed-Dîn, qui avait apporté la tête de l'émir Sa'ad-ed-Dîn, cheikh de Hasbeya, et comme récompense le nomma subashi (agent des terres) à son service; qu'il ne fit aucune attention aux messages qui lui furent envoyés par le colonel Abd-ul-Selam-Bey, par l'entremise d'un de ses officiers, le prévenant que les Druzes étaient sur le point d'attaquer Deïr-el-Kamar, et le priant d'arriver pour arrêter le désordre; qu'en un mot, il prit une part marquée à tous les événements grands ou petits de la Montagne, et qu'il était l'organisateur moral et l'auteur de la combinaison insurrectionnelle.

Les faits étant admis, et prenant en considération que Saïd-Bey-Djomblât avait formé et organisé les bandes d'insurgés qui se soulevèrent et se révoltèrent contre les sujets de Sa Majesté Impériale, tandis qu'il remplissait les fonctions d'un mokataadji et d'un employé du gouvernement, nous sommes d'avis, tout en nous soumettant au jugement supérieur et au bon plaisir de Votre Excellence, que, d'après les articles 55, 56 et 57 du Code pénal, il soit puni de mort.

(Suivent les signatures, etc.)

N° 6. — *Sentence concernant le cheikh Hussein-Talhouck.*

Les notes du procès du mokataadji Hussein-Talhouck, etc.

Ledit Hussein-Talhouck appartient à la seconde classe des mokataadjis par l'influence qu'il exerce et la considération dont il jouit; il en est aussi le plus ancien.

Il paraît, d'après son propre aveu et d'après les témoignages de Hourshid-Pacha, de chrétiens et de Druzes dont les noms sont enregistrés, qu'il se trouva les armes à la main parmi les insurgés à l'attaque de Hadeth et de Bâabda, tandis qu'il était de son devoir, comme mokataadji, de protéger les chrétiens de sa province et d'empêcher que les Druzes ne se rendissent coupables de désordres au dehors. Bien loin de là, il se mit à la tête des bandes insurgées qui se soulevèrent contre les sujets de Sa Majesté Impériale.

Nous sommes donc d'avis, tout en nous soumettant au jugement supérieur et au bon plaisir de Votre Excellence, que, conformément aux articles 55, 56 et 57, il doit être puni de mort.

(Suivent les signatures, etc.)

N° 7. — *Sentence concernant Asaad-Talhouck.*

Les notes de l'interrogatoire et du procès du mokataadji Asaad-Talhouck, etc.

Ledit Asaad-Talhouck appartient à la seconde classe des mokataadjis, par l'influence qu'il exerce et par les considérations dont il jouit.

Il paraît, d'après son aveu et d'après les déclarations des chefs druzes et d'autres personnes, qu'accompagné de ses gens, il se trouvait avec les bandes d'insurgés à l'attaque faite sur les villages de Hadeth et de Bâabda.

Ce fait étant établi, et attendu que ledit Asaad-Talhouck se trouvait à la tête d'insurgés révoltés contre les sujets de Sa Majesté Impériale, nous sommes d'avis, en nous soumettant toutefois au jugement supérieur et au bon plaisir de Votre Excellence, que, d'après les articles 55, 56 et 57 du Code pénal, il doit être puni de mort.

(Suivent les signatures, etc.)

N° 8. — *Sentence concernant Kâsim-Bey-Neked.*

Nous avons soumis à Votre Excellence la procédure ainsi que les preuves qui ont été fournies pendant le procès de Kâsim-Bey-Neked, un des mokataadjis, relativement aux derniers événements de la Montagne.

Il paraît, d'après son propre aveu et d'après les déclarations des cheikhs druzes et d'autres individus qui ont été examinés, que ledit Kâsim-Bey-Neked, appartenant à la seconde classe des mokataadjis par sa position sociale et par son influence, se trouvait parmi les insurgés, pendant les faits qui ont eu lieu à Deïr-el-Kamar.

Étant donc établi que ledit Kâsim-Bey-Abou-Neked était un des chefs des bandes insurgées contre les sujets de Sa Majesté Impériale, nous sommes d'avis, en nous soumettant au jugement supérieur et au bon plaisir de Votre Excellence, que d'après les articles 55 et 56 du code pénal, il doit être puni de mort.

(Suivent les signatures, etc.)

N° 9. — *Sentence concernant Asaad-Amâd.*

La procédure, ainsi que les preuves produites au procès de Asaad-Amâd, un des mokataadjis d'Arkoub, ont été soumises à Votre Excellence.

Il est établi, d'après le propre aveu dudit Asaad-Amâd, qu'à l'occasion des faits de Zahleh, il marcha contre cette ville avec ses gens et ses partisans; et il paraît également, d'après les déclarations des cheikhs druzes et d'autres individus interrogés, qu'il se trouvait parmi les bandes insurgées.

Il ressort de ces faits que Asaad-Amâd, malgré sa position de mokataadji, fut un des chefs des bandes insurgées qui se soulevèrent contre les sujets de la Porte, et nous sommes d'avis, en nous soumettant au jugement supérieur et au bon plaisir de Votre Excellence, que d'après les articles 55, 56 et 57 du code pénal, il soit puni de mort.

(Suivent les signatures, etc.)

N° 10. — *Sentence concernant Emir-Mohammed-Kâsim-Roslan.*

Nous avons transmis à Votre Excellence les notes de la procédure ainsi que les témoignages donnés pendant le procès de Emir-Mohammed-Kâsim-Roslan, un des parents du caïmakam druze.

Il paraît de son propre aveu que ledit Emir-Mohammed se trouvait présent à l'attaque des villages de Bâabda et de Hadeth, et d'après les déclarations de plusieurs chrétiens dont les noms ont été enregistrés, il est prouvé qu'il fut un des chefs des bandes insurgées.

Le fait étant établi que ledit Emir-Mohammed a été un des chefs des insurgés qui se soulevèrent contre les sujets de la Porte, nous sommes d'avis tout en nous soumettant au jugement supérieur et au bon plaisir de Votre Excellence que d'après les articles 55, 56 et 57 du code pénal, il soit puni de mort.

(Suivent les signatures, etc.)

N° 11. — *Sentence concernant Selîm-Djomblât.*

Nous avons remis à Votre Excellence les pièces et témoignages produits au procès de Selîm-Djomblât, chef druze.

Il paraît, d'après un mazbata général envoyé par le mudir de cette province, en réponse à certaines questions qui lui furent adressées, que ledit Selîm-Djomblât était un des meneurs et organisateurs des bandes druzes insurgées pendant les désordres de Jezzin, et qu'il se rendit coupable de divers actes contraires à la loi et infâmes, tel que le viol et le pillage.

Quoique ledit Selîm-Djomblât nie qu'il ait jamais commis ces crimes, cependant sa culpabilité a été prouvée par le contenu du susmentionné mazbata, ainsi que par les déclarations et les dépositions des habitants chrétiens de Jezzin qui ont été examinés.

Ainsi, étant constaté que ledit Selîm-Djomblât a été un chef des Druzes soulevés contre les sujets de la Porte, nous sommes d'avis, tout en nous soumettant au jugement supérieur et au bon plaisir de Votre Excellence, que la peine de mort lui soit infligée.

(Suivent les signatures, etc.)

N° 12. — *Sentence concernant Jemel-ed-Dîn-Hamadân.*

Nous avons remis à Votre Excellence les notes de la procédure et les preuves produites pendant le procès du chef druze Jemel-ed-Dîn-Hamadân.

Il paraît, d'après un mazbata dressé par les habitants chrétiens de Jezzin, et envoyé par le mudir de cette province à l'effet de fournir les informations qui lui avaient été demandées, que le susdit Jemel-ed-Dîn-Hamadân était un des chefs des bandes druzes pendant les désordres de Jezzin et qu'il s'était rendu coupable du meurtre d'un certain Kamar. Bien que ledit Jemel-ed-Dîn-Hamadân nie le fait du meurtre, sa culpabilité a été constatée par le contenu du susmentionné mazbata, ainsi que par les informations fournies par les habitants chrétiens.

Donc, puisqu'il est reconnu que ledit Jemel-ed-Dîn-Hamadân était un chef des bandes soulevées contre les sujets de la Porte, nous sommes d'avis tout en nous soumettant au jugement supérieur et au bon plaisir de Votre Excellence, que d'après les articles 55, 56 et 57 du code pénal, la peine de mort lui soit infligée.

(Suivent les signatures, etc.)

ANNEXES.

N° 13. — Sentence concernant Mahi-ed-Dîn-Shibli.

Nous avons soumis à l'attention de Votre Excellence la procédure ainsi que les preuves avancées pendant le procès du druze Mahi-ed-Dîn-Shibli, habitant de Kefr-Katra, et agent de Béchir-Bey-Abou-Naked, qui fut arrêté pour des causes relatives aux derniers événements du Liban.

Dans une pétition présentée par le curé Augustin, président actuel du couvent de Deïr-Amik, près de Deïr-el-Kamar, le susdit Mahi-ed-Dîn-Shibli était accusé d'avoir étranglé le prêtre Athanasius Nacun, président du susmentionné couvent, qui fut trouvé mort dans sa chambre pendant la nuit du 7 mars 1276; on lui avait aussi volé son argent et plusieurs objets. En conséquence, le pétitionnaire fut appelé devant la commission extraordinaire et il fut soumis à un interrogatoire minutieux sur l'affaire en question; il dénonça, en outre, les soupçons qui pesaient sur le susdit Mahi-ed-Dîn-Shibli d'avoir assassiné le susdit président, par le fait qu'il connaissait le défunt qui avait la réputation d'être riche, et qu'il le visitait souvent. Pendant les désordres de la Montagne, il s'était vanté d'avoir été son meurtrier en présence de Bulos Sûsa, grec hétérodoxe et négociant de Deïr-el-Kamar, de Habîb-Selûm et de Yusef-Abou-Shaib. Pendant son interrogatoire, Mahi-ed-Dîn-Shibli avoua qu'il connaissait le défunt, et qu'il lui rendit visite à plusieurs reprises dans son couvent; mais il nia formellement le fond de l'accusation du meurtre qui lui était imputé.

Sur cela, Bulos-Sûsa, Habib-Selim et Yusef-Shaib furent appelés devant la commission et interrogés séparément. Bulos-Sûsa déclara que le mercredi soir, deux jours avant l'attaque de Deïr-el-Kamar, le susdit Mahi-ed-Dîn-Shibli vint à la maison de Khodjah-Beshara, un habitant de ladite ville, et que dans le cours d'une conversation relative aux affaires de la Montagne, où il insinua que Deïr-el-Kamar ferait bien de se rendre à Béchir-Bey-Abou-Naked sans résistance, il dit à Khodjah-Beshara : « C'est moi qui ai tué le président de Deïr-Amik. » Habîb-Şelim déposa que, le mercredi soir, lorsque Deïr-el-Kamar fut attaqué par les Druzes, le susdit Mahi-ed-Dîn-Shibli, debout en face du gouverneur de la ville, s'écria à haute voix : « Par considération pour un prêtre, les chrétiens veulent renverser le monde; c'est moi qui ai tué le président de Deïr-Amik. Que peuvent-ils faire? » Yusef-Abou-Shaib déclara également que le lundi soir, deux jours avant l'attaque de Deïr-el-Kamar, le susdit Mahi-ed-Dîn-Shibli se rendit à la maison de Elias-Susa et dit volontairement : « Vous ne voulez pas rendre volontairement vos armes à Bechir-Bey-Abou-Naked et vous faites résistance ; moi seul ai tué le président de Deïr-Amik. » Et il se mit en route pour la maison du sus-mentionné Beshara-Sûsa. En même temps ces trois témoins déclarèrent que, quand Mahi-ed-Dîn-Shibli avoua ce fait dans la maison de Sûsa, plusieurs autres personnes se trouvèrent présentes, mais que toutes furent tuées au massacre de Deïr-el-Kamar, de façon qu'ils étaient les seuls témoins qui existaient; ils confirmèrent la véracité de leurs déclarations en prêtant serment sur leur foi par l'entremise de leurs prêtres respectifs.

Donc, quoique le susdit Mahi-ed-Dîn-Shibli nie qu'il ait commis ce meurtre, outre le crime, il y a plusieurs chrétiens enregistrés qui déclarent que pendant l'attaque sur Deïr-el-Kamar, lui, Shibli, se trouva parmi les bandes soulevées et qu'il les pilla; nous sommes d'avis, en nous soumettant au jugement supérieur et au bon plaisir de Votre Excellence, qu'il soit puni de mort.

(Suivent les signatures, etc.)

N° 14. — Sentence concernant Ali-Saïd.

Les notes du procès de Ali-Saïd, Druze du village de Sulima, qui avait été arrêté comme compromis dans les récents événements de la Montagne, ont été soumises à Votre Excellence.

Ali-Saïd était accusé d'avoir tué, au commencement des désordres de la Montagne, Khottar-Diâb, un chrétien de Andarâ; il lui coupa la tête et l'apporta au chef druze Khottar-Bey. Dans son interrogatoire, Ali-Saïd nia complétement le fait.

La femme du défunt, qui était l'accusatrice, nomma les Druzes Mohammed-Abou-Asaf, Mohammed-Harb et le cheikh Kasîm, ainsi que d'autres, comme ayant été témoins du crime. Là-dessus le mudir de Deïr-el-Kamar, membre de la commission, constata que dans l'enquête qu'il ouvrit, les sus-mentionnés Mohammed-Abou-Asaf et Mohammed-Harb déclarèrent avoir vu la tête de Khottar-Diâb dans les mains de l'accusé et, de plus, que Ali-Saïd était connu comme un mauvais sujet.

Comme il est évident, d'après le rapport, que Ali-Saïd s'est rendu coupable du crime en question, nous sommes d'avis, tout en nous soumettant au jugement supérieur et au bon plaisir de Votre Excellence, qu'il soit puni de mort.

(Suivent les signatures, etc.)

N° 15. — Sentence concernant Béchir-Meri-Neked.

Comme il ressort des notes ci-incluses de l'interrogatoire et du procès du chef druze Béchir-Meri-Neked, que les femmes Hamra-Fahûm-Jenna et Menneh déclarèrent que ledit Béchir-Meri-Neked tua le chrétien Ibrahim-Shamur, au moment de l'attaque de Deïr-el-Kamar, et que les chrétiens Khalid-Shawish et Asaad-Makash déposèrent qu'il se rendit coupable de beaucoup de méfaits, tels que le pillage et le vol.

Le cas étant ainsi, le crime dudit Béchir-Meri-Neked est évident, et nous sommes d'avis, tout en nous soumettant au jugement supérieur et au bon plaisir de Votre Excellence, qu'il soit puni de mort.

(Suivent les signatures, etc.)

N° 16. *Liste des chefs des bandes soulevées pendant la récente révolte de la Montagne, et qui n'ont pas été pris, s'étant enfui dans le Hauran.*

1. Khottar-Bey-Amâd, commandait à l'attaque de Zahleh.
2. Béchir-Bey-Amâd, commandait au combat de Deïr-el-Kamar.
3. Cheikh-Kenj-Amâd, commandait à l'attaque de Zahleh et de Deïr-el-Kamar.
4. Milhim-Bey-Amâd, commandait à l'attaque de Zahleh et de Deïr-el-Kamar.
5. Cheikh Mahmûd-Talhouck, commandait à l'attaque de Hadeth et de Bâabda.

6. Bechir-Bey-Naked, un des plus grands coupables, commandait à l'attaque de Deïr-el-Kamar.
7. Cheikh-Mahmûd, commandait à l'attaque de Zahleh.
8. Cheikh-Mahmûd-Mansûr, un des plus grands coupables, s'est trouvé dans plusieurs escarmouches.
9. Cheikh-Mansûr, un des plus grands coupables, s'est trouvé dans plusieurs escarmouches.
10. Ali-Bey-Hamâdi, un des principaux chefs de l'insurrection, se trouvait à l'attaque de Deïr-el-Kamar et à celle de Hasbeya.
11. Mahmûd-Hamâdi, chef d'insurgés, a pris part à l'attaque de Deïr-el-Kamar.
12. Kâsim-Yusef-Hamâdi, un des principaux chefs, commandait pendant les faits qui se passèrent dans le voisinage de Sidon.
13. Koweïdir-Hamâdi, un des principaux chefs, était à l'attaque de Deïr-el-Kamar.
14. Milhim-Hamâdi, un des principaux chefs, était à l'attaque de Deïr-el-Kamar.
15. Mustafa-Deveik, chef de révoltés, était à l'attaque de Deïr-el-Kamar.
16. Kâsim-Abd-el Samad, chef de révoltés, était à l'attaque de Deïr-el-Kamar.
17. Rafi-Abd-el-Samad, chef de révoltés, était à l'attaque de Deïr-el-Kamar.
18. Yusef-Hasan-Abd-el-Samad, chef de révoltés, était à l'attaque de Deïr-el-Kamar.
19. Kâsim-Abu-Shakra, chef de révoltés, était à l'attaque de Deïr-el-Kamar.
20. Khôtar-Abu-Shakra, chef de révoltés, était à l'attaque de Deïr-el-Kamar.
21. Jadban-Abu-Shakra, chef de révoltés, était à l'attaque de Deïr-el-Kamar.
22. Sulimân-bey-Hamâdi, chef de révoltés, était à l'attaque de Deïr-el-Kamar.
23. Ismaïl-el-Atrash, chef de révoltés, mena les Druzes du Hauran à l'attaque de Zahleh.
24. Hazmied-Hawâdi, chef de révoltés, mena les Druzes du Hauran à l'attaque de Zahleh.
25. Hamad-Abu-Fakr, chef de révoltés, mena les Druzes du Hauran à l'attaque de Zahleh.
26. Koblan-Amer, chef de révoltés, mena les Druzes du Hauran à l'attaque de Zahleh.
27. Hamad-Azzân, chef de révoltés, mena les Druzes du Hauran à l'attaque de Zahleh.
28. Suliman-Kalkas, chef de révoltés, mena les Druzes du Hauran à l'attaque de Zahleh.
29. Deibris-Amer, chef de révoltés, mena les Druzes du Hauran à l'attaque de Zahleh.
30. Fendi-Azzan, chef de révoltés, mena les Druzes du Hauran à l'attaque de Zahleh.
31. Yûsef-Saru, chef de révoltés, mena les Druzes du Hauran à l'attaque de Zahleh.
32. Waked-el-Hamadan, chef de révoltés, mena les Druzes du Hauran à l'attaque de Zahleh.

D'après les déclarations des chrétiens en général et des chefs et autres personnes druzes, il ressort que les trente-trois personnes susnommées commandaient dans les attaques dirigées contre Hasbeya, Racheya, Deïr-el-Kamar et autres endroits de la Montagne, et qu'ils se rendirent coupables de toute espèce d'atrocités et de crimes. Comme ils ont quitté leurs demeures et se sont enfuis dans le Hauran, on n'a pu jusqu'à présent s'en emparer, ni les juger; mais nous sommes d'avis, en nous soumettant au jugement supérieur et au bon plaisir de Votre Excellence, qu'aussitôt pris, ils soient, d'après les art. 55, 56, 57 du Code pénal, punis de mort. (Suivent les signatures du président et des autres membres de la commission).

FIN

TABLE DES MATIÈRES

Préface. 1

PREMIÈRE PARTIE.

I. — Introduction. — La population de la Syrie, composée des éléments les plus disparates, ne forme pas, à proprement parler, une nation. C'est un pays de contrastes. Depuis le sultan Sélim Ier jusqu'en 1831, il fut soumis à la dynastie d'Othman. — L'émir Béchir-Shehab et le chef des Druzes Béchir-Djomblat, s'unissent à Méhémet-Ali contre la Sublime-Porte. — Ibrahim-Pacha, à la tête de trente mille Égyptiens, défait les Turcs à Konieh et décide la cession de la Syrie à Méhémet-Ali. — Administration d'Ibrahim. — Les Turcs sont opprimés par les chrétiens du Liban. — En 1840, les Druzes, les Maronites et les Mutualis demandent à rentrer sous le gouvernement du Sultan. — Une révolte éclate dans la Montagne. — Le traité de Londres restitue la Syrie à l'empire ottoman.. 5

II. — Notions générales sur la population. 12

III. — Les Arabes : Arabes sédentaires, Arabes nomades (Bedawi), Kurdes, Turkomans. — Langues, religions, mœurs et coutumes.. 14

IV. — Les musulmans. — Distinction entre les musulmans arabes et les musulmans turcs. — Le fanatisme musulman est-il ce qu'on le dit ? — Coup d'œil sur le Coran. Son dogme essentiel est le déisme pur. Il admet la révélation divine depuis le commencement du monde. Le fatalisme, tel qu'on le reproche généralement à Mahomet, n'a point été prêché par le prophète. — Les principaux préceptes de la religion musulmane sont identiques à ceux du christianisme. — Preuves extraites du Coran. — Ce code religieux et civil n'ordonne point la persécution religieuse. — Le christianisme abonde en prescriptions violentes contre les hérétiques. — Le Coran ne met pas obstacle au progrès humain. 18

V. — Les Mutualis, sectateurs d'Ali, ou *Schiites*. — Croyances et pratiques religieuses par lesquelles ils se distinguent des musulmans orthodoxes ou *Sunnites*. — Les Ansariés. Leur religion est un mystère. — Ils sont divisés en achirets ou tribus. — Notions sur l'origine de cette secte. — Les Arméniens, les Arméniens catholiques ; les Grecs, les Grecs catholiques ; les Jacobites, les Syriaques, etc. 41

VI. — Les Druzes. — Le kalife Hakem, fondateur de leur religion. — Le prophète Mohammed Durzé. — Son disciple, Hamz-ben-Ahmed, régularise ce nouveau culte. — Ses adeptes persécutés se réfugient dans le Liban. — Les Druzes alliés des Maronites. — Fakr-Eddin, chef et gouverneur de la nation druze. — A l'extinction des princes de sa race, le pouvoir passe dans la famille de Shehab.—Melhem (1740-1759) relève le prestige des Druzes.—L'émir Joussef, l'émir Béchir. — Les pachas de Saint-Jean-d'Acre concèdent le pouvoir à ferme au plus offrant. — Les Druzes se divisent en okkals ou initiés et en djahels ou profanes. — Religion, mœurs, coutumes et caractère de cette nation. 47

VII. — Les Maronites. Leur origine. — Jean Maroun. — Abou-Salem et son serment. — L'empereur Justinien enlève douze mille Maronites et les disperse dans toutes les provinces de son empire.—En 1215, les Maronites font leur union avec Rome. —Ils sont entièrement soumis sous Amurath III. Depuis 1588, ils payent un tribut régulier. — Leur état social. — Le clergé maronite. — Esprit intolérant et tracassier des évêques. — Le droit de protection de la France. — La lettre de saint Louis et celles de Louis XIV et de Louis XV. — Les arguments de M. de la Rochejacquelein. — Les Maronites ne sont-ils pas les sujets du Sultan? — Intrigues des lazaristes et des jésuites. — Le fanatisme des Maronites n'est point égalé par leur courage. — Tableau des districts et de la population du Liban. 58

VIII. — L'émir Béchir, son caractère, sa religion, sa politique. 72

IX. — Les agences consulaires et leurs protégés. — Ces agences sont souvent vendues au plus offrant et la protection consulaire est l'objet d'un trafic scandaleux. 76

DEUXIÈME PARTIE.

X. — Méhémet-Ali vaincu, la Syrie rentre, en vertu des traités, sous le gouvernement direct du Sultan. — Béchir Kassem est nommé gouverneur du Liban; Omer-Pacha le remplace comme gouverneur provisoire. — Différend entre la Porte et les cinq puissances. — Le gouvernement direct des Turcs sur la Montagne cesse par le rappel d'Omer-Pacha. — L'Autriche propose deux administrations distinctes : l'une chrétienne, l'autre druze. — Ce projet est adopté par les puissances, sauf quelques réserves de la France, et la Porte charge Essad-Pacha de le réaliser dans le Liban. — L'émir Haydar, caïmakam des chrétiens; Ahmet Roslan, caïmakam des Druzes; Deïr-el-Kamar, territoire neutre. 85

XI. — Druzes et Maronites réclament de nouveau le gouvernement direct de la Porte, qui, dans un mémorandum adressé aux puissances, établit que c'est là le seul arrangement praticable. — Difficultés diplomatiques à propos des districts mixtes. — La France incline toujours vers un gouvernement unique sous un prince de la famille de Shehab. — Désaccord des puissances. — Halil-Pacha, commissaire du Sultan en Syrie. — Modifications apportées à l'arrangement de 1842. — La Porte persiste dans ses déclarations sur la nécessité de son gouvernement direct pour le Liban. 89

XII. — Mémorandum de la Porte aux cinq cours (septembre 1844). — Autre mémorandum (février 1845) en réponse aux puissances. — Le désordre va croissant dans la Montagne, surtout dans les districts mixtes. — L'action des consuls ne fait que précipiter la crise sanglante de 1845. — Les chefs druzes et maronites sont convoqués à Beyrouth par le pacha en vue d'un accommodement. — Les cinq puissances, et surtout la Porte, veulent mettre un terme à cet interminable conflit. — Documents diplomatiques. —Chekib Effendi, ministre des affaires étrangères, se rend en Syrie; sa conférence avec les consuls. — Lettre vizirielle en date du 12 novembre 1845. — Instructions aux deux medjliss, adjoints aux caïmakams chrétien et druze. 96

XIII. — Coup d'œil d'ensemble sur la période de 1840-1845. 115

TROISIÈME PARTIE.

XIV. — L'émir Béchir-Ahmed-Abou-Bellamch, caïmakam des Maronites. — Sa mauvaise administration. — Le clergé maronite pousse les paysans à s'insurger contre leurs émirs et leurs cheikhs. — Le rôle des jésuites dans le Liban. 118

XV. — Une insurrection démocratique éclate au commencement de 1858. — Son chef, Tanouss-Chaïn. — Accusations portées contre lui par sept cheikhs de la famille Kassem. — La révolution du Kasrawan est généralement attribuée au clergé maronite. — La Porte n'a pu la réprimer, ayant les bras liés. — Un seul des prélats maronites est de famille seigneuriale, les autres sortent du peuple. — Monseigneur Massad, patriarche. — Monseigneur Tobie, évêque de Beyrouth. —Au commencement de la révolte, les émirs et les cheikhs druzes proposaient aux chefs maronites de les aider à la réprimer. 124

XVI. — Une querelle à propos d'un mouton devient le prétexte d'un combat entre Druzes et Chrétiens. — La paix est rétablie, grâce à Hourshid-Pacha, gouverneur général de Beyrouth. — Manœuvres du clergé maronite. — La guerre contre les Druzes est prêchée parmi les Chrétiens. — Des comités sont institués à Beyrouth et dans tous les centres maronites. — On achète des armes et des munitions. — On enrôle les jeunes gens. — Des corps militaires s'organisent. — Les Druzes s'arment de leur côté. — Trois muletiers druzes sont tués le 14 mai. — Trois Chrétiens sont mis à mort deux jours plus tard. — Daher-Nassif se met à la tête d'un corps chrétien et déclare la guerre aux Druzes. — Lettres de monseigneur Tobie, de l'évêque de Tyr et Sidon, et de Habib-Akawi, habitant chrétien de Deïr-el-Kamar. 130

XVII. — Nouvelle rencontre de Druzes et de Maronites aux portes mêmes de Beyrouth. — Version druze et version française sur cette affaire. — Hourshid-Pacha fait des préparatifs militaires. — Extraits d'un discours et d'une lettre de M. de Weckbecker, où ce membre de la commission internationale de Syrie apprécie la conduite du gouverneur turc de Beyrouth et celle des Druzes. 139

XVIII. — La situation critique de la Montagne est exposée par Hourshid-Pacha aux membres du conseil provincial, aux fonctionnaires et aux notables de Beyrouth réunis en conseil. — La nécessité d'une intervention est signalée à la Sublime Porte. — Un camp turc est établi à Hazmié; Monseigneur Tobie est invité à se rendre dans la Montagne dans un but de pacification. — Les Maronites commencent les hostilités contre les Druzes. — Ils ont le dessous en plusieurs rencontres. — Appréciation des événements arrivés jusqu'à la date du 1er juin par les membres de la commission internationale de Beyrouth. — Quelle a été la conduite des consuls? — Le gouvernement pouvait-il intervenir?. 144

XIX. — Nouveaux combats entre Maronites et Druzes. — Massacres de Deïr-el-Kamar, Hasbeya et Racheya. — Prise et incendie de Zahleh par les Druzes. — Conduite indigne d'Osman-Bey, Ali-Bey et Abdul-Selam-Bey. — Traité de paix entre les Maronites et les Druzes. — Troubles d'Alep. — Accusation portée contre l'Angleterre. 155

XX. — Fuad-Pacha est envoyé en Syrie en qualité de commissaire impérial, muni de pleins pouvoirs. — La France propose la formation d'une commission d'enquête. — Les puissances adhèrent à ce projet. — Damas, sa population musulmane et chrétienne. — Les massacres racontés par des témoins oculaires. — Réponse aux ennemis du gouvernement ottoman qui l'ont fait complice dans ces atrocités. 164

QUATRIÈME PARTIE.

XXI. — Fuad-Pacha, l'homme des situations difficiles. — Détails biographiques. — Des pouvoirs plus étendus encore sont donnés au commissaire impérial. — Lettre du Sultan à l'empereur des Français et à la reine d'Angleterre. — La France propose une intervention militaire en Syrie. — Les puissances y donnent leur assentiment. — Opinion du *Morning-Post*, organe de lord Palmerston, sur cette intervention à laquelle la Sublime Porte adhère, mais avec une vive répugnance. 184

XXII. — De vives inquiétudes se manifestent sur les suites d'une intervention européenne en Syrie. — Extrait d'une lettre de Napoléon III au comte de Persigny, ambassadeur de France à Londres. — Les plénipotentiaires des puissances, réunis en conférence à Paris, arrêtent les bases d'une convention dans la séance du 3 août. — Protocoles. — Allocution de l'empereur des Français au corps expéditionnaire. — Formation d'une commission internationale destinée à agir en Syrie. — Instructions aux commissaires. — Instructions au général de Beaufort d'Hautpoul, commandant en chef. — Une intervention militaire devait elle atteindre le but que l'Europe s'était proposé?. 195

CINQUIÈME PARTIE.

XXIII. — Fuad-Pacha, en arrivant à Beyrouth, organise une commission de secours. — Proclamation du commissaire impérial. — Diverses correspondances de Beyrouth et de Damas sur les premières mesures prises par le plénipotentiaire, et sur la situation de la Syrie, après son arrivée à Beyrouth. — La nouvelle d'une intervention militaire produit le plus fâcheux effet. — Instructions de Fuad-Pacha en vue du débarquement des troupes françaises et proclamation aux troupes ottomanes. — Réponse du commissaire impérial à une lettre de son délégué, Abro-Effendi, qui lui signalait des rumeurs malveillantes sur un prétendu ralentissement d'action à Damas, où huit cents individus avaient été arrêtés, et cinq cents jugés en quelques jours.—Quelle a été la conduite de Fuad-Pacha? Nouvelle série de lettres de Beyrouth et de Damas qui la font connaître. — Indication sommaire des peines infligées, et des secours accordés aux victimes. — Memorandum de Fuad-Pacha résumant son œuvre de répression à Damas.—Exécution d'Ahmet-Pacha. 202

XXIV. — Fuad-Pacha quitte Damas et arrive à Beyrouth où il s'entend avec le général de Beaufort-d'Hautpoul pour l'occupation du Liban. — Proclamation où le commissaire impérial enjoint aux chefs druzes d'avoir à se présenter dans les cinq jours. — Un tribunal extraordinaire est institué à Beyrouth pour juger les crimes commis dans la Montagne. — Fuad-Pacha part avec des troupes. — Notifications adressées aux Druzes. — Les troupes françaises occupent Déir-el-Kamar. — Nouvelles alarmes à Damas. — Crimes isolés commis par les chrétiens sur les Druzes. — Fuad-Pacha et le général de Beaufort établissent leurs quartiers, le premier à Mokhtara, le second à Zahleh. 235

SIXIÈME PARTIE.

XXV. — Note des commissaires de l'Autriche, de la France, de la Grande-Bretagne, de la Prusse et de la Russie à Fuad-Pacha. — La première séance de la commission internationale a lieu le 5 octobre chez M. Béclard, commissaire français. — Questions agitées dans cette séance et dans la deuxième, tenue chez M. de Weckbecker, commissaire autrichien. — Communication de Fuad-Pacha, remise dans la troisième séance par son délégué, Abro-Effendi en réponse à divers points soulevés par les commissaires, et projets de règlement pour la caïmakamie druze. — Extraits des dépêches de M. Brant, consul britannique, sur les nouvelles alarmes de Damas. — Lettre de Fuad-Pacha sur cet objet, communiquée par Abro-Effendi dans la cinquième séance de la commission. 242

XXVI. — Le cheikh Abdullah-Halebi est condamné à une détention perpétuelle.—Les Djomblat; Béchir et Saïd. — La commission prétend exercer une action collective dans les procès à juger par le tribunal extraordinaire de Beyrouth. — Pourquoi l'émigration des chrétiens continuait à Damas. — On accuse Fuad-Pacha de favoriser la fuite des Druzes. — Le commissaire impérial met à néant cette calomnie dans une lettre à Aali-Pacha. —Il préside les séances de la commission des 26 et 30 octobre et des 2 et 10 novembre, et déclare : qu'il est prêt à communiquer aux commissaires les rapports des tribunaux extraordinaires dont il convertit les conclusions en sentences définitives, en vertu de ses pleins pouvoirs; que le désarmement s'opère à Damas par son ordre; que, dans cette ville, trois quartiers musulmans ont été évacués pour y loger les chrétiens; que de nombreuses réquisitions ont été opérées sur les Druzes et les musulmans, etc.— Notes des sommes distribuées. — Question des indemnités. — Propositions et opinions diverses.—Fuad-Pacha est invité et s'engage à présenter un projet. . 252

XXVII. — M. Novikow, commissaire russe, propose que la commission se transporte à Damas; lord Dufferin regrette que les atrocités de Hasbeya, Racheya et Déir-el-Kamar soient encore impunies. — Réponse de Fuad-Pacha. — Tableaux concernant les revenus annuels des provinces de Damas et de Saïda. — Évaluation des victimes et des dommages de Damas et du Liban. — Fuad-Pacha propose à la commission une procédure sommaire à l'égard des Druzes inculpés. — Il demande les conseils des commissaires sur divers points relatifs à la répression. — Leur avis est qu'il faut établir trois catégories de coupables. — Il est décidé que les notables chrétiens seront invités dans chaque localité à faire devant leurs chefs spirituels et sous la foi du serment, des dépositions qui serviront de base aux mises en accusation. — Tableaux relatifs à un impôt extraordinaire à lever sur la ville, la banlieue et la province de Damas. 270

XXVIII. — La France manifeste l'intention de prolonger l'occupation militaire en Syrie. — La Sublime Porte repousse ce projet : dépêche d'Aali-Pacha à M. Musurus, ambassadeur du Sultan à Londres. — Joseph Karam, caïmakam provisoire des chrétiens. — Incident des poudres et des armes envoyées, a-t-on prétendu, aux Druzes. — Les commissaires vont à Damas. — Dans les deux séances qui ont précédé leur départ, ils ont adopté un projet d'impôt extraordinaire sur la ville de Damas. — Dispositions essentielles dudit projet. — Impositions en nature frappées sur les Druzes. — Proposition de lord Dufferin pour la réorganisation de la Syrie. — Documents officiels y relatifs.— Articles formant la base de l'organisation future de la Syrie, présentés par Aali-Pacha. 286

XXIX. — Intrigues ayant pour but la prolongation de l'occupation française. — Les commissaires reviennent de Damas à Beyrouth. — Fuad dépose sur le bureau de la commission les sentences de Hourshid-Pacha, de quarante-trois chefs druzes, etc. — Plus de huit cents Druzes ont été arrêtés. — Tableau indiquant les objets pillés restitués ou distribués par la commission de la Montagne. — Pétition druze contre les impositions en nature dont la perception rencontre des difficultés insurmontables. — Incident relatif à la punition de la garnison de Damas. 300

XXX. — M. Béclard, commissaire français, demande l'opinion de ses collègues sur la prolongation de l'occupation militaire. — Manœuvres des communautés religieuses. — Arguments de Fuad-Pacha contre toute prorogation de la convention d'août. — Extrait d'un article du Times. — Débat relatif à l'application de la procédure sommaire aux principaux auteurs des massacres de Hasbeya, Racheya et Déïr-el-Kamar. — Lord Dufferin s'élève contre le chiffre énorme des Druzes que les chrétiens désignent pour la peine capitale sur les listes dressées sous la direction de leurs évêques. — Il constate que l'esprit de vengeance anime les uns et les autres. — Abro-Effendi confirme les appréciations du commissaire britannique. — Les commissaires russe et français prennent la défense des évêques. — Éclaircissements donnés par Fuad-Pacha sur le même objet. — L'idée d'un désarmement général est combattue par le plénipotentiaire ottoman. — Nouvelle interpellation du commissaire français touchant la pénalité, insuffisante selon lui, qui frappe les officiers ottomans et les cheikhs druzes. — Réponse de Fuad-Pacha. — Débat sur le droit d'ingérance des commissaires dans l'action des tribunaux. 306

XXXI. — Le commissaire français se plaint des lenteurs apportées à la répression des Druzes. — Abro-Effendi constate qu'elles doivent être attribuées au refus des chrétiens de venir déposer devant le tribunal de Mokhtara. — Le délégué de Fuad-Pacha demande à la commission un avis concluant sur les sentences prononcées par le tribunal de Mokhtara. — Déclarations des divers commissaires et résolutions collectives. — Dépêche de Fuad-Pacha relative à cette affaire. — Fuad-Pacha expose à la commission ce qu'il a fait ensuite de ces résolutions. — Lord Dufferin établit qu'au point de vue de la répression, les massacres de la Montagne ne sauraient être assimilés à ceux de Damas, attendu que dans le Liban les chrétiens ont provoqué les Druzes qui ont dû se défendre. — Réplique du commissaire français. — Fuad-Pacha déclare qu'il fera de nouvelles recherches pour augmenter, s'il est possible, le chiffre des condamnations à mort. — Explications du plénipotentiaire ottoman sur divers incidents qui se sont produits dans le Hauran. 316

XXXII. — La prolongation de l'occupation française est discutée en Europe. — M. Thouvenel déclare à lord Cowley qu'il la considère comme nécessaire. — Le comte de Rechberg se prononce dans les sens contraire. — Dépêche de M. Thouvenel en date du 18 janvier sur cet objet. — Dépêche du 24 janvier où lord John Russell combat les vues du ministre des affaires étrangères de France. — Office du 16 janvier émanant du baron de Schleinitz, ministre des affaires étrangères de Prusse. — La Sublime-Porte se déclare contre toute prolongation de l'occupation étrangère dans son mémorandum du 29 janvier. — Elle consent à la réunion d'une conférence à Paris. — Protocoles des séances de cette conférence, tenues le 19 février et le 15 mars. — Le terme de la convention du 5 août est prorogé de trois mois. 329

XXXIII. — Lord Dufferin constate que les chrétiens exercent de cruelles représailles. — Listes des Druzes tués ou blessés depuis l'occupation. — On a accusé la Turquie d'avoir voulu ménager les Druzes. — Dépêches de lord Cowley et de lord John Russell, qui répondent à cette accusation. — L'idée de clémence prévaut inopinément dans la commission internationale. — Note des commissaires concernant les fonctionnaires et officiers ottomans. — Réponse de Fuad-Pacha. — Opinions divergentes des commissaires quant aux peines à infliger aux principaux chefs druzes et agents ottomans. — Le plénipotentiaire ottoman déclare qu'il attendra les ordres de son gouvernement. — Débat sur le chiffre de l'indemnité à accorder aux chrétiens; Fuad-Pacha fera sur cet objet une enquête à Damas. — Il est décidé qu'un premier à-compte sera payé. 341

XXXIV. — Affaire des listes dressées par les chrétiens dans un but de vengeance contre les Druzes. — Protestation des évêques adressée à la commission internationale. — Débats sur la question de la confiscation des biens des Druzes et sur celle des indemnités. — La tranquillité est rétablie dans la Montagne. — Extraits d'un rapport du général Kmety-Ismaïl-Pacha. — Crimes isolés commis par les chrétiens sur les Druzes. — Motion de lord Dufferin et questions posées par M. Béclard. — Abro-Effendi y répond par un mémorandum annexé aux protocoles de la dernière séance de la commission, tenue à Beyrouth le 4 mai. . . . . . . 5£6

XXXV. — Les négociants et industriels de Beyrouth signent une adresse pour la prolongation de l'occupation française qui devait cesser le 5 juin. — La France, mandataire de l'Europe, se retire ayant rempli sa tâche. — Proclamation de Fuad-Pacha aux troupes ottomanes. — Banquet offert par le commissaire du Sultan aux chefs du corps d'occupation. — Mort d'Abdul-Medjid, avénement d'Abdul-Aziz : ce double événement ne provoque aucun trouble en Syrie. — Daoud-Pacha est nommé gouverneur général de la Montagne. — Réglement pour l'administration du Liban. 566

APPENDICE. 381

ANNEXES. 393

FIN DE LA TABLE DES MATIÈRES

PARIS. — IMP. SIMON RAÇON ET COMP., RUE D'ERFURTH, 1.

www.ingramcontent.com/pod-product-compliance
Lightning Source LLC
Chambersburg PA
CBHW071104230426
43666CB00009B/1824